POLÍTICAS DE ATRAÇÃO

FUNDAÇÃO EDITORA DA UNESP

PRESIDENTE DO CONSELHO CURADOR
Mário Sérgio Vasconcelos

DIRETOR-PRESIDENTE / PUBLISHER
Jézio Hernani Bomfim Gutierre

SUPERINTENDENTE ADMINISTRATIVO E FINANCEIRO
William de Souza Agostinho

CONSELHO EDITORIAL ACADÊMICO
Divino José da Silva
Luís Antônio Francisco de Souza
Marcelo dos Santos Pereira
Patricia Porchat Pereira da Silva Knudsen
Paulo Celso Moura
Ricardo D'Elia Matheus
Sandra Aparecida Ferreira
Tatiana Noronha de Souza
Trajano Sardenberg
Valéria dos Santos Guimarães

EDITORES-ADJUNTOS
Anderson Nobara
Leandro Rodrigues

Dária Jaremtchuk

POLÍTICAS DE ATRAÇÃO

RELAÇÕES ARTÍSTICO-CULTURAIS ENTRE
ESTADOS UNIDOS E BRASIL (1960-1970)

© Editora Unesp, 2023

Direitos de publicação reservados à:
FUNDAÇÃO EDITORA DA UNESP (FEU)
Praça da Sé, 108
01001-900 – São Paulo – SP
Tel.: (0xx11) 3242-7171
Fax: (0xx11) 3242-7172
www.editoraunesp.com.br
www.livrariaunesp.com.br
atendimento.editora@unesp.br

Dados Internacionais de Catalogação na Publicação (CIP) de acordo com ISBD
Elaborado por Odilio Hilario Moreira Junior – CRB-8/9949

J37p	Jaremtchuk, Dária
	Políticas de atração: relações artístico-culturais entre Estados Unidos e Brasil (1960-1970) / Dária Jaremtchuk. – São Paulo : Editora Unesp, 2023.
	Inclui bibliografia. ISBN: 978-65-5711-205-2
	1. História da arte. 2. Relações Culturais EUA e Brasil. 3. Arte e cultura na América Latina. I. Título.
	CDD 709
2023-1270	CDU 7.03

Índice para catálogo sistemático:

1. História da arte 709
2. História da arte 7.03

Este livro é resultado da pesquisa "Trânsitos e exílios: artistas brasileiros nos Estados Unidos durante a ditadura militar no Brasil". Processo Fapesp n. 2011/08888-5.

Editora afiliada:

Asociación de Editoriales Universitarias de América Latina y el Caribe

Associação Brasileira de Editoras Universitárias

A Luis, meu maior interlocutor, companheiro de vida e de trabalho, que muitas vezes preferiu se disfarçar de "carregador de malas", dedico este livro.

AGRADECIMENTOS

Os apoios financeiros da Fundação de Amparo à Pesquisa do Estado de São Paulo (Fapesp) e do Conselho Nacional de Desenvolvimento Científico e Tecnológico (CNPq), assim como os afastamentos concedidos pela Universidade de São Paulo (USP), viabilizaram as pesquisas realizadas nos arquivos brasileiros e estadunidenses. Sem essas instituições, muito provavelmente, a publicação deste livro não teria se concretizado. A sistematização e produção das primeiras análises sobre as fontes documentais também foi possível graças ao ano sabático usufruído no Instituto de Estudos Avançados (IEA) da USP.

Ao longo desses anos, pude contar com o apoio de alunas e alunos bolsistas do Programa de Aperfeiçoamento de Ensino (PAE) da USP, que me auxiliaram com a localização de bibliografias e materiais. Registro especial agradecimento a esse fundamental apoio. Ao meu grupo de pesquisa, Entre Artes Contemporâneas, formado por orientandas e orientandos, sou grata pela frutífera interlocução dedicada a escrever outras histórias das artes.

Neste livro, os arquivos ocupam lugar fundamental e minha dívida é imensa com os funcionários dessas instituições. Seria impossível localizar materiais sem a dedicação dessas pessoas, a quem deixo expressa minha profunda gratidão. Às incansáveis Silvana Karpinscki, do Arquivo Histórico do Museu de Arte Contemporânea (MAC) da USP, e Moema de Bacelar Alves, do Arquivo do Museu de Arte Moderna do Rio de Janeiro (MAM Rio), obrigada por toda a ajuda, incluindo as horas extras de trabalho.

Ao MAC USP, ao Smithsonian Institution Archives, ao Lorca Estúdio e Empreendimentos Artísticos, à Liliana Ribeiro da Silva Leirner e ao Instituto Amilcar de Castro, agradeço pela cessão das imagens. Gostaria de reconhecer o cuidadoso trabalho da equipe da Editora da Unesp na produção desta publicação.

Em 2011, fui recebida por James Green como *visiting scholar* na Brown University e, desde então, ele se tornou um importante interlocutor da minha pesquisa. Agradeço pelo seu constante apoio e pelo prefácio deste livro.

Silviano Santiago foi um dos meus primeiros interlocutores quando as "políticas de atração" ainda eram alinhavadas. Lembro-me vivamente quando, em uma manhã fria de domingo, recebi seus comentários sobre minhas ideias. A sua enorme generosidade também se reflete nos textos que escreveu para este livro.

À minha querida amiga Aynalem Balcha, pelo companheirismo em meus tempos de Washington DC, que inclui sua ajuda com meu banco de dados e organização das fontes documentais. À super Márcia, que com o seu trabalho tem tornado minha vida muito mais tranquila.

Aos meus dois anfitriões, Jimmy e Josely Carvalho, que me acolhem nos Estados Unidos com tanta ternura e hospitalidade, deixo um especial agradecimento. E algumas outras pessoas, entre amigos, colegas e familiares que, ainda que não nominados aqui, sabem que fizeram parte dessa caminhada e que merecem toda a minha gratidão.

SUMÁRIO

Prefácio, por James N. Green 11
Introdução 15

1 "Políticas de atração" voltadas para o meio artístico brasileiro 19
2 Mostras itinerantes do Museu de Arte Moderna de Nova York 107
3 As "políticas de atração" e as instituições 147
4 Brazilian-American Cultural Institute (BACI) (1964-2007) 231

Considerações finais 277
Referências 283

PREFÁCIO

James N. Green[1]

Desde que os Estados Unidos substituíram a Grã-Bretanha como principal força estrangeira no Brasil no início do século XX, uma relação complexa se desenvolveu entre os dois países: de um lado, o fascínio por filmes de Hollywood e por outros aspectos da cultura de consumo dos Estados Unidos e, por outro lado, a rejeição da crescente influência norte-americana nas esferas econômica e política brasileiras marcaram esse período. Uma das preocupações dos intelectuais de esquerda no Brasil foi tentar entender como se relacionar com o gigante do Norte.

A entrada do país na Segunda Guerra Mundial ao lado dos Aliados e a participação da Força Expedicionária Brasileira na frente italiana consolidaram uma relação especial entre os dois países e solidificaram a simpatia das Forças Armadas do Brasil por Washington no pós-Segunda Guerra. Mas o namoro entre os Estados Unidos e os intelectuais brasileiros não foi fácil.

As tensões da Guerra Fria a partir de 1946 criaram dúvidas sobre as intenções dos norte-americanos na América Latina. A intervenção dos governos de John F. Kennedy e Lyndon Johnson no planejamento do golpe de Estado de 1964 no Brasil e a subsequente ajuda econômica e militar dos Estados Unidos ao novo regime militar convenceram a maioria dos progressistas brasileiros de que os Estados Unidos não eram confiáveis. Essa avaliação era justificada, especialmente quando as suspeitas sobre

---

[1] James Naylor Green é professor de História do Brasil na Brown University (Estados Unidos).

o envolvimento do embaixador dos Estados Unidos Lincoln Gordon na derrubada do governo de João Goulart foram confirmadas com documentos produzidos em 1964 e encontrados nos arquivos estadunidenses uma década depois. A Operação Brother Sam – uma possível intervenção militar norte-americana ao lado dos generais rebeldes, caso houvesse uma guerra civil entre as forças militares golpistas e os grupos que defendiam o governo de Jango – deixou claro de que lado estavam os norte-americanos no campo de batalha brasileira.

Em 1961, como parte da estratégia política da Guerra Fria na América Latina, Washington lançou a Aliança para o Progresso, programa cooperativo destinado a acelerar o desenvolvimento econômico e social da região, para frear a influência dos partidos de esquerda entre a população mais pobre. Empréstimos para grandes obras públicas associados a programas de desenvolvimento comunitário, muitas vezes apoiados por jovens idealistas norte-americanos que participaram do programa Voluntários pela Paz, estavam entre as estratégias criadas para conquistar corações e mentes de camponeses, trabalhadores e estudantes e mantê-los longe de "influências radicais" da esquerda. A popularidade da Revolução Cubana entre jovens, intelectuais e artistas foi também motivo de alarme. Assim, o congresso norte-americano complementou a ajuda econômica e militar com *soft power*, programas elaborados para atrair as pessoas simpatizantes da esquerda ao *American way of life*.

Esse processo sobre a complexa relação entre o governo dos Estados Unidos e os artistas brasileiros naquele período de alta tensão é o cerne deste estudo de Dária Jaremtchuk. À primeira vista, a "política de atração" parecia bastante simples: oferecer a artistas brasileiros talentosos, mas mal financiados, a oportunidade de estudar e desenvolver seu trabalho nos Estados Unidos, especialmente em Nova York, centro emergente da cena artística internacional. A intenção, entretanto, era financiar despesas de viagem e bolsas desses artistas, presumivelmente de esquerda, para mergulhá-los na dinâmica cena artística internacional e conquistar lhes a simpatia pelo estilo de vida norte-americano, convencendo-os a abandonar ideais pró-comunistas.

Essa estratégia, entretanto, não era tão simples. No livro *Disseram que voltei americanizado* (publicado pela Editora da Unicamp em 2017), a historiadora Larissa Rosa Corrêa demonstra uma estratégia correlata: durante a Guerra Fria um consórcio norte-americano de sindicatos e interesses empresariais, financiado em parte pelo governo norte-americano, tentou influenciar sindicatos brasileiros e aproximá-los dos Estados Unidos. A maioria dos sindicalistas brasileiros que viajou aos Estados Unidos para conhecer o movimento sindical norte-americano voltou impressionada com a riqueza do país, mas não estava disposta a cortar seu relacionamento com o Ministério do Trabalho em Brasília, eliminar o imposto sindical e estabelecer sindicatos livres anticomunistas.

Pode-se dizer que resultado semelhante se deu com artistas brasileiros que receberam bolsas para desenvolver seus trabalhos em Nova York ou em outro centro de produção

PREFÁCIO

artística nos Estados Unidos. Eles aceitaram os fundos para montar um estúdio temporário ou fazer cursos em uma escola de arte de prestígio na cidade de Nova York, mas nem por isso se tornaram peões da Agência Central de Inteligência (CIA). Essa questão é destacada neste livro: o governo e as fundações dos Estados Unidos que apoiaram essa política esperavam que fosse bem-sucedida, mas em geral não o foi. Poderíamos supor que o governo dos Estados Unidos e seus vínculos com a produção cultural sustentariam facilmente essas políticas da Guerra Fria, mas a realidade documentada por Dária Jaremtchuk demonstra outra realidade: apesar de todos os esforços para "atrair" artistas brasileiros para o ponto de vista de Washington, o índice de sucesso foi desanimador.

Políticas da atração estuda a natureza desse fluxo de artistas brasileiros para Nova York nas décadas de 1960 e 1970. O período marcou a reorientação do olhar de artistas brasileiros de Paris para os Estados Unidos. Alguns foram como exilados, outros como artistas curiosos por conhecer mais sobre a cena artística nova-iorquina e interessados em usar a bolsa para trabalhar por um ano nos Estados Unidos. Uns aproveitaram esse tempo para criar obras políticas que criticavam o regime militar brasileiro, enquanto outros se inspiraram em seu novo ambiente para expandir o escopo de sua obra criativa.

A pesquisa identificou um conjunto muito diversificado de artistas com objetivos e aspirações distintas. É a riqueza desse grupo – que nunca se consolidou em uma "comunidade" – que torna o livro interessante. Como se dá sentido a esse fenômeno? O que havia de novo ou único nele? Havia de fato ideais comuns entre esses diferentes artistas? Podemos falar em uma "cena" de artistas brasileiros em Nova York nesse período?

Em vez de desenvolver uma hipótese *a priori* ou construir uma estrutura artificial para falar sobre esse processo, a autora vasculhou dezenas de arquivos nos Estados Unidos para primeiramente mapear e depois analisar esse fenômeno. O livro traça o perfil da produção artística no Brasil durante o regime militar e os motivos pelos quais diferentes artistas se apaixonaram pela ideia de estudar no exterior. Até que ponto alguns desses artistas foram realmente exilados e até que ponto eles estavam apenas aproveitando uma nova oportunidade financeira para apoiar seus empreendimentos criativos em outro país? Um exame desse processo de *push-pull* leva a uma investigação sobre a natureza da cena artística brasileira em Nova York. Eles se comunicaram entre si? Interagiram com artistas de outras partes da América Latina ou com artistas dos Estados Unidos? Como eles entendiam sua produção artística em relação ao país de acolhimento?

A autora aborda tanto a produção artística *per se* como o entendimento desses artistas de seus processos criativos nos Estados Unidos e o legado da sua produção posterior, quando retornaram ao Brasil.

Com a publicação desta obra, junto com o citado trabalho de Larissa Corrêa e o livro de Marcelo Ridenti, *O segredo das senhoras americanas* (também publicado pela Editora Unesp), temos estudos pioneiros que explicam as complexidades das dinâmicas da Guerra Fria no âmbito político-cultural.

●

INTRODUÇÃO

Em 2011 iniciei uma pesquisa sobre artistas brasileiros que viveram nos Estados Unidos durante a ditadura militar. Buscava compreender a complexidade desse fluxo, mapear as exposições das quais participaram e analisar os trabalhos produzidos nesse período de "exílio artístico". Para isso, havia selecionado um grupo que recebeu algum tipo de bolsa ou prêmio de viagem para poder acompanhar melhor as suas trajetórias desde o Brasil até Nova York. Nesse processo, ao mesmo tempo que recolhia essas informações, fui deparando também com documentos produzidos por órgãos e agências do governo estadunidense nos quais eram traçadas políticas direcionadas ao meio artístico brasileiro. A reunião e a análise desses materiais me possibilitaram desenvolver o conceito "políticas de atração", que se tornou o fio condutor deste livro.

O tema das relações culturais entre Brasil e Estado Unidos é complexo e polissêmico. Ainda que muitas análises tenham sido realizadas, as questões estão longe de ter sido esgotadas. Aqui se exploram facetas pouco discutidas sobre as naturezas das iniciativas dos Estados Unidos dirigidas ao meio artístico brasileiro nas décadas de 1960 e 1970. Partiu-se do princípio, confirmado ao longo da pesquisa, que havia uma distância entre a realidade, os silêncios tácitos e os objetivos camuflados. Ao longo do trabalho foram surgindo indagações sobre interferências de agentes exógenos ao campo das artes: quais ações foram propostas e com quais propósitos? Como identificá-las e mensurar os seus efeitos? Intercâmbios e exposições circulantes de arte foram utilizados como instrumentos nas disputas político-ideológicas? Como artistas, críticos e diretores de instituições reagiram às instrumentalizações? Quais as implicações das "políticas de atração" na produção dos artistas?

As perguntas e algumas respostas a elas foram sendo formuladas a partir da análise de uma vasta base documental, localizada em arquivos públicos e privados nos Estados Unidos. A metodologia da investigação combinou três elementos: a análise teórica, as constatações empíricas e os testemunhos. Entrevistas com artistas e personagens envolvidas também foram consideradas fontes relevantes, embora se reconheça serem carregadas por mediações e afetos vários e inevitáveis e, portanto, sujeitas a cotejamentos. Dessa forma, as hipóteses condutoras deste livro sustentam-se em uma documentação, constituída por relatórios da Embaixada, de agências de informação e de museus, ofícios, cartas, memorandos, artigos de jornais de época, boletins informativos, livros, catálogos de exposições coletivas e individuais, entrevistas, fôlderes, fotografias de eventos. Essas fontes documentais tornaram os arquivos a ancoragem fundamental deste livro. Dispersos em diferentes acervos, o grande volume de materiais primários manejados revelou uma realidade heterogênea, cuja análise certamente não foi aqui esgotada. Assumindo alguns riscos que essa condição proporciona, espera-se que este trabalho suscite o interesse por futuras investigações que possam preencher as lacunas aqui deixadas e estimular novos debates a respeito da natureza, dos condicionantes e das implicações da nova geopolítica das artes surgida na segunda metade do século XX, dos trânsitos facilitados de artistas, jornalistas culturais, diretores de museus, críticos de arte durante as décadas de 1960 e 1970 e de suas relações com o contexto da Guerra Fria cultural na América Latina. Desse modo, a historiografia poderia reativar o interesse por temas não muito frequentes no campo de estudos das artes visuais, como acomodação, cumplicidade, resistência e dependência de financiamentos.

Ainda sobre a natureza das fontes de pesquisa, as resenhas publicadas pela imprensa foram elementos essenciais para a reconstituição histórica das exposições circulantes e para a avaliação de suas repercussões. Nos marcos temporais deste livro, o jornalismo cultural ocupava grande espaço nos periódicos, não apenas publicando informações sobre as agendas artístico-culturais, mas também fomentando debates e formando públicos para as artes. Não por acaso, jornalistas responsáveis por colunas culturais foram também público-alvo das "políticas de atração".

As reflexões derivadas da pesquisa foram organizadas em quatro capítulos: no primeiro, recupera-se brevemente o percurso histórico e bibliográfico sobre a aproximação dos Estados Unidos em relação ao Brasil no campo das artes, assim como se discute o conceito de "políticas de atração". Priorizou-se identificar a existência das "políticas de atração" e o detalhamento dos seus mecanismos de funcionamento, ainda que um esforço considerável tenha sido dedicado também aos resultados concretos alcançados por elas. Em outras palavras, nem sempre os objetivos das "políticas de atração" foram plenamente atingidos, com graus variados de sucesso. No escopo desta metodologia, os intercâmbios pessoais e institucionais são observados como instrumentos estratégicos para a formação de redes de influência. Particularmente, são analisados os casos dos jornalistas culturais Roberto Pontual e de Jayme Maurício, para melhor compreender o aumento do campo de influências a partir das práticas de promoção e de apoio. Além disso, são recuperadas exposições itinerantes organizadas pelo International Art Program – National Collection of Fine Arts (IAP-NCFA), que tiveram o propósito de afirmar o caráter autônomo da produção artística estadunidense, desassociando-a da cultura de massa e de aspectos derivativos relacionados à produção europeia. Mesmo que se reconheça que essas mostras foram organizadas para circular pela América Latina, o estudo aqui proposto se limita a analisá-las especificamente no contexto brasileiro e nos debates locais nele implicados.

O segundo capítulo examina a conexão entre mostras circulantes promovidas pelo Museum of Modern Art (MoMA, Museu de Arte Moderna de Nova York) e as "políticas de atração". Particularmente, em 1964, foi lançado o Program of Exhibition Exchange with Latin America, projeto que tinha o apoio intelectual e financeiro do International Program, que previa sistematizar e aumentar o fluxo de mostras circulantes na América Latina. As análises de algumas dessas exposições – de "Josef Albers: homenagem ao quadrado", de "Tamarind: homenagem à litografia" e de "Nova fotografia nos Estados Unidos" – possibilitam conhecer os objetivos da instituição e a parceria que se estabelece com as agências governamentais para o sucesso do projeto. Ao mesmo tempo que essa parceria busca afirmar a hegemonia das artes estadunidenses, o MoMA se utiliza das mostras itinerantes para promover as suas práticas institucionais e firmar a sua posição como um dos maiores agentes na nova geopolítica internacional.

O terceiro capítulo é dedicado observar o envolvimento de instituições com as "políticas de atração", com destaque para o Instituto Brasil-Estados Unidos do Rio de Janeiro (Ibeu RJ) que ofereceu, em conjunto com empresas privadas, importantes prêmios de viagem a artistas. São realizados três estudos de casos: o Prêmio Ibeu – Standard Electric, dado a Antonio Maia, em 1968, e a Raimundo Colares, em 1970, e o prêmio International Telegraph Telephone, concedido a Ivan Freitas, em 1969. A escolha das premiações se justifica por terem os artistas a partir delas alcançado mais visibilidade, o que fez com que a imprensa da época revelasse detalhes sobre os deslocamentos, muitas vezes esquecidos ou mesmo suprimidos das biografias e dos relatos dos próprios artistas. Também são recuperadas as atuações da Guggenheim Foundation, da Organização dos Estados Americanos (OEA) e do Center for Inter-American Relations (Ciar).

Por fim, são examinadas as relações do Itamaraty com as "políticas de atração" por meio de um estudo de caso: a recuperação da história do Brazilian-American Cultural Institute (BACI), fundado oficialmente em 1964, mas mencionado previamente em um discurso do presidente John Kennedy, já em 1963. Isso levanta a suposição de que a criação do BACI teria sido motivada pela diplomacia estadunidense, haja vista o forte interesse pela formalização do instituto e a presença de congressistas em seu quadro de diretores. A hipótese com a qual se trabalha é que "políticas de atração" e ações promovidas pela ditadura militar para o campo artístico não estão necessariamente relacionadas entre si, embora haja convergência de interesses em algumas conjunturas específicas. Desse modo, a instrumentalização da arte e da cultura durante o governo militar foi discutida aqui a partir de casos particulares e de ações específicas, e muitas das análises mais gerais sobre as atividades da diplomacia cultural brasileira durante a Guerra Fria e em relação à ditadura militar permanecem abertas.

1
•
"POLÍTICAS DE ATRAÇÃO"
VOLTADAS PARA O MEIO ARTÍSTICO BRASILEIRO

"Políticas de atração"

Nas décadas de 1960 e 1970, um contingente expressivo de artistas brasileiros fez dos Estados Unidos, mais especificamente de Nova York, o destino privilegiado de suas viagens artísticas e culturais. Mesmo que a inclusão dessa cidade tenha sido inevitável no roteiro de qualquer artista contemporâneo, o argumento que se desenvolve neste livro considera que esse fluxo foi intensificado pelo acionamento de engrenagens sub-reptícias e intenções camufladas por parte de setores do governo norte-americano, com o envolvimento de instituições e de fundações privadas. Essas estratégias, aqui denominadas "políticas de atração", contribuíram para a afirmação dos Estados Unidos no campo cultural brasileiro e para o alargamento de sua influência. Seguramente, não foram ações casuais e inconsequentes, haja vista o esmorecimento do antiamericanismo no meio das artes em curto espaço de tempo.

Analisando as relações entre Brasil e Estados Unidos em 1976, Silviano Santiago (1976, p.667) destacou a mudança na opinião nos brasileiros em relação ao país do Norte:

> A década de [19]60 é uma década contraditória e de divisões ideológicas incompatíveis. Ponhamos que seja uma laranja feita de duas metades que não se dialogam. [...] Os textos chegam a ser até mais explícitos no seu antiamericanismo. É o auge do populismo

e do *"yankee, go home!"*. Mas já na segunda metade, tendo a cultura americana passado por uma reviravolta geral, torna-se mais atrativa e menos atacável por parte dos intelectuais brasileiros. Chega mesmo a ser invejada, imitada, copiada sem qualquer escrúpulo ideológico. Por algum tempo, aqui e alhures, acreditou-se que da América sairia o "novo Homem" de que fala todo discurso ideológico progressista. Liberado das amarras do trabalho alienante, vivendo despreocupado dentro de uma economia da fartura, descobrindo através de livros de Marcuse e de Norman Brown o valor do "princípio de prazer" freudiano, educado pelo mais sofisticado e mais caro sistema de ensino até então atingido pela humanidade, o americano começou a consumir e a exportar um pensamento liberado, liberador e incondicionalmente revolucionário.

Tais observações podem também ser estendidas para o âmbito das artes, pois para a reversão do anti-imperialismo identificado no meio artístico e cultural da década de 1960 foram acionadas "políticas de atração" que objetivavam conquistar a elite culta brasileira.

O conceito "políticas de atração" é tributário de uma tradição de autores que discute a importância dos artifícios culturais e artísticos para a dissuasão política e ideológica. Como não poderia deixar de ser, *O imperialismo sedutor*, do historiador Antonio Pedro Tota (2000), é referência incontornável nessa discussão, assim como *Soft power*, do analista das relações internacionais Joseph Nye Jr. (2004, p.x), segundo quem

> [...] a sedução é sempre mais eficaz que a coerção, e muitos valores tais como a democracia, os direitos humanos e as oportunidades individuais são profundamente sedutores. [...] Um país pode obter os resultados que almeja na política mundial, porque outros países – *admirando seus valores, emulando seu exemplo, aspirando ao seu nível de prosperidade e de abertura* – querem segui-lo. Neste sentido, também é importante *definir a agenda e atrair outros países,* e não os forçar a mudar com a ameaça da força militar ou sanções econômicas. Este "poder brando" faz com que os outros desejem os resultados que você deseja – isto é, usando uma forma de cooptar as pessoas em vez de coagi-las. (grifos do original)

Durante a Guerra Fria, dispositivos de sedução e de atração se tornaram frequentes nas relações internacionais caracterizadas por disputas entre modelos políticos e econômicos. Dentro dessa perspectiva, o termo "políticas de atração" se conecta a esse ambiente por se referir a um conjunto de estratégias colocadas em prática por setores do governo estadunidense no ambiente artístico e cultural brasileiro nas décadas de 1960 e 1970. Os propósitos eram explícitos: reverter – dentro da América Latina e não apenas do Brasil – a imagem negativa dos Estados Unidos e tornar o país referência hegemônica no campo artístico. Para chegar a esses resultados, foram lançados projetos e atividades específicas, dentre os quais os intercâmbios pessoais e institucionais, a organização de eventos literários, artísticos e culturais, a promoção do aprendizado da língua inglesa, as traduções de livros, os festivais de teatro e a circulação de exposições culturais e mostras de arte. Como as análises dos casos realizadas neste livro revelam, é possível reconhecer alinhamentos de condutas entre setores do governo e instituições que em nada parecem aleatórios, o que leva a pressupor algum tipo de envolvimento entre governo, museus, empresas e fundações privadas.

Foi no período da Guerra Fria que as artes se tornaram particularmente cruciais para as relações exteriores e instrumentos frequentes no processo de conquistas ideológicas. Richard Arndt (2022) destaca que, após a Segunda Guerra Mundial, aumenta a importância da diplomacia cultural pelo seu crescimento dentro das embaixadas, percentual que se estima ter chegado de 70% a 90%, a depender do país que se observa. O autor considera que as ações da diplomacia cultural conferem prestígio, simpatia e difundem imagens positivas dos países que reverberam na esfera internacional. Além disso, a diplomacia cultural tem se demonstrado fator relevante na construção de pontes entre intelectuais e profissionais de diferentes países e na formação de redes que contribuem para a transformação de mentalidades e para a quebra de resistências.

Nesse sentido, Arndt avalia que os intercâmbios culturais e educativos têm se demonstrado meios eficazes, principalmente quando se considera que o público com o qual a diplomacia se relaciona é formado por pessoas cultas e internacionalizadas, geralmente de perfil menos tendencioso politicamente. Mas deve-se lembrar que a diplomacia cultural se tornou importante instrumento nas relações internacionais por estar diretamente conectada a propósitos políticos e econômicos. Como adverte o autor, os diplomatas culturais, assim como os educadores, precisaram se estabelecer em algum lugar além de suspeita e evitar traços de propaganda em suas atividades. São eles ainda que, por conhecerem a realidade dos lugares onde atuam, fornecem as informações necessárias para a criação e a efetivação da política externa específica para cada país, o que os casos aqui analisados corroboram. Em outras palavras, para que se possa realizar uma intervenção bem-sucedida, o prognóstico precisa ser acurado e a diplomacia local tem os melhores meios para fazê-lo. Além disso, o autor também discute como, desde o final da década de 1970, houve um desmonte do quadro diplomático cultural dos Estados Unidos, que prosseguiu paulatinamente com os presidentes Jimmy Carter, Ronald Regan, George W. Busch e Bill Clinton, até a dissipação completa de uma estrutura que havia sido criada após a Segunda Guerra Mundial. Segundo Arndt, a cultura foi extremamente desvalorizada na década de 1980, quando os Estados Unidos se retiram da Unesco, as bibliotecas da United States Information Service (USIS) foram fechadas e o ensino do inglês deixou de ser uma política do governo (Arndt, 2022). Não por coincidência, o ápice e o declínio da diplomacia cultural estadunidense acompanham os marcos temporais deste livro.

Indubitavelmente, as estratégias aqui analisadas não são novas, pois já haviam sido postas em prática com sucesso no continente europeu na década de 1950 e, antes disso, na própria América Latina, com a Política de Boa Vizinhança, entre 1933 e 1945, como uma vasta bibliografia já revelou. Nesse sentido, seria importante retroceder no tempo e evocar o papel das artes nas aproximações diplomáticas entre Estados Unidos e Brasil ainda na primeira metade do século XX. Para essa análise, é preciso relembrar que a agência dirigida por Nelson Rockefeller, a Office of the Coordinator of Inter-American Affairs (OIAA), com a aprovação e o aval direto do próprio presidente Franklin Delano Roosevelt, traçou planos eficazes para melhorar a performance comercial e ainda combater o antiamericanismo na América Latina durante a Segunda Guerra. Nesse contexto, o domínio do Atlântico tornara-se estratégico para os Estados Unidos, devido ao crescimento da influência alemã na América Latina. Além disso, havia, para além dessas ameaças políticas, as restrições aos negócios diante do fechamento do mercado europeu.

Como diversas pesquisas já demonstraram, a presença dos Estados Unidos no continente foi cuidadosamente planejada e a conquista de mercado, seguida da penetração ideológica, foi paralela à exportação de um modelo civilizatório e de modernização.[1] Desde então, produtos estadunidenses eram apresentados relacionados à ideia, característica do *American way of life*, de bem-estar material e social. Nesse processo, foi intenso o incentivo à cultura de massa, ao ensino da língua inglesa e à difusão da cultura com a abertura de diversos centros binacionais (Instituto Brasil Estados Unidos – Ibeu). Estabeleceu-se um programa de propaganda, que incluía imprensa, rádio, intercâmbios, cinema, concertos e exposições circulantes de artes. Embora se reconheça a conexão entre a Política da Boa Vizinhança e as "políticas de atração", há diferenças, sobretudo porque o momento histórico das décadas de 1960 e 1970 possui desafios políticos e ideológicos próprios.

No campo das artes, já foram tratadas pela historiografia as relações bem-sucedidas entre o Estado, os negócios e as artes, assim como as intervenções e os incentivos de Rockefeller para a criação dos museus de arte moderna de São Paulo e do Rio de Janeiro.[2] Além desses apoios, o Office of the Coordinator of Inter-American Affairs promoveu exposições que circulariam pelo continente. Pelo papel desempenhado por Rockefeller nessas atividades, o MoMA acabou sendo instado a responder a demandas externas à sua própria agenda, tornando-se uma instituição promotora de intercâmbios artísticos entre a América Latina e os Estados Unidos.[3]

---

1 Sobre o tema, ver Tota (2000).
2 Ver Nascimento (2003), Fabris (2008) e Barros (2002).
3 Sobre os apoios velados do Office of the Coordinator of Inter-American Affairs (OIAA) às exposições circulantes, ver Serviddio (2019).

Helen M. Franc (1994) lembra que "o financiamento da agência, que não foi destinado pelo Congresso, mas sim pelo próprio fundo discricionário do presidente, foi o primeiro apoio monetário oficial para um programa de propaganda americano".[4] Durante os anos da guerra, o MoMA organizou para a OIAA um total de dezenove exposições de pinturas contemporâneas dos Estados Unidos, vistas em diferentes cidades da América Latina. Além disso, um total de 56 exposições e dezessete *slide talks* foram vendidas para circulação no Haiti, Brasil, Ilhas Britânicas, Irlanda, Índia, Egito, Austrália, Nova Zelândia, Espanha, Tchecoslováquia, Iugoslávia, Itália, Grécia, Bélgica e África do Sul (ibidem, p.110).[5] Contudo, conforme discutido no próximo capítulo, as exposições circulantes enviadas pelo MoMA para a América Latina, nas décadas de 1960 e 1970, foram mais bem sistematizadas pelo International Program, inclusive com a criação do Program of Exhibition Exchange with Latin America, em 1964.

Também em 1941, o Museum of Modern Art (MoMa), o American Museum of Natural History, o Brooklyn Museum e o Metropolitan Museum of Art organizaram, em colaboração com o OIAA, uma mostra de arte contemporânea estadunidense, com um conjunto de 159 pinturas e 110 aquarelas.[6] Esse conjunto foi dividido e circulou em três grupos de cidades: o primeiro foi constituído por Cidade do México, Santiago, Lima e Quito; o segundo, por Buenos Aires, Montevidéu e Rio de Janeiro; o terceiro, por Bogotá, Caracas e Havana. Em 1943, a "Brazil Builds", organizada pelo MoMA, pelo American Institute of Architects e pelo Coordinator of Inter-American Affairs (CIAA), foi vista na própria instituição em Nova York e também no Museo del Palacio de Bellas Artes, na Cidade do México. Depois disso, a mostra ainda circulou por diversas cidades nos Estados Unidos (ibidem, p.113).

Para os historiadores Antonio Niño e José Antonio Montero, essas atuações na América Latina foram as primeiras experimentações "nas áreas de informação e de relações culturais. Foram ali forjados os instrumentos que logo seriam empregados no

---

4 *"[...] the funding of the agency, which was not appropriated by the Congress but rather came from the President's own discretionary fund, was the first official monetary support for an American propaganda program."*

5 *"[...] a total of fifty-six exhibitions and seventeen slide talks were sold for circulation in Haiti, Brazil, the British Isles, Ireland, India, Egypt, Australia, New Zealand, Spain, Czechoslovakia, Yugoslavia, Italy Greece, Belgium, and South Africa."*

6 Entre as mostras de arte dos Estados Unidos que circularam no Brasil estão "La pintura contemporánea norteamericana", vista no Rio de Janeiro em dezembro de 1941; "The American Woodcut Today" (quarenta gravuras de trinta artistas), organizada pelo International Program e exibida em sete cidades (Rio de Janeiro, Porto Alegre, São Paulo, Santos, Belo Horizonte, Salvador e Recife) entre outubro de 1956 e maio de 1957. Documento intitulado "Art Activities between the Museum of Modern Art and Brazilian Institutions". Sem autor. 6 jun. 1957, p.1-4. IC/IP.A.623, MoMA Archives, NY.

território europeu", após o término da Segunda Guerra Mundial. Os autores sustentam a ideia de que durante a "política da boa vizinhança" a intervenção dos Estados Unidos na América Latina foi uma experiência com resultados favoráveis, tornando-a modelar para intervenções posteriores no campo cultural e artístico no continente europeu. Se nas décadas de 1940 e 1950 as atenções dos Estados Unidos estiveram concentradas na Europa devido à Guerra Fria, a América Latina tornou-se novamente um território de preocupação após o sucesso da Revolução Cubana em 1959. Niño e Montero indagam se a experiência na Europa, que havia sido tributária de ações anteriores na América Latina, sofreu reformulações quando levada novamente para o cenário latino. Isso porque o know-how de propaganda política, informativa e cultural, então duplamente bem-sucedido, primeiro na América Latina e depois na Europa, voltaria a ser efetivado nos países latino-americanos, contextos desfavoráveis aos Estados Unidos (Niño; Montero, 2012, p.14). Mais uma vez, as resistências deveriam ser limadas.

Niño e Montero (ibidem, p.13-32) sustentam ainda que, se nas décadas de 1940 e 1950 a intervenção estatal era demasiadamente forte e as ações eram reconhecidamente diretas e oficiais, novos personagens da sociedade foram incluídos na década seguinte para minimizar a presença governamental na realização das estratégias. Em outras palavras, se as propagandas e os intercâmbios foram instrumentos efetivos nas duas experiências, tanto na América Latina quanto na Europa, eles não poderiam mais ser identificados com a burocracia estatal quando de sua reedição na década de 1960. Afinal, o Estado não cria cultura, mas a subvenciona, a promove e a exporta. Assim, nessa perspectiva, a melhor estratégia seria estimular e envolver organizações sociais competentes da própria sociedade – como universidades, associações artísticas, fundações, estúdios cinematográficos etc. – para que elas fizessem a "propaganda cultural" de forma indireta. De modo cooperativo, setores do governo e da sociedade civil passaram a atuar de modo bastante eficiente, principalmente nos espaços em que os instrumentos de propaganda oficial não eram aconselháveis, como nos meios intelectuais, acadêmicos e artísticos. Como mostraram os autores, a cooperação entre o governo, o aparato diplomático e as fundações em prol de uma política exterior unificada ocorreu sem que sequer houvesse a "necessidade, em muitas ocasiões, de acordos formais" (ibidem, p.32). Afinal, durante a Guerra Fria, barrar o avanço da influência da União Soviética foi uma tarefa compartilhada por diversos setores da sociedade estadunidense.

Durante a Guerra Fria na Europa, os intercâmbios e a formação de redes acadêmicas favoreceram o surgimento de uma identidade unificada em torno da ideia de um pensamento científico ocidental. Ao mesmo tempo, as redes haviam se mostrado instrumentos eficientes para conquistas ideológicas. São ainda Niño e Montero (ibidem, p.39) que resumem o funcionamento desse processo:

[...] escolhia-se cuidadosamente os indivíduos que ocupavam posições estratégicas na estrutura social, *tentava-se moldar o pensamento e a opinião dessas elites mediante uma experiência de imersão na sociedade norte-americana*, e esperava-se influir por meio deles no conjunto da sociedade. Tratava-se [...] de uma ferramenta de duplo uso: *por um lado, fomentava a cooperação a longo prazo entre as duas sociedades ao criar vínculos e redes pessoais que podiam durar muito tempo*; no caso das bolsas de conteúdo acadêmico, elas eram a base da cooperação científica e educacional futura. Por outro lado, proporcionava benefícios políticos imediatos se se conseguia influir nas atitudes e na disposição dos visitantes, e com efeitos importantes se esses pertenciam às elites influentes ou faziam parte dos chamados "formadores de opinião". O financiamento dessas viagens era portanto uma forma muito eficaz de criar um capital de reconhecimento com importantes consequências simbólicas, de ganhar influência entre certos setores da sociedade local e de contar com interlocutores bem dispostos. (grifos nossos)[7]

Em suma, os intercâmbios favoreciam vínculos profissionais com instituições e ainda promoviam laços pessoais.[8] Eles acabaram por não ser necessariamente associados aos canais governamentais, pois as tratativas ocorriam diretamente entre os interessados, as universidades e as fundações, tornando mais difícil reconhecer propósitos políticos subjacentes. As intenções camufladas desses deslocamentos podem ser claramente identificadas nos relatórios oficiais produzidos por setores do governo estadunidense:

Muitas das atividades do programa USIS Brasil [...] não estão vinculadas a nenhuma questão específica de curto prazo, mas são projetadas para aumentar a compreensão brasileira dos EUA como sociedade, corrigir mal-entendidos e interpretações

---

7 "[...] *se elegía cuidadosamente a los individuos que ocupaban posiciones estratégicas en la estructura social, se intentaba moldear el pensamiento y la opinión de esas élites mediante una experiencia de inmersión en la sociedad norteamericana, y se esperaba influir a través de ellos en el conjunto de la sociedad*. Se trataba [...] *de una herramienta de doble uso: por un lado, fomentaba la cooperación a largo plazo entre las dos sociedades al crear vínculos y redes personales que podían durar mucho tiempo*; en el caso de las becas de contenido académico, eran la base de la cooperación científica y educativa futura. Por otro lado, proporcionaba beneficios políticos inmediatos si se lograba influir en las actitudes y las disposiciones de los visitantes, y con efectos importantes si estos pertenecían a las élites influyentes o formaban parte de los llamados "líderes de opinión". La financiación de esos viajes era por lo tanto una forma muy eficaz de crear un capital de reconocimiento con importantes consecuencias simbólicas, de ganar influencia entre ciertos sectores de la sociedad local y de contar con interlocutores bien dispuestos."

8 "*As in previous years, the Post plans through the Fulbright and International Visitors Programs to reinforce and broaden professional linkages between present and potential Brazilian leaders with individuals and institutions in the United States.*" Carta – De: U.S. Information Service (USIS Brasília). Para: USIA Washington. Subject: *Country Plan Proposal for Brazil*. 15 maio 1974, 59 p. Confidencial. Localizada na University of Arkansas Library – *Special Collections*, Bureau of Educational and Cultural Affairs Historical Collection (CU), Mc 468, box 14, folder 17, p.30.

errôneas e se apoiar na história de boas relações entre os dois países, *especialmente por meio dos intercâmbios e outros programas culturais*. (grifo nosso)[9]

Os intercâmbios e os programas culturais ocuparam espaços privilegiados nas propostas de atuação política dos Estados Unidos no Brasil, como se discutirá mais adiante. Sabe-se que os intercâmbios vinham sendo apresentados como atitudes desinteressadas, ligadas à produção do conhecimento ou às aproximações culturais como instrumentos de mão única, sem contrapartida aparente. Afinal, não figuravam como propaganda e sim como oportunidades educativas e filantrópicas. Dean Rusk, Secretário de Estado entre 1961 e 1969, sintetiza essa estratégia: "programas de intercâmbio cultural alcançam melhores objetivos precisamente quando não têm objetivos definidos" (apud Ribeiro, 2011, p.36). A participação das instituições privadas na promoção do fluxo de pessoas tornava os propósitos políticos menos perceptíveis.

Também Liping Bu examina a mobilização de recursos privados na diplomacia cultural e o envolvimento das instituições da sociedade civil na intensificação dos intercâmbios, sobretudo porque nos Estados Unidos as interações culturais com outros países já eram realizadas por essas instituições. Diz ela: "Por causa da sua experiência e dos seus papéis únicos em uma sociedade democrática, as filantropias, organizações profissionais e universidades americanas tornaram-se indispensáveis na oferta dos inúmeros programas de intercâmbio" (Bu, 1999, p.393).[10] No caso das universidades, esperava-se que gerassem um grande fluxo livre de estudantes e se configurasse uma rede acadêmica com perfil autônomo.

Embora os intercâmbios já tenham sido utilizados pelos Estados Unidos desde o século XIX como elemento de política externa, eles foram intensamente ampliados durante a Segunda Guerra Mundial e o período da Guerra Fria. Mas foi em 1949-1950 que surgiu o Foreign Leader Program, patrocinado pelo Departamento de Estado, projeto que ainda permanece ativo, mas agora com o nome de International Visitor Leadership Program (IVLP). Para Giles Scott-Smith, trata-se de um dispositivo eficaz para a diplomacia dos Estados Unidos, porque conecta elites de diferentes áreas e de

---

9 "*Many of USIS Brazil's program activities [...] are not linked to any one specific short-term issue but are designed to increase Brazilian understanding of the U.S. as a society, to correct misunderstandings and misinterpretations, and to build on the history of good relations between the two countries*, particularly through the exchanges and other cultural program" (grifo nosso). Carta – De: U.S. Information Service (USIS Brasília). Para: USIA Washington. Subject: *Country Plan Proposal for Brazil*. 15 maio 1974, 59 p. Confidencial. Localizada na University of Arkansas Library – *Special Collections*, Bureau of Educational and Cultural Affairs Historical Collection, Mc 468, box 14, folder 17, p.2.

10 "*Because of their expertise and their unique roles in a democratic society, American philanthropies, professional organizations, and universities became indispensable in delivering the multitude of Exchange programs.*"

diversos países com o propósito de influir e obter posições favoráveis em relação à política, à cultura e, consequentemente, aos interesses no país. Segundo o autor, o resultado do programa é visível pois, desde seu início em 1950, mais de 100 mil pessoas tinham dele participado, e desse montante, 177 se tornaram chefes de Estado ou de governo em seus próprios países (Scott-Smith, 2012, p.125-6).

O público escolhido para os intercâmbios, informa Scott-Smith, deveria apresentar características específicas para que pudesse contribuir na propagação de ideias e na formação de opiniões após o retorno aos seus países de origem. Assim, deveria haver um reconhecimento prévio do perfil de liderança no processo de escolha, diretriz que foi identificada na concessão de bolsas para artistas, diretores de museus e jornalistas culturais brasileiros, conforme se verá mais adiante.

Scott-Smith explica que esse método de seleção de intercambistas, que supostamente fossem intervir no contexto social ou político de seus países de origem, apoiava-se na teoria do psicólogo social Paul Lazarsfeld, apresentada no livro *The People's Choice*. Nele, o autor analisa o processo dos variados efeitos de recepção da mensagem pelo público e como informações e notícias recebiam interpretações variadas. Por meio de experimentos, verificou-se que a informação era interpretada pelo público de formas diversas, como uma espécie de fluxo baseado em "dois passos". No curso da experiência, percebeu-se a existência de filtros entre a emissão e a recepção, como um processo em que o mesmo conteúdo de informação proveniente de meios de comunicação não surtia o mesmo efeito que relatos de colegas ou personalidades respeitadas no meio. Estes últimos resultavam mais confiáveis, quando comparados a transmissões despersonalizadas. Segundo Scott-Smith, as experiências com as técnicas de comunicação apresentadas por Lazarsfeld podem ser reconhecidas no funcionamento do Foreign Leader Program. Afinal, em sua primeira etapa estava a identificação de lideranças e de pessoas influentes para serem eficientes transmissores de determinados conteúdos (Scott-Smith, 2012, p.129). Essas premissas aparecem claramente expressas nos projetos do Departamento de Estado para o Brasil:

> Programas bem-sucedidos no âmbito dos programas de visitantes internacionais têm sido especialmente eficazes em trazer sutilmente a percepção dessas possibilidades para líderes militares e políticos de mente aberta, que também tiveram a oportunidade de corrigir certos equívocos sobre os Estados Unidos e o povo americano. Em seu retorno, esses brasileiros compartilham suas observações com seus colegas e, assim, promovem os interesses dos Estados Unidos de uma forma que *é muito mais confiável* do que quando emanada de um oficial da embaixada ou de um empresário.americano.[11]

---

11 "*Successful programs under the international visitor programs have been especially effective in subtly bringing a realization of these possibilities to open-minded military and political leaders who also have had an*

Scott-Smith (2012, p.134-6) ainda observa que, para além da liderança, o intercambista deveria demonstrar predisposição e simpatia pelo destino da viagem, para que o deslocamento funcionasse como um modo de reforçar e consolidar uma opinião preexistente. Ou seja, valorizava-se uma postura interessada, com disposição e motivação para aprender, características próprias da juventude.

Devido a sua importância, os intercâmbios nos meios artísticos e culturais serão aqui analisados em maior detalhe. Como já dito, não se trata de dispositivos novos, pois durante a Política da Boa Vizinhança eles também foram empregados, embora no caso das artes, naquele momento, eles tenham sido bastante casuais. Basta lembrar da escolha Candido Portinari para realizar os painéis na Seção Hispânica na Biblioteca do Congresso, em Washington, 1941. Em contrapartida, George Biddle foi chamado para pintar os murais, a *Guerra* e a *Paz,* na Biblioteca Nacional, no Rio de Janeiro, em 1942 (Amaral, 2006, p.51). No entanto, mesmo constantes ao longo do século XX, quando se observa o fluxo de intercambistas latino-americanos, especificamente brasileiros, para os Estados Unidos nas décadas de 1960 e 1970, percebe-se que esse trânsito se intensifica e conecta mais diretamente com projetos delineados por setores do governo dos Estados Unidos. Havia projetos específicos e, para cada um deles, previa-se um público-alvo para os intercâmbios. Como as análises de documentos evidenciam, esses fluxos foram instrumentos fundamentais para a formação e consolidação de redes que aproximaram setores da sociedade brasileira – como políticos, militares, professores universitários, jornalistas, estudantes, artistas, intelectuais, diretores de museus etc. – de seus pares estadunidenses.

Nos relatórios produzidos por agências governamentais e aqui analisados, o Brasil é descrito como estratégico para os interesses dos Estados Unidos por suas dimensões territoriais na América do Sul, por ter fronteira com quase todos os países do continente e por possuir as maiores reservas de riquezas naturais inexploradas. Empresas estadunidenses tinham investimentos crescentes no país e já havia uma tradicional amizade entre os militares de ambos os países. É dentro desse contexto de interesses políticos e econômicos que as artes aparecem interligadas.

Portanto, as discussões aqui propostas se guiam por esse dispositivo de contornos esmaecidos, nos quais instâncias políticas e estratégias de vários níveis empreenderam

---

opportunity to correct certain misconceptions concerning the United States and the American people. On their return these Brazilians share their observations with their colleagues and thus further U.S. interests in a way that is much more credible than when emanating from an Embassy official or American businessman." Carta – Departamento de Estado dos Estados Unidos. Serviço Nacional de Informação. Carta A-340. [Da] Amembassy, Rio de Janeiro (RJ), Brasil, para Department of State (CU/ARA). Troca educacional e cultural. Plano *Country Program* 1972. 15 jul. 1970, 32 p. Não classificado. Ref.: Department CA-3046. Localizada na University of Arkansas Library – *Special Collections*, Bureau of Educational and Cultural Affairs Historical Collection (CU), Mc 468, box 14, folder 16, p.4.

o que aqui se entende por "políticas de atração", o que exige um olhar voltado não apenas à documentação do âmbito artístico, mas também a outros documentos e espaços políticos sociais correlatos. Essa configuração multifatorial de determinações cujos "objetivos" são indeterminados é fio condutor deste livro.

Intercâmbios e exposições itinerantes promovidos por órgãos governamentais

United States Information Agency (USIA) e Bureau of Educational and Cultural Affairs – Department of State

A United States Information Agency (USIA), lançada em 1953 pelo então presidente Dwight D. Eisenhower, deveria coordenar as operações de informação oficial do país voltadas ao estrangeiro, termo menos problemático do que "propaganda" nos Estados Unidos. No espectro de suas funções, estavam a produção de programas para rádio (sendo "Voz da América" seu produto mais conhecido), a organização de bibliotecas e de exposições culturais (mostras de arte e outros temas), tradução de livros, produção de material de divulgação para a imprensa e a realização de filmes/documentários. Seus postos no estrangeiro tinham a denominação United States Information Service (USIS) e cuidavam da introdução e operacionalização das ações, trabalhando em conjunto com outros setores governamentais. A agência foi extinta pelo presidente Bill Clinton em outubro de 1999 e suas atribuições transferidas para o Departamento de Estado (Wulf, 2013, p.1-2).[12]

Segundo Andrew James Wulf, a missão da USIA era "apresentar evidências aos povos de outras nações, por meio de técnicas de comunicação, de que os objetivos e as políticas dos Estados Unidos compartilham e promoverão suas legítimas aspirações de liberdade, progresso e paz". Para isso, diz o autor, "a USIA adaptaria as técnicas de marketing do consumidor à máquina de propaganda externa dos EUA" (ibidem, p.94).[13] No caso brasileiro, a oficialidade da agência costumava ser dirimida, pois muitas vezes a sigla USIA era apresentada como Agência de Divulgação e Relações Culturais ou então não constava nos materiais de divulgação das exposições e eventos que ela própria promovia.[14]

---

12 Para um quadro pormenorizado das fusões entre agências e órgãos governamentais dos Estados Unidos ver Cummings (2003).

13 "[...] to submit evidence to peoples of other nations by means of communication techniques that the objectives and policies of the United States are in harmony with and will advance their legitimate aspirations for freedom, progress and peace, [...] the USIA would adapt consumer marketing techniques into the U.S. overseas propaganda machine."

14 A Participação Americana Evidencia a Importância da Bienal de São Paulo, *Correio Braziliense*, 22 set. 1963.

O Bureau of Educational and Cultural Affairs foi também um setor do governo implicado nas "políticas de atração" e que viria a cuidar de grande parte dos intercâmbios aqui analisados. Foi criado em 1961, dentro do Departamento de Estado, e encerrado em 1978, quando o presidente Jimmy Carter reorganizou a United States Information Agency (USIA), incorporando o Bureau a ela, passando ambos a formar a United States International Communication Agency (USICA).

Nos seus anos de vigência, a USIA e o Bureau estiveram envolvidos nos planejamentos anuais do governo dos Estados Unidos para atuar no estrangeiro, os chamados Country Plans. Nesses planejamentos, a política externa dos Estados Unidos aparece na forma de grandes objetivos a atingir por meio da realização de projetos delineados para setores específicos da sociedade. Ao mesmo tempo que os Country Plans eram confidenciais (*classified*), com circulação limitada entre setores do governo, seu conteúdo era genérico, e temas delicados – como ditaduras, intervencionismo ou apoio ao governo militar brasileiro – não aparecem claramente.

Não surpreende que o público-alvo prioritário nos Country Plans fossem os setores político, militar e econômico. Mesmo que o propósito da pesquisa seja a análise sobre o espaço das artes nesses planejamentos, observar de modo geral o perfil dos Country Plans possibilita conhecer a articulação entre as "políticas de atração" voltadas para diversos setores da sociedade brasileira e o espaço para as artes dentro deles.

No Country Program Memorandum for Brazil, de 1971, por exemplo, o primeiro propósito era alcançar a "amizade e a cooperação com os Estados Unidos". Para atingi-lo, privilegiava-se a esfera do comércio, da importação, da economia e do desenvolvimento social, para em seguida criar cooperações militares e medidas de segurança direcionadas de modo mais específico às lideranças políticas, militares e econômicas.[15] A diretriz projetava:

> [...] dar aos principais líderes governamentais, militares e empresariais uma perspectiva mais equilibrada e tranquilizadora da América contemporânea, mostrando que nosso

---

15 "*That the GOB remains in the control of those who identify with a policy of friendship and cooperation toward the United States; 2) That the generally positive orientation of Brazilian popular attitudes toward the U.S. be sustained and built upon.*" Documento da U.S. Information Agency and Bureau of Educational and Cultural Affairs, Dept. of State. 18 jun. 1971. Confidencial. Localizado na University of Arkansas Library – *Special Collections*, Bureau of Educational and Cultural Affairs Historical Collection (CU), Mc 468, box 15.F10, p.21-2. Nesse relatório aparecem as seguintes atividades do Bureau (CU): Project 1. Military Officer; Project 2. Government Leaders; Project 3. Young professors; Project 4. Council of International Programs; Project 5. Young State Deputies; Project 6. University Student Visitors to U.S.; Project 7. Educational Leader Visits; Project 8. UCLA Seminar.

país, com suas instituições livres e forças de compensação, é capaz de lidar com mudanças dinâmicas, resistir a tensões internas e evoluir e melhorar constantemente.[16]

Apesar de um ambiente em geral favorável, os Estados Unidos reconheciam haver uma batalha ideológica a ser travada com nacionalistas que se opunham à expansão e à presença econômica dos Estados Unidos no Brasil:

> [...] os Estados Unidos são continuamente criticados por certos grupos de intelectuais muito expressivos, ativos, e imbuídos de um nacionalismo que é frequentemente expresso como totalmente antiamericano. Esta é a mais extrema posição entre certos tipos de jornalistas e intelectuais. Neste grupo devem ser adicionados os esquerdistas extremos, altamente ideológicos que, embora em número reduzido, no passado foram muito ativos e articulados. Apesar de ser uma minoria, estes grupos são influentes e aumentam a importância do Programa de Intercâmbio. [...] Muitos professores da Escola de Minas [School of Mines] desconfiam dos laços estreitos com instituições norte-americanas e, *através do programa de intercâmbio, poderiam em certa medida ajudar a modificar estes sentimentos*. (grifo nosso)[17]

---

16 "*[...] give top government, military, and business leaders a more balanced and reassuring perspective of contemporary America by showing that our country, with its free institutions and countervailing forces, is able to cope with dynamic change, to withstand internal strains, and constantly to evolve and improve.*" Documento da U.S. Information Agency and Bureau of Educational and Cultural Affairs, Dept. of State. Country Program Memorandum for Brazil. 18 jun. 1971. Confidencial. Localizado na University of Arkansas Library – *Special Collections*, Bureau of Educational and Cultural Affairs Historical Collection (CU), Mc 468, box 15.F10, p.23. Uma das preocupações frequentes era a imagem negativa dos Estados Unidos associada aos conflitos raciais internos e à Guerra do Vietnã, constantemente veiculada na imprensa. Como alternativa, o Country Program Memorandum for Brazil sugeria que se buscasse oferecer outra imagem do país, em que predominassem instituições fortes e democráticas que sempre foram capazes de superar obstáculos ao longo de sua história.

17 "*In spite of this overall favorable environment, internal dissensions exist in Brazil and as stated in the CPPM 'the Unite States is continuously criticized by certain segments of intellectual circles which are vocal, active, and imbued with a nationalism, which is often expressed as outright anti-Americanism. This is most extreme among certain types of journalists and intellectuals.' To this group must be added the extreme ideological leftists who though small in number have in the past been very active and articulate. Even though a minority, these groups are influential and increase the importance of the Exchange Program. [...] Many professors at the School of Mines are distrustful of the U.S. closer ties with American Institutions* through the CU program could to some degree modify these sentiment" (grifo nosso). Carta – Departamento de Estado dos Estados Unidos. Serviço Nacional de Informação. Carta A-340. [Da] Amembassy, Rio de Janeiro (RJ), Brasil, para Department of State (CU/ARA). Troca educacional e cultural. Plano *Country Program* 1972. 15 jul. 1970, 32 p. Não classificado. Ref.: Department CA-3046. Localizada na University of Arkansas Library – *Special Collections*, Bureau of Educational and Cultural Affairs Historical Collection (CU), Mc 468, box 14, folder 16, p.3. Carlos

Reconhecida a força de influência dos intelectuais de esquerda que eram críticos aos Estados Unidos, o programa de intercâmbios os colocava entre o público-alvo. Igualmente, os líderes estudantis aparecem elencados como público a ser envolvido nos projetos, como se pode ver no UCLA Seminar Project, programa que se realizava na Universidade da Califórnia em Los Angeles desde 1962.[18] A viagem proposta tinha a duração de dois meses e os jovens visitavam, além da UCLA, outras cidades dos Estados Unidos. Há informações mais detalhadas sobre o processo de seleção, haja vista a universidade manter anualmente o mesmo programa:

> Os estudantes foram escolhidos através de uma seleção feita pelo Departamento Cultural do Serviço de Divulgação e Relações Culturais dos Estados Unidos e pelo sr. Claude Hulet, coordenador do programa e professor da UCLA. Todos os anos os candidatos são entrevistados preliminarmente e a seleção final é feita em agosto. Os participantes precisam ser universitários e passar em determinados testes de inglês.[19]

A notícia era acompanhada de fotografia e informação de que o grupo fora recebido pelo ex-astronauta Michael Colins, que era então assistente especial de relações públicas do Departamento de Estado, e Donald B. Cook, chefe do Programa de Intercâmbio Educacional do Departamento de Estado.

Na efetivação do projeto, aos agentes do governo cabia selecionar cuidadosamente os candidatos com perfil de liderança atual e futura que estivessem adequados aos objetivos planejados. A seleção era padronizada e similar à praticada em outros países, com exceção da escolha de líderes e de alguns programas específicos. No relatório de 1971, reconhecia-se o sucesso na seleção de líderes, porque dos 22 governadores eleitos no Brasil em 1970, sete deles haviam viajado para os Estados Unidos no programa Leader Grants. Para o processo seletivo dos candidatos, várias representações dos Estados Unidos estavam envolvidas: a Embaixada em Brasília, seis postos do USIS

Fico (2008, p.201) também já informou que, entre março de 1964 e julho de 1965, 180 líderes estudantis visitaram os Estados Unidos por trinta dias: "Outros 220 jovens líderes também participaram de programas especiais de grupos que faziam a 'viagem-seminário', com o apoio do *Inter-American University Association Program*".

18 Cf. Carta – Departamento de Estado dos Estados Unidos. Serviço Nacional de Informação. Carta A-340. Da Amembassy, Rio de Janeiro (RJ), Brasil, para Department of State (CU/ARA). Troca educacional e cultural. Plano *Country Program* 1972. 15 jul. 1970, 32 p. Não classificado. Ref.: Department CA-3046. Localizada na University of Arkansas Library – *Special Collections*, Bureau of Educational and Cultural Affairs Historical Collection (CU), Mc 468, box 14, folder 16, p.12.

19 *EUA. Notícias Culturais*. Serviço de Divulgação e Relações Culturais dos Estados Unidos da América, número 13, s.d., s.p. Localizada no Smithsonian Institution Archives, RU 321 Box 128 C24/06/06 – C25/06/04, folder 67-13.

e três subpostos do USIS, dando ao processo etapas escalonadas e fazendo com que os candidatos fossem avaliados em diferentes quesitos.[20]

No relatório de 1972, o Government Leaders era avaliado de modo pouco satisfatório: "Este projeto ainda não apresentou nenhuma evidência da sua eficácia".[21] Apesar disso, o texto valorizava as impressões positivas do grupo sobre os Estados Unidos que, acreditava-se, seriam efetivamente transmitidas aos colegas.[22]

Outro exemplo que contribui para a compreensão do funcionamento dessas engrenagens que visavam conquistar o público está nesse mesmo relatório de 1972. Havia necessidade de divulgar os propósitos gerais da política externa dos Estados Unidos, que pregavam que o país queria a paz, não tinha ambições territoriais e que se voltava "para uma ordem de segurança internacional na qual os direitos de todas as nações estão representados". Como a imprensa era o espaço mais adequado para esse tipo de divulgação, o documento citava um caso concreto que havia apresentado resultados favoráveis. Roberto Jares Martins, editor de política da *Folha do Norte*, de Belém do Pará, havia viajado pelo Project Communicators em janeiro de 1972 e retornado ao Brasil com grande entusiasmo. Publicou artigos favoráveis a respeito dos temas em questão, além de expor sua experiência pessoal de viagem aos Estados Unidos. No balanço desse caso, os textos publicados serviram para contabilizar os resultados positivos do programa.[23]

---

20 "*Officers from all of these units, as well as representatives of all Embassy divisions, participate actively in formulation of the mission's exchange program. [...] With the exception of the leader and certain educational travel programs, selection procedures were standard and similar to those used in many other countries.*" Documento da U.S. Information Agency and Bureau of Educational and Cultural Affairs, Dept. of State. Country Program Memorandum for Brazil. 18 jun. 1971. Confidencial. Localizado na University of Arkansas Library – *Special Collections*, Bureau of Educational and Cultural Affairs Historical Collection (CU), Mc 468, box 15.F10, p.1-2.

21 "*[...] This project has not yet born any evidence of effectiveness fruit.*" Documento – Annual Field Proposal for Brazil. Dados distribuídos pela USIA Communications Unit. Brasília, 12 jun. 1972. Confidencial. Localizado na University of Arkansas Library – *Special Collections*, Bureau of Educational and Cultural Affairs Historical Collection (CU), Mc 468, box 15.F10, p.4.

22 Cf. Documento – Annual Field Proposal for Brazil. Dados distribuídos pela USIA Communications Unit. Brasília, 12 jun. 1972. Confidencial. Localizado na University of Arkansas Library – *Special Collections*, Bureau of Educational and Cultural Affairs Historical Collection (CU), Mc 468, box 15.F10, p.4. O objetivo a que o texto se refere é "*Give top government, military and business leaders a more balanced and reassuring perspective of contemporary America by showing that our country, with its free institutions and countervailing forces, is able to cope with dynamic change, to withstand internal strains, and constantly to evolve and improve*" (p.1 do mesmo documento).

23 Cf. Documento – Annual Field Proposal for Brazil. Dados distribuídos pela USIA Communications Unit. Brasília, 12 jun. 1972. Confidencial. Localizado na University of Arkansas Library – *Special Collections*, Bureau of Educational and Cultural Affairs Historical Collection (CU), Mc 468, box 15.F10, p.9.

Dentro dos Country Plans aqui analisados, chama a atenção o espaço reservado para a elite culta e intelectual brasileira, assim como para a comunidade acadêmica. Em 1971, por exemplo, esses grupos aparecem nos projetos como público-alvo logo após os políticos e os militares. Segundo o relatório, era necessário

> [...] apresentar evidências para a comunidade intelectual e acadêmica, especialmente de que as notáveis conquistas da América no teatro, na música, na arte, na literatura e na arquitetura estão relacionadas ao progresso material que proporcionou mais lazer e trouxe cultura às massas.[24]

Certamente, essas observações se relacionam com os resultados de pesquisas realizadas pelo USIS que revelavam que a intelectualidade brasileira não identificava os Estados Unidos como o autêntico produtor de alta cultura, e sim a Europa, mais especificamente a França. Contextualizando esse quadro, o relatório de 1972 informava que países europeus, como França, Grã-Bretanha, Alemanha, Itália e Holanda, mantinham no Brasil programas com informação sobre cultura e ainda subsidiavam produções artísticas para visitarem o país com regularidade.[25] Ao mesmo tempo, o relatório apontava que o Departamento de Estado parecia estar indo na direção contrária, pois não destinava apoio financeiro suficiente para reverter a concepção dos brasileiros sobre a inferioridade das artes e da cultura dos Estados Unidos em relação à europeia.[26] No texto, reconhecia-se ainda que a elite brasileira era acessível e se interessava por arte, o que facilitava o processo de reversão sobre a produção artística estadunidense. À vista disso, o USIS deveria desenvolver ações para tornar as artes mais visíveis, o que faria com que o prestígio surgisse naturalmente na elite brasileira. No relatório de 1972, podia-se ler:

---

24 "*Present evidence to the intellectual and academic community, in particular, that the outstanding achievements of America in the theatre, art music, literature, and architecture are related to the material progress which has provided more leisure and brought culture to the masses.*" Documento da U.S. Information Agency and Bureau of Educational and Cultural Affairs, Dept. of State. Country Program Memorandum for Brazil. 12 jun. 1972. Confidencial. Localizado na University of Arkansas Library – *Special Collections*, Bureau of Educational and Cultural Affairs Historical Collection (CU), Mc 468, box 15.F10, p.35.

25 Cf. Documento da U.S. Information Agency and Bureau of Educational and Cultural Affairs, Dept. of State. Country Program Memorandum for Brazil. 18 jun. 1971. Confidencial. Localizado na University of Arkansas Library – *Special Collections*, Bureau of Educational and Cultural Affairs Historical Collection (CU), Mc 468, box 15.F10, p.36.

26 Cf. Documento – Annual Field Proposal for Brazil. Dados distribuídos pela USIA Communications Unit. Brasília, 12 jun. 1972. Confidencial. Localizado na University of Arkansas Library – *Special Collections*, Bureau of Educational and Cultural Affairs Historical Collection (CU), Mc 468, box 15.F10, p.11. Como possibilidade de reverter esse cenário, o relatório quantificava os seguintes grupos a serem atingidos: 310 intelectuais; trezentos líderes acadêmicos, mil estudantes universitários com potencial de liderança; 370 líderes da mídia.

Embora possa ser verdade que muitos intelectuais brasileiros tendam a procurar na Europa evidências de conquistas culturais, eles não fecham automaticamente seus olhos para as realizações dos Estados Unidos. [...] Há então uma receptividade genuína por parte dos brasileiros em relação às atividades do USIS no Brasil projetadas para alcançar esse objetivo.[27]

Sugeria-se, inclusive, maior eficiência no uso dos centros binacionais, com os quais o USIS cooperava. As oportunidades deveriam ser aproveitadas e potencializadas, como foi o caso da construção da Casa Thomas Jefferson, em Brasília, um projeto do arquiteto Romaldo Giurgola, datado de 1972, que por si só já poderia ser apresentado como uma exibição de arte estadunidense. Inclusive, em 1974, quando o arquiteto se encontrava no Brasil para a inauguração da Casa, sugeriu-se que ele participasse de seminários organizados em Brasília e em Belo Horizonte.[28] Afinal, o programa de atividades do USIS, além de contribuir para o entendimento dos brasileiros sobre os Estados Unidos, deveria corrigir incompreensões e más interpretações e contribuir para que boas relações entre ambos os países se consolidassem. Subentende-se que não se tratava de trocas culturais ou de busca por entendimento mútuo, mas de um poderoso monólogo em busca de afirmação de suas instituições e de sua produção artística. Para isso, buscava-se a afirmação da hegemonia no campo cultural por meio da promoção de sua produção artística. Ao mesmo tempo, esse dispositivo de apresentação da qualidade das artes estadunidenses visava enfraquecer o anti-imperialismo da intelectualidade brasileira da década de 1960.

Durante a Guerra Fria, a diplomacia cultural dos Estados Unidos precisou lidar com uma propaganda antiamericana em que se destacava a dependência de sua cultura em relação a matrizes europeias e seu laço com o entretenimento. Reverter a imagem das artes e cultura associadas à indústria cultural foi um dos propósitos frequentes nas campanhas das agências de propaganda em solo europeu. William Johnstone Jr., Director of State Department Educational Exchange Office, destacou que diante das táticas de propaganda da União Soviética antiamericanas, "as belas artes e outras

---

27 "*While it may be true that many Brazilian intellectuals tend to look toward Europe for evidence of cultural achievement, they do not automatically shut their eyes to U. S. accomplishments. [...] There exits then a genuine receptivity on the part of Brazilians toward USIS Brazil activities designed to achieve this objective.*" Documento – Annual Field Proposal for Brazil. Dados distribuídos pela USIA Communications Unit. Brasília, 12 jun. 1972. Confidencial. Localizado na University of Arkansas Library – *Special Collections*, Bureau of Educational and Cultural Affairs Historical Collection (CU), Mc 468, box 15.F10, p.43.

28 Carta – De: U.S. Information Service (USIS Brasília). Para: USIA Washington. *Country Plan Proposal for Brazil*. 15 maio 1974, 59 p. Confidencial. Localizada na University of Arkansas Library – *Special Collections*, Bureau of Educational and Cultural Affairs Historical Collection (CU), Mc 468, box 14, folder 17, p.12.

atividades culturais deveriam ser prioritárias nos programas de intercâmbio dos Estados Unidos" (Bu, 1999, p.402).[29]Afinal, tinha sido a própria indústria cultural que, no entreguerras, disseminou a imagem dos Estados Unidos como espaço de entretenimento e de cultura de massa, o que acabou se transformando em imagem de país desprovido de arte e cultura. Como forma de transformar esse perfil e conquistar a elite cultural europeia com suas qualidades artísticas, foi necessário dar visibilidade e promover uma produção mais elitizada, com itinerâncias de mostras de arte, turnês com orquestras sinfônicas, grupos de jazz etc. No caso da América Latina, os esforços foram na mesma direção e os dispositivos utilizados foram os mesmos.

Logo após o fim da Segunda Guerra Mundial, quando os Estados Unidos enviaram exposições para a Europa, a afirmação de uma arte original e verdadeiramente estadunidense tornou-se um objetivo para as agências governamentais. Nas décadas de 1960 e 1970, esse mesmo debate ocorreu no Brasil. Para que a originalidade e superioridade dessa produção fosse reconhecida e desbancasse a posição ocupada pelos franceses na opinião dos brasileiros, agentes e instituições foram mobilizados para introduzir projetos que pudessem combater a imagem de um país que desvalorizava as artes e a cultura – conteúdo que aparecia nas respostas dos brasileiros entrevistados pelo USIS. Assim, entre as diretrizes da diplomacia constava "Aumentar o reconhecimento do fato de que os Estados Unidos desenvolveram uma cultura original e dinâmica, enraizada na experiência histórica americana, que recebe estímulos e inspiração de várias fontes, e de que os esforços desse país nos campos da ciência e da tecnologia beneficiam toda a humanidade".[30]

Provavelmente, o USIS consideraria a "receptividade genuína" dos brasileiros como um facilitador para o sucesso de outra campanha: a afirmação do caráter autônomo da produção artística estadunidense, desassociando-a da cultura de massa e de aspectos derivativos relacionados à produção europeia.[31] Para o bom resultado desse empreendimento, o público-alvo deveria ser um seleto grupo de "artistas criativos", entre eles escritores, pintores, compositores e músicos.[32] Como as avaliações anteriores

---

29 *"fine arts and other cultural activities should be of first priority of US Exchange programs."*
30 *"Increase recognition of the fact that the United States has developed an original and dynamic culture, rooted in the American historical experience, which receives stimulus and inspiration from a variety of sources, and that the U. S. efforts in the fields of science and technology benefit all mankind."* Documento – Annual Field Proposal for Brazil. Dados distribuídos pela USIA Communications Unit. Brasília, 12 jun. 1972. Confidencial. Localizado na University of Arkansas Library – *Special Collections*, Bureau of Educational and Cultural Affairs Historical Collection (CU), Mc 468, box 15.F10, p.43.
31 Cf. Documento – Annual Field Proposal for Brazil. Dados distribuídos pela USIA Communications Unit. Brasília, 12 jun. 1972. Confidencial. Localizado na University of Arkansas Library – *Special Collections*, Bureau of Educational and Cultural Affairs Historical Collection (CU), Mc 468, box 15.F10, p.45.
32 Cf. Documento – Annual Field Proposal for Brazil. Dados distribuídos pela USIA Communications Unit. Brasília, 12 jun. 1972. Confidencial. Localizado na University of Arkansas Library – *Special*

das atividades do USIS Brasil já tinham sido promissoras, em 1975 a agência projetava a continuação de cursos e seminários sobre a cultura dos Estados Unidos em universidades brasileiras, fazendo exposições que enfatizassem o caráter qualitativo da cultura e convidando artistas estadunidenses de passagem pelo Brasil a realizarem *workshops*. Além disso, o USIS no Brasil deveria organizar programações culturais em turnês comerciais e promover concertos e *workshops* para essas apresentações. Em 1974, o mesmo objetivo aparece em outro documento: "aumentar o reconhecimento da criatividade, do dinamismo, da originalidade e da variedade das conquistas culturais dos Estados Unidos. Essas incluem as artes visuais, sonoras e cênicas".[33]

Mesmo que o suporte financeiro para a promoção das artes estivesse aquém do esperado, o documento pontuava resultados positivos de projetos nas atividades de intercâmbios, em seminários para estudantes, em programas de televisão e encontros de profissionais que contribuíam para que se reconhecessem os Estados Unidos como um produtor de conhecimento e de cultura. Pontualmente, eram citados dois seminários organizados pelo USIS, realizados no início da década de 1970, que resultaram na criação da Associação Brasileira de Professores Universitários de Literatura Americana.[34] O seminário que resultou na criação da Associação ocorreu no Rio de Janeiro entre os dias 5 e 15 de janeiro de 1970 e contou com a presença de 64 professores universitários. O propósito do encontro era "reunir professores de todo o país para estimular ainda mais seu desenvolvimento intelectual neste campo e discutir a cena literária americana".[35] Afinal, os professores estavam entre as categorias privilegiadas

---

Collections, Bureau of Educational and Cultural Affairs Historical Collection (CU), Mc 468, box 15.F10, p.44-5.

33 "*[...] increase recognition of the creativity, dynamism, originality and variety of U. S. cultural achievements. These include the visual, audio and performing arts.*" Carta – Departamento de Estado dos Estados Unidos. Serviço Nacional de Informação. De USIS Brasília (DF), Brasil, para USIA Washington (D.C.), EUA. Mensagem n. 27, 15 maio 1974. Submete o *Country Plan 1975*. Uso Oficial Limitado. Localizada na University of Arkansas Library – *Special Collections*, Bureau of Educational and Cultural Affairs Historical Collection (CU), Mc 468, box 14, folder 17, p.16.

34 O texto oferece ainda exemplos de atividades que falharam, como um curso de Cultura dos Estados Unidos na Universidade Federal do Rio Grande do Sul. O projeto estava sendo bem avaliado até se perceber que o curso estava sendo dado na Faculdade de Letras e que atingia poucos homens estudantes. Para o ano seguinte, o posto do USIS tentaria fazer o curso na faculdade de Direito ou de Economia. Cf. Documento da U.S. Information Agency and Bureau of Educational and Cultural Affairs, Dept. of State. Country Program Memorandum for Brazil. 18 jun. 1971. Confidencial. Localizado na University of Arkansas Library – *Special Collections*, Bureau of Educational and Cultural Affairs Historical Collection (CU), Mc 468, box 15.F10, p.6-7.

35 "*[...] to unite teachers from throughout the country to further stimulate their intellectual development in this field, and to discuss the American literary scene.*" Comunicação da U.S. Information Service. De: USIS Rio de Janeiro. Para: USIA Washington, 7 fev. 1970. Subject: Leading Cultural Activities Sponsored by USIS Brazil. January-June 1970. Localizada Smithsonian Institution Archives, RU 321, box 128 C24/06/06-C25/06/04, folder 67-13, "Event Seminar for University Professors of

para os intercâmbios, pois dariam mais visibilidade para os autores de língua inglesa no meio acadêmico, assim como contribuiriam para que a língua inglesa fosse o segundo idioma mais falado no Brasil.[36]

Em diversos casos, os relatórios/planejamentos informavam que o apoio de setores governamentais dos Estados Unidos não deveria ser explicitado, como se dá no projeto do USIS Book Translation Program (BTP), ferramenta considerada de muito sucesso. No Country Plan de 1971 há mais detalhes sobre isso:

> [...] os livros são escolhidos para tradução com base em sua contribuição direta para objetivos específicos. Como todos são de autores americanos, todos eles são transmissores dos valores e pontos de vista americanos. Além de seu valor em transmitir mensagens específicas, sua publicação tem o efeito cumulativo de aumentar o prestígio dos estudos americanos aos olhos dos brasileiros. [...] Os livros reservados para uso do USIS tornam-se partes valiosas das bibliotecas do USIS e do Binational Center, bem como itens úteis para apresentação a membros selecionados do público-alvo. Por último, como os livros trazem apenas o nome da editora local e não são atribuídos ao USIS, eles podem transmitir mensagens se atribuídos a um governo estrangeiro.[37]

American Literature", p.2. O seminário foi realizado no Rio de Janeiro, entre os dias 5 e 15 de janeiro e contou com a participação de 64 professores.

36 O interesse em tornar o inglês a segunda língua falada no Brasil aparece em diversos documentos, como por exemplo neste citado aqui: "[...] é nosso interesse contribuir para que o inglês seja uma segunda língua no Brasil. O objetivo é auxiliar professores brasileiros de inglês e incentivar o maior uso da língua inglesa americana em suas aulas, bem como para apoiar os BNCs [centros binacionais] que em 1969 tiveram uma matrícula de 71.748 alunos e um atendimento de 612.000 em bibliotecas e programas culturais" ("*[...] it is in our interest to contribute toward making English a second language in Brazil. It is designed to assist Brazilian teachers of English and encourage greater use of American in their classes as well as to support the BNCs which during 1969 had an enrollment of 71,748 students and an attendance of 612,000 at libraries and cultural programs*"). Carta – De: Amembassy Rio de Janeiro. Para: Department of State (CU/ARA). 20 jul. 1970, 32 p. Subject: Educational & Cultural exchange: Country Program Plan for FY 1972. Ref. Department CA-3046, June 1970. Localizada Arkansas, Mc 468, box 14, folder 16, p.2.

37 "*[...] books are chosen for translation on the basis of their direct contribution to specific objectives. Since all are by American authors, they are all transmitters of American values and points of view. Apart from their value in carrying specific messages, their publication has the cumulative effect of heightening the prestige of American scholarship in Brazilian eyes. [...] The books reserved for the use of USIS become valuable parts of USIS and Binational Center libraries, as well as useful items for presentation to selected members of target audiences. Lastly, since the books carry only the name of the local publisher and carry no attribution to USIS, they can carry messages if attributed to a foreign government.*" Documento da U.S. Information Agency, Bureau of Educational and Cultural Affairs, Dept. of State. Country Program Memorandum for Brazil. 18 jun. 1971. Confidencial. Localizado na University of Arkansas Library – *Special Collections*, Bureau of Educational and Cultural Affairs Historical Collection (CU), p.18.

O programa de tradução de livros parecia propiciar muito mais do que a difusão dos valores dos Estados Unidos e de seus intelectuais no meio brasileiro. No Country Plan Proposal de 1974, o Book Translation Program (BTP) aparece citado como um projeto de sucesso, com a informação adicional de que "o atual sistema de compra em média de mil exemplares das edições publicadas para distribuição direta deve ser mantido". Mas, por causa do aumento do preço do papel e dos custos da produção, o programa apoiaria em torno de vinte títulos em 1975, uma diminuição sensível se comparados aos 25 do ano anterior.[38]

Se por um lado a elite brasileira associava os Estados Unidos à inferioridade cultural e voltava os olhos para as artes europeias, ao mesmo tempo reconhecia a liderança estadunidense na ciência, na tecnologia, na indústria e nos negócios. Em relatório da agência de informação, datado de novembro de 1971, há dados sobre uma pesquisa a respeito da imagem dos Estados Unidos na América Latina. Dentre os seis países envolvidos no estudo, o Brasil era o que menos apresentava índice de rejeição àquele país, sendo esse resultado creditado às atividades realizadas pelo USIS. Entretanto, apesar da simpatia dos brasileiros pela terra do Tio Sam, a enquete evidenciava uma clivagem nas respostas recebidas: os aspectos positivos eram identificados com as conquistas do desenvolvimento industrial e econômico, na ciência e no padrão de vida dos estadunidenses; já os negativos referiam-se às questões raciais, à política externa e interna, ao sistema econômico e ao *way of life*. Essas impressões, segundo o documento, provinham de algum tipo de fonte de informação que não a agência dos Estados Unidos: "a reação brasileira é também o resultado de fatores externos que existem à parte das atividades do USIS".[39] Mesmo assim, o relatório considerava que tal desequilíbrio nas respostas dos brasileiros deveria ser reduzido e os intercâmbios e a promoção de mostras de artes seriam dispositivos utilizados para essa reversão.

Observando o Country Program Plan for FYI (Fiscal Year) de 1972, identificam-se três diferentes grupos de estadunidenses que poderiam contribuir para o cumprimento das metas estabelecidas: 1) *scholars* em Ciências Sociais, que poderiam fazer seminários curtos ou palestras, como, por exemplo, Willian Charleson e Samuel Hoar;

---

38 "*[...] the present system of buying an average of one thousand copies of the published editions for direct distribution should be continued.*" Carta – De: U.S. Information Service (USIS Brasília). Para: USIA Washington. Subject: *Country Plan Proposal for Brazil*. 15 maio 1974, 59 p. Confidencial. Localizada na University of Arkansas Library – *Special Collections*, Bureau of Educational and Cultural Affairs Historical Collection (CU), Mc 468, box 14, folder 17, p.23.

39 "*[...] but the Brazilian reaction is also the result of external factors which exist apart from USIS activities.*" Documento – Annual Field Proposal for Brazil. Dados distribuídos pela USIA Communications Unit. Brasília, 12 jun. 1972. Confidencial. Localizado na University of Arkansas Library – *Special Collections*, Bureau of Educational and Cultural Affairs Historical Collection (CU), Mc 468, box 15.F10, p.2.

2) personagens conhecidas do mundo da música, da dança, artistas e escritores, para conduzir pequenos *workshops* para jovens brasileiros, como, por exemplo, Gunther Schuller e Merce Cunningham; 3) especialistas competentes, não necessariamente líderes, que eram requisitados por organizações profissionais para projetos específicos, como, por exemplo, Marvin Hansen, professor da Universidade de Utah. Nas duas primeiras metas, esperava-se a participação de personagens notáveis. Dentre os propósitos previstos estava "melhorar a compreensão das conquistas dos Estados Unidos nas humanidades e belas-artes entre intelectuais brasileiros e líderes culturais selecionados do Rio, São Paulo, Brasília e capitais importantes".[40]

Se, por um lado, os intercâmbios de brasileiros para os Estados Unidos tiveram como propósito apresentar ambientes institucionais qualificados para um grupo seleto de pessoas, por outro, os artistas e os grupos que circularam pelo Brasil deveriam ter ampla projeção. Para isso, os compromissos sociais eram uma oportunidade para que a imprensa os transformasse em notícia. Além dos coquetéis de aberturas das mostras, as recepções aos artistas eram frequentemente noticiadas pela mídia, como no caso do artista Ralph Du Casse, que seria recebido com um coquetel pelo adido cultural dos Estados Unidos, Lawrence Morris, ocasião em que estariam artistas, críticos e jornalistas locais, que homenageariam "este jovem e sensível pintor norte-americano que [...] permanecerá entre nós por dois meses, sob o patrocínio do Departamento de Estado dos Estados Unidos" (Maurício, 1955b). Sempre que possível, eram fornecidas à imprensa imagens e informações sobre artistas e diretores de museus que visitavam o Brasil. Particularmente, por ocasião das bienais de São Paulo, essas táticas foram muito bem exploradas, pois artistas e curadores ganharam larga visibilidade nos periódicos brasileiros.

Ainda sobre a circulação de artistas, o Annual Field Proposal for Brazil destaca a turnê da Companhia de Dança de Nova York, que viajou por São Paulo, Curitiba, Rio de Janeiro e Salvador, no mês de setembro de 1971, financiada pelo Bureau of Educational and Cultural Affairs. Considerava-se que "a performance e os contatos entre artistas e o público produziram exatamente os resultados pretendidos por projetos dessa natureza".[41] Nesses relatos, a qualificação do evento era indispensável.

---

40 "[...] *to improve comprehension of U. S. achievements in the humanities and fine arts among selected Brazilian intellectuals and cultural leaders from Rio, São Paulo, Brasília and important provincial capitals.*" Carta – Departamento de Estado dos Estados Unidos. Serviço Nacional de Informação. Carta A-340. [Da] Amembassy, Rio de Janeiro (RJ) para Departamento de Estado (CU/ARA). 15 jul. 1970. Troca Educacional e Cultural: *Country Program Plan* 1972. Unclassified. Localizada na University of Arkansas Library – *Special Collections*, Bureau of Educational and Cultural Affairs Historical Collection (CU), Department CA-3046, Mc 468, box 14, folder 16, p.4. Para "Arts and Sciences" estavam previstas quatro bolsas de trinta dias de duração.

41 "[...] *the performance and contacts between performers and the public produced precisely those results intended by projects of this nature.*" Documento – Annual Field Proposal for Brazil. Dados distribuídos pela USIA Communications Unit. Brasília, 12 jun. 1972. Confidencial. Localizado na University

Como visto, embora a circulação de estadunidenses estivesse entre as "políticas de atração", a intensificação nos intercâmbios dos brasileiros para os Estados Unidos e as mostras circulantes parecem ter produzido resultados mais eficazes. Delineia-se uma política de mão dupla que, de um lado, intensifica a presença da cultura estadunidense em diversos espaços e, de outro, promove intercâmbios seletivos de artistas e intelectuais que contribuem para a disseminação dessa produção no contexto brasileiro.

Intercâmbios institucionais e pessoais

Embora os intercâmbios estudantis e culturais promovidos pelo governo e pelas universidades dos Estados Unidos sejam conhecidos, os intercâmbios voltados para o meio artístico esperam por maiores análises, sobretudo porque grande parte deles foi promovida por setores privados, o que significa ter as conexões com a política do governo menos explícitas.

Por sua vez, os intercambistas que recebiam a bolsa do governo dos Estados Unidos seguiam um roteiro de viagem, com duração variável entre trinta e sessenta dias para visitar instituições e conhecer personagens importantes na devida área de interesse.[42] Os intercâmbios, em muitos casos pagos diretamente pelo próprio Departamento de Estado, não parecem ter provocado constrangimentos no contexto cultural brasileiro, apesar das manifestações contrárias ao imperialismo dos Estados Unidos. Talvez os contemplados interpretassem o resultado como conquista pessoal, premiação, privilégio ou mesmo oportunidade de oxigenação, sobretudo em um ambiente restritivo e opressivo devido à ditadura brasileira. Muito provavelmente, a participação oficial do governo era minimizada diante dos nomes das instituições que seriam visitadas ou então compreendida como setor oficial que efetivava os deslocamentos. A dissociação entre as práticas institucionais e as políticas de governo parece ter funcionado bastante bem.

---

of Arkansas Library – *Special Collections*, Bureau of Educational and Cultural Affairs Historical Collection (CU), Mc 468, box 15.F10, p.12.

42 "[...] *principais líderes intelectuais, culturais e artísticos* [...] *seis bolsas IVP para brasileiros fazerem passeios culturais nos Estados Unidos e conhecerem colegas*" ("[...] *key intellectual, cultural and artistic leaders* [...] *six IVP grants for Brazilians to make cultural tours of the United States and meet colleagues*"). Carta – Departamento de Estado dos Estados Unidos. Serviço Nacional de Informação. De USIS Brasília (DF), Brasil, para USIA Washington (D.C.), EUA. Mensagem n. 27, 15 maio 1974. Submete o *Country Plan 1975*. Uso Oficial Limitado. Localizada na University of Arkansas Library – *Special Collections*, Bureau of Educational and Cultural Affairs Historical Collection (CU), Mc 468, box 14, folder 17, p.16. O valor estimado para este item foi de U$ 20,408.

Walter Zanini, por exemplo, então diretor do Museu de Arte Contemporânea da Universidade de São Paulo, aceitou o convite do Departamento de Estado para viajar para os Estados Unidos, entre os dias 22 de novembro e 21 de dezembro de 1970, para conhecer instituições e fazer contato com profissionais do meio artístico daquele país.[43] Infelizmente, não há detalhes sobre a agenda e o roteiro de cidades organizado para ele. Sabe-se que "antes de seguir para Filadélfia, foi recebido em Washington pelo ministro Niles Bond, ex-cônsul geral dos Estados Unidos em São Paulo, com o qual conheceu museus e galerias, entre elas a Corcoran Gallery of Art, a National Gallery e a National Collection of Fine Arts" (Nas artes..., 1970).[44] No Museu Guggenheim, foi recebido por Thomas Messer, diretor da instituição, com quem o MAC USP mantinha contato. Ainda visitou galerias em Nova York e viajou para Chicago, onde foi ciceroneado por Alice Shaddle.

Desde os primeiros anos de sua história, o MAC USP procurou estabelecer contatos com instituições estrangeiras para receber mostras e permutar catálogos de exposições. No caso das instituições dos Estados Unidos, ainda em 1963, Lawrence Alloway, curador do Museu Guggenheim, respondeu ao MAC USP que a mostra de *pop art* "Six Painters and the Object" não poderia viajar para a América Latina porque as obras, de propriedade de colecionadores, não poderiam ficar fora dos Estados Unidos por longos períodos.[45] A notícia de que o museu universitário poderia receber a exposição surgiu do contato de Aracy Amaral com Alice R. Hildreth, então secretária do diretor do Museu Guggenheim. Ela havia dito à crítica brasileira que a exposição poderia ser enviada para a América Latina em 1964, o que não se efetivou.[46] Mesmo após a negativa de Alloway, Zanini expressou interesse em receber mostra de *pop art* que poderia circular entre cidades na América Latina. Sugeriu, inclusive, que as obras da mostra denegada poderiam ser substituídas por outras, ao que a instituição respondeu que não havia qualquer plano para a organização de outra exposição de *pop art* naquele momento.[47] Nesse mesmo ano, o MoMA também foi contatado sobre possível mostra de *pop art*, haja vista que somente alguns artistas haviam sido exibidos

---

43 O adido cultural junto ao Consulado Geral Americano em São Paulo, Robert Lindquist, deu-lhe detalhes da viagem, informações que Walter Zanini forneceu à USP a fim de encaminhar seu pedido de afastamento de suas atribuições junto da instituição para realizar a viagem.

44 Em Chicago, Zanini encontrou-se com Alice Shaddle, que lhe enviou pinturas de crianças. Carta de Walter Zanini para Alice Shaddle, São Paulo, 10 mar. 1971. Localizado no Arquivo Histórico do MAC USP [Arquivo Pessoal Walter Zanini], pasta 0054/002.

45 Carta de Lawrence Alloway para Walter Zanini. Nova York, 22 de nov., 1963. Localizada no Arquivo MAC USP, pasta FMACUSP 0014/006.

46 Carta de Lawrence Alloway para Walter Zanini. Nova York, 29 de out. de 1963. Localizada no Arquivo MAC USP, pasta FMACUSP 0014/006.

47 Carta de Alice R. Hildreth (Secretary to the Curator) para Walter Zanini. Nova York, 15 abr. 1964. Localizada no Arquivo MAC USP, pasta FMACUSP 0014/006.

em São Paulo na última bienal. Citava, por exemplo, a exibição enviada para Buenos Aires com obras de Rauschenberg, Noland, Chryssa e Jasper Johns, entre outros. Dizia ainda que no congresso do International Council of Museums (ICOM), realizado em Paris, em 1963, em conversa informal René d'Harnoncourt havia lhe falado sobre uma possível exposição de *pop art* para circular na América Latina, e que Zanini gostaria de ter o MAC USP incluído na agenda, quem sabe, em 1965.[48] A insistência em receber mostras com *pop art* exprime a sintonia de Zanini com as artes estadunidenses, produção de arte contemporânea que ganhava largos espaços nas instituições internacionais e que se consagrou com a premiação de Robert Rauschenberg na Bienal de Veneza, em 1964. Também quando esteve em Nova York, em 1970, Zanini teria visitado o espaço de Leo Castelli com o intuito de conhecer pessoalmente o galerista, o que não ocorreu. O contato também expressa o desejo de receber uma mostra de *pop art*, o que persistiu, pois houve posterior correspondência com a galeria de Castelli.[49]

Retornando ao tema dos intercâmbios, Zanini já havia manifestado o seu desejo de conhecer os Estados Unidos, como se pode ler na carta enviada para Barbara Duncan, funcionária do MoMA, em que ele diz: "pretendo ir para Nova York o quanto antes. Será uma excelente oportunidade para reencontrá-la, bem como para entrar em contato com os outros amigos que tenho em seu país".[50]

Efetivamente, as conexões com o MoMA começaram com "Josef Albers: homenagem ao quadrado", em 1964, exposição itinerante analisada no próximo capítulo. Desde então, as instituições e seus funcionários se aproximaram, o que tornou o diretor do MAC USP uma figura importante nessa rede. Em 1966, Waldo Rasmussen, por exemplo, pediu que Zanini recebesse Elaine L. Johnson, curadora assistente do Departamento de Desenho e Gravura do MoMA, que estaria em São Paulo para realizar pesquisa sobre gravuristas brasileiros para integrarem uma mostra de trabalhos gráficos latino-americanas e uma publicação.[51] Zanini a recebeu no museu e lhe sugeriu uma lista de artistas brasileiros. Um ano após o encontro, Johnson retoma o contato com Zanini para dizer que voltaria ao Brasil para visitar artistas em diversas cidades e também pedindo o contato de Regina Silveira, Trinidad Leal, Hans Grudzinsky Evandro Carlos Jardim e Mario Gruber porque não havia conseguido ver o trabalho deles. Prontamente, o MAC USP envia uma lista alargada de endereços e de museus a

---

48 Carta de Walter Zanini Para Waldo Rasmussen. São Paulo, 19 out. 1964. Collection IC/IP. Series Folder: I.A. 1427
49 Carta de Cecília Naclério Homem, secretária do MAC USP, para Leo Castelli. São Paulo, 5 fev. 1971. Localizado no Arquivo Histórico do MAC USP [Arquivo Pessoal Walter Zanini], pasta 0054/002.
50 Carta de Walter Zanini para Barbara Duncan. São Paulo, 12 nov. 1969. Localizada no Arquivo MAC USP, pasta FMACUSP 0014/009 v.1
51 Carta de Waldo Rasmussen para Walter Zanini. 14 jul. 1966. Localizado no Arquivo MAC, FMACUSP0014/009 v.1

ela.[52] Igualmente, as correspondências revelam que as trocas de favores foram mútuas, pois Elaine L. Johnson enviou ao MAC USP guias sobre a organização de coleções e métodos de registro em museus que a instituição lhe havia pedido.[53]

Ainda durante a década de 1970, Zanini viajou algumas outras vezes para Nova York, como em março de 1972, quando participou da Conferência dos Diretores de Museus do Hemisfério, organizada pelo Center for Inter-American Relations (hoje Americas Society), pelo Guggenheim Museum, pelo Metropolitan Museum of Art, pelo MoMA e pelo Whitney Museum. Participaram do encontro diretores de instituições latino-americanas, do Canadá e dos Estados Unidos, com sessões realizadas nos museus promotores do encontro. Zanini, Walter Hopps (Corcoran Gallery) e Donald Goodall (Art Museum, Texas University) estiveram no mesmo painel intitulado "Building of Collections", que ocorreu no Center for Inter-American Relations, no dia 8 de março de 1972. Entre os propósitos da conferência estava pensar um treinamento profissional para os funcionários dos museus da América Latina.

Embora o nome de Zanini conste como participante da Second Inter-American Museum Director's Conference, que ocorreu em Oaxaca, em 1978, ele não chegou a viajar, pois o apoio financeiro para o encontro era parcial e não cobria o valor da passagem. Zanini agradeceu o convite e disse que orçamento do museu não permitiria a despesa com o deslocamento. Diante desse fato, foi-lhe enviada uma passagem, mas a viagem não ocorreu, talvez porque tenha chegado muito em cima da hora ou então os trâmites burocráticos necessários para o deslocamento não puderam ser realizados.

Curiosamente, na viagem de 1972, quando participou da Conferência dos Diretores de Museus do Hemisfério, o então diretor do museu universitário conheceu pessoalmente Hélio Oiticica, que vivia na cidade desde 1970, e ainda Raimundo Colares, que se encontrava na cidade usufruindo de passagem para se estabelecer na Itália, pois havia ganhado o Prêmio de Viagem ao Exterior. Da visita que Zanini fez aos artistas, guardou "uma boa recordação [...] quando parece-me ter acabado com o sono de vocês. Mas me valeu o encontro".[54]

Desconfiado, em carta a Aracy Amaral, Oiticica pergunta:

[...] queria que você me dissesse *em qual esquema o Zanini mexe*; encontrei-o num coquetel no museu de arte moderna a q [sic] fui a convite do RASMUSSEN [...] e a todo

---

52 Carta de Elaine L. Johnson para Walter Zanini. Nova York, 29 set. 1967. Localizado no Arquivo MAC, FMACUSP0014/009 v.1 Nesse ano, a estadia de Elaine L. Johnson em São Paulo foi de 3 a 8 de novembro de 1967.
53 Carta de Elaine L. Johnson para M. Cecília Naclério Home [secretária do MAC USP]. Nova York, 20 out. 1967. MAC, FMACUSP0014/009 v.1
54 Carta de Walter Zanini para Raimundo Collares. São Paulo, 8 maio 1072. Arquivo MAC USP. FMACUSO0054/002

mundo a quem eu era apresentado dizia que havia acabado de ver slides meus projetados por ZANINI; quando o encontrei no mesmo coquetel, perguntei de q se tratava, onde ele havia *roubado* slides e acho q ele ficou meio chocado com a minha *pergunta cafajeste*; mas depois apareceu aqui um dia de surpresa quando eu estava levantando e então conversamos mais; eu, como estou por fora de tudo aí, *não sei em q áreas as pessoas transam*, mas ele me pareceu uma pessoa legal. (grifos do original)[55]

Rapidamente qualquer receio por parte do artista se dissipou, pois, ainda em 1972, ele acabou enviando propostas para a realização de parangolés na VI Jovem Arte Contemporânea no MAC USP, projeto que acabou não se viabilizando, apesar dos esforços de Zanini.[56]

A cidade de Nova York acabou por ser integrada ao roteiro de viagens de Zanini. Quando retornava ao Brasil, após ter participado de reunião dos diretores de museus modernos do International Council of Museums (ICOM) na Polônia, em outubro de 1972, ele se reuniu com funcionários do MoMA, entre eles Waldo Rasmussen, para tratar de temas como mostras a enviar para o MAC USP e problemas do MoMA com a alfândega brasileira. Segundo relata Susan Bertram, Zanini teria descrito o governo brasileiro "como autoritário e repressivo e, em geral, contestado pela comunidade artística de esquerda". Ao mesmo tempo, dizia que a censura recaía mais fortemente sobre o teatro e o cinema, pois os artistas visuais tendiam a se "autocensurar", haja vista que qualquer contestação direta ao governo poderia resultar em pena de prisão. Zanini esclarecia que embora a Universidade de São Paulo fosse financiada pelo governo, havia certo clima de liberdade acadêmica, que possibilitava a alguns professores falar livremente dentro das salas de aula. A universidade contava também com movimento estudantil de esquerda.[57] Ainda segundo o relato, Rasmussen teria dito que, por ser apolítico, o International Program não deixaria de remeter nenhuma mostra ao Brasil por causa de seu governo. Na realidade, disse serem os entraves alfandegários o que dificultava o envio de importantes exposições para o país. Ao mesmo tempo, Rasmussen relatava ao diretor brasileiro que Picasso não havia permitido que sua obra fosse exibida no Brasil justamente por causa do governo militar. O texto dizia ainda:

---

55 Carta de Hélio Oiticica para Aracy Amaral. Nova York, 1º abr. 1972. Localizada no Arquivo Hélio Oiticica – HO 1220.72, 3 p. Pasta Aracy,1220.72, p.1.
56 Carta de Hélio Oiticica a Daniel Mas/ Vogue. Nova York, 8 dez. 1978. Localizada no Arquivo Hélio Oiticica – HO 0092.78, p.4.
57 Resumo de reunião transcrita e guardada na pasta "Latin America" dos arquivos do MoMA. Documento – Susan Bertram. The Museum of Modern Art. 9 out. 1972. File: Latin America, Brazil. Localizado no IC/IP, IV.c.25, MoMA Archives, NY.

Zanini está ansioso para levar artistas e novas exposições para o seu país e, lembrando-se dos artistas que se recusaram a participar da Bienal, disse que, em reconsideração, esperava que a comunidade artística americana pudesse perceber que a manutenção de canais abertos de comunicação cultural, mesmo nas piores circunstâncias políticas, era superior ao atual isolamento dos intelectuais brasileiros.[58]

Apesar das adversidades causadas pela ditadura brasileira, tanto Zanini quanto Rasmussen tentavam, por motivos diferentes, promover intercâmbios artísticos. Seguramente, a bolsa concedida a Zanini, em 1970, pelo Departamento de Estado, assim como a viagem concedida pelo Center for Inter-American Relations para que ele participasse da Conferência dos Diretores de Museus do Hemisfério, em 1972, deram destaque ao MAC USP e ao seu diretor e favoreceram conexões com as instituições dos Estados Unidos.

Sabe-se que a concessão de bolsas de intercâmbio selecionava potenciais personalidades para propagarem os resultados positivos da turnê realizada pelos Estados Unidos e difundirem a qualidade das instituições daquele país no meio brasileiro. O Annual Field informava que, apesar de não ter sido possível enviar quatro pessoas para o projeto Performing Artists, conforme previsto no próprio nome do projeto do Bureau of Educational and Cultural Affairs, viajaram para os Estados Unidos o crítico de arte e escritor Roberto Pontual, em outubro de 1971, e Maria Elisa Carrazoni, diretora do Museu de Belas Artes do Rio de Janeiro, em abril de 1972, e ambos

> [...] com resultados impressionantes no seu retorno. As palestras com *slides* feitas por Pontual nas cidades por todo o Brasil são exemplos excepcionais da efetividade do Bureau of Educational and Cultural Affairs [...] Maria Elisa Carrazoni escreveu uma série de artigos em jornais do Rio e também deu uma palestra sobre arte norte-americana para importantes artistas, críticos de arte e professores universitários do Rio.[59]

---

58 "*Zanini is eager to bring artists and new exhibitions to his country, and, remembering the artists who refused to participate in the Biennal, said that he hoped upon reconsideration that the American art community would see maintaining open channels of cultural communication, even under the worst political circumstances, as superior to the present isolation of Brazilian intellectuals.*" Resumo de reunião transcrita e guardada na pasta "Latin America" dos arquivos do MoMA. Documento – Susan Bertram. The Museum of Modern Art. 9 out. 1972. IC/IP, I.A.IV.c25, MoMA Archives, NY.

59 "*[...] with impressive results on their return. Pontual's slide lectures in cities throughout Brazil are outstanding examples of CU grant effectiveness. [...] Maria Elisa Carrazoni wrote a series of articles in Rio newspapers and also gave a talk on U.S. art before leading Rio artists, art critics, and professors.*" Documento – Annual Field Proposal for Brazil. Dados distribuídos pela USIA Communications Unit. Brasília, 12 jun. 1972. Confidencial. Localizado na University of Arkansas Library – *Special Collections*, Bureau of Educational and Cultural Affairs Historical Collection (CU), Mc 468, box 15.F10, p.13.

Como se pode perceber, não se tratava apenas de promover intercâmbios e patrocinar eventos e turnês, mas quantificar e qualificar os resultados das experiências financiadas. O acompanhamento das atividades dos intercambistas, após a realização da viagem, possibilitava avaliar a efetividade e a conservação do programa por meio da enumeração de ações que promoviam os Estados Unidos.[60] Diante do desempenho positivo de Pontual e Carrazoni, o relatório recomendava a continuidade de subvenção para aquela modalidade de viagem. Observar mais de perto os casos de Roberto Pontual e Jayme Maurício possibilita conhecer melhor como ambos acompanhavam a produção artística dos Estados Unidos e quais foram os seus envolvimentos com a rede de instituições daquele país.

O jornalismo cultural ocupava grande espaço na imprensa brasileira, não apenas informando sobre os eventos artístico-culturais, mas também promovendo debates estéticos e formando públicos para as artes. Diante dessa atribuição no âmbito social, as agências governamentais e o corpo diplomático tinham os jornalistas culturais como agentes privilegiados em suas redes por busca de influências. Não por acaso, alguns foram intercambistas do governo dos Estados Unidos.

Não há maiores informações sobre as palestras realizadas por Pontual mencionadas no relatório oficial. Mas considerando que no início de 1975 o crítico publicou em sua coluna no *Jornal do Brasil* cinco artigos referentes a outra viagem aos Estados Unidos, agora financiadas pelo Museu de Arte Moderna do Rio de Janeiro, a sua posição sobre a cena artística estadunidense permaneceu a mesma. Nos textos publicados por Pontual há um entusiasmo sobre os avanços que identificou nos museus em relação ao que conhecia de sua experiência anterior. Destacava a diversidade dos espaços expositivos de Nova York e elogiava as variadas programações. Escreveu ele:

---

60 Mesmo não sendo possível elencar todas as personagens do meio brasileiro que receberam essas bolsas do governo dos Estados Unidos, cabe registrar o caso de Carmen Portinho, comumente apresentada como engenheira e militante feminista, que esteve à frente de obras importantes no Rio de Janeiro, como o conjunto residencial Pedregulho e a construção do MAM Rio, por exemplo. Foi casada com o arquiteto Affonso Eduardo Reidy. No informativo *EUA. Notícias Culturais*. Serviço de Divulgação e Relações Culturais dos Estados Unidos da América (número 13, 1966), pode-se ler, na coluna Artes Plásticas, "que a Doutora Carmen Portinho, antes de regressar ao Rio de Janeiro em fins de julho depois de uma visita de dois meses aos museus dos Estados Unidos como convidada do programa de intercâmbio educativo e cultural do Departamento de Estado, concedeu uma entrevista coletiva em Nova York. Nessa ocasião, declarou a sra. Portinho que a famosa Smithsonian Institution, de Washington, está considerando uma proposta de fazer circular pelos Estados Unidos uma exposição de Arte Contemporânea Brasileira. Por outro lado, diretores dos museus de Houston, Pasadena e Nova York deverão vir ao Brasil no próximo mês de agosto a fim de tratar da exibição de obras de artistas brasileiros em suas galerias". Material localizado no Acervo Jayme Maurício do Instituto Moreira Salles, Rio de Janeiro, pasta "JM pasta Ibeu".

Mas o importante é que as mostras a eles oferecidas não se reduzem mais a nossa maneira, a uma simples reunião e distribuição dos trabalhos no espaço respectivo [...]. Atua um dado [...] que me parece cada vez mais fundamental para a compreensão dos *resultados positivos que os museus norte-americanos em geral estão obtendo*: o envolvimento didático, o interesse em disciplinar os elementos disponíveis em torno do tema ou do artista escolhidos, por intermédio de toda a espécie imaginável de recursos, como documentos originais, painéis fotográficos, esquemas de análises estrutural e técnica das obras, audiovisuais, filmes, conferências, debates, etc. [...] Mas a verdade é que aquele público [...] *já foi fisgado pela ânsia de informação* e está evidentemente interessado, no momento, *em aprofundá-la e diversificá-la*. (Pontual, 1975a, grifo nosso)

O entusiasmo do crítico com a produção textual que acompanhava as exposições fez com que ele a considerasse paradigmática e efetiva para a formação estética do público. Em seus artigos posteriores, além de maiores análises sobre inúmeros museus e curadorias, Pontual considerou de modo bastante positivo a cena nova-iorquina, como o minimalismo, a arte *pop*, o hiper-realismo e a videoarte. Poder-se-ia aventar que as considerações de Pontual em sua coluna no *Jornal do Brasil*, que teve início em 1974 quando ele passou a substituir Walmir Ayala, não deviam contrastar com as impressões de sua primeira viagem, apresentadas em palestras poucos anos antes.[61] Assim, mesmo que se desconheçam os objetivos e o financiamento dessa segunda viagem, o deslumbramento do crítico com as instituições museológicas dos Estados Unidos contribuiu para reforçar a ideia de excelência daquele país em relação às artes contemporâneas.

Ainda no que diz respeito à aproximação de Pontual com a produção artística dos Estados Unidos no Rio de Janeiro, o crítico planejava uma série de palestras denominadas "New Realism", que estariam conectadas à mostra "Variations on the Camera's Eye", que ocorreria no MAM Rio em novembro de 1975.[62] Em apoio ao crítico, o posto do USIS no Rio de Janeiro solicitava que a USIA nos Estados Unidos enviasse à instituição *slides* das obras que participariam da mostra, cartazes e fôlderes dela, filmes e livros específicos sobre o tema. Pedia ainda uma licença de uso de dois artigos para as palestras "Rent is the only reality" e "Some women realists", ambos publicados na *Arts*

---

61 Os outros textos publicados por Roberto Pontual sobre essa viagem, no *Jornal do Brasil*, são os seguintes: "De uma viagem a Nova Iorque (II). Os usos de mostrar a arte" (18 fev. 1975); "De uma viagem a Nova Iorque (III). Entre a imagem e o suporte" (20 fev. 1975); "De uma viagem a Nova Iorque (IV). Video Art e Arte Vídeo" (24 fev. 1975); "O sul no norte" (5 mar. 1975).

62 A mostra "Variações sobre o hiper-realismo" ("Variations on the Camera's Eye"), organizada pela professora Constance Perkins, do Occidental College de Los Angeles, foi vista no *hall* de entrada do MAM Rio.

Magazine.⁶³ Compreendia-se que o pedido de Pontual poderia render boa publicidade para a arte estadunidense, conforme explicita o telegrama:

> Roberto Pontual, Diretor de Exposições do Museu de Arte Moderna, é também o principal crítico de arte do *Jornal do Brasil*. Ele acha que "O realismo" não é muito bem compreendido no Brasil e será necessária algum preparo do espectador. Essa série de palestras conseguiria isso, além da publicidade que Pontual dava à exposição no *Jornal do Brasil*. Portanto, apelamos à agência para fornecer o suporte solicitado para esta exposição.⁶⁴

A correspondência revela que, entre o crítico e os órgãos de informação dos Estados Unidos, havia um canal de comunicação conveniente para ambas as partes. No entanto, essa proximidade não evitou avaliações negativas feitas por Pontual no jornal a respeito da própria mostra tratada no telegrama, a "Variations on the Camera's Eye", em cartaz no MAM RJ de 6 a 27 de novembro de 1975. Disse ele: "[...] tirando Robert Bechtle, os outros cinco californianos expostos atualmente no MAM são o que se pode chamar de hiper-realistas de segunda fornada, às vezes peritos na execução, mas vazios na intenção. Com eles, a reprodução manual do que a máquina faz mecanicamente torna-se um brinquedo inconsequente". Particularmente, sobre os hiper-realistas, apesar de experimentarem o primeiro contato com o público brasileiro, chegam "no momento mesmo em que a onda do hiper-realismo vai virando espuma em todo o mundo, matéria agora de mero consumo de mercado" (Pontual, 1975b).⁶⁵ Não é difícil supor que Pontual havia observado a forte presença do hiper-realismo como o "estilo" de moda nas galerias nova-iorquinas quando esteve na cidade naquele mesmo ano de 1975. Mas deve-se lembrar que ele procurava acompanhar a produção artística de seu tempo por revistas especializadas, como a solicitação de reprodução dos textos de *Ars Magazine* revela.

---

63 "Rent is the only reality" foi publicado na edição da *Arts Magazine*, dez. 71-jan. 72, e "Some women realists", na *Arts Magazine*, maio 1974.

64 "*Roberto Pontual, Exhibits Director for the Museum of Modern Art, is also the chief art critic of* Jornal do Brasil. *He feels 'The realism' is not very well understood in Brazil and some education of the viewer will be necessary. This lecture series would accomplish that in addition to the publicity Pontual will give the exhibit in the* Jornal do Brasil. *Therefore, we urge agency to provide requested support for this exhibit.*" Telegrama da United States Information Agency. 623. For Agency control, George Lounden. 29 set. 1975. Subject: Variations on the Camera's Eye. RU 321 Box 233 C24/06/06 – C25/06/04. Folder 75-02.

65 Na realidade, sob o título geral da página "Pintura. Crise e perspectivas" há três textos: "Ainda muita pintura", "A persistência do plano, a tomada do espaço" e "Falam os pintores".

Figura 1 – Constance M. Perkins (à esquerda) na abertura da exposição "Variations on the Camera's Eye", realizada na Cidade do Panamá em junho de 1975

FONTE: SMITHSONIAN INSTITUTION ARCHIVES. RU 321, BOX 233, FOLDER VARIATIONS ON THE CAMERA'S EYE PHOTOGRAPHS.

Figura 2 – Mrs. Nancy A. Cooke e Mrs. John Blacken visitam a exposição "Variations on the Camera's Eye", realizada na Cidade do Panamá em junho de 1975

FONTE: SMITHSONIAN INSTITUTION ARCHIVES. RU 321, BOX 233, FOLDER VARIATIONS ON THE CAMERA'S EYE PHOTOGRAPHS.

Figura 3 – Vista da exposição "Variations on the Camera's Eye", apresentada na Continental Bank Art Gallery na cidade de Lima (Peru) em setembro de 1975

FONTE: SMITHSONIAN INSTITUTION ARCHIVES. RU 321, BOX 233, FOLDER VARIATIONS ON THE CAMERA'S EYE PHOTOGRAPHS.

Figura 4 – Vicent Chiarello, Helen de Laugerud, Francis J. Meloy Jr. (da esq. para dir.) na exposição "Variations on the Camera's Eye", realizada no Instituto Guatemalteco, em 1975

FONTE: SMITHSONIAN INSTITUTION ARCHIVES. RU 321, BOX 233, FOLDER VARIATIONS ON THE CAMERA'S EYE PHOTOGRAPHS.

Na mesma página do *Jornal do Brasil* – mais especificamente na capa do Caderno B – em que comentou a mostra do MAM RJ, Pontual publicou ainda o texto "Falam os pintores", no qual sintetizou a pesquisa realizada pela *Art Forum* com 22 pintores a respeito de como eles viam a pintura naquele momento. Pontual reproduziu o depoimento de Gene Davis, que considerava representativo da posição dos outros pintores. Davis afirmava que, diante das inúmeras mortes da pintura anunciadas ao longo do século XX, "talvez possamos encarar mais uma vez a pintura com alguma perspectiva. Ela é simplesmente um entre os numerosos meios de que dispõe o artista, em 1975, para obter resultados mais ou menos brilhantes, dependendo de seu talento e aplicação" (Pontual, 1975c).

Ainda sobre a importância do jornalismo cultural brasileiro, acompanhar a trajetória de Jayme Maurício possibilita reconhecer estratégias para que esses influentes personagens promovessem as artes estadunidenses.

Jayme Maurício, cujo nome real era Jayme Rodrigues Siqueira, escrevia desde a década de 1950 sobre artes plásticas no *Correio da Manhã*,[66] sendo também membro do Conselho do MAM RJ e da Bienal de São Paulo. Em 1963, como mostram documentos, ele recebeu um convite assinado pelo embaixador Lincoln Gordon para realizar uma viagem de intercâmbio cultural aos Estados Unidos.[67] Em outra missiva, George C. A. Boehrer, adido cultural da Embaixada, oferecia os detalhes do deslocamento, organizado pelo Departamento de Estado:

> Tenho a satisfação de lhe prestar maiores detalhes relativos ao programa de sua viagem: a) o convite tem validade até o dia 1º de maio de 1964; b) a visita terá a duração de 60 dias; c) receberá V. Sa., para despesas de manutenção, uma diária de 20 dólares durante os dois meses de permanência nos Estados Unidos.[68]

---

[66] Embora não se possa precisar o período exato de contribuição de Jayme Maurício para o *Correio da Manhã*, há textos assinados por ele no período de 1951 a 1974, com interrupção entre novembro de 1967 (quando Vera Pedrosa assumiu a coluna de artes do periódico) e abril de 1969.

[67] Carta de Lincoln Gordon (embaixador dos Estados Unidos no Brasil) para Jayme Maurício, datada de 5 agosto de 1963: "Em nome do meu Governo, tenho a honra de convidar V.S. a visitar os Estados Unidos da América como participante de um programa de intercâmbio cultural". O convite se repetiu em 25 de maio 1965, agora com o texto: "Em nome do meu Governo, tenho a honra de convidar V.S. a visitar os Estados Unidos da América como participante de um programa de intercâmbio cultural". Material localizado no Acervo Jayme Maurício do Instituto Moreira Salles, Rio de Janeiro, pasta "JM 194".

[68] Carta de George C. A. Boehrer (adido cultural da Embaixada dos Estados Unidos no Rio de Janeiro) para Jayme Maurício, datada de 26 de agosto de 1963. Material localizado no Acervo Jayme Maurício do Instituto Moreira Salles, Rio de Janeiro, pasta "JM 194". Em carta de 26 de agosto de 1964, o mesmo George C. A. Boehrer comunicaria a Jayme Maurício: "De acordo com nossos entendimentos anteriores, venho informar a Vossa Senhoria que o Departamento de Estado já elaborou o programa de sua visita aos Estados Unidos. Vossa Senhoria é esperado em Washington entre 27 e 29

Em nota, publicada pelo jornal *Correio da Manhã*, divulgou-se que o convite partira do embaixador Lincoln Gordon, "em nome do governo dos Estados Unidos", e que Maurício viajaria pelo período de dois meses para visitar "centros de arte e museologia, arquitetos e artistas plásticos".[69] Em 1965, outra nota no mesmo periódico informou que ele recebera pela terceira vez o convite do Departamento de Estado "para ver de perto o movimento das artes-plásticas nos Estados Unidos".[70]

Vinculada ao programa Council on Leaders and Specialists at The Experiment in International Living, a viagem se concretizaria somente entre 15 de abril e 14 de junho de 1966.[71] Embora os motivos do atraso sejam desconhecidos, o crítico menciona em sua coluna que "a viagem aos EE.UU. *hélas, foi adiada*", parecendo creditar o retardamento aos trâmites oficiais.[72]

Conforme aqui já discutido, esperava-se que os intercambistas, quando retornassem aos seus países de origem, propagassem positivamente as experiências pessoais vividas e as impressões sobre as instituições visitadas. Maurício assim o fez em uma

---

de setembro próximo. Peço-lhe que telefone a D. Zilá Figueira, da Seção Cultural desta Embaixada, até 4 de setembro, a fim de marcar o dia exato em que pretende viajar". As mesmas informações foram enviadas posteriormente em carta de James H. McGillivray (adido cultural da Embaixada dos Estados Unidos no Rio de Janeiro), datada de 28 de maio de 1965: "Congratulando-nos com V. Sa. Pelo convite que lhe fez o Embaixador Gordon para uma visita aos Estados Unidos, tenho a satisfação de lhe prestar maiores detalhes relativos ao programa de sua viagem: a) a visita terá a duração de 60 dias; b) receberá V. Sa., para despesas de manutenção, uma diária de 20 dólares durante os dois meses de permanência nos Estados Unidos. [...] Caso não seja possível a V. Sa. iniciar sua viagem até o dia 1º de maio de 1966, peço-lhe que comunique esse fato à referida Seção com três a quatro meses de antecedência". Materiais localizados no Acervo Jayme Maurício do Instituto Moreira Salles, Rio de Janeiro, pasta "JM 194".

69 "Crítico do *Correio da Manhã* nos EUA". *Correio da Manhã*, Rio de Janeiro, 23 ago. 1963.
70 "Eles são notícia – nota". Rio de Janeiro, 6 jun. 1965.
71 Em documento localizado no arquivo de Jayme Maurício no Council on Leaders and Specialists at The Experiment in International Living (CLS), pode-se ler informações sobre ele, tais como nacionalidade, ocupações atuais e anteriores, estudos acadêmicos, empresas, publicações, viagens ao exterior (Holanda, Bélgica, Inglaterra, França, Alemanha, Suíça, Itália, Argentina, Chile e Peru): "*Mr. Jayme Mauricio (Jayme Siqueira) Art critic,* Correio da Manhã*; Consultant to the Museum of Modern Art Rio de Janeiro, Brazil. Participant in the Internacional Visitors Program, Bureau of Educational and Cultural Affairs, U.S. Department of Sate (256-65). Visiting the Unites States April 15 – June 14, 1966. Accompanied Mr. Mauricio Prazeres, Department of State escort officer-interpreter*". Material localizado no Acervo Jayme Maurício do Instituto Moreira Salles, Rio de Janeiro, pasta "JM 194". Também uma nota publicada em periódico informava que o crítico tinha viajado para os Estados Unidos e que de lá visitaria a Bienal de Veneza (ver "Jayme Maurício nos EUA". *Correio da Manhã*, Rio de Janeiro, 15 abr. 1966).
72 O fato foi publicado junto a uma pequena nota sobre convite que recebeu da gravadora Fayga Ostrower para participar de uma mesa sobre *pop art* no Museu de Arte Moderna. Declarou que seu contato com o *pop* em Veneza "não nos deu fundamentos suficientes para uma equação honesta. E a viagem aos EE.UU. *hélas, foi adiada*" (Maurício, 1964a).

série de artigos publicados na capa do caderno cultural do *Correio da Manhã*, sob as rubricas "Flashes dos EUA" e "Vanguarda e vida artística nos EUA".[73]

Antes de considerar seus testemunhos de viagem, cabe lembrar que a produção artística estadunidense já lhe era bastante familiar antes mesmo de sua chegada àquele país. Como pouco se sabe sobre os deslocamentos do crítico para os Estados Unidos, não se pode afirmar qual teria sido a data de sua primeira viagem. Contudo, observar as suas considerações sobre a produção artística daquele país possibilita identificar alterações em sua perspectiva crítica. Não serão aqui elencadas todas as mostras analisadas em sua coluna de jornal, mas apenas aquelas diretamente relacionadas às "políticas de atração". Sua simpatia pelos artistas abstratos vinha sendo apresentada há algum tempo em sua coluna, como se pode ver no artigo "Brilhou a representação dos Estados Unidos", em que ele analisa as obras na IV Bienal de São Paulo, realizada em 1957. No texto, não faltam elogios às obras, à montagem e aos organizadores que, no caso, eram diretores e funcionários do MoMA, dos quais o crítico parece ter se aproximado, considerando seu relato sobre as conversas que teve com Porter McCray. O crítico julgou a individual de 34 pinturas e 29 desenhos de Jackson Pollock o ponto alto da mostra. E não era para menos, pois se tratava da primeira grande individual do artista enviada para o exterior e que, após o término da Bienal, seguiria viagem para circular na Europa. Apesar de salientar a magnitude da exposição, Maurício não deixou de observar a seção geral da representação do país, que exibia um conjunto de pinturas e esculturas de diversos artistas, considerada por ele "gente nova", dotada de "grande vitalidade e originalidade". A coluna é acompanhada da reprodução de uma obra de Franz Klein, cuja legenda assevera: "grande figura da delegação americana, depois de Pollock, e constitui uma das mais positivas revelações desta Bienal". Mesmo demonstrando as qualidades do conjunto exibido em São Paulo e as oportunidades de diálogo com a delegação do MoMA, é possível dizer que, naquele momento, ainda lhe faltava conhecer melhor aquelas produções. Ao mesmo tempo que chamava Pollock de "grande tachista", caracterizava o conjunto heterogêneo de "manchismo americano", não deixando de utilizar também o termo "expressionismo abstrato", que ele considerava oposto ao geométrico suíço-germânico (Maurício, 1957b).

Também por ocasião da mostra "Brasil–EUA", organizada pelo Ibeu RJ, em 1960, e exibida no Ministério da Educação e Cultura (Palácio da Cultura), Maurício teceu críticas à qualidade da exposição e à falta de equidade entre as obras dos artistas

---

73 No final de janeiro de 1964, o crítico publicou em sua coluna observações sobre a mostra "IBM Gallery of Arts and Science", exibida em Nova York: "ao visitante chama de imediato atenção o cunho abstracionista de todos os trabalhos... [...] foi uma experiência excelente, observar como estes artistas corresponderam aos compromissos assumidos, alguns mais imaginativos do que outros, todos, entretanto, revelando amplamente o valor da contribuição científica para a vida atual" (Maurício, 1964b).

de ambos os países. Além de estarem em número desproporcional, sendo maior a quantidade de estrangeiros, o que comprometia o próprio nome da exposição, os trabalhos exibidos tampouco eram inovadores. O crítico enfatizou a familiaridade do meio brasileiro com a produção dos Estados Unidos, seja por obras vistas nas bienais de São Paulo ou presentes no acervo do MAM Rio. Não fosse só isso, artistas e críticos

> [...] conhecem muito bem tudo o que se faz de positivo na grande nação do norte, seja por informação regular efetiva, seja por mostras vistas na Europa e Estados Unidos. Esta é a segunda exposição coletiva do EE.UU. que atacamos em benefício dos próprios artistas e da arte daquele país, [...] *sendo uma exposição de pouco interesse, salvo alguns raros americanos* [...]. (idem, 1960a)

Em sua opinião, a mostra amplamente anunciada pelo Ibeu RJ não surpreendeu o meio carioca. Também não poupou os artistas brasileiros que participavam da mostra, pois poucas eram as obras recentes e "de um certo número de artistas brasileiros escolhidos possivelmente pelo maior ou menor grau de amizade ou admiração dos seus conhecidos na comissão selecionadora" (ibidem).

Marilu Ribeiro, presidente da comissão de arte do Ibeu RJ, enviou carta de resposta ao jornal. Começava por apresentar um breve histórico da organização da mostra, os integrantes da comissão de seleção e os critérios utilizados. A missiva foi publicada na mesma coluna de Maurício, mas precedida por considerações pessoais do crítico, que lembrava ter sido ele próprio um divulgador entusiasta do certame. Em suas palavras: "lamentavelmente, ficamos desapontados – e cumprimos o dever nem sempre agradável de informar aos leitores a respeito. Não quisemos 'censurar', mas comentar, noticiar, apontando altos e baixos" (idem, 1960b).

Ainda em outro momento, avaliando a representação dos Estados Unidos na VI Bienal, realizada em 1961, Maurício (1961) considerou que "[...] mais uma vez, os Estados Unidos prestigiam a Bienal de São Paulo com uma grande representação: três salas especiais e artistas representativos da nova geração. [...] Desde a primeira Bienal, [...] as salas especiais da representação dos Estados Unidos valem pela alta qualidade e pela variedade". Em particular, tece comentários positivos às salas individuais de Reuben Nakian, Leonard Baskin e Robert Motherwell, dando detalhes sobre os trabalhos e citando a mostra coletiva com jovens artistas (ibidem).[74] Ou seja, em sua coluna avolumam-se cada vez mais informações sobre a produção estadunidense e o crítico

---

74 Sua coluna parece ser um importante espaço informativo para a representação estadunidense. Na que data de 12 de abril de 1961, "Os Estados Unidos na VI Bienal", de modo direto, como em um *release*, são informados os artistas que representariam aquele país.

familiariza-se com o debate estético trazido pelas representações oficiais e expostas nas bienais de São Paulo e nas mostras circulantes.

Mas talvez seja no conjunto dos três artigos, intitulados "Vanguarda e vida artística nos EUA", publicados durante três semanas consecutivas, em 1965, que se observe mais fortemente uma posição crítica de Maurício sobre o protagonismo das artes visuais estadunidenses e o papel desempenhado pelo maquinário financeiro e institucional nesse processo. Logo no primeiro texto, reconhecia que Nova York estava se sobressaindo na cena internacional e abocanhando prêmios nas bienais de São Paulo e de Veneza, mas as conquistas ainda não refletiam "o estabelecimento definitivo de uma arte norte-americana", que ainda se encontrava em "processo de estruturação: algumas posições básicas foram estabelecidas, mas as permanentes ainda não". Ao longo da reflexão, Maurício (1965a) destacava a força do dinheiro e dos elementos que compunham o meio das artes: "o colecionador, o colunista social, o apresentador e o crítico operam em combinação como diretores de arte e promotores na instrução de um rebanho de pintores, indicando-lhes o que pintar, através do louvor na imprensa especializada e conferências".

Já no segundo texto, o crítico admitia que Nova York ditava as regras, que eram rapidamente espelhadas pelos museus do restante do país. Reconhecia ainda que o Departamento de Estado organizava mostras para circularem na América Latina, Ásia e Europa, eventos esses acompanhados por

> [...] um serviço educacional (publicidade) das instituições originárias: catálogos, reproduções, *slides*, ensaios, biografias, fichas dos artistas e conferencistas. Bolsas são oferecidas a artistas de outros países através da Fundação Fulbright e congêneres. Os nomes a serem indicados para representar o país nas maiores competições internacionais são estudados de acordo com a possibilidade e a fama de cada um dos artistas, e agentes são enviados ao exterior com a finalidade de defendê-los, inclusive de propagar suas qualidades. O artista é o elemento submisso de toda essa engrenagem, dessa complexa organização, mas também o grande beneficiário, com uma ampla difusão e a consequente valorização. (idem, 1965b)

Todas as peças do maquinário que promovia as artes dos Estados Unidos eram evidentes para Maurício. Em seu último texto, a ironia prevalece, quando ele recolheu informações sobre o mundo das artes para responder à questão: "tendo como centro Nova York, o vasto império da arte norte-americana ramifica-se por quase todo o mundo. Quais os pontos-chaves, os nomes definitivos no roteiro para os que querem vencer nos Estados Unidos?". Como resposta para atingir o sucesso, o jornalista oferece um vasto mapa com nomes de lugares a percorrer e de pessoas a buscar. Maurício as ordena sob os seguintes tópicos: "Bons lugares para se aparecer no inverno"; "Maus lugares para se aparecer no inverno"; "Galerias (e alguns lugares dos seus dirigentes e artistas)"; "Patronos"; "Fundações"; "Competições internacionais"; "Organizações tradicionais"; "Imprensa e escritores importantes" (idem, 1965c). Dessa forma, para os interessados em triunfar na arena artística, o roteiro oferecido por ele poderia figurar como um mapa do tesouro.

Embora Maurício reconhecesse nesses textos as qualidades dos artistas mencionados em suas reflexões, não deixava de indicar dispositivos de artificialidade que procuravam catapultar a arte estadunidense ao posto anteriormente ocupado por Paris. As engrenagens do maquinário colocadas em movimento pelo poder econômico das instituições e do mercado visavam favorecer o protagonismo dos Estados Unidos na arena internacional, atitude colocada em suspeição pelo crítico carioca. Na posição de centro das artes, a rivalidade entre Paris e Nova York ainda aparecia com pesos bastante desproporcionais para Maurício.

Sintomaticamente, tal criticidade se esvai no artigo "O mais velho museu moderno", publicado em julho de 1966, escrito logo após a viagem aos Estados Unidos realizada entre 15 de abril e 14 de junho de 1966. Nesse texto, em tom laudatório, Maurício expõe a história do MoMA, cita a doação feita por Maria Martins de um quadro de Mondrian para o museu nova-iorquino, recupera a importância de Portinari para o acervo, descreve as exposições a visitar na instituição e ainda lembra a importância de relações e intercâmbios do museu com a América Latina, afirmando que em sua direção estavam "grandes amigos" do Brasil, Alfred Barr Jr., René d'Harnoncourt e Philip Johson (idem, 1966c).[75] Apontados a eficiência da instituição, os laços e a camaradagem para com o Brasil, a adesão ao projeto do MoMA não poderia ser mais completa.

Nesse sentido, a viagem aos Estados Unidos parece ter surtido forte efeito em Maurício, que se dobrou às vibrações de Nova York e, sob o fascínio da efervescência de sua cena artística, escreveu:

> A temporada em Nova York vai desenvolvendo-se no ritmo intenso, [...], mas desta vez com novidades importantes. Abundam os catálogos, convites e informes. Primeiro foi a sensacional inauguração da nova sede do Whitney Museum (arte americana), [...]. Entretanto, a exposição considerada a mais polêmica e vanguardista é a de Sidney Janis Gallery [...] sob o título excitante Erotic Art 66 [...]. Há um certo escândalo [...] nas esferas burguesas e moralistas, mas a grande parte de Manhattan vibra com o assunto. (idem, 1966f)

---

75 Relacionados à mesma viagem, ver Maurício (1966a).

Figura 5 – Jayme Maurício, "Flashes dos EUA – Castelli, o 'marchand' que impôs a 'pop art'", publicado no *Correio da Manhã*, em 24 de julho de 1966

FONTE: SMITHSONIAN INSTITUTION ARCHIVES. RU 321, BOX 7

Figura 6 – Jayme Maurício, "Flashes dos EUA – Fundação Nacional para Artes e Humanidades (fim)", publicado no *Correio da Manhã*, em 17 de julho de 1966

FONTE: SMITHSONIAN INSTITUTION ARCHIVES. RU 321, BOX 7

Mas apesar da rendição entusiasmada ao meio nova-iorquino nos textos publicados após a viagem aos Estados Unidos, que havia sido financiada pelo governo daquele país, surpreende a supervalorização que o crítico faz das artes e da arquitetura brasileira, sempre por ele postas em paralelo à produção estadunidense. Esse é o caso da reportagem sobre Leo Castelli, em que Maurício enfatizou o conhecimento do *marchand* a respeito da arquitetura e dos museus brasileiros, bem como seu interesse em visitar a Bienal de São Paulo, o que efetivamente ocorreria em 1967. Castelli teria colocado sua galeria em Nova York à disposição do crítico para que lá instalasse seu "quartel general" e usufruísse da infraestrutura para trabalhar. Também o aconselhou a não perder tempo com a produção que não fosse a de Nova York e da Califórnia e criticou o recém-inaugurado edifício do Whitney Museum. Maurício (1966b) termina sua reflexão lembrando que os funcionários do Departamento de Estado e do Council on Leaders and Specialists lhe fizeram recomendações para que tivesse "muito tato e cuidado" com Castelli, fato que o havia surpreendido "antes de conhecê-lo". Ao final, o público fica sem maiores detalhes sobre a natureza desse comentário.

Em consonância com a posição de Castelli, no artigo "Whitney, Breuer e arquitetura museológica", Maurício descreveu de modo negativo o projeto realizado para a Madison Avenue, tanto em seus componentes internos quanto nos externos. No mesmo texto, citava o projeto arquitetônico do MAM Rio e as atividades desenvolvidas na instituição, contrastando-as com as agendas inertes das instituições museológicas de Nova York. Para Maurício (1966d), o museu carioca não parecia estar em desvantagem em relação aos espaços artísticos da Big Apple.

O apoio incondicional às ações do MAM Rio estava entre as diretrizes da coluna de Artes Plásticas do *Correio da Manhã*. Desde 1963, quando Niomar Moniz Sodré Bittencourt assumiu o periódico após o falecimento de seu marido, Paulo Bittencourt, foi indicado a Jayme Maurício que a coluna havia se tornado referência na cobertura das artes na cidade do Rio de Janeiro, sendo a função prioritária daquele espaço apoiar as atividades do MAM Rio e não somente informar a agenda das atividades ao público. Disse Bittencourt: "continuará a ser objetivo básico do Jornal a defesa do Museu de Arte Moderna do Rio de Janeiro, defesa que poderá refletir de forma crítica, se necessário". Na missiva, ela deixava claro que as prerrogativas estavam sendo descumpridas, o que tornava o jornal similar aos outros veículos de informação.[76]

Niomar Sodré Bittencourt havia sido uma das fundadoras do MAM Rio e por anos ocupou a direção da instituição. Ao mesmo tempo, Maurício foi também personagem ativo no conselho do museu e um entusiasta do projeto da nova sede no aterro do Flamengo. Quando funcionário responsável pela coluna Itinerário das Artes

---

76 Carta de Niomar Moniz Sodré para Mauricio Nunes de Alencar, 7 jul. 1971. Material localizado no Acervo Jayme Maurício do Instituto Moreira Salles, Rio de Janeiro, pasta "JM0936".

"POLÍTICAS DE ATRAÇÃO" VOLTADAS PARA O MEIO ARTÍSTICO BRASILEIRO

no *Correio da Manhã*, Maurício parece ter defendido adequadamente o MAM Rio naquele espaço. Talvez a ausência de encantamento, expressa em seus textos a respeito dos acervos dos museus e complexos de arte contemporânea estadunidense, pudesse ser creditada às estratégias conscientes de apoio ao MAM Rio que, naquele momento, se consolidava como referência no sistema das artes no Brasil.

Já em 1955, por ocasião da III Bienal de São Paulo, entrevistando Grace Morley, diretora do Museu de Arte Moderna de São Francisco e responsável pela representação dos Estados Unidos na mostra brasileira, Maurício apresenta a importância de Morley para a difusão da arte moderna na região oeste do país e para o fortalecimento da instituição. No entanto, entre as grandes conquistas da diretora, o crítico carioca fez paralelos com os avanços do próprio MAM Rio. Escreveu ele:

> [...] modéstia à parte... – nós, do Museu de Arte Moderna do Rio conseguimos elevar o número de sócios, entre 1952 e 1955, de uma centena para 2.500, conseguindo, nesse espaço de tempo, reunir um apreciável patrimônio, um terreno de 40 mil metros quadrados, cravar 368 estacas de 22 metros, para uma sede fabulosa que estará pronta, no máximo, dentro de 2 anos. E o curioso, Mrs. Morley, é que a obra é também de uma senhora: Niomar Moniz Sodré. Desculpe a intromissão, Mrs. Moley, mas há nesse nosso incorrigível porque-me-ufanismo [sic] verde-e-amarelo, muitas vezes, algumas parcelas de procedência. (Maurício, 1955a)

Colocar em paralelo ambos os museus fortalecia a posição do MAM Rio como instituição de vanguarda e promotora da arte moderna, posição que ecoava as prescrições de Niomar Sodré. Afinal, no cenário internacional, em meados da década de 1950, o papel protagonista da arte e das instituições estadunidenses ainda não havia se consolidado e qualquer paralelo com a efervescência da cena brasileira não parecia tão desproporcional quanto possa parecer hoje.

Ainda no que se refere ao texto sobre a III Bienal de São Paulo, cabe destacar a oposição entre os abstracionismos explicitada por Grace Morley. Isso porque a defesa da produção abstrata estadunidense autóctone, distinta do abstracionismo europeu, é tema frequente nos relatórios oficiais das agências de governo quando analisam as preferências artísticas da elite culta brasileira, como se discutirá mais adiante. Sobre o tema, diz Morley (apud Maurício, 1955a), em declarações ao *Correio da Manhã*:

> [...] o abstrato americano não foge a uma base tipicamente americana, inspirando-se, inclusive, em suas tradições indígenas e fontes de criação popular. [...] Os pintores da costa do Pacífico, por exemplo, em seus trabalhos abstratos apresentam luminosidade diversa do que os residentes em outros pontos dos Estados Unidos. [...] O que acontece com a luz, acontece com a cor e a forma, noutro sentido. [...] há uma relação entre o

abstrato americano e os costumes, a paisagem e as concepções de vida do americano. Tudo isso sem haver a figura, mas as ligações subjetivas da pintura abstrata.

É notável o destaque dado por Maurício em sua coluna para que a arte estadunidense fosse apresentada como autoral e independente da arte europeia. A afirmação de sua originalidade no próprio meio artístico estava condicionada às constantes comparações, assim como às análises das edições da Bienal de São Paulo.

Também em 1955 foi a vez do pintor Ralph Du Casse dizer que a arte abstrata realizada nos Estados Unidos era um alicerce e uma etapa para uma arte futura, "um meio que os artistas norte-americanos estão procurando para se libertar das garras da influência europeia, e principalmente francesa. Para criar algo novo [...] temos que começar em bases inteiramente novas e diferentes, a fim de podermos seguir um caminho ainda não trilhado" (idem, 1955b).

Du Casse afirmava ainda que os estadunidenses não iam mais para a Europa para aprender, "pois sabem que ali nada mais encontram de novo. Agora, os melhores ficam lutando, procurando e trabalhando, aqui mesmo na América" (ibidem). Reiteradamente, essa posição sobre a originalidade da produção dos Estados Unidos imprimia-se nas colunas dos jornais brasileiros.

Após essa digressão a respeito dos largos espaços concedidos à arte dos Estados Unidos e à defesa do MAM Rio nas colunas do jornalista, seria importante retomar os textos "Flashes dos EUA", que tratam da própria experiência de Jayme Maurício na terra do Tio Sam. No artigo "Raysse: EUA e França, gás néon e a mulher", o jornalista tenta apresentar os esforços conjuntos do mercado de arte e das instituições, tanto europeias quanto estadunidenses, para a promoção do artista francês. Ao longo da reflexão, ele apresenta o mercado de arte de Nova York e a

> [...] valorização que tem dado aos pintores americanos e suas experiências, do interesse que tem demonstrado em novos valores das Américas, numa espécie de tentativa, parcialmente bem-sucedida, de libertação cultural e artística da chamada ditadura europeia. [...] É um aspecto da vida artística nos Estados Unidos que cumpre assinalar: não são apenas os artistas americanos que interessam aos museus e galerias dos EUA, mas todos os que apresentem, do ponto de vista deles, renovação, invenção, identidade com a época e, naturalmente, possibilidades de trabalho e vantagens futuras. E aos artistas cabe aquela rígida aceitação dos compromissos e responsabilidades impostos pelas organizações comerciais, que os apoiam economicamente e publicamente. (idem, 1966e)

Maurício observava a produção dos Estados Unidos distanciada das matrizes europeias. Ao mesmo tempo, acreditava haver lá espaço para artistas inovadores, fossem eles europeus ou "das Américas", subentendendo estarem os brasileiros contemplados nessa rubrica continental. Entretanto, como se sabe, os brasileiros que viveram o "exílio artístico" nos Estados Unidos conheceram uma realidade diferente daquela descrita pelo crítico, haja vista serem eles identificados pela procedência geográfica e terem sua produção avaliada sob a categoria "artistas latino-americanos", considerada inferior na hierarquia da produção contemporânea.

Em outro episódio, Maurício mostra-se reticente para com a produção dos Estados Unidos. Isso ocorreu em 1964, portanto antes de ter se deslocado para aquele país com o apoio do governo dos Estados Unidos. Ele havia assistido à palestra de Campbell Wylly, conhecido por organizar as exposições do MoMA, e ele descreve que, na apresentação, Wylly tratou das "novas tendências da arte nos Estados Unidos da América", "dos abstratos líricos e impressionistas, de Pollock e de Kooning", assim como da "geração mais recente, que ainda não completou 30 anos, e que busca uma renovação, na base do trabalho provocativo e que tem suas raízes num realismo proveniente, ou surgido, com a chamada 'Pop Art'". Nesse relato, não há encanto com a nova arte que substitui a pintura de ação, pois "chega-se à conclusão de que dessa fase agitada de experiências e inovações, poderá surgir um caminho e um marco nas artes dos Estados Unidos que, por ora, apenas se delineiam" (Maurício, 1964c).

Retornando a 1967, ano seguinte a sua viagem aos Estados Unidos, o nome do crítico aparece na carta de Martin Ackerman, funcionário do Cultural Affairs Office, para John Latham, do National Collection of Fine Arts. A missiva tratava da cobertura da representação dos Estados Unidos pela imprensa e a exibição do conjunto de obras também no Rio de Janeiro.

> [...] entre outras coisas, [Maurício] disse que a confusão e o alvoroço da inauguração são tais que a delegação americana receberia muito mais atenção nos dias seguintes. Ele também me pediu para transmitir a vocês a esperança de que a coleção da Bienal Americana possa ser enviada ao Rio após a mostra de São Paulo para exposição no Museu de Arte Moderna, [...] no Rio de Janeiro, a verdadeira capital cultural do Brasil.[77]

Ackerman ainda apresentou as credenciais profissionais de Maurício e salientou que ele era digno de confiança, pois havia escrito artigos significativos sobre a produção artística dos Estados Unidos no *Correio da Manhã*. Mencionou ainda que o

---

77 "[...] among other things he said that the confusion and bustle of the inauguration are such that the American delegation would receive much greater attention in the days following. He also asked me to convey to you the hope that the American Bienal collection could be sent to Rio following the São Paulo showing for exposition in Museum of Modern Art, [...] in Rio de Janeiro, the true cultural capital of Brazil." Carta de Martin Ackerman (*cultural affairs officer*) para John Latham (National Collection of Fine Arts). Rio de Janeiro, Brazil, 18 jan. 1967. Localizado no Smithsonian Institution Archives, RU 321 Box 122 C24/06/06 – C25/06/04, folder 67-07 Sao Paulo IX Lois Bingham's Miscellaneous file (55 of 55).

jornalista gostaria de receber informações sobre a representação dos Estados Unidos na Bienal de São Paulo de 1967.[78]

De um modo geral, mesmo que nem todos os textos de Maurício sobre a arte estadunidense tenham sido aqui citados, pode-se dizer que ele se posicionou de modo muito favorável às obras, aos artistas, às instituições e também ao maquinário de promoção dessa produção, que também construía uma narrativa edificante sobre ela própria. Isso pode também ser reconhecido, por exemplo, quando ele apresentou as mostras do Metropolitan Museum e as atividades do Smithsonian, quando expôs o caso da Mellon Collection e o surgimento da National Gallery, em Washington D.C., ou ainda quando discutiu o funcionamento do projeto National Endowment.[79] Em outras ocasiões, a sua coluna reproduziu a programação das galerias e dos museus de Nova York (Maurício, 1967). Tendo por base esse conjunto de artigos produzidos pelo jornalista, pode-se reconhecer que o Departamento de Estado fez uma aposta acertada quando lhe concedeu a bolsa de viagem.

Ao contrário, a partir das discussões aqui colocadas, e já tendo em mãos uma base de comparação, não se pode dizer que Roberto Pontual tenha se rendido de modo entusiasmado à arte estadunidense, como o fizera Maurício. Indubitavelmente, para uma resposta mais acurada seria necessário investigar as suas atuações como curador e crítico de arte, o que ultrapassaria os limites desta pesquisa. Nos dois casos, nota-se uma maior difusão de padrões da arte dos Estados Unidos, mesmo que por vezes seu viés fosse crítico. De certo modo, passa-se a ver na cultura artística estadunidense um espaço privilegiado dos dilemas da arte contemporânea, com suas idas e vindas, o que antes era voltado quase exclusivamente ao debate de concepções europeias. No intuito de compreender a importância dos intercâmbios como "políticas de atração" para a conversão dos reticentes e a estima das artes e do meio artístico estadunidense, os casos de Pontual e Maurício mostram-se bastante representativos.

Outro recorte que possibilita reconhecer as "políticas de atração" no meio das artes no Brasil refere-se às exposições itinerantes organizadas por setores governamentais e enviadas para a América Latina.

---

78 "*Jayme Mauricio was a leader grantee in our exchange program last year and his return from the U.S. he wrote a* long series of effective articles on American art. *He would appreciate very much receiving, as soon as possible, any information or materials you can give him on our own participation in the Bienal. This can be sent to us for delivery to him.*" Carta de Martin Ackerman (*cultural affairs officer*) para John Latham (National Collection of Fine Arts). Rio de Janeiro, Brazil, 18 jan. 1967. Localizada no Smithsonian Institution Archives, RU 321 Box 122 C24/06/06 – C25/06/04, folder 67-07 Sao Paulo IX Lois Bingham's Miscellaneous file (55 of 55).

79 Ver, nesse sentido, os seguintes artigos publicados por Jayme Maurício no *Correio da Manhã*: "Plásticas dos Estados Unidos" (14 dez. 1970), "A complicada história da Mellon Collection" (3 abr. 1972), "Paris reage contra N. York" (31 jan. 1967), "Temporada nos EUA" (28 out. 1966).

Exposições itinerantes: International Art Program – National Collection of Fine Arts (IAP-NCFA)

Desde meados da década de 1940, as exposições de arte dos Estados Unidos enviadas para o estrangeiro eram atribuições do Departamento de Estado. A partir de 1953, essa função passou a ser exercida pela USIA, período em que a diplomacia cultural daquele país precisou reagir de modo mais assertivo às investidas da União Soviética nas áreas artística e cultural dentro da Europa.

Nesse contexto, admitida a própria desatenção em relação às artes e à cultura em sua política externa, os Estados Unidos investiram em programas de intercâmbios e exposições circulantes com o propósito de responder ao desempenho positivo da performance cultural soviética. Tais estratégias pareciam responder ao diagnóstico sobre a imagem dos Estados Unidos produzida no contexto da Guerra Fria:

> Mas temos negligenciado uma área vital de influência no campo da compreensão cultural, que nossos inimigos têm explorado com grande sucesso para benefício próprio e para o grave perigo de nossos objetivos e realizações internacionais altruístas. É aqui que um programa de intercâmbio artístico entre os Estados Unidos e seus aliados é essencial para compensar uma situação cada vez pior. Sabemos que a Rússia está gastando pelo menos um bilhão e meio de dólares por ano para promover a valorização de suas realizações culturais em várias partes do mundo. Com demonstrações elaboradamente encenadas de suas artes, por um lado, e com propaganda antiamericana vil, por outro, ela está enfatizando com grande eficácia que somos uma nação materialista de tecnocratas, interessados apenas na supremacia econômica, inflados com riqueza e poder, e totalmente desprovidos de uma cultura autóctone. [...] que a cultura estadunidense é apenas uma repetição fraca de suas raízes europeias; que o status dos artistas estadunidenses é lamentável em comparação com o de seus colegas soviéticos; que, porque as artes não recebem subsídio do governo nos Estados Unidos, não temos interesse pela cultura; e que, em geral, os estadunidenses são "bárbaros" e "imperialistas ianques". No entanto, essa ligação tradicional entre liberdade criativa e iniciativa privada nos deixa com uma curiosa fraqueza no curioso mundo de hoje.[80]

---

80 "*But we have neglected a vital area of influence in the field of cultural understanding, which our enemies have exploited with great success for their own benefit and to the serious danger of our altruistic international aims and accomplishment. It is here that a program for an exchange of art between America and her allies is vitally needed to off-set a continually worsening situation. We know that Russia is spending at least a billion and a half dollars a year to promote an appreciation in various parts of the world of her cultural attainments. With elaborately staged demonstrations of her arts on the one hand and with vicious anti-American propaganda on the other, she is hammering home with great effectiveness that we are a materialistic nation of technocrats, interested only in economic supremacy, swollen with wealth and*

Para maior eficácia das mostras circulantes, foram reunidos profissionais que formaram o Advisory Committee on the Arts[81] e delinearam-se preceitos para o programa das mostras circulantes. O primeiro deles recomendava que, para percorrer o estrangeiro, as exposições deveriam conter arte da mais alta qualidade, pois conteúdo e qualidade artística deveriam nortear as escolhas. O comitê reconhecia a necessidade de fazer adequações quando necessárias, pois admitia que os critérios de julgamento poderiam variar entre as cidades e os países onde as obras seriam expostas. Assim, algo apropriado para uma localidade rural ou provincial poderia se demonstrar inapropriado para uma metrópole. Nesse caso, os agentes em missões no exterior deveriam fazer as considerações para escolhas acertadas. O comitê também afirmava a autonomia da obra de arte, sendo irrelevantes a personalidade, o caráter ou as crenças do artista, a menos que ele acompanhasse a exposição. Nesse caso, os fatores pessoais deveriam ser contemplados. Já sobre as obras selecionadas, as escolas não deveriam ser enfatizadas, como tampouco gostos tradicionais ou vanguardistas, mas era sugerido que a escolha demonstrasse a integridade e as habilidades criativas de artistas do passado e do presente. Por sua vez, o conteúdo da mostra, seu escopo e possíveis limitações deveriam ser explicitadas para que não houvesse qualquer interpretação inadequada. O texto recomendava ainda que as escolhas fossem sempre feitas por profissionais da área das artes e não por funcionários do governo.[82]

---

power, and utterly devoid of an indigenous culture. [...] that American culture is but a weak repetition of its European roots; that the status of the American artists is pitiful compared to his counterpart's in the Soviet; that because the arts are without government subsidy in America we are without interest in culture; and that in general Americans are 'barbarians and 'Yankee Imperialists'.' However, this traditional link between creative freedom and private initiative leaves us with a curious weakness in today's curious world." Manuscrito intitulado "A program of International Exchange of Art exhibitions for the development of cultural understanding among nations as a major factor in world peace". Sem data ou assinatura. Localizado no Smithsonian Institution Archives, RU 321, box 28 C24/06/06 – C25/06/04.

81 Embora o documento aqui tratado não esteja datado e assinado, é possível saber que na 9ª reunião do Advisory Committee on Cultural Information, de 25 de abril de 1958, estavam indicados os nomes de Herbert W. Bayer e Lawrence A. Fleischman (na terceira vaga consta "*vacancy*"). Já na 12ª reunião do comitê, em 17 de março de 1959, participaram como membros do encontro Mark A. May, Herbert W. Bayer, Robert L. Crowell, Robert B. Downs, Charles W. Ferguson, Lawrence A. Fleischman, Freeman Lewis, Albert H. Marckwardt, Porter A. McCray e William H. Schuman. Por sua vez, Herbert W. Bayer, Lawrence A. Fleischman e Porter A. McCray assinaram o documento do 14º encontro, realizado nos dias 2 e 3 de novembro de 1959. Todos os documentos estão localizados no Smithsonian Institution Archives, RU 321, box 11, folder "USIA Advisory Committee on Cultural Information".

82 Os atributos das obras também eram significativos: "Somente a arte da mais alta qualidade deve ser enviada ao exterior. Comprometer a qualidade, não importa qual seja o incentivo ou provocação, resultará em desdém e ridicularização. A insistência na qualidade e uma ênfase contínua nos mais altos padrões devem fundamentar qualquer programa internacional nas artes" ("*Only art of highest quality should be sent abroad. Compromise with quality, no matter what the incentive or provocation,*

A historiadora da arte Lois A. Bingham, contratada por Richard Brecker para trabalhar na USIA, em 1955, oferece outra perspectiva sobre esse processo. Segundo ela, não podiam ser escolhidos artistas que estivessem na lista da House Un-American Activities e também nomes que estavam fora dela deveriam passar por checagem de antecedentes para serem aprovados, deixando claro que havia controle e censura nas mostras enviadas para o exterior. Por serem procedimentos velados da USIA, profissionais com atribuições como as suas não deveriam deixar transparecer que trabalhavam com limitações e regras excludentes pois, segundo ela, se "naquela época alguém descobrisse que estávamos censurando uma exposição de arte, estaríamos acabados". De acordo com Bingham, a censura e o controle eram driblados mais facilmente com a organização de mostras coletivas de artistas selecionados por um júri de três ou quatro pessoas. Trabalhar com um comitê de seleção possibilitava, segundo ela, sugerir aos membros que talvez outra pintura ou artista pudesse ser uma solução melhor ou contribuir de modo mais positivo para aquela exposição. Bingham admite que esse método acabou funcionando e não lhe trouxe nenhum problema, pois reconhecer que se evitava trabalhar com certos artistas poderia levantar uma bandeira vermelha.[83]

Ainda segundo Bingham, todo esse processo resultou em mostras sem qualquer gosto específico, pois eram exposições conservadoras e com perfil histórico aceitável. Ela admitia, no entanto que, durante a década de 1950 teria sido o MoMA a ousar enviar mostras mais "modernas" e arejadas para o exterior, mas ainda assim eram exposições menores e remetidas para espaços de menor evidência.[84]

No que diz respeito à organização de mostras sob os cuidados da USIA, o tema da censura aparece, já em 1959, entre suas diretivas. De modo geral, o processo iniciava-se com requisições de exposições feitas pelos postos no estrangeiro, os USIS, que eram, logo em seguida, analisados pelos agentes da USIA em Washington D.C. Quando aceitos, os pedidos eram encaminhados para os especialistas na área de artes (Fine Arts Section), que deveriam sugerir exposições e obras apropriadas às demandas, levantar os custos e calcular a duração da circulação e ainda indicar os nomes dos organizadores das mostras. Cumpridas essas etapas, o planejamento recebia a concordância

---

will result in disdain and ridicule. Insistence on quality and a continuing emphasis on the highest of standards must underlie any international program in the arts"). Documento intitulado "A Statement on the selection of American art to be sent abroad under the government's international cultural relations programs". Sem data, 4 p. Localizado no Smithsonian Institution Archives, RU 321, box 11, folder "USIA Advisory committee on cultural information".

83 Lois Bingham talking to Buck Pennington on April 16, 1981, p.17-9. In: *Archives of America Art*. Disponível em: https://www.aaa.si.edu/collections/interviews/oral-history-interview-lois-bingham-11724. Acesso em: 2 out. 2020.

84 Lois Bingham talking to Buck Pennington on April 16, 1981, p.19. In: *Archives of America Art*. Disponível em: https://www.aaa.si.edu/collections/interviews/oral-history-interview-lois-bingham-11724. Acesso em: 2 out. 2020.

do posto que havia feito a requisição e ainda das outras partes envolvidas. A Fine Arts Section, da USIA, encarregava-se de encontrar o especialista ou a instituição que selecionaria as obras, e todos, junto com os artistas que comporiam a mostra, teriam seus antecedentes investigados. Nesse *modus operandi*, os funcionários da Fine Arts Section deveriam expor aos organizadores as ideias básicas do projeto, os propósitos da agência, as necessidades do posto e o plano do conteúdo da exposição. Fotografias das obras selecionadas e os textos dos catálogos deveriam ser remetidos para revisão e aprovação da própria agência (USIA), que sugeria ainda que a tradução e a impressão fossem feitas pelo posto receptor da exposição (o que nem sempre acontecia). No caso de haver qualquer censura de obras ou artistas, dever-se-ia proceder com cautela redobrada, e caso algum dos nomes fosse removido da lista dos participantes por não se adequar à política da USIA, o motivo real de exclusão – que era a censura – não deveria ser revelado. Nesse caso, sugeria-se que fossem alegados motivos estéticos e de conteúdo que, seguramente, pareceriam restrições distanciadas de qualquer cerceamento político.[85]

Em 1965, as exposições enviadas para o exterior passaram a ser atribuição do Smithsonian Institution,[86] mais precisamente da National Collection of Fine Arts (NCFA).[87] O Smithsonian Institution já contava com a seção Travelling Exhibition Service, que cuidava de mostras que circulavam dentro dos Estados Unidos.[88] Com

---

[85] "[...] se algum dos nomes dos artistas precisar ser removido da lista devido à política da Agência, isso deve ser feito por meio de sugestões que não revelem intenção de censura política, mas que tratem exclusivamente de estética e conteúdo" ("*[...] if any of the artist's names should be removed from the list for reasons of Agency policy, this must be done by suggestions which do not reveal an intent of political censorship, but which deal exclusively with aesthetics and content*"). Comunicação intitulada "How Agency Art Exhibitions are originated, selected, assembled, etc." (ICS – Mr. Albert J Harknees Jr. ICS/E Robert Sivard.). 17 set. 1959, 2 p. Localizada no Smithsonian Institution Archives, RU321 Box 7 C24/06/06-C25/06/04. Folder ICS/ED/FA procedure USIA/For Assembling and circulating art exhibitions. Documentos no arquivo DSCN3269 e 3270.

[86] Na documentação aparece também com o nome Fine Arts Section.

[87] Comunicação intitulada "A Suggestion: The transfer of responsibility for Art Exhibitions from the Agency to the Smithsonian Institution". (I – Mr. Wilson. ICS/E Mr. Sivard and ICS – Mr. Harris. Lois A. Bingham.). 5 jan. 1965, 4 p. Localizada no Smithsonian RU 321 Box 7, Folder Relations with USIA (folder 2 of 2), p.1.

[88] Sabe-se que mesmo antes dessa decisão, entre 1951 e 1955, o Smithsonian Institution Traveling Exhibition Services já havia preparado para o Departamento de Estado e para a USIA diversas mostras. Entre elas estavam as seguintes: "American Drawings"; "American Plastic"; "American Primitive Painting"; "The Story of American Glass"; "Contemporary American Glass"; "American Indian Painting"; "The American Theatre"; "American Wallpaper"; "Aspects of the American Film"; "Painting by George Catlin"; "The Church in America"; "Color Photography"; "Contemporary American Textiles"; "Community Art Centers"; "Containers and Packagings"; "Fine American Printing"; "Gropius: Approach to Design"; "High Speed Photography"; "Living Together"; "Mississippi Panorama"; "The City of New York"; "The World of Paul Revere"; "Carl Schurs in America". Ver Documento intitulado "U.S.I.A. Exhibitions". Folder USIA relations with AFA,

a transferência de função, foi criado The International Art Program (IAP) ficando o Smithsonian responsável pelo International Exchange of Fine Arts Exhibits, as participações dos Estados Unidos nas bienais de Veneza e de São Paulo e eventos similares.[89] O programa envolvia *"fine and decorative arts"*, como pintura, escultura, gravura, arte popular, artesanato (*crafts*) e categorias afins.

O IAP, renomeado inúmeras vezes ao longo de sua história, manteve as funções de organizar as exposições para o estrangeiro e, por restrições orçamentárias, teve suas atividades diminuídas entre 1976 e 1977, até ser finalmente fechado, em 1981.[90] Ao longo de sua trajetória, foi responsável por seis áreas ao redor do mundo: África, Oriente Médio e Norte da África, Sul da Ásia, União Soviética e Europa Oriental, Europa Ocidental, América Latina. Contudo, a USIA passou a ser responsável pelas exposições apresentadas na União Soviética e no Leste Europeu.[91] Os formatos das mostras poderiam ser de grande porte e destinadas para pavilhões, como as bienais e museus maiores, ou ainda de médio e pequeno porte, sendo algumas delas acompanhadas por um curador-conferencista. Nesse caso, devido ao investimento, a mostra deveria ficar exposta no mínimo dois meses. Como se verá nos casos discutidos mais adiante, algumas exposições surgiram a partir de sugestões do IAP, de acordo com o Country Plan do país em questão, e outras foram requisitadas pelos postos USIS.

1955-60. RU 321 Box 28 C24/06/06 – C25/06/04. Material localizado no Smithsonian Institution Archives, Washington (D.C.), EUA.

89 "O Departamento de Estado e a Agência de Informações dos Estados Unidos fornecerão orientação política à Smithsonian sobre relações internacionais e fatores psicológicos, respectivamente, que influenciariam o programa. A Agência também fornecerá recomendações sobre sugestões dos postos do USIS relativas às exposições de belas artes. A Smithsonian e a Agência manterão uma ligação contínua para esse fim, de acordo com a carta do Presidente ao Diretor da Agência de Informações dos Estados Unidos datada de 11 de agosto de 1961. A Smithsonian será responsável pela seleção das obras e pela qualidade artística geral das exposições" (*"The Department of State and the U.S. Information Agency will provide policy guidance to Smithsonian on international relations and psychological factors, respectively, which would influence the program. The Agency will also furnish recommendations on USIS post suggestions concerning fine arts exhibits. The Smithsonian and the Agency will maintain continuing liaison for this purpose in accordance with the President's letter to the Director. U.S. Information Agency dated August 11, 1961. The Smithsonian will be responsible for the selection of works and general artistic quality of exhibits"*). Documento intitulado "Memorandum of Understanding between the United States information Agency and the Smithsonian Institution relative of the International Exchange of Fine Arts". Assinam o documento: Joseph C. Wheeler (Acting Assistant Director -Administration- U.S. Information Agency) e James Bradley (Assistant Secretary -Administration- Smithsonian Institution), 12-16 nov. 1965, 3 p. A citação foi retirada da página 2 do material localizado no Smithsonian Institution Archives.

90 Em 1973, o IAP tornou-se o Office of Exhibitions Abroad (OEA).

91 De acordo com material disponível em: https://siarchives.si.edu/collections/siris_arc_216890. Acesso em: 18 mar. 2020.

Também as participações nas bienais e outras representações oficiais ficaram sob a responsabilidade do IAP.

Analisando a documentação relacionada a esse tema, é possível perceber conexões e contiguidades entre a USIA e o IAP, a começar pela transferência de seus funcionários, Lois A. Bingham, Margaret P. Cogswell e William M. Dunn, que em julho de 1966 passaram a formar o setor do IAP criado no NCFA. Ao longo da história do IAP-NCFA, Lois Bingham permaneceu como chefe da seção e responsável pela organização das mostras e pela seleção de profissionais e instituições que pudessem fazê-lo.

Previa-se que a USIA e o IAP deveriam se encontrar anualmente e programar as atividades para os dois próximos anos, ocasião em que alguns temas relacionados aos projetos, que não constam nos relatórios, eram tratados com sigilo e de modo especial. Em 1970, as atribuições de cada instituição aparecem assim descritas: o IAP era responsável pelos aspectos técnicos, estéticos e logísticos dos projetos, enquanto a USIA tinha "a responsabilidade principal pela relação de um projeto com os objetivos do programa de área, pela programação no campo e pela coleta de relatórios de avaliação".[92]

Em carta, David Scott, então diretor do NCFA, oferece um balanço sobre os ganhos que o governo obteve com a transferência das funções e sobre as relações entre o IAP – setor que estava sob seu gerenciamento –, a USIA e o Departamento de Estado. Segundo ele, teria havido mútuo acordo entre a USIA e o Smithsonian sobre a transferência das funções, pois o programa de mostras para o estrangeiro poderia se beneficiar de um "planejamento de longo prazo, operar de acordo com os padrões profissionais dos museus contando com a estrutura da Coleção Nacional de Belas Artes e ter um potencial de crescimento que não havia desfrutado durante seus doze anos na USIA".[93] Além disso, o Smithsonian poderia oferecer um papel cultural legítimo às atividades e com isso esvaziar as conexões delas com qualquer cunho político. Por ser uma instituição propriamente artística, o Smithsonian também oferecia um perfil menos tendencioso e mais profissional das artes plásticas norte-americanas, com mais aptidão para apresentar uma integração das artes com a cultura do país. Nos três anos de sua operação no Smithsonian, Scott relata que o IAP trabalhou em estreita colaboração com a USIA e o Estado, assimilando conselhos, solicitações e sugestões de ambas as agências e entregando exposições e programas complementares de qualidade

---

92 "[...] *primary responsibility for a project's relationship to area program objectives, programming in the field, and collections of evaluation reports.*" Comunicação intitulada "United States Government Memorandum". De: Smithsonian/IAP. Para: USIA/IAN. Subject: Memorandum of understanding on Smithsonian/IAP – USIA/IAN Projects. 17 mar. 1970. RU 321, box 28, folder USIA Miscellaneous. Localizado no Smithsonian Institution Archives.

93 Carta – De: Mr. Blitzer. Para: David Scott. Mr. Challinor's Memo. March 10, 1969, 3 p. RU 321 Box 7, folder "Briefing materials. Para: David W. Scott", NCFA, 1969. Citação retirada das páginas 2 e 3 do material localizado no Smithsonian Institution Archives.

reconhecida, que foram usados não apenas pelos Serviços de Informação dos Estados Unidos no exterior, mas também por museus, em acordos diretos de museu para museu. O IAP buscava novas maneiras de apresentar exibições culturais de qualidade para um público mais amplo, evitando relações óbvias com a política ou propaganda dos Estados Unidos. Scott reconhecia que, apesar dos poucos recursos e da pequena equipe, o IAP havia conseguido avanços significativos, pois tinha sido capaz de fazer muito mais pela imagem da arte estadunidense no exterior do que a USIA havia feito nos anos anteriores. Expostas as limitações da USIA, a carta de David Scott enaltecia a "propaganda disfarçada" realizada pelo IAP que, de modo profissional e legitimada pelo meio das artes, diluía os traços de interferência ou mesmo da presença de diretrizes governamentais.

Transportando essa estrutura para os contextos dos países a enredar, entre essas engrenagens estavam os profissionais do USIS, agentes que melhor conheciam as realidades locais. Afinal, "os tipos de exposições devem ser concebidos tendo em vista um determinado público; ou seja, uma exposição apropriada para os gostos sofisticados da Europa não seria ideal para as nações emergentes da África".[94] Eram eles que conheciam de perto o público a ser alcançado, selecionavam os espaços expositivos mais adequados, zelavam pelo cumprimento dos acordos com as instituições parceiras, supervisionavam o processo de transporte e de montagem dos trabalhos, além de serem o elo de conexão entre o USIS, o IAP e as instituições locais.[95] Também cuidavam para que, em contextos anti-imperialistas e mais politizados, os eventos não carregassem emblemas do governo, deixando muitas vezes de imprimir o nome USIS nos materiais que acompanhavam os eventos, como catálogos, fôlderes ou *releases*, como ocorreu diversas vezes em mostras no Brasil, por exemplo.[96]

Sobre a importância dos agentes do USIS, há casos que possibilitam conhecer suas ingerências quanto ao tipo de exposição a enviar para o Brasil. Em carta para

---

94 "*Types of exhibitions must be conceived with a particular audience in mind; i.e. an exhibition appropriate for the sophisticated tastes in Europe would do not be ideal for the newly emerging nations of Africa.*" Manuscrito intitulado "Suggestions to Facilitate free flow of the arts throughout the world". Sem data, 2 p. Localizado no Smithsonian Institution Archives, RU 321 Box 7, folder Relations with USIA (folder 2 of 2), p.1.
95 Cf. International Art Program. National Collection of Fine Arts. Smithsonian Institution. Field Message Guide. 5 dez. 1969, 12 p. Localizado no Smithsonian, RU 321 Box 7, folder Policy and Procedures, p.3-9.
96 José Roberto Teixeira Leite (1969) informou que no final da década de 1960, a USAID [sic] também possuía um espaço expositivo na rua Melvin Jones, número 5, 20º andar. Sabe-se que o próprio USIS manteve espaços expositivos, como a galeria que ficava no Conjunto Nacional, na Avenida Paulista, junto ao consulado dos Estados Unidos. Mesmo tendo realizado mostras significativas, essa galeria acabou deslocada da história dos espaços expositivos da cidade. No final da década de 1960, também no Rio de Janeiro houve um espaço expositivo oficial do USIS.

Porter McCray, diretor do International Program do MoMA, por exemplo, Lois Bingham informou que o agente de assuntos culturais do Brasil recomendava que para a VI Bienal de São Paulo de 1961 não se seguisse o padrão das edições anteriores, quando quase todas as obras trazidas eram de natureza abstrata. Embora se reconhecesse o lugar da pintura e da escultura abstratas na arte moderna, o USIS de São Paulo e o posto central sugeriam que fossem incluídas também obras com "abordagem representacional". Isso ajudaria o meio brasileiro a compreender que a contribuição estadunidense não era exclusivamente abstrata. Bingham conclui a carta dizendo: "as recomendações foram preparadas como diretrizes da agência e os procedimentos não se aplicariam necessariamente às suas contribuições para a Bienal. No entanto, eu gostaria de saber suas reações".[97] Coincidentemente ou não, entre os artistas enviados para a VI Bienal estava Leonard Baskin que, com suas figuras humanas de grandes proporções, ganhou o Prêmio de Gravura nessa edição de 1961.

Observar também o pedido de George A. Rylance, subdiretor assistente (Deputy Assistant Director) da América Latina, realizado em 1967, ajuda a compreender melhor as solicitações do USIS sobre o perfil mais adequado das mostras para o continente no final da década de 1960. Rylance diz que a maior prioridade eram pequenas exposições, mas de qualidade, com baixo custo de transporte, que pudessem circular entre diversos centros binacionais regionais, além das capitais, e que permanecessem por prazos mais longos no país, antes de serem enviadas para outro destino.[98] Como exemplo, sugere o seguinte esquema:

1. Estampas. Uma amostra das novas técnicas desenvolvidas por June Wayne no *workshop* de Tamarind em Los Angeles seria sensacional. Também colagens ou técnicas mistas.
2. Artesanato
3. Arquitetura
4. Desenho industrial. Especialmente do ponto de vista das artes plásticas (tais como talheres, móveis, eletrodomésticos), como frequentemente são expostos no Museu de Arte Moderna, N.Y.

---

97 "[...] *the recommendations were prepared as Agency guidelines and the procedures would not apply necessarily to your Bienal contributions. Nonetheless, I should appreciate your reactions.*" Carta – De: Lois Bingham. Para: Porter McCray Director International Program of MoMA VI Sao Paulo Bienal 1961 10th Anniversary of the Museu de Arte Moderna. 9 set. 1960, 2 p. RU 321 Box 69, folder 61-022 VI Sao Paulo Bienal (USIA), p.1-2.

98 Cf. Documento – "Recommendations for Fine Arts Exhibits for FY 1969". Office Memorandum. United States Government. Para: Miss Lois Bingham – International Arts. Program De: George A. Rylance Deputy Assistant Director (Latin America). 15 set. 1967. Localizado no Smithsonian Institution Archives, RU 321 Box 28, folder Exhibitions requested Latin America.

5. Fotografia. Mostra de alta qualidade, como no Museu de Arte Moderna, N.Y.
6. O cinema como forma de arte. Histórico, por meio de fotografias (novamente, como no Museu de Arte Moderna, N.Y.)[99]

Além dessas sugestões que privilegiam obras de menor formato e baixo custo, o pedido de Rylance aventava que as principais cidades deveriam receber mostras com obras recentes de pinturas, esculturas, artes gráficas, montagens "extravagantes", escultura cinética etc. Afinal, disse ele, os centros de arte na América Latina estavam cientes da liderança dos Estados Unidos nas artes plásticas e ansiosos para ver as obras das quais ouviram falar ou viram nas revistas de arte.[100] Como se discutirá no próximo capítulo, inúmeras mostras organizadas pelo MoMA seguem essas prescrições.

Para a circulação dessas exposições de arte internacionais, antes de 1965, a USIA as administrava utilizando basicamente fundos do governo federal. Desde 1965, quando o IAP se tornou parte do Smithsonian Institution, especificamente da National Collection of Fine Arts, seu orçamento foi integrado a essa estrutura administrativa. No entanto, para as representações dos Estados Unidos nas grandes exposições, havia agora a possibilidade de obter patrocínios de indivíduos comuns, instituições ou corporações, haja vista a verba federal recebida pela National Collection of Fine Arts não ser suficiente para cobrir as despesas de mostras dessa magnitude.

Ao longo dos anos, precisamente entre 1963 e 1970, as participações em grandes mostras, como a Bienal de Veneza e a Bienal de São Paulo, comprometeram a maior parte desse orçamento e a energia dos poucos funcionários do IAP. Além dessas dificuldades, atos de protesto e boicotes na mostra italiana de 1968, o boicote à mostra brasileira em 1969 e a retirada dos artistas que representariam os Estados Unidos em Veneza em 1970 fizeram com que as prioridades do IAP fossem reavaliadas. A complexa realidade política do final da década de 1960, dentro e fora dos Estados Unidos, acabou por se conectar diretamente às grandes mostras de representações nacionais,

---

99 "*1. Prints. A sampling of the new techniques developed under June Wayne at the Los Angeles Tamarind workshop would be sensational. Also collages, or mixed techniques / 2. Crafts / 3. Architecture / 4. Industrial design. Especially from the fine arts point of view (such as tableware, furniture, appliances) as frequently exhibited at the Museum of Modern Art, N.Y. / 5. Photography. High quality show, as in Museum of Modern Art, N.Y. / 6. Films as an art form. Historical, through photographs (Again, as in Museum of Modern Art, N.Y.)*" Documento – "Recommendations for Fine Arts Exhibits for FY 1969". Office Memorandum. United States Government. De: Miss Lois Bingham – International Arts Program. Para: George A. Rylance Deputy Assistant Director (Latin America). 15 set. 1967. Localizado no Smithsonian Institution Archives, RU 321 Box 28, folder Exhibitions requested Latin America.

100 Cf. Documento – "Recommendations for Fine Arts Exhibits for FY 1969". Office Memorandum. United States Government. De: Miss Lois Bingham – International Arts. Program Para: George A. Rylance Deputy Assistant Director (Latin America). 15 set. 1967. Localizado no Smithsonian Institution Archives, RU 321 Box 28, folder Exhibitions requested Latin America.

nas quais artistas e atividades protestavam contra a Guerra do Vietnã e o imperialismo *yankee*, o que atingia diretamente a imagem dos Estados Unidos. Desde então, a USIA e o IAP concluíram que participar das bienais não pareceria ser a forma mais eficiente de promover a arte dos Estados Unidos e atingir o público no exterior. Assim, o IAP otimizou um sistema capilar de mostras que consistia em exposições itinerantes de menor custo de produção e formadas, muitas vezes, por trabalhos gráficos, arte popular (*folk art*) ou pequenas esculturas que circulariam por longos períodos entre diversos lugares.[101] Agentes do USIS estavam dispostos a receber mostras de "belas-artes" ou de reproduções de obras, pois, em muitos casos, como informavam eles, o público não discernia entre ambas. Assim, o IAP assumiu o compromisso de organizar mostras para o USIA com essas características, exposições que seguiriam um amplo roteiro de cidades pelo prazo mínimo de seis anos. Já para as participações em bienais e trienais, instituições privadas foram incentivadas a organizá-las, já que não contariam com o financiamento direto do governo dos Estados Unidos.

Em resumo, pode-se dizer que na década de 1960 as mostras itinerantes para o estrangeiro contaram com intensa participação de setores do governo dos Estados Unidos e de seu financiamento direto, situação que começou a se alterar no final da década, devido à politização do meio artístico, aos boicotes e aos protestos. Na década seguinte, as representações dos Estados Unidos e as exposições organizadas pelo IAP e enviadas para o estrangeiro tiveram suas diretrizes revistas.

Segundo Andrew James Wulf, o período áureo das exposições culturais dos Estados Unidos nas feiras internacionais, nas exposições oficiais de intercâmbio com a União Soviética, nos pavilhões de feiras mundiais e nas exposições em museus ocorreu também, aproximadamente, entre 1955 e 1975. Nessas ocasiões, os Estados Unidos apresentavam a superioridade de seu estilo de vida e também os riscos de não comprar seu *ethos* nacional: o sonho americano. O autor considera que, após esse período, houve um declínio da qualidade e da criatividade nessas participações, o que ele atribui às más administrações da USIA e ao aumento da *détente* com a União Soviética (Wulf, 2013, p.3-11). No entanto, mesmo que esses fatores sejam primordiais para a compreensão da política externa dos Estados Unidos de um modo geral, os protestos realizados na Bienal de Veneza e o boicote à X Bienal de São Paulo não deixaram de ser, em particular, incômodos para os funcionários da IAP, bem como para a diplomacia cultural estadunidense.

Indagado sobre a participação dos Estados Unidos na Bienal de São Paulo de 1971, Joshua C. Taylor, então diretor da NCFA, afirmou que outros compromissos impossibilitaram a presença do país em São Paulo, redefinindo prioridades:

---

101 Informações retiradas do site: https://siarchives.si.edu/collections/siris_arc_216890. Acesso em: 20 set. 2020.

"Gostaríamos de dedicar mais esforço para fazer circular as exposições – colocando mais mostras de mais artistas em mais áreas – e menos em festivais de arte únicos" (Glueck, 1971b).[102] Mesmo assim, Grace Glueck, a jornalista, pontuava que a ausência de fundos não havia afetado a participação do país na onerosa 11th Biennial of Outdoor Sculpture, organizada por The Middelheim Museum na Antuérpia, que ocorria em 1971. Lois Bingham replicou que essa participação acontecia porque era financiada pelo setor privado.

Mostras itinerantes enviadas para o Brasil

É compreensível que o Brasil estivesse na rota das mostras organizadas pelo IAP, tendo em vista o lugar que o país ocupava no tabuleiro da Guerra Fria cultural na América Latina. Observar algumas dessas mostras possibilita conhecer melhor o projeto para a afirmação da hegemonia estadunidense no meio das artes e a conquista da elite culta e intelectual brasileira. Possibilita, também, pelo avesso, entender como o meio brasileiro era entendido pelos agentes culturais dos Estados Unidos do período, a partir de constatações já referidas de que cada lugar estrategicamente merecia um tipo de mostra.

Os projetos organizados pelo IAP pretenderam propagar a arte estadunidense com uma perspectiva bastante pedagógica, pois eram produzidos catálogos em diversas línguas (em alguns casos também em inglês, para distribuição interna), filmes eram exibidos e curadores eram convidados a dar conferências, discutir programas relacionados às mostras e trocar ideias em simpósios e conversas privadas, com artistas locais e profissionais de museus. Lois Bingham oferece as dimensões dessa estrutura:

> Ao ajudar o público estrangeiro a apreciar não apenas as obras de arte, mas também o contexto em que foram produzidas e sua relação com períodos anteriores e posteriores, tais programas suplementares contribuem significativamente para uma compreensão plena do conteúdo e do sentido das exposições. Antes de 1965, exposições de arte internacionais patrocinadas pelo governo eram usadas para apoiar essa atividade. Desde 1965, quando o International Art Program passou a despertar o interesse pela arte americana em todo o mundo, e a real necessidade de não só continuar, mas também de expandir o escopo e o alcance dessas atividades.[103]

---

102 *"We'd like to devote more effort to circulating exhibitions around—getting more shows by more artists into more areas— and less on one-shot art festivals."*

103 *"By helping the foreign audience appreciate not only the works of art but the context in which they were produced and their relationship with earlier and later periods, such supplementary programs contribute*

Analisar mostras circulantes possibilita conhecer melhor esse processo, que envolve desde a elaboração dos projetos, suas etapas de realização e de avaliação final. Embora Lois Bingham tenha permanecido à frente de toda essa orquestração por um longo período, uma investigação sobre o seu papel e compromisso com esse empreendimento ainda está por ser realizada.

"The New Vein – tendências novas (1963-1968)"

Os postos do USIS na América Latina reivindicavam, há tempos, mostras de artes visuais contemporâneas para circular pelo continente. Particularmente o Rio de Janeiro, por ser ainda a capital cultural do país, ressentia-se da ausência desse tipo de evento, pois nem sempre era possível levar as obras das bienais de São Paulo para os museus da cidade. É pertinente lembrar que um dos objetivos colocados pelos Country Plans era conquistar a elite cultural brasileira para que ela reconhecesse o triunfo da produção artística dos Estados Unidos. A mostra "The New Vein – tendências novas", um ambicioso projeto do IAP, foi uma resposta a essas demandas.[104] Lois Bingham havia percorrido antecipadamente algumas cidades da América Latina para planejar com os agentes do USIS as melhores estratégias para fazer de "The New Vein" um triunfo.

Há relatos também de que Niomar Sodré, diretora do MAM Rio, havia se encontrado com Bingham na Bienal de São Paulo em 1967 e discutido com ela a possibilidade de exibir no Rio de Janeiro a representação estadunidense na bienal daquele ano, composta basicamente de *pop art*, como já havia ocorrido outras vezes. Bingham disse que, devido a compromissos assumidos, isso não seria possível pois, após o término da bienal, as obras seriam expostas nos Estados Unidos.[105] É de se notar que a *pop art* já havia provocado interesse do meio artístico e também do público brasileiro

---

significantly to a full understanding of the content and meaning of the exhibitions. Prior to 1965, Government-sponsored international art exhibitions were used to support this activity. Since 1965, when the International Art Program became an interest in America art throughout the word, and the real need for not only continuing but expanding the scope and the range of these activities." Documento – The International Art Program by Lois A. Bingham. Chief, International Art Program. National Collection of Fine Arts. Smithsonian Institution. 16 abr. 1969, 5 p. RU 321 C24/06/06 – C25/06/04. Folder 68-05 Sao Paulo x Lois Bingham's miscellaneous file (104 of 104), p.4-5.

104 Durante a abertura no Rio de Janeiro, a imprensa carioca chegou a informar que a Embaixada pretendia exibir "The New Vein" a cada dois anos intercalados com a Bienal de São Paulo, o que acabou não acontecendo.

105 Comunicação – De: USIS Rio de Janeiro. Para: USIA Washington. 27 dez. 1968, 5 p. + 4 fls. anexas. Subject: "New Vein: The Figure, 1963-1968" – Art Exhibit shown in Rio de Janeiro. RU321, box 137, The New Vein: Latin America Schedule, report, Messages (13 of 60).

e o IAP já havia preparado "The New Vein – tendências novas", mostra com obras relacionadas a essa poética artística.

Na abertura de "The New Vein – tendências novas" no Rio de Janeiro, a diplomacia dos Estados Unidos montou um cenário de impacto para tornar a mostra um acontecimento notável, indicando as ambições do projeto. No dia 12 de novembro, foi oferecido um coquetel de abertura da mostra no MAM Rio, ao qual compareceram quinhentas pessoas, ocasião em que também foram distribuídos catálogos da exposição. Personalidades do mundo das artes, críticos, intelectuais, diplomatas e homens de negócios foram recebidos na entrada do museu com holofotes gigantes, providenciados pelo adido do Exército, e por guardas da Marinha do Brasil que ladeavam o caminho. Para enfeitar o trajeto, não faltaram o tapete vermelho e vasos com plantas. Como pano de fundo da retumbante recepção, ouvia-se a banda da Marinha Brasileira.[106]

"The New Vein" teve duas versões, uma que percorreria cidades na América Latina e outra na Europa. Embora alguns artistas estivessem em ambas, o formato não se repetia e cada uma delas teve um arranjo formal específico. No caso da mostra para a América Latina, composta por dez artistas com trinta obras no total, sendo dezesseis pinturas e catorze esculturas, deveria haver cuidado para que nomes vistos na bienal de 1967 não se repetissem. A turnê latino-americana exibiu obras de Aldo Casanova, Enrique Castro-Cid, George Cohen, Robert Cremean, Frank Gallo, Robert Hansen, Lester Johnson, Robert A. Nelson, Philip Pearlstein e Stephan Von Huene.[107] Tais obras foram acompanhadas por um conjunto de seis filmes experimentais, que no MAM Rio foram vistos na sala da Cinemateca, mas que em outras cidades foram exibidos em espaços contíguos às obras, ou então salas específicas e separados da mostra, como na Embaixada, em São Paulo e em Brasília.[108] Ambas as versões tiveram a curadoria de Constance M. Perkins, que era crítica de arte, escritora e professora do Occidental College de Los Angeles. A complexidade da montagem requeria uma pessoa especializada, ao menos em parte da turnê, que dentre outras coisas também pudesse treinar pessoas locais para instalar as obras em sua ausência. Assim, afastada de suas funções cotidianas por um ano, Perkins acompanhou a circulação da exposição

---

106 Comunicação – De: USIS Rio de Janeiro. Para: USIA Washington. 27 dez. 1968, 5 p. + 4 fls. anexas. Subject: "New Vein: The Figure, 1963-1968" – Art Exhibit shown in Rio de Janeiro. RU321, box 137, The New Vein: Latin America Schedule, report, Messages (13 of 60).

107 A lista de artistas participantes foi retirada do catálogo da mostra exibida no MAM Rio e, em alguns casos, não coincide com nomes apresentados nas resenhas dos jornais.

108 Os filmes eram apresentados como opostos aos filmes comerciais e em confronto com os valores da moral da classe média americana. Entre eles estavam: *Castro Street*, de Bruce Baille; *Off on*, de Scott Bartlett; *Thanatopsis*, de Ed Emshwiller; *Circus Notebook*, de Jonas Mekas; *The Grateful Dead*, de Robert Nelson; *See, Saw, Seems*, de Stan Vanderbeek. Os filmes foram também exibidos no auditório da Embaixada, em São Paulo e em Brasília.

por três cidades latinas e depois seguiu para alcançar a turnê europeia, que se iniciou logo depois.[109]

O crítico Marc Berkowitz, que vivia no Rio de Janeiro, foi convidado para escrever a apresentação da mostra no catálogo e demonstrou um entusiasmo ambíguo pelo conjunto exposto. Disse que se tratava de "[...] continuidades de diversas pesquisas, algumas antiquíssimas, tendo como tema central a figura humana. Mas mesmo não sentindo o impacto da 'novidade', o visitante, ao perceber que se trata de apenas mínima parcela da arte norte-americana de hoje, sentirá algo do impacto que senti ao visitar os Estados Unidos, e ao entrar em contato com a sua arte" (Berkowitz, 1968, p.4-6).

Berkowitz dedicou a maior parte do texto para a descrição das boas experiências pessoais proporcionadas por suas viagens aos Estados Unidos, quando teve oportunidade de visitar instituições artísticas. Enalteceu os museus de arte moderna, a correta apresentação dos acervos, a qualidade das exposições, as monitorias, as palestras, as visitas guiadas, as políticas de impostos para as doações etc. Discorreu ainda sobre a qualidade da produção artística e, comparando-a às que viu na mostra do MAM Rio, chegou a duvidar que essas fossem mesmo de tendências novas. Afinal, parecia-lhe que uma arte integrada, ambiental, com a participação da tecnologia e relacionada à era espacial constituía então a novidade, e não a figura humana, tal como apresentava Perkins. Ou seja, as considerações de Berkowitz parecem sugerir que uma viagem ao país promotor de *New Vein* era mais atrativa e profícua para conhecer a produção artística contemporânea estadunidense.

Já a própria curadora da mostra afirmou em seu texto ter evitado os ismos contemporâneos, deixando de fora a *minimal art* ou experimentações tecnológicas abstratas, para concentrar-se em obras realizadas nos últimos cinco anos cujo tema era a figura humana. Diante de inúmeros imediatismos a que as artes estavam sujeitas, Perkins reconhecia ser esse tema um elemento central na produção artística. Afirmava que o artista contemporâneo trabalhava com um quadro de referências pluralista e era válido que, devido aos avanços tecnológicos, ele canalizasse seus interesses para a experimentação. Observada com atenção, percebe-se que sua tese é bastante vaga e não

---

109 A turnê de "The New Vein" pela América Latina teve o seguinte roteiro: Buenos Aires, Instituto Torcuato Di Tella (12 set. a 2 out. 1968); MAM RJ (12 nov. a 8 dez. 1968); Montevidéu, Comisión Nacional de Artes Plásticas (23 dez. 1968 a 26 jan. 1969); Santiago, Chile, Museo Nacional de Bellas Artes (21 mar. a 22 abr. 1969); Caracas, Venezuela, Museo de Bellas Artes (6 jul. a 10 ago. 1969); Bogotá, Biblioteca Luis Angel Arango (24 set. a 24 out. 1969); Cidade do México, Museo de Bellas Artes (14 jan. a 8 fev. 1970). O transporte das obras entre Nova York e Buenos Aires foi feito pela Moore-McCormack Lines, com frete grátis. Já na Europa, a mostra foi vista entre dezembro de 1968 e fevereiro de 1970 na Iugoslávia, em seguida na Alemanha, Suíça, Bélgica, Áustria e Itália, totalizando dezesseis artistas e cinquenta trabalhos.

se ancora em qualquer conceito ou referência na história da arte, pois somente aponta contradições, ceticismos e diletantismos como característica daqueles tempos (Perkins, 1968, p.9-13).

Edward F. Fry,[110] então conservador associado do Museu de Arte Solomon R. Guggenheim, também admitiu em seu texto a pluralidade de manifestações artísticas daquele momento. Para ele, observar a arte contemporânea a partir de estilos nacionais era algo bastante limitado, embora percepções culturais ou regionais permanecessem em evidência. Considerava que a sensibilidade nacional era "o produto de uma longa série de fatos, acontecimentos e circunstâncias" que só poderia "ser superada por um artista com o maior esforço consciente". Apesar desse quadro genérico, procurou apontar especificidades para a "Arte Contemporânea" e, sobre isso, afirmou que a herança do Dadaísmo e do Surrealismo estava geograficamente disseminada pela produção artística e se somava às variações locais, que Nova York tornara-se o centro das artes, que a inovação na década de 1960 consistia na reificação das obras de arte ("tanto os quadros como as esculturas passaram a se aproximar, mais do que nunca, da condição de objetos materiais"), e que *happenings*, encenações teatrais e participações eram frequentes nas artes (desde 1950). Afirmava, ainda, ser a Arte Cinética um fenômeno europeu. Entre as variadas posições estéticas, destacava Duanier Rousseau, Joseph Cornell, Edward Kienholtz, H. C. Westermann e Richard Linder, porque eles ultrapassavam "os confins de qualquer estilo que tenham tomado emprestado ou com o qual tenham interagido". Contudo, nenhum desses artistas citados participava da mostra exibida no Rio de Janeiro (Fry, 1968, p.19-21). Talvez o convite para a produção do texto para o catálogo da mostra não tenha sido acompanhado das imagens que lá seriam expostas ou talvez ele tenha preferido ignorá-las.

Foi Alexander Sesonske, professor de Filosofia na Universidade da Califórnia, quem ofereceu um breve quadro comparativo entre as artes produzidas na década de 1950 (em que a subjetividade, o interior do artista e a psicanálise eram temas dominantes) e as obras da década seguinte (em que o autor localizava elementos de impessoalidade e objetividade). Foi o único entre os que contribuíram para o catálogo a dar um perfil da sociedade estadunidense e fazer alusões às convulsões sociais e à politização. Afirmou que "se reconhecermos na América de hoje a prevalência da revolta e do desespero, não teremos dificuldades [...] em ver a nossa arte como produto de seu tempo". Elencou um mosaico de referências teóricas relacionadas às artes que considerava as marcas do pensamento americano contemporâneo: os escritos de Wittgenstein, o existencialismo e as filosofias orientais, sendo o zen-budismo a mais conhecida delas. Diferentemente de Perkins, suas referências, mesmo que breves e esquemáticas,

---

110 Edward F. Fry foi convidado diretamente por Constance Perkins e não por funcionário do IAP. Ambos trocaram ideias durante o processo de produção dos textos e do catálogo.

conectavam-se com a produção artística contemporânea, embora os artistas citados por ele tampouco estivessem na mostra no MAM Rio (Sesonske, 1968, p.14-8). Talvez pelo didatismo e clareza, o texto de Sesonske repercutiu em várias resenhas da exposição publicadas na imprensa carioca.

Ainda sobre a produção do catálogo, sabe-se que a crítica Dore Ashton havia sido convidada para contribuir com uma reflexão, mas declinou do convite alegando questões políticas e posições pessoais. Para seu lugar, ela sugeriu Gregory Battcock, que acabou por escrever "Image and Object in American Art". Contudo, ele recebeu uma carta informando que o IAP não aprovara o seu artigo e que o texto não poderia ser incluído no catálogo, pois não haveria tempo para as correções necessárias.[111] A debilidade do texto era apontada como causa da recusa, como se pode ler na carta que lhe fora enviada:

> Lamento devolver-lhe o ensaio intitulado "Image and Object in American Art", que o sr. preparou para inclusão no catálogo que estamos editando para acompanhar a exposição "The New Vein". [...] Da forma como presentemente submetida, a peça parece vagamente concebida e apressadamente escrita; tanto o Dr. Scott quanto nossa própria equipe acreditamos que a revisão e a reescrita exigidas para adequá-la aos padrões que estabelecemos se estenderiam muito além do tempo que poderia ser concedido. Todos nós lamentamos muito isso, sendo grandes admiradores de seus vários artigos e publicações.[112]

Como o ensaio foi devolvido ao autor e não há qualquer cópia no Smithsonian Institution Archives, não se pode compreender o que "vagamente concebida e escrita apressadamente" poderia significar. De todo modo, o caso revela que mesmo que "The New Vein" tenha sido concebida e organizada por Perkins, o IAP centralizava as decisões relacionadas às mostras circulantes. A curadora não parece ter opinado sobre o caso, já que a carta cita somente o nome de David Scott e seus funcionários no IAP. A inclusão no catálogo de textos que não necessariamente comentam artistas

---

111 Junto com a carta, foram-lhe devolvidas as duas imagens de obras que acompanhariam a publicação, *Standing figure*, de Gassounis, e *Untitled*, de Morris.

112 "*I am sorry to return to you the essay entitled 'Image and Object in American Art' which you prepared for inclusion in the catalog we are publishing to accompany the exhibition 'The New Vein'. [...] As presently submitted the piece seems vaguely conceived and hastily written; both Dr. Scott and our own staff feel that the editing and re-writing required to bring it up to the standards we have established would extend far beyond the time which should be allotted. We all so much regret this, being great admirers of your various articles and publications.*" Carta – De: Mr. Gregory Battcock. Para: Margaret Cogswell. 25 jul. 1968. Localizado no Smithsonian Institution Archives, RU 321 Box, folder New Vein American Specialist grant (2 of 11).

e obras das mostras também pode ser indício da frágil independência curatorial nos projetos do IAP.

Dispositivos de controle, censura e checagem são práticas constantes em representações nacionais. No que diz respeito a "The New Vein", que ocorreu durante a Guerra Fria cultural na América Latina, na documentação consultada não há informações sobre a indicação ou checagem a respeito de Constance Perkins. Sabe-se apenas que ela havia sido selecionada por sua capacidade intelectual, que era preparada para conduzir seminários, proferir palestras para públicos com perfil diverso (especialistas em artes e pessoas comuns), dar entrevistas para a TV, encontrar-se com artistas e, sobretudo, era capaz de apresentar "uma imagem viva das atividades da arte contemporânea nos Estados Unidos".[113] Resumidamente, era uma profissional intelectualmente habilitada e, sobretudo, uma figura confiável.

Conforme já apontado, para as exposições no estrangeiro, o critério da qualidade deveria nortear a seleção das obras, dos profissionais responsáveis e dos que viajariam para dar palestras e cursos. Entretanto, é também conhecida a parcialidade desse critério, pois à capacidade de trabalho somava-se ainda a sensibilidade para evitar controvérsias e envolvimentos com temas políticos locais ou religiosos. O IAP colecionava situações embaraçosas de curadores envolvidos em polêmicas, como a de Walter Hopps, responsável pela representação dos Estados Unidos na VIII Bienal de São Paulo, em 1965.

Hopps, quando convidado para ser o comissário da mostra, havia sido advertido de que certos temas deveriam ser evitados, como se pode ler na carta que recebeu de Carl T. Rowan:

> [...] estamos perfeitamente cientes, por experiência anterior, de certos problemas básicos que devem ser considerados cuidadosamente a fim de evitar controvérsias políticas ou religiosas ou críticas prejudiciais aos Estados Unidos e de manter o *status* puramente cultural de uma exposição.[114]

Também em suas memórias, Hopps lembra de ter sido advertido pelo próprio Departamento de Estado para que não se envolvesse com artistas brasileiros e com a

---

113 Carta – De: Leonard H. Marks. Para: S. Dillon Ripley. Smithsonian Institution. Sem data. Material localizado no Smithsonian Institution Archives, RU 321 Box 136, folder New Vein American Specialist grant (2 of 11).

114 "[...] *we are acutely aware, from past experience, of certain basic problems which must be considered carefully in order to avoid political or religious controversy or harmful criticism of the United States and to maintain the purely cultural status of an exhibition.*" Carta de Carl T. Rowan para Walter Hopps. 11 jan. 1965. Material localizado no Smithsonian Institution Archives. RU 321 Box 91. Folder 65-216 Sao Paulo 8 (USIA) Grant and insurance.

cena local. Quando perguntou o motivo de tal precaução teria ouvido que "há muita agitação política no Brasil e você nunca sabe com quem está lidando" (Hopps; Treisman, 2017, p.178).[115] Apesar de todos os alertas, ele não deixou de protagonizar um embaraço diplomático.

Em carta a Lois Bigham, Hopps ofereceu sua perspectiva sobre o episódio. O *Correio da Manhã* teria informado que, em conversa com artistas em um jantar na casa do cônsul estadunidense, Niles Bond, teria condenado o governo da Espanha pelo aprisionamento de um pintor e de um crítico de arte espanhóis. Após a publicação do relato, Hopps buscou desculpar-se junto ao embaixador da Espanha no Brasil e também ao embaixador dos Estados Unidos, Lincoln Gordon, pelas alegações feitas em seu nome e relatou:

> [...] durante esse breve encontro, falei de meu sentimento pessoal de que os Estados Unidos são extremamente afortunados por dispor da maior liberdade de expressão artística possível. [...] É claro que, em retrospecto, percebi que falei e agi com pouco julgamento na época. Lamento profundamente que uma expressão idealista e, no entanto, irrefletida de minha parte, decorrente de uma crença pessoal na liberdade de expressão artística, possa causar constrangimento e dificuldades para os representantes oficiais de nosso governo e os da Espanha.[116]

Hopps ancorou a sua posição enaltecendo a livre expressão artística nos Estados Unidos, ao mesmo tempo em que seu governo lhe havia advertido para não se expressar livremente quando estivesse no Brasil, sem explicitar o paradoxo da situação. A escolha de profissionais ligados a uma rede politicamente confiável e a tradicional checagem oficial de antecedentes, realizadas por setores do governo, não pareciam ser suficientes para evitar incidentes como o vivido por Hopps.

No relato de Perkins, que viajava pela América Latina em 1968, não há qualquer menção ao cenário político ou a eventos locais. Inclusive, foi abafado o incidente que ocorreu em Montevidéu no dia 12 de janeiro de 1969, quando alguém entrou na mostra e cortou três telas da exposição, que foram rapidamente removidas e enviadas ao

---

115 *"[...] there's a lot of political unrest in Brazil and you never know who you're dealing with."*
116 *"[...] during this brief encounter I spoke of my personal feeling that the United States is extremely fortunate in having the greatest possible freedom of artistic expression. [...] I of course realize in retrospect that I spoke and acted with poor judgment at the time. I deeply regret that an idealistic, none-the-less ill-considered, expression on my part stemming from a personally held belief in the freedom of artistic expression should give rise to embarrassment and difficulty for official representatives of our government and those of Spain."* Carta – De: Water Hopps. Para: Miss Lois A. Bingham [The Pasadena Art Museum]. 27 out. 1965. Smithsonian Institution Archives RU 321 Box 121 C24/06/06 – C25/06/04. Folder 67-07 Miscellaneous IX Sao Paulo Bienale (39 of 55).

Smithsonian para restauro. Para não dar visibilidade nem ao caso, nem ao "vândalo", optou-se por evitar qualquer tipo de divulgação, dificultando conhecer as motivações do ato.

Na documentação consultada, também não há qualquer menção à ditadura brasileira ou às manifestações de rua que aconteciam naquele momento. Para Perkins, o Rio de Janeiro era uma cidade maravilhosa, onde ela teve uma agenda repleta de visitas a inúmeros artistas e ateliês, e estava particularmente impressionada com o trabalho de Burle Marx, com quem havia passado um bom tempo em sua casa de campo e ateliê. Considerou o MAM Rio um bonito museu, mas inadequado para a mostra que estava montando devido a sua escala e à ausência de paredes para pendurar as obras. Disse ainda: "Nunca sonhei em ficar tão frustrada pela geometria desses *designs* de aparência limpa que saem da Bauhaus".[117]

Em sua agenda de compromissos, que priorizava promover a arte contemporânea dos Estados Unidos, Perkins deu um curso na Escola de Belas Artes da Universidade do Rio de Janeiro, entre 12 de novembro e 8 de dezembro de 1968, com tradução simultânea para setenta pessoas, entre alunos da escola, críticos, artistas e alguns intelectuais. Os encontros foram intitulados "O cenário artístico norte-americano", "Há dez anos e nos dias atuais", "A escultura na década de 1960", "Expressões da *pop-art* e do neo-dadá", "*Op-art*, minimal art e escultura cinética", "New Vein e outros artistas figurativos". Perkins participou também de mesa-redonda no Ibeu RJ e realizou visita guiada para convidados antes da abertura da exposição no MAM Rio (Ayala, 1968b).

Ainda sobre o processo de organização de "The New Vein – tendências novas", os postos do USIS haviam sido consultados sobre o fato de Perkins não falar espanhol, ao que eles responderam não haver problema, desde que ela projetasse uma forte personalidade, com autoridade, e também utilizasse em suas apresentações bons *slides* coloridos.[118] Pela avaliação que a Embaixada fez, a sua performance não poderia ter sido melhor:

> A exposição The New Vein e as palestras da Perkins têm sido o principal assunto das conversas entre artistas, críticos e intelectuais do Rio. Podemos concluir que elas fizeram mais do que outros eventos no Rio nos últimos anos para despertar o apreço

---

117 "*Nor have I ever dreamed of being so frustrated by the geometry of those clean looking designs that come out of the Bauhaus.*" Carta – De: Constance M. Perkins. Para: Lois and Peg. USIS. Rio de Janeiro. 8 nov. 1968. Localizada no Smithsonian Institution Archives, RU 321 Box 136, file 67-18 & 67-19 The New Vein General—Correspondence.
118 Carta – Para: Mr. Julian L. Nugent. De: Lois A. Bingham. 4 mar. 1968. Subject: The New Vein art Exhibition. Localizada no Smithsonian Institution Archives, RU 321 Box 136, folder New Vein American Specialist grant (2 of 11).

brasileiro pelas atuais criatividade e liderança dinâmicas dos Estados Unidos no campo das artes plásticas.[119]

O USIS igualmente avaliou positivamente a mostra "The New Vein – tendências novas", pois ela contribuiu para que as artes dos Estados Unidos ficassem em evidência e, segundo o relatório, os brasileiros estavam "cientes de que o centro da arte não está mais na França, mas nos Estados Unidos. A maioria dos brasileiros educados e com mais de 40 anos (e muitos com menos de 40 anos) tem uma orientação voltada para a Europa, a ponto de muitas vezes não perceber a contribuição que os Estados Unidos oferecem para a cultura mundial".[120] Além disso, a mostra foi considerada um sucesso por ter despertado

> [...] um interesse nos Estados Unidos pelo incentivo a jovens artistas. Muitos brasileiros, inclusive especialmente aqueles que criticam o "imperialismo" dos Estados Unidos, os investimentos dos EUA no Brasil, a guerra no Vietná, etc. ficaram surpresos e encantados ao ver o incentivo oficial a jovens artistas, como demonstrado pelo patrocínio da embaixada a uma série de exposições potencialmente controversas. [...] Na visão mais aprofundada de como os brasileiros reagem aos Estados Unidos, a mostra foi um sucesso absoluto.[121]

Ao que tudo indica, as avaliações dos agentes do USIS procuravam destacar resultados positivos relacionados aos objetivos dos Country Plans, cujo projeto compreendia o mundo da arte como refratário a ideias modelares e estreitamente

---

[119] "*New Vein exhibit and Perkins lectures have been a principal subject of conversation among Rio artists and critics and intellectuals. We can only conclude that they have done more than other event in Rio in recent years to arouse Brazilian appreciation for present dynamic creativity and leadership of United States in field of plastic arts.*" Documento – [Amembassy] Embassy Rio. 29 nov. 1968. Localizado no Smithsonian Institution Archives, RU 321 Box 137, folder 67-19 New Vein Booking Brazil – (11 of 60).

[120] "*[...] Brazilians aware of the fact that the center of art is no longer in France but is in the United States. Most educated Brazilians over 40 (and many under 40) are Europe-oriented, to the point that they often do not realize what contribution the US makes to world culture. The New Vein [...] demonstrated clearly the contribution the U.S. is making today.*" Comunicação – De: USIS Rio de Janeiro. Para: USIA Washington. 27 dez. 1968, 5 p. + 4 fls. anexas. Subject: "New Vein: The Figure, 1963-1968" – Art Exhibit shown in Rio de Janeiro, p.5.

[121] "*[...] an interest in the United States in the Encouragement of young artists. Many Brazilians including especially those critical of United States 'Imperialism', U.S. investments in Brazil, the war in Vietnam, etc. were surprised and delighted to see official encouragement of young artists as demonstrated by embassy sponsorship of such an obviously potentially controversial series of exhibits. [...] In the deeper view of how Brazilians react to the United States, the exhibit was an unqualified success.*" Telegrama – Department of State Telegram. Localizado no Smithsonian Institution Archives, RU 321 Box 137, folder 67-19 The New Vein: Latin America Schedule, report, Messages (13 of 60).

"POLÍTICAS DE ATRAÇÃO" VOLTADAS PARA O MEIO ARTÍSTICO BRASILEIRO

Figura 7 – Capa do catálogo da exposição "Tendências Novas. The New Vein", realizada no Museu de Arte Moderna (MAM), no Rio de Janeiro, em novembro de 1968

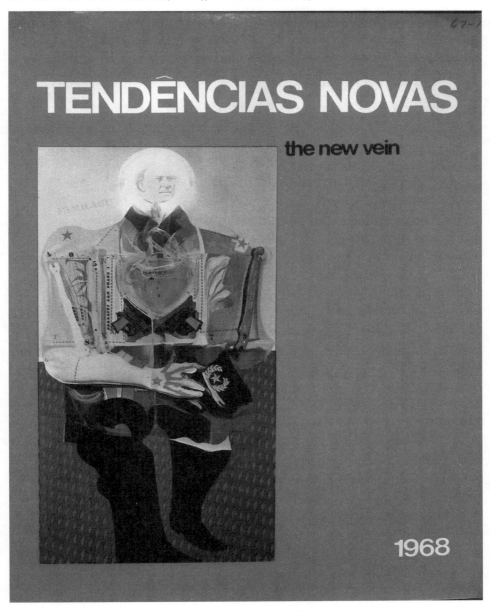

FONTE: SMITHSONIAN INSTITUTION ARCHIVES, RU 321, BOX 137, FOLDER 67-19 THE NEW VEIN

Figura 8 – Abertura da mostra "Tendências Novas. New Vein" noticiada pelo *Brazil Herald* em 14 novembro de 1968. Austregésilo Athayde na entrada do MAM Rio (à esq.) e vista da mostra (à dir.)

FONTE: SMITHSONIAN INSTITUTION ARCHIVES, RU 321, BOX 137, FOLDER 67-19 THE NEW VEIN

Figura 9 – *EUA – Notícias Culturais*, "Exposição de arte norte-americana 'Tendências Novas' no Rio de Janeiro", s.d.

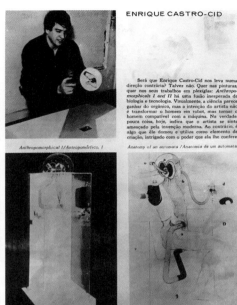

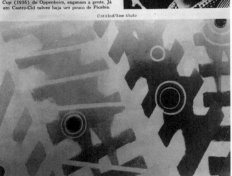

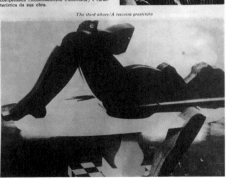

POLÍTICAS DE ATRAÇÃO

FRANK GALLO

Frank Gallo, por outro lado, não está interessado nem em heroísmos, nem em universalidades, nem tampouco em quaisquer julgamentos estéticos tradicionais. Assumindo uma posição que o aproxima da Pop Art, sua obra não é, contudo, desprovida de conoteração. Uma das suas habilidades peculiares é captar uma qualidade determinada em um gesto que dá vida às suas figuras. São sensuais, muito típicas da nossa sociedade jovem, mas não tão banais quanto a imagem Pop pura. Há nelas uma certa decadência e um toque de elegância, mas há também sutilezas de estado de espírito seriamente levadas em conta. É supérfluo dizer que os efeitos obtidos por Gallo dependem muito do seu uso de resinas de poliéster e das superfícies cerosas assim obtidas.

Bikini girl/Moça de biquini   Male image/Imagem masculina

ROBERT HANSEN — ALDO CASANOVA

Se bem que as imagens de Robert Hansen nunca deixem de possuir sentido filosófico, podem ser apreciadas puramente como elementos visuais. Assim, há formas na sua *Ascension* que se relacionam tanto à *Ninfa* de Cremesen quanto às abstrações em bronze de Aldo Casanova. Mais além ainda, existe um forte paralelo em conteúdo. Tanto Hansen quanto Casanova absorvem-se em representar o fenômeno da recriação, a fertilidade da vida e a afirmação positiva da existência. Na obra de ambos dá-se o encontro das ideologias do Oriente e do Ocidente. Mas a maneira de Casanova é mais formal, mais contida e mais abstrata.

Robert Hansen - The ascension of Christ/A ascenção de Cristo

LESTER JOHNSON

Já Lester Johnson diz: "Eu tento fazer com que um quadro não fique estático". Quando comparamos as obras de um e de outro é que compreendemos como suas declarações são elucidativas. Para Pearlstein, o estado do fluxo está no objeto; para Lester Johnson é criado pelo artista na tela. Assim sendo, incorpora sentidos estéticos e filosóficos que dão margem a uma ambiguidade poética que Pearlstein evita. Há uma força primitiva nas telas de Johnson. As suas figuras clássicas possuem uma dinâmica própria que sugere o heroísmo da luta humana.

Three figures Milford/Três figuras Milford   Man and figures II/Homem e figuras II

ROBERT NELSON

Existe, porém, uma "limpeza" na obra dêstes artistas que os diferencia bastante do Dadaísmo original e do Neo-Dada de 1960. O "objeto encontrado" no ferro-velho foi substituído pelo objeto fabricado da sociedade tecnológica. O artesanato e a clareza voltaram a ser moda. Isto é particularmente aplicável às telas e aos quadros construídos de Robert Nelson. São uma combinação curiosa, em imagem e técnica, do velho e do nôvo. Em sua maioria, tratam de personalidades históricas americanas projetadas na era atômica. Envôlta numa atmosfera de ficção científica, sua obra relembra, nostalgicamente, o romantismo de tempos passados, e suas conotações referem-se a um americanismo que continua a existir.

Jackson and the raygun/Jackson e a pistola de raio   Farragut/Farragut

"POLÍTICAS DE ATRAÇÃO" VOLTADAS PARA O MEIO ARTÍSTICO BRASILEIRO

FONTE: SMITHSONIAN INSTITUTION ARCHIVES, RU 321, BOX 137, FOLDER 67-19 THE NEW VEIN

Figura 10 – Vista da exposição "La Nueva Veta la Figura" ("The New Vein"), apresentada no Museo de Bellas, em Santiago (Chile), em abril de 1969

"POLÍTICAS DE ATRAÇÃO" VOLTADAS PARA O MEIO ARTÍSTICO BRASILEIRO

FONTE: SMITHSONIAN INSTITUTION ARCHIVES. RU 321, BOX 137, FOLDER THE NEW VEIN: LATIN AMERICA

Figura 11 – Relatório da USIS Rio de Janeiro, "New Vein: The Figure, 1963-1968"

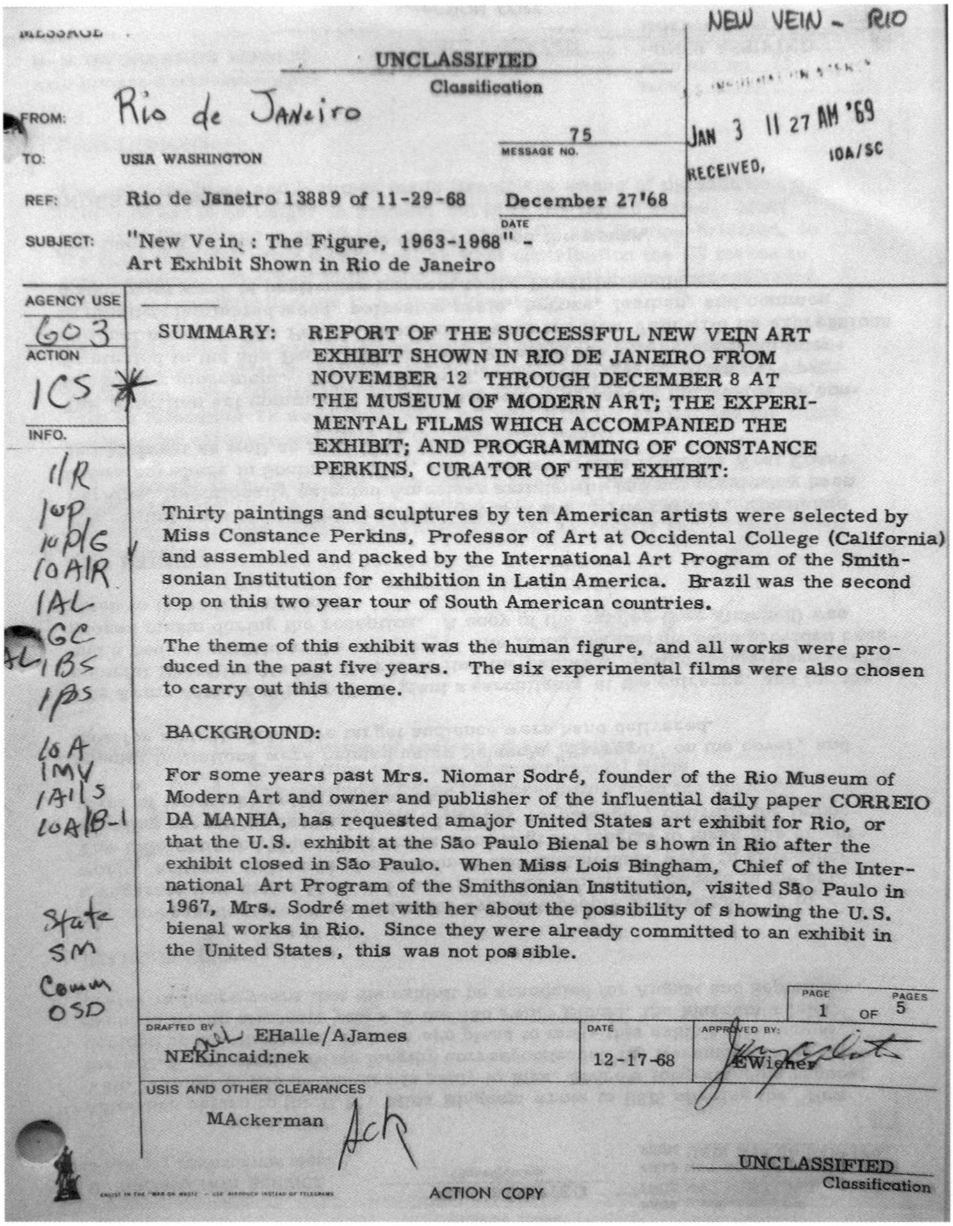

```
NEW VEIN - RIO

MESSAGE
                        UNCLASSIFIED
                          Classification
FROM:    Rio de Janeiro
                                    75           JAN 3  11 27 AM '69
TO:      USIA WASHINGTON        MESSAGE NO.              IOA/SC
                                                 RECEIVED,
REF:     Rio de Janeiro 13889 of 11-29-68    December 27'68
                                                 DATE
SUBJECT: "New Vein: The Figure, 1963-1968" -
         Art Exhibit Shown in Rio de Janeiro

AGENCY USE
  603      SUMMARY:  REPORT OF THE SUCCESSFUL NEW VEIN ART
ACTION               EXHIBIT SHOWN IN RIO DE JANEIRO FROM
  ICS                NOVEMBER 12 THROUGH DECEMBER 8 AT
                     THE MUSEUM OF MODERN ART; THE EXPERI-
INFO.                MENTAL FILMS WHICH ACCOMPANIED THE
                     EXHIBIT; AND PROGRAMMING OF CONSTANCE
                     PERKINS, CURATOR OF THE EXHIBIT:

         Thirty paintings and sculptures by ten American artists were selected by
         Miss Constance Perkins, Professor of Art at Occidental College (California)
         and assembled and packed by the International Art Program of the Smith-
         sonian Institution for exhibition in Latin America. Brazil was the second
         top on this two year tour of South American countries.

         The theme of this exhibit was the human figure, and all works were pro-
         duced in the past five years. The six experimental films were also chosen
         to carry out this theme.

         BACKGROUND:

         For some years past Mrs. Niomar Sodré, founder of the Rio Museum of
         Modern Art and owner and publisher of the influential daily paper CORREIO
         DA MANHA, has requested a major United States art exhibit for Rio, or
         that the U.S. exhibit at the São Paulo Bienal be shown in Rio after the
         exhibit closed in São Paulo. When Miss Lois Bingham, Chief of the Inter-
         national Art Program of the Smithsonian Institution, visited São Paulo in
         1967, Mrs. Sodré met with her about the possibility of showing the U.S.
         bienal works in Rio. Since they were already committed to an exhibit in
         the United States, this was not possible.

                                                            PAGE      PAGES
                                                             1   OF   5
DRAFTED BY    EHalle/AJames              DATE     APPROVED BY:
NEKincaid:nek                            12-17-68
USIS AND OTHER CLEARANCES
         MAckerman

                                                          UNCLASSIFIED
                                                            Classification
              ACTION COPY
```

FONTE: SMITHSONIAN INSTITUTION ARCHIVES. RU 321, BOX 137, FOLDER THE NEW VEIN: LATIN AMERICA SCHEDULE

Figura 12 – Relatório da USIS Montevideo, "New Vein Exhibit"

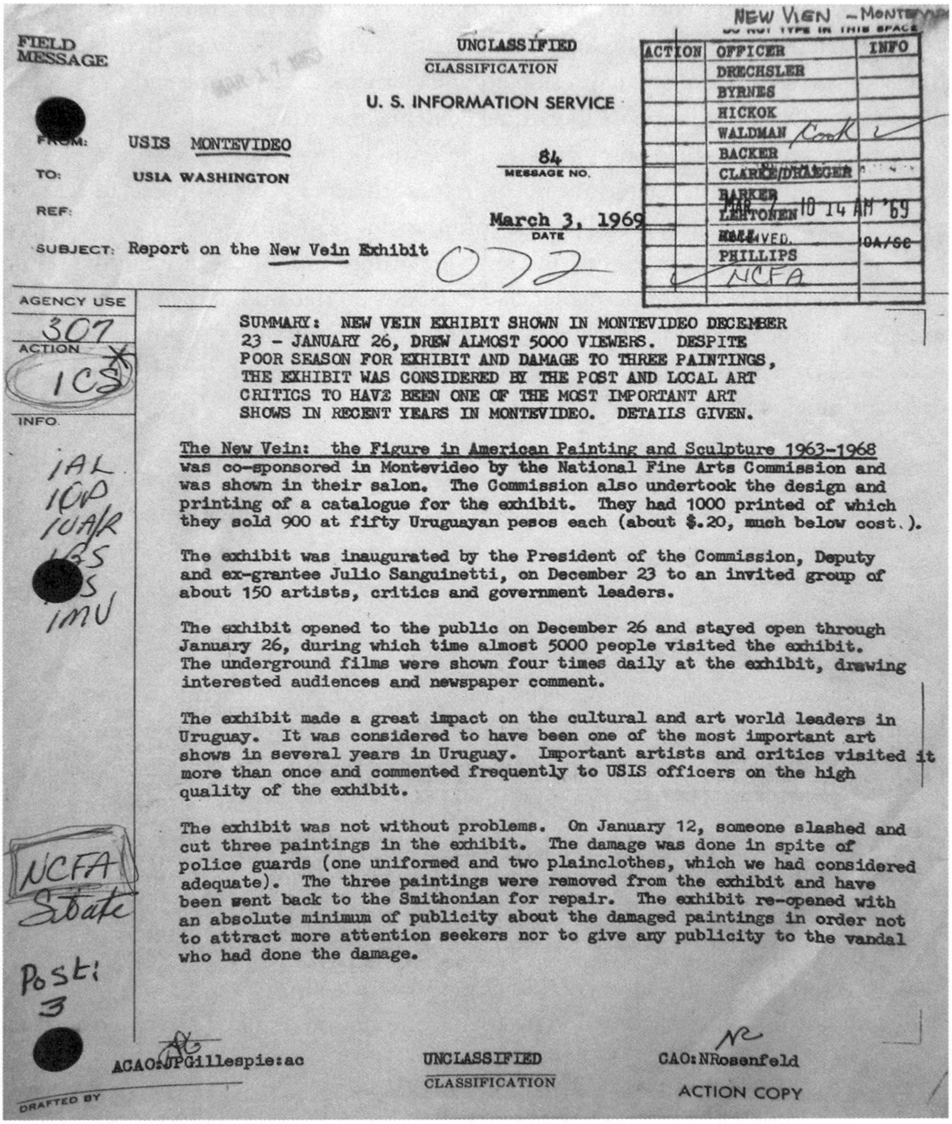

NEW VIEN – MONTE...

FIELD MESSAGE	UNCLASSIFIED CLASSIFICATION	ACTION OFFICER	INFO
	U. S. INFORMATION SERVICE	DRECHSLER	
		BYRNES	
		HICKOK	
FROM: USIS MONTEVIDEO	84	WALDMAN	
TO: USIA WASHINGTON	MESSAGE NO.	BACKER	
		CLARKE/DRAEGER	
REF:	March 3, 1969	BARKER LEHTONEN	10 14 AM '69
SUBJECT: Report on the New Vein Exhibit	DATE	RECEIVED	OA/SC
	072	PHILLIPS	
		NCFA	

AGENCY USE
307
ACTION
ICS
INFO

SUMMARY: NEW VEIN EXHIBIT SHOWN IN MONTEVIDEO DECEMBER 23 – JANUARY 26, DREW ALMOST 5000 VIEWERS. DESPITE POOR SEASON FOR EXHIBIT AND DAMAGE TO THREE PAINTINGS, THE EXHIBIT WAS CONSIDERED BY THE POST AND LOCAL ART CRITICS TO HAVE BEEN ONE OF THE MOST IMPORTANT ART SHOWS IN RECENT YEARS IN MONTEVIDEO. DETAILS GIVEN.

The New Vein: the Figure in American Painting and Sculpture 1963-1968 was co-sponsored in Montevideo by the National Fine Arts Commission and was shown in their salon. The Commission also undertook the design and printing of a catalogue for the exhibit. They had 1000 printed of which they sold 900 at fifty Uruguayan pesos each (about $.20, much below cost.).

The exhibit was inaugurated by the President of the Commission, Deputy and ex-grantee Julio Sanguinetti, on December 23 to an invited group of about 150 artists, critics and government leaders.

The exhibit opened to the public on December 26 and stayed open through January 26, during which time almost 5000 people visited the exhibit. The underground films were shown four times daily at the exhibit, drawing interested audiences and newspaper comment.

The exhibit made a great impact on the cultural and art world leaders in Uruguay. It was considered to have been one of the most important art shows in several years in Uruguay. Important artists and critics visited it more than once and commented frequently to USIS officers on the high quality of the exhibit.

The exhibit was not without problems. On January 12, someone slashed and cut three paintings in the exhibit. The damage was done in spite of police guards (one uniformed and two plainclothes, which we had considered adequate). The three paintings were removed from the exhibit and have been sent back to the Smithsonian for repair. The exhibit re-opened with an absolute minimum of publicity about the damaged paintings in order not to attract more attention seekers nor to give any publicity to the vandal who had done the damage.

ACAO:JPGillespie:ac UNCLASSIFIED CAO:NRosenfeld
DRAFTED BY CLASSIFICATION ACTION COPY

FONTE: SMITHSONIAN INSTITUTION ARCHIVES. RU 321, BOX 141, FOLDER THE NEW VEIN: LATIN AMERICA

relacionadas ao sistema econômico e político dos Estados Unidos. Assim, quando a elite culta (formada essencialmente por brasileiros com mais de quarenta anos) começou a se referir primeiramente à produção artística estadunidense em detrimento da francesa, isso significava que havia sido atingida a meta de ver reconhecida a presença dos Estados Unidos no topo da hierarquia ocidental das artes.

Talvez seja necessário observar as avaliações do USIS enviadas a Washington com certa cautela por serem relatórios oficiais. As informações positivas parecem ter sido privilegiadas e, talvez, infladas. Projetos considerados bem-sucedidos e bem avaliados poderiam significar a proteção de interesses de grupos específicos, a manutenção de programas e, até mesmo, a permanência em postos de trabalho. No entanto, mesmo que as avaliações positivas tenham sido acentuadas, informações quantitativas eram necessárias para substancializar as análises positivas, como aponta esta recomendação dada aos funcionários do NCFA:

> [...] os relatórios devem ser específicos e sustentados em estatísticas completas e precisas. Eles serão utilizados não apenas para o relatório semestral, mas também para a elaboração de justificativas orçamentárias e outros relatórios descritivos. Este não é o lugar, entretanto, para se envolver em retórica promocional e especulação filosófica. Precisamos de fatos concretos.[122]

Também junto ao "Report on exhibits and art shows" remetido a Washington havia um conjunto de questões a preencher: descrição do público no *vernissage*; das instituições apoiadoras (*sponsoring organization*); estimativas dos grupos/público-alvo (*estimate of target groups*); descrição de como havia sido a abertura; comentários sobre palestras e outras formas de publicidade veiculadas no rádio e na TV; avaliação da exposição; impactos estimados para os objetivos dos Estados Unidos; espaço para as críticas, sugestões e problemas. Ao final, deveriam ser ainda anexadas matérias publicadas pela imprensa, os catálogos, as fotografias da abertura, os convites e os pôsteres.[123] Claro está que a ordem de apresentação desses materiais junto ao relatório privilegiava as matérias de jornais com conteúdo positivo, como o caso de "The New Vein" deixou

---

122 "[...] *reports should be specific and supported by full and accurate statistics. They will be drawn upon not only for the semiannual report but for the preparation of budget justifications and other descriptive reports. This is not the place, however, to engage in promotional rhetoric and philosophical speculation. We need hard facts.*" Documento – United States Government Memorandum. De: Carrol Clark. Para: NCFA Staff. 1 jul. 1974. Subject: "Semiannual report for the second half of fiscal year 1974". Localizado no Smithsonian Institution Archives, RU 321. Box 16, C24/06/06-C25/06/04. Folder: Project lists and schedules, 1958-76.

123 Manuscrito intitulado "Report on exhibits and art shows", s.d., s.p. Material localizado no Smithsonian Institution Archives, RU 321, Box 128 C24/06/06-C25/06/04.

claro. Indícios de recepção negativa ou de críticas podem ter sido minimizados, sobretudo porque foram prioritariamente traduzidos para o inglês os comentários positivos publicados na imprensa brasileira que eram anexados aos relatórios oficiais.

Mas mesmo que protocolares e seletivas, as avaliações do USIS não deixavam de registrar resultados negativos, como o caso da própria Perkins em 1975, quando acompanhou a mostra "Variations on the Camera's Eye", igualmente organizada por ela. Em Santiago do Chile, Perkins proferiu duas "bem ilustradas" palestras, intituladas "Photo Realism" e "Contemporary Expressions of Art and Technology". O posto USIS informou no relatório que o sofisticado público da cidade considerou as conferências bastante superficiais. Os agentes informaram que ela tinha sido mais bem-sucedida em seus encontros informais e nas visitas aos ateliês dos artistas do que como palestrante.[124]

Ainda sobre "The New Vein – tendências novas", as resenhas publicadas pela imprensa carioca possibilitam conhecer o conteúdo e o alcance dos *releases* produzidos pelo USIS. Mesmo que grande parte das resenhas da exposição repetissem as informações recebidas, pode-se dizer que não houve qualquer deslumbramento com as obras vistas.

Walmir Ayala publicou um texto bastante protocolar, com o diferencial de tentar encontrar pontos de contato entre as obras expostas e a produção de artistas brasileiros. Concluiu que a exposição não ocupava nenhuma posição de vanguarda e que

> [...] estas novas tendências do maior centro de criação artística do mundo atual coincidem auspiciosamente com uma série de descobertas e percursos realizados aqui – e esta coincidência não ocorre num plano estrito de linguagem copiável, mas de percepção dos mesmos motivos: o surrealismo, o grotesco, a anatomia (especialmente interior), o erotismo, etc. (Ayala, 1968c)

Por sua vez, a revista *Manchete* publicou reportagem com texto de Flávio de Aquino, ilustrada com cinco imagens coloridas de obras da exposição. Nela, percebe-se a ressonância de algumas ideias do texto de Sesonske publicado no catálogo da mostra. Aquino enalteceu as conquistas dessa produção já no subtítulo da matéria: "Os jovens artistas plásticos norte-americanos – que destruíram o monopólio da Escola de Paris – mostram o que valem no Museu de Arte Moderna do Rio". Para ele, tratava-se da mostra mais importante do ano, logo após "Os pintores de Maurício de Nassau". Aquino busca contextualizar historicamente o lugar dado à arte estadunidense pontuando o descompasso – segundo ele superado – da produção artística dos Estados

---

[124] Aerograma – Para: Department of States. De: AmEmbassy Santiago. Subject: Visit of AMSPEC Constance Perkins. September 5, 1975. Localizado Smithsonian Institution Archives, RU321, box 233, file 75-02 Variations of Camera's Yes. Curator/lecturer.

Unidos até a década de 1950 em relação ao poderio econômico do país. A imigração de artistas da Europa teria sido uma das causas da reversão dessa posição de dependência com a arte do velho continente, especialmente a parisiense. Apesar de a *action painting* e o Expressionismo Abstrato terem colocado a arte do país em outro patamar, Aquino (1968, p.132-3) diz que a "liderança universal" dessa produção ocorreu de modo definitivo com os movimentos da *pop* e da *op art*, "principalmente a *pop*, que tinha como líder o nome extraordinário de Robert Rauschenberg – Prêmio Internacional da Bienal de Veneza em 1964".

Foi Vera Pedrosa quem avaliou a exposição de modo crítico em artigo no jornal *Correio da Manhã*. Para ela, os artistas exibidos eram desconhecidos do público por nunca terem participado da bienal de São Paulo, "nossa ponte de contato com o que se faz de mais atual no exterior". E não seria na mostra no MAM Rio que seriam vistas "as formas mais 'novas' do momento: a *minimal art* e as últimas experiências ambientais". Tratava-se ainda de experiências relacionadas à *pop art*, em que alguns artistas encerram "os desenvolvimentos atuais do neodadaísmo (Stephan von Huene), do figurativismo hopperiano (Philip Pearlstein) e de um realismo que me parecia decadente (Frank Gallo)" (Pedrosa, 1968b).

Em um segundo texto, publicado poucos dias depois, Vera Pedrosa (1968c) fez uma avaliação mais detalhada da mostra, que considerou estar aquém do que havia sido apresentado em edições da bienal de São Paulo, ainda que, segundo ela, a mostra paulistana nos tenha trazido a *pop art* com sete anos de atraso. De tamanho modesto, considerava que a mostra no MAM Rio não apresentava qualquer novidade ou unidade, o que diminuía qualquer impacto e estava longe "de ter o significado das exposições que a antecederam". Elogiava o "cuidado expositivo" e o "catálogo documentado", mas advertia:

> Não estivéssemos em contato, através de revistas e publicações estrangeiras, com os outros desenvolvimentos da arte atual nos Estados Unidos, e acharíamos que o momento é de declínio. [...] ela não introduz nada de revolucionário. Os copistas do *pop* no mundo inteiro tiraram a novidade das manifestações que a New Vein pretende apresentar. E aqui não me parece haver material para cópias futuras. (ibidem)

Mesmo com as tensões políticas crescentes naquele ano de 1968, com a crescente violência da ditadura militar contra as manifestações de rua, não há qualquer menção a esse clima nos preparativos da exposição nem na sua cobertura jornalística. Assim, para quem acompanhava a cena artística carioca, "The New Vein – tendências novas" não pode ser considerada uma exposição de sucesso nem parece ter se tornado uma referência para a elite culta e intelectual da cidade. A avaliação do USIS sobre o evento parece tê-lo superestimado.

"Children's Art Show" e "Computer Art Show"

Embora de menores proporções, as mostras tratadas a seguir, "Children's Art Show"[125] e "Computer Art Show", ambas ocorridas em 1970, foram consideradas pelo USIS casos exitosos por terem atraído um número considerável de visitantes e terem sido bem avaliadas pelo jornalismo cultural da época.[126] Considerou-se que "a mostra despertou grande interesse entre estudantes e professores de arte. Vários diretores de museus também falaram sobre a possibilidade de iniciar essas aulas para crianças em seus museus. *Uma mostra muito oportuna*. Aulas de arte para crianças, que foram convidadas e compareceram à mostra no Rio".[127]

"Children's Art Show – arte infantil nos museus dos Estados Unidos" era composta por cinquenta pinturas, realizadas por crianças de até treze anos de idade, e um conjunto de painéis fotográficos, com imagens de crianças pintando e desenhando. A mostra trazia diferentes experiências bem-sucedidas com arte-educação nos museus de Boston, Buffalo, Cleveland, Des Moines, Fort Worth, Los Angeles, Pasadena, Richmond e Toledo. Não se tratava de uma exposição de arte em si, mas uma mostra que trazia atividades e experiências de instituições estadunidenses que desenvolveram metodologias e modos de explorar processos de aprendizagem com o propósito de auxiliar a criança a desenvolver a sua própria expressão. Ou seja, pretendia-se mostrar ao público brasileiro "como os museus nos EUA estão instruindo as crianças nas artes e criar interesse de professores de arte locais e curadores de museus locais neste programa".[128] A mostra acabou recebendo denominações diferentes pelas cidades por

---

125 Em 1959, teria havido uma mostra no MAM Rio chamada "Children's Art exhibit", organizada pelo Canton Art Institute. Ver Comunicação – De: U.S. Information Agency. Para: USIS Rio de Janeiro. Subject: Children's Art Exhibit. Reference: Post's OM of January 30, 1959. Localizada no Smithsonian Institution Archives, RU 321, Box 20, folder Field messages and memoranda.

126 Cf. Carta – Departamento de Estado dos Estados Unidos. De USIS Rio de Janeiro (RJ) para USIA Washington (D.C.). Mensagem n. 3, 2 jul. 1970, 16 p. Envia atividades culturais promovidas pelo USIS Brasil 1970. Não classificado. Localizada na University of Arkansas Library – *Special Collections*, Bureau of Educational and Cultural Affairs Historical Collection (CU), Mc 468, box 50, folder 25.

127 "*[...] the exhibit provoked great interest among art students and professors. Several museum directors also talked about the possibility of initiating such classes for children in their museums. A purposeful show. Art classes of children were invited to, and attended, the show in Rio.*" Carta – Departamento de Estado dos Estados Unidos. Serviço Nacional de Informação. De USIS Rio de Janeiro (RJ) para USIA Washington (D.C.). Mensagem n. 3, 2 jul. 1970, 16 p. Envia atividades culturais promovidas pelo USIS Brasil 1970. Não classificado. Localizada na University of Arkansas Library – *Special Collections*, Bureau of Educational and Cultural Affairs Historical Collection (CU). Mc 468, box 50, folder 25, p.12.

128 "*[...] how museums in the USA are instructing children in the arts and to interest local art teachers and museum curators in this program.*" Carta – Departamento de Estado dos Estados Unidos. Serviço Nacional de Informação. De USIS Rio de Janeiro (RJ) para USIA Washington (D.C.). Mensagem

Figura 13 – Relatório da USIS Rio de Janeiro "Children's art from American Museum Classes"

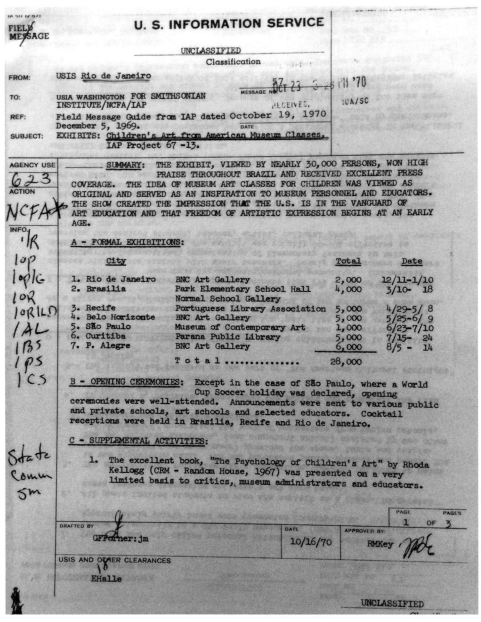

FONTE: SMITHSONIAN INSTITUTION ARCHIVES RU 321 BOX 28, FOLDER EXHIBITION EFFECTIVENESS REPORTS, 1969-1972

onde passou: "Arte infantil", no Ibeu do Rio de Janeiro; "Arte infantil nos museus norte-americanos", em Brasília; "Exposição de arte juvenil do Museu de Arte Moderna de Nova York", no Recife. Além do conjunto exposto na América Latina, houve mais duas versões enviadas para a África e o Extremo Oriente.

Foi considerada uma mostra de sucesso nos relatórios do USIS, pois o número de visitantes surpreendeu, chegando ao total de 30 mil, somados os públicos das cidades por onde passou (Rio de Janeiro, Brasília, Recife, Belo Horizonte, São Paulo, Curitiba e Porto Alegre).[129] Após a turnê pelo Brasil, a exposição foi montada em Assunção, Georgetown, Port-of-Spain e Trinidad Tobago. Relatos oficiais informam que houve grande cobertura da imprensa e que foram enviados trinta exemplares do livro *The Psychology of Children's Art*, de Rhoda Kellogg e Scott O 'Dell, publicado em 1967, para críticos de arte, administradores de museus e educadores em todo o país.[130] A distribuição do livro parecia trazer seriedade científica à arte-educação e ainda informar o grande público (pelas resenhas nos jornais) de um pioneirismo pedagógico nos museus norte-americanos.

José Geraldo Vieira recebeu um desses exemplares e, em sua coluna de "Artes Plásticas" na *Folha de S. Paulo*, apresentou rapidamente o livro e referências sobre seus autores. Vieira concluiu que ele serviria não somente como "*vade-mecum* para

---

n. 3, 2 jul. 1970, 16 p. Envia atividades culturais promovidas pelo USIS Brasil 1970. Não classificado. Localizada na University of Arkansas Library – *Special Collections*, Bureau of Educational and Cultural Affairs Historical Collection (CU), Mc 468, box 50, folder 25, p.12.

129 A mostra não circulou com o mesmo formato entre as cidades devido ao alto custo de transporte do painel no qual eram fixadas imagens fotográficas. Foi vista no Rio de Janeiro no BNC Art Gallery (2 mil pessoas, de 11 dez. 1969 a 10 jan. 1970); em Brasília, na Park Elementary School – Hall Normal School Gallery (4 mil pessoas, de 10 a 18 mar. 1970); em Recife, na Portuguese Library Association (5 mil pessoas, de 29 abr. a 8 maio 1970); em Belo Horizonte, no BNC Art Gallery (5 mil pessoas, de 25 maio a 9 jun. 1970); em São Paulo, no Museu de Arte Contemporânea (mil pessoas, de 23 jun. a 10 jul. 1970); em Curitiba, na Biblioteca Pública (5 mil pessoas, de 15 a 24 jul. 1970); em Porto Alegre, no BNC Art Gallery (6 mil pessoas, de 5 a 14 de ago. 1970). Comunicação da U.S. Information Service. October 19, 1970. De: USIS Rio de Janeiro, assinado por John W. Mowinckel – Public Affair Officer. Para: USIA Washington for Smithsonian Institute/NCFA/IAP. Ref: field message guide from IAP. December 5, 1969. Subject: "exhibits: Children's art from American Museum Classes", IAP projects 67-13, 3 p. Material localizado no Smithsonian Institution Archives, RU 321 Box 128 C24/06/06 – C25/06/04. No entanto, José Roberto Teixeira Leite noticiou que houve duas mostras de arte infantil: uma na sede da USAID, na rua Melvin Jones, 5, 20º andar, e a segunda, na Galeria do Ibeu, av. Nossa Senhora de Copacabana, 690, sobreloja. Teria sido nessa última que foram exibidos "originais de crianças norte-americanas, selecionados por vários museus dos EUA" (*O Globo*, 11 dez. 1969).

130 Cf. Comunicação da U.S. Information Service. October 19, 1970. De: USIS Rio de Janeiro. Para: USIA Washington for Smithsonian Institute/NCFA/IAP. Ref: field message guide from IAP. 5 dez. 1969. Subject: "exhibits: Children's art from American Museum Classes, IAP projects" 67-13, 3 p. Material localizado no Smithsonian Institution Archives, RU 321 Box 28 C24/06/06 – C25/06/04.

Figura 14 – Vista da exposição "Arte Infantil nos Museus dos Estados Unidos", realizada no Museu de Arte Contemporânea (MAC) da Universidade de São Paulo (USP), em maio 1970

"POLÍTICAS DE ATRAÇÃO" VOLTADAS PARA O MEIO ARTÍSTICO BRASILEIRO

FONTE: ARQUIVO DA SEÇÃO DE CATALOGAÇÃO E DOCUMENTAÇÃO MAC USP (LORCA FOTÓGRAFOS E ACERVO PESSOAL DA AUTORA)

a exposição que se realiza no MAC", mas também "como trânsito aberto para arte infantil, da qual os adultos tanto têm que aprender". Pena não ter respondido com maior propriedade à questão, colocada no início de sua própria resenha, de se "haveria alguma diferença entre a arte infantil dos Estados Unidos e a do resto do mundo" (Vieira, 1970).

A abertura no MAC USP coincidiu com o feriado decretado após o Brasil ter sido campeão do Campeonato Mundial de Futebol de 1970,[131] e a mostra recebeu atenção especial no relato:

> O professor Walter Zanini, entusiasmado com a arte, colocou a pequena mostra em um local muito conspícuo, imediatamente à direita da entrada do museu. [...] Em suma, embora um pouco pequena e inaugurada em um momento em que muitas pessoas se preparavam para as férias de julho, a exposição teve excelente cobertura jornalística, foi bem apresentada, bastante visitada, e foi justamente o estímulo que o quadro de diretores do MAC precisava para organizar suas próprias aulas de arte para crianças, seguindo o exemplo americano, claramente mostrado nas exposições, e foi mais uma demonstração de como a América está aproveitando ao máximo suas instituições públicas para enriquecer a vida daqueles a quem elas servem.[132]

A exposição em Curitiba seguiu sugestões do IAP e crianças foram convidadas a pintar no próprio espaço da mostra, sendo os pincéis, as tintas e os papéis adquiridos pelo Instituto Cultural Brasil-Estados Unidos (ICBEU) da cidade. Como co-organizadora do evento, a Biblioteca Pública forneceu mesas e cadeiras, sendo o sucesso da experiência creditado ao empenho do assistente cultural do ICBEU, que também era um artista competente e que havia sido auxiliado por dois outros professores que supervisionaram crianças provenientes de doze escolas, orfanatos e hospitais. Na avaliação geral sobre a circulação da mostra o relatório concluiu: "Esta foi uma

---

131 No MAC USP, a exposição foi prevista para acontecer entre 18 de junho e 3 de julho. Mas devido à Copa, foi transferida para o período entre 23 de junho e 10 de julho de 1970.

132 *"Professor Walter Zanini, enthusiastic with the art, placed the small show in a very conspicuous place immediately to the right of the museum entrance. [...] In a word, although the show was somewhat small and came at a time when many persons were preparing for a July vacation, the show received excellent newspaper coverage, was well presented, well attended, and was just the stimulus the board of directors of MAC needed to organize its own art classes of art for children, following the American example clearly shown in the exhibits and was one more demonstration of how America is deriving the most from its public institutions to enrich the lives of those they serve."* Comunicação da U.S. Information Service. October 19, 1970. De: USIS Rio de Janeiro, assinado por John W. Mowinckel Public Affair Officer. Para: USIA Washington for Smithsonian institute/NCFA/IAP. Ref: field message guide from IAP. 5 dez. 1969. Subject: "exhibits: Children's art from American Museum Classes", IAP projects 67-13, 3 p. Material localizado no Smithsonian Institution Archives, RU 321 Box 128 C24/06/06 – C25/06/04.

apresentação extremamente contundente de um aspecto positivo do envolvimento cultural da América com a juventude e a arte".[133] A exposição foi veiculada em um programa noturno de um canal de televisão de Curitiba.

A avaliação final considerou o seguinte:

> [...] a mostra [...] ganhou elogios em todo o Brasil e recebeu excelente cobertura da imprensa. A ideia de aulas para crianças foi considerada original e serviu de inspiração para o pessoal e os educadores do museu. O programa deu a impressão de que os EUA estão na vanguarda da educação artística e de que a liberdade de expressão artística começa desde cedo. [...] Todos os locais de exibição no Brasil ficaram impressionados com a mobilidade e a facilidade de manuseio, os materiais de divulgação bem escolhidos e a eficácia da mostra. Não só a pintura foi altamente eficaz em atingir o público-alvo enquanto exposição, mas a ideia por trás da mostra impressionou os espectadores pelo aspecto favorável das técnicas de ensino de arte americanas. Ainda mais importante, esse aspecto serviu de inspiração para alguns iniciarem a mesma atividade no Brasil.[134]

Outros aspectos salientados pelo relatório final dizem respeito à organização da mostra pelo IAP, cujas facilidade e mobilidade da montagem foram destacadas pelos agentes dos postos. As únicas sugestões eram acerca de informações adicionais sobre a exposição e a observação de que o tempo de permanência nas cidades era bastante curto.[135]

---

[133] *"This was an extremely penetrating presentation of a positive aspect of America's cultural involvement with youth and art."* Comunicação da U.S. Information Service. October 19, 1970. De: USIS Rio de Janeiro. Para: USIA Washington for Smithsonian institute/NCFA/IAP. Ref: field message guide from IAP dated December 5, 1969. Subject: "exhibits: Children's art from American Museum Classes", IAP projects 67-13, 3 p. Material localizado no Smithsonian Institution Archives, RU 321 Box 28 C24/06/06 – C25/06/04. Citação extraída da p.3 do documento.

[134] *"[...] the exhibit [...] won high praise throughout Brazil and received excellent press coverage. The idea of museum classes for children was viewed as original and served as an inspiration to museum personal and educators. The show created the impression that the U.S. is in the vanguard of art education and that freedom of artistic expression begins at an early age. [...] All exhibition posts in Brazil were impressed with the mobility and ease of handling, the well-chosen publicity materials and the effectiveness of the show. Not only were the painting highly effective in reaching target audiences as an exhibit, but the idea behind the show impressed viewers in the favorable aspect of American art teaching techniques. Even more importantly it served as an inspiration for some to begin the same activity in Brazil."* Comunicação da U.S. Information Service. October 19, 1970. De: USIS Rio de Janeiro. Para: USIA Washington for Smithsonian institute/NCFA/IAP. Ref: field message guide from IA. 5 dez. 1969. Subject: "exhibits: Children's art from American Museum Classes", IAP projects 67-13, 3 p. Material localizado no Smithsonian Institution Archives, RU 321 Box 28 C24/06/06 – C25/06/04. A citação foi extraída das páginas 1 a 3.

[135] Cf. Comunicação da U.S. Information Service. October 19, 1970. De: USIS Rio de Janeiro. Para: USIA Washington for Smithsonian institute/NCFA/IAP. Ref: field message guide from IAP. 5 dez.

Por sua vez, a mostra "Arte de computador" ("Computer Art Show", também nomeada "Art Show-Computer – Art from California Computer") foi apresentada na Minigaleria do USIS[136] em São Paulo e no Ibeu do Rio. Tratava-se de uma mostra pequena e despretensiosa que objetivava exibir um conceito moderno de arte nessas duas cidades brasileiras. Segundo relatos oficiais, as expectativas foram superadas.[137] Com significativa cobertura da imprensa, os doze trabalhos produzidos por computadores da California Computer Products teriam provocado um acalorado debate entre críticos e estudantes no dia da abertura. Na realidade, foram exibidas treze produções, dentre as quais figuravam o trabalho *Namorados*, de Waldemar Cordeiro e Jorge Moscati. Por fim, considerou-se que foi "uma apresentação muito provocativa e oportuna com o máximo de crédito para o USIS a baixo custo".[138]

Provavelmente apoiado em informações de *release*, Walmir Ayala apresentou a produção de Lloyd Summer, "artista que descobriu na matemática moderna uma simetria que o inspirou a fazer experiências de composição, cor e forma no próprio computador da universidade [Universidade de Virgínia]". Ayala descrevia o processo de criação: o artista elabora um esboço/desenho que será executado pela máquina. Em seguida,

> [...] fórmulas matemáticas correspondentes [...] darão o resultado almejado. Cartões perfurados, com as equações compostas, alimentam o computador. Em seguida, o *tape* faz funcionar o *plotter* [...] uma espécie de braço do artista do futuro. A obra de arte vai surgindo no papel, desenhada pelo *plotter*. O desenho resultante é comparado às equações matemáticas. (Ayala, 1970b)

1969. Subject: "exhibits: Children's art from American Museum Classes", IAP projects 67-13, 3 p. Material localizado no Smithsonian Institution Archives, RU 321 Box 28 C24/06/06 – C25/06/04.

136 O espaço era também conhecido como Minigaleria de arte do Serviço de Divulgação e Relações Culturais dos Estados Unidos em São Paulo (USIS).

137 "[...] *to exhibit this modern concept of art in the two cities.*" Carta – Departamento de Estado dos Estados Unidos. Serviço Nacional de Informação. De USIS Rio de Janeiro (RJ) para USIA Washington (D.C.). Mensagem n. 3, 2 jul. 1970, 16 p. Envia atividades culturais promovidas pelo USIS Brasil 1970. Não classificado. Localizada na University of Arkansas Library – *Special Collections*, Bureau of Educational and Cultural Affairs Historical Collection (CU), Mc 468, box 50, folder 25, p.11.

138 "[...] *a most provocative and timely presentation with maximum credits to USIS at little cost.*" Carta – Departamento de Estado dos Estados Unidos. Serviço Nacional de Informação. De USIS Rio de Janeiro (RJ) para USIA Washington (D.C.). Mensagem n. 3, 2 jul. 1970, 16 p. Envia atividades culturais promovidas pelo USIS Brasil 1970. Não classificado. Localizada na University of Arkansas Library – *Special Collections*, Bureau of Educational and Cultural Affairs Historical Collection (CU), Mc 468, box 50, folder 25, p.11. Foi calculada a presença de mil pessoas na mostra "Art Show-Computer – Art from California Computer" que ocorreu entre 17 e 30 de abril, em São Paulo, e entre 6 e 10 de maio, no Rio de Janeiro, onde o número ficou em torno de quatrocentas pessoas.

Na apresentação dos trabalhos não há qualquer análise do crítico, ainda que a inclusão de Cordeiro na mostra, seu pioneirismo e o fato de seus trabalhos circularem entre diversos países sejam destacados por Ayala. Mais uma vez, o crítico valorizava a produção de artistas brasileiros, não os posicionando atrás dos estadunidenses.

É Jayme Maurício quem oferece detalhes sobre a mostra em exibição no Ibeu carioca, que trouxe máquinas itinerantes provenientes da California Computer Products Inc. O crítico comentava assim o processo:

> [...] o programador (artista) apresenta um esboço de um desenho para ser executado pela máquina (computador). Compõe fórmulas matemáticas correspondentes para atingirem o resultado desejado. Coloca nos computadores os cartões perfurados com as equações propostas. O tape faz funcionar o plotter, espécie de apêndice mecânico que obedece ao computador fazendo o desenho que a fórmula matemática determinou. É terrível e fascinante. (Maurício, 1970a)

A comparação dos textos dos críticos, cujas informações são não apenas as mesmas, mas também redigidas de forma muito aproximada, confirma tratar-se de decalques dos *releases*. No entanto, dias depois, Maurício tece comentários irônicos à mostra afirmando que o USIS e o Ibeu lhe cederam informações pouco claras. Não se tratava de uma "exposição-demonstração-participação", mas de apresentação de desenhos feitos por computador "que mais parecem obras de ginasianos bem aplicados dos tempos de antão" (Maurício, 1970b). Se sua resenha anterior da mostra trazia o desafio da máquina e da matemática como componentes do trabalho, informações muito preparadas e provavelmente recebidas de antemão, na última avaliação de Maurício, mais detida, os resultados foram considerados infantilizados e mecanizados.

Os intercâmbios e as mostras itinerantes analisadas neste capítulo possibilitaram conhecer interesses de difusão e de repercussão dessas estratégias no ambiente artístico brasileiro e como eles se conectavam com as prerrogativas dos Country Plans. Mesmo que pontuais, desenredaram o funcionamento dos programas e seus vínculos com propósitos concretos. Os casos discutidos nas próximas sessões possibilitarão ver convergências entre posições ideológicas dos setores privados com os mesmos dispositivos colocados em prática pelo setor público dos Estados Unidos.

Contudo, mesmo que haja objetivos coincidentes e paralelos praticados entre eles, um alinhamento por parte dos museus, das fundações e das empresas comerciais não é explícito e a mensurabilidade de suas ações é mais difusa. Afinal, as instituições privadas e filantrópicas possuem um *status* independente da esfera governamental, o que contribui para que as redes por elas estabelecidas se apresentem como autônomas e distantes de propósitos declaradamente políticos. Essa posição não exclui que tenham sido atraídas para contribuir com os planos governamentais, como se pode ver no Country Plan Proposal, de 1974: "Estabelecer ou aumentar o contato com programas de intercâmbio não governamentais, como Youth for Understanding, Ford Foundation, Rockefeller Foundation, American Field Service e Latin American Teacher Fellowship para explorar as possibilidades de desenvolver novos mecanismos de intercâmbio".[139]

---

[139] "*Establish or increase contact with non-governmental exchange programs such as the 'Youth for Understanding', 'Ford Foundation', Rockefeller Foundation', 'American Field Service' and Latin American Teacher Fellowships to explore the possibilities of developing new exchange mechanisms*". Carta – De: U.S. Information Service (USIS Brasília). Para: USIA Washington. Subject: *Country Plan Proposal for Brazil*. 15 maio 1974, 59 p. Confidencial. Localizada na University of Arkansas Library – *Special Collections*, Bureau of Educational and Cultural Affairs Historical Collection (CU), Mc 468, box 14, folder 17, p.16.

2
•
MOSTRAS ITINERANTES DO MUSEU DE ARTE MODERNA DE NOVA YORK

O International Program do Museu de Arte Moderna de Nova York

O International Program foi criado pelo MoMA, em 1952, para promover as artes visuais dos Estados Unidos no exterior. Desde 1933, o Departamento das Exposições Circulantes vinha organizando mostras para percorrerem cidades do próprio país e, segundo a própria instituição, teriam sido as demandas externas que pressionaram para que também fossem enviadas exposições para o estrangeiro. Nesse sentido, *Three Centuries of Art in the United States*, exposta no Museu Jeu de Paume, em Paris, em 1938, tornou-se um marco histórico para o início das mostras itinerantes internacionais. Pouco tempo depois, Nelson Rockfeller, quando à frente do Office of the Coordinator of Inter-American Affairs (OCIAA), solicitou ao MoMA a preparação de exposições para serem apresentadas na América Latina, demanda que acabou por estabelecer a primeira rede de parcerias do MoMA no continente, ainda durante a Política da Boa Vizinhança. Terminada a Segunda Guerra Mundial e encerradas as atividades do OCIAA, essas circulantes se tornaram descontínuas na programação do museu nova-iorquino. Porém, outro momento político, agora a Guerra Fria, levou o próprio Nelson Rockfeller, com o apoio de René d'Harnoncourt, então diretor do MoMA, e Porter McCray,[1] diretor do Departamento de Exposições Circulantes, a recorrer ao mesmo expediente de promoção da arte estadunidense no estrangeiro. Não por acaso,

---

1 Porter McCray permaneceu como diretor do International Program até 1961. Waldo Rasmussen, que já trabalhava no programa desde 1954, assumiu essa função em 1962.

foram esses três mesmos personagens que estiveram envolvidos com as atividades artísticas do OCIAA que na década de 1950 criaram e gerenciaram esse novo projeto. Assim, "Twelve Modern American Painters and Sculpors" foi exibida no Museu de Arte Moderna em Paris, em 1953, e inaugurou o International Program.

Nesse mesmo ano, um grupo de patronos ligados ao MoMA lançou o International Council que, além de contribuir financeiramente com o International Program, acompanharia e homologaria a sua agenda. Buscava-se atrair membros e arrecadar fundos para que as circulantes internacionais não dependessem do aporte financeiro do Rockfeller Brothers Fund, que havia doado um substancial valor para os cinco primeiros anos de atividades do International Program. Rapidamente, o International Council se consolidou e arrecadou somas substanciais que viabilizaram a continuidade do projeto durante anos.[2] Deve-se lembrar ainda que foi o International Program que possibilitou ao museu organizar as representações dos Estados Unidos em grandes eventos internacionais, como as bienais de Veneza e de São Paulo, até 1963. Como aqui se analisará, as mostras internacionais promovidas pelo International Program para a América Latina se conectam diretamente com as "políticas de atração".

O MoMA busca se apresentar como centro de propagação da produção e do conhecimento da arte, evitando transmitir a imagem de sede metropolitana e repositório de arte. Compreendia que "em uma sociedade democrática, o corolário de uma crença na arte como uma força vital é a convicção de que esta força deve se exercer entre o maior número possível de pessoas, onde quer que elas se encontrem. Essa convicção motiva a intensidade e o alcance das atividades extramuros do Museu" (The Museum of Modern Art, 1954, p.20).[3]

De viés pretensamente colonizador, essas premissas são reiteradas no depoimento de Blanchette Rockefeller,[4] que foi a primeira presidente do International Council. Segundo ela, o International Program possibilitaria assegurar aos Estados Unidos a posição de centro cultural das artes e, ao mesmo tempo, expressaria a benevolência do país em compartilhar o seu conhecimento e os seus recursos artísticos com outros países. O desafio estaria em afirmar a liberdade de acesso às artes e possibilitar que outras nações desfrutassem a produção artística contemporânea. Em suas palavras:

---

2 *The International Council of The Museum of Modern Art*: The First Forty Years, New York, 1993 (impresso/ brochura da instituição no formato de catálogo).

3 "*in a democratic society, the corollary of a belief in art as a vital force is the conviction that this force should exert itself among as great a number of the population as possible, wherever they may be. This conviction motivates the intensity and scope of the Museum's extramural activities.*"

4 Mrs. John D. Rockefeller 3rd.

Ele tenta estabelecer brevemente os elementos de um programa coerente e equilibrado que não só garantiria que a posição da América como um centro cultural para as artes visuais seria apresentada com força em todo o mundo, mas também demonstraria que nosso país está disposto a compartilhar seus conhecimentos e recursos artísticos com outros povos. Tal programa afirmaria a liberdade humana básica de acesso às artes, estendendo a um público internacional amplo o propósito principal do Museu – "ajudar as pessoas a desfrutar, entender e usar as artes visuais do nosso tempo". A necessidade de ação e responsabilidade nesse campo é clara e existe um potencial desafiador. Devem ser encontrados meios para fazer pleno uso desse potencial em benefício das outras nações. (Rockefeller, 1961)[5]

Ou seja, a instituição se posicionava como benfeitora e se orgulhava de compartilhar as suas conquistas institucionais e a de seu próprio país com "outros povos" menos favorecidos. Nesse projeto, as mostras de *design* e de arquitetura eram preparadas pelo MoMA para serem expostas em países que a instituição julgava "em processo de desenvolvimento" (*underdeveloped countries*) como forma de difundir modelos de modernidade entre aqueles que ainda não tinham prosperado o suficiente e conquistado a sociedade desejada. Ao longo dos anos, essa presunção se atenua nos relatórios e nos catálogos, embora a imagem da patronagem e da benevolência do International Council tenham perdurado por mais tempo.

O protagonismo do International Program na difusão das artes dos Estados Unidos era proporcional à ausência do governo nessa função. O projeto do MoMA considerava que as poucas exposições de arte promovidas pelas agências oficiais no estrangeiro eram de baixa qualidade e, muitas vezes, explicitamente políticas, aspectos que poderiam ser evitados se uma instituição apropriada fizesse esse trabalho. Inúmeros países já haviam criado ministérios ou órgãos específicos para a promoção e a circulação internacional de sua produção. Enquanto o Departamento de Estado não compreendesse a importância das artes nas relações diplomáticas, o MoMA se propunha a organizar mostras circulantes. Alegava, ainda, ser constantemente requisitado por países, alguns deles recém-criados, que procuravam a orientação dos Estados Unidos, posição que o MoMA acabava por representar nas artes. Por isso, o International

---

5 "*It attempts to set down briefly the elements of a coherent and balanced program which would not only ensure that America's position as a cultural center for the visual arts would be forcefully presented throughout the world but demonstrate that our country is willing to share its knowledge and artistic resources with other peoples. Such a program would assert the basic human freedom of access to the arts, extending to a broad international public Museum's primary purpose – 'to help people enjoy, understand and use the visual arts of our time.' The need for action and responsibility in this field is clear and a challenging potential exists. Means must be found to make full use of this potential for the benefit of the other nations.*"

Program julgava serem os intercâmbios das artes visuais contemporâneas fundamentais para a boa imagem dos Estados Unidos nesses países.

Em certa ocasião, o International Program afirmou ser rarefeita a arte ocidental moderna nos museus da América Latina. Considerava apresentar uma mostra com importantes pinturas do século XX, pertencentes às coleções dos Estados Unidos, o que seria uma oportunidade para destacar as realizações artísticas conquistadas no século XX (The Museum of Modern Art, 1961, p.2-6). Não foram poucas as vezes que o MoMA se apresentou como o representante de seu próprio país comprometido com a divulgação da arte estadunidense no exterior. Contudo, essa postura reafirmava uma identidade nacional que contrastava com o internacionalismo artístico apregoado pela instituição.

Com o passar dos anos, as diretrizes políticas do MoMA se transformaram e a promoção da arte estadunidense no estrangeiro deixou de ter a mesma intensidade em seus projetos. Também a partir da década de 1990 o Internacional Program e o International Council passaram a apoiar a participação de artistas e de profissionais do meio das artes nas atividades educacionais e artísticas realizadas na própria sede do MoMA.[6]

Nas análises de Helen M. Franc, que foi curadora do museu, o Internacional Program foi necessário devido ao isolamento artístico e cultural ocasionado pela Segunda Guerra Mundial. Segundo ela, as artes dos Estados Unidos estavam ausentes dos espaços fora do seu próprio país e dois fatores dificultavam a sua circulação: o valor do dólar em relação ao câmbio de outras moedas, que tornava onerosa a organização de mostras por instituições estrangeiras, e a ausência de um ministério dos Estados Unidos ou algum órgão "oficial" responsável por divulgar as artes no estrangeiro. Essa falta, acreditava Franc, era na realidade um fator positivo que impulsionou as instituições privadas a desenvolver projetos independentes e sem controle político ou propagandístico. Segundo ela, o MoMA, por exemplo, não se submeteu às restrições do período macarthista, o que foi compreendido como a transcendência da arte em relação à política (Franc, 1957, p.7-16).

Apesar do protagonismo do MoMA no ambiente artístico internacional, os casos analisados neste capítulo revelam conveniências e alinhamentos entre a instituição e as agências governamentais, pois foram elas que, com suporte intelectual, técnico e logístico, apoiaram e viabilizaram inúmeras mostras circulantes. Também não foi coincidência o International Program se configurar durante a Guerra Fria, período em que os Estados Unidos estruturaram uma contraofensiva em resposta à presença da União Soviética no meio artístico. As análises aqui expostas revelam que a difusão

---

6 A última mostra circulante organizada pelo MoMA ocorreu em 1998. Para maiores informações sobre os projetos do International Art Program: https://www.moma.org/research-and-learning/archives/finding-aids/ICIP_SeriesIB_VIf. Acesso em: 16 jan. 2023.

da produção artística estadunidense visava países considerados estratégicos, como os da América Latina.

O MoMA se notabilizou por suas exposições itinerantes e os seus procedimentos se tornaram referência no meio artístico internacional. Em 1953, quando a Unesco quis estimular o aumento dos intercâmbios artísticos, constatou que o conhecimento sobre a organização de mostras circulantes era restrito. Como forma de contribuir para a resolução desse problema, organizou o *Manual of Travelling Exhibitions*, edição integrante da série Museums and Monuments V. Para a elaboração da publicação, foi chamada Elodie Courter Osborn, ex-chefe do Departamento de Exposições Circulantes do MoMA. No manual, foram incluídas as etapas necessárias para a preparação de uma exposição circulante, que começava com sua concepção e seleção das obras, a realização dos contatos institucionais, a organização do transporte e do seguro e a preparação das embalagens dos objetos artísticos. Nessa sessão, foram produzidas cuidadosas ilustrações sobre como construir caixas para armazenar e garantir mobilidade protegida para transportar variados tipos de obras. No apêndice da publicação há modelos de contrato e diversos tipos de formulários, alguns utilizados pelo próprio MoMA, com o logotipo da instituição bastante visível (Osborn, 1953). Indubitavelmente, a Unesco chancelava e compartilhava o modelo criado pelo museu de Nova York, visibilidade almejada pela própria instituição.

Figura 15 – Elodie Osborn, *Manual of Traveling Exhibitions*, Paris, Unesco, 1953

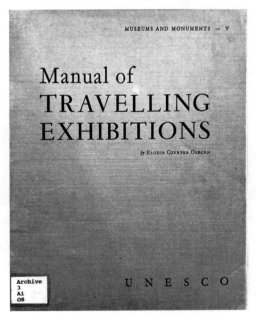

POLÍTICAS DE ATRAÇÃO

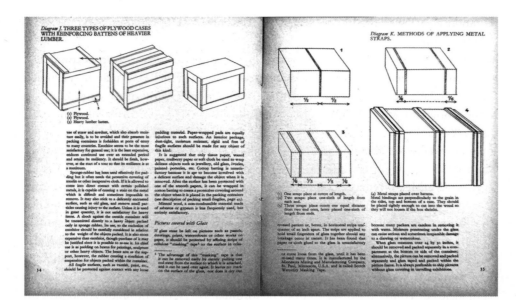

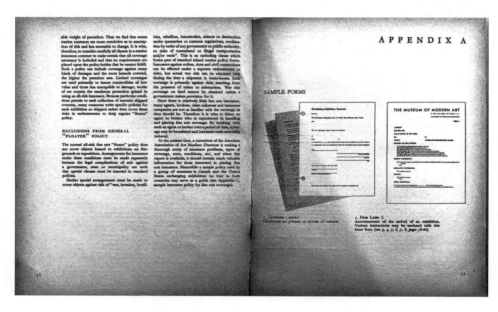

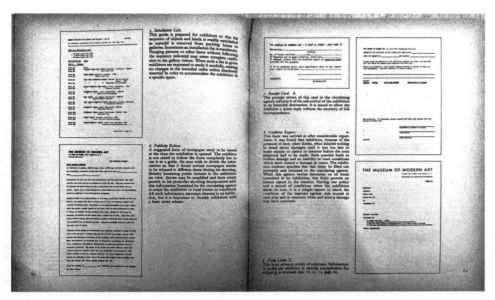

FONTE: THE MUSEUM OF MODERN ART LIBRARY, NEW YORK

Retornando ao tema das exposições circulantes organizadas pelo MoMA, após a criação do International Program, o museu procurou instituições parceiras no Brasil para receber as suas itinerantes. Em pouco tempo, esses esforços deram ao museu nova-iorquino uma condição confortável ao ponto de suas circulantes serem disputas por museus e instituições brasileiras. Não obstante as primeiras atividades do programa do MoMA terem ocorrido na década de 1950, o fluxo das mostras itinerantes para a América Latina foi mais bem sistematizado e se intensificou na década de 1960, período em que o continente entrou no radar, mais uma vez, da política externa dos Estados Unidos. E a aproximação da instituição com setores do governo dos Estados Unidos para que contribuíssem com a efetivação de seus projetos não foi apenas instrumental.

A mostra "Moderna Xilogravura Norte-Americana" talvez tenha sido a primeira itinerante organizada pelo International Program para a América Latina. O projeto também teve uma versão para o circuito europeu, e ambas ocorrerem entre os anos de 1954 e 1958.[7] As quarenta gravuras, produzidas por trinta artistas, foram adquiridas pelo International Council, pois os prolongados deslocamentos não favoreciam o

---

7 A mostra "The American Wood" teve duas versões. Para a turnê europeia, a partir de 1955, ela percorreu cidades na Áustria, Noruega e Iugoslávia e, em 1957, Pádua, na Itália. Para a turnê na América Latina, que ocorreu entre 1954 e 1957, uma segunda versão foi enviada para Ilhas Virgens, Porto Rico e Brasil. Ver: MoMA International Council. Exhibitions Circulated: 1957-1968. Sem autor e sem data. Localizado no The Museum of Modern Art Library, New York.

empréstimo das obras. Algumas dessas imagens também compunham a sala de gravuras do próprio MoMA.[8]

Porter McCray, então diretor do International Program, privilegiava na escolha de suas parcerias os museus de arte porque eram espaços com inegável prestígio cultural e menos carregados com implicações políticas. Em carta a Mario H. G. Torres, diretor do Ibeu Rio, informou que "Moderna Xilogravura Norte-Americana" havia sido prometida ao MAM Rio e ao MAM SP, que segundo ele, já tinha um compromisso assumido com Niomar Sodré, diretora do MAM Rio, quando ela visitara Nova York. Da mesma forma, correspondência com Wolfgang Pfeiffer, diretor do MAM SP, indicavam compromisso para receber a exposição.[9] Contudo, a mostra foi exibida no Instituto Brasil-Estados Unidos (Ibeu RJ) e enviada posteriormente para outros centros binacionais brasileiros, entre 1956 e 1957.[10] Ou seja, mesmo que o MoMA privilegiasse as parcerias com os museus e procurasse evitar conexões oficiais, conforme a missiva de McCray revelava, a rede de institutos binacionais foi bastante conveniente para a instituição no Brasil e na América Latina. Foram ainda o USIS e a própria Embaixada que viabilizaram grande parte das circulantes discutidas neste capítulo, o que mostra que o MoMA preferiu manter as conexões oficiais nos bastidores.

No Rio de Janeiro, a "Moderna Xilogravura Norte-Americana" ocorreu no *lobby* do prédio da própria Embaixada, de 17 de outubro a 13 de novembro de 1956. Segundo Mario Torres, as dimensões do espaço do MAM Rio se mostraram inviáveis para acolher a exposição, o que levou a própria Embaixada dos Estados Unidos a recebê-la. Em carta para McCray, Torres justificava que a Embaixada era tão bem localizada quanto o museu e que, por estar diretamente conectada com a rua, chamava bastante a atenção e atraía os transeuntes. Ele também apresentava as vantagens da parceria com a Embaixada, que cuidaria dos trâmites e dos custos da circulação da exposição

---

8 As gravuras haviam sido adquiridas pelo International Program para circularem no exterior e algumas imagens seriam também expostas no Museum's Print Room. Carta de Porter A. McCray para Phifer P. Rothman (*assistant cultural affairs officer* – USIS). Nova York, 1º abr. 1957. Localizado em KM, I.A. MoMA Archives, NY. A circulante teria sido exibida em Puerto Rico (1954), Virgin Islands – St. Thomas (1954), Rio de Janeiro (1956), Porto Alegre (1957), São Paulo (1957), Belo Horizonte (1957), Salvador (1957), Recife (1957), Montevidéu (1957), Lima (1958). Ver The American Woodcut Today (Manuscrito). Localizado IC/IP, I.A.175. MoMA Archives, NY.
9 Carta de Porter A. McCray para Mario H. G. Torres. 30 ago. 1956. Localizado IC/IP, I.A.165. MoMA Archives, NY.
10 Carta de Lawrence S. Morris (adido cultural) para René d'Harnoncourt. American Embassy, New York, 5 abr. 1956. Localizado IC/IP, I.A.165. MoMA Archives, NY. No Instituto Cultural Brasileiro Norte-Americano em Porto Alegre, a mostra ocorreu em dezembro de 1956; no MAM SP, em janeiro de 1957; na Thomas Jefferson Library em Belo Horizonte, fevereiro de 1957; na Galeria Oxumaré em Salvador, entre 5 e 19 de abril de 1957; na Sociedade Cultural Brasil-Estados Unidos em Recife, entre 14 e 28 maio de 1957. Depois do Brasil, a mostra teria seguido para Montevidéu, Uruguai.

pelo Brasil, já que o Ibeu RJ havia se responsabilizado pelo transporte de vinda e de retorno da mostra.[11]

Para a completa promoção e sucesso da mostra, o International Program produziu material de divulgação que o USIS deveria remeter aos órgãos de imprensa. Posteriormente, esse mesmo material e artigos e notícias publicados na imprensa sobre a mostra, catálogos e fôlderes deveriam ser enviados ao MoMA.[12] No material que o USIS forneceria aos órgãos de imprensa, o roteiro era claro: no primeiro parágrafo deveriam constar as informações sobre o local, as datas e as pessoas envolvidas na exposição e as instituições apoiadoras; em seguida, informações sobre The Museum of Modern Art, nome que deveria estar em inglês para evitar confusões com outra instituição com a mesma denominação,[13] e ainda sobre o International Program, organizador da mostra; por último, informações sobre a relevância daquela exposição para o Brasil. Acompanhavam esse material nove fotografias de obras e um artigo ilustrado e publicado pelo curador do Departamento de Gravuras do MoMA, William S. Lieberman, em que ele discutia artistas e obras que estavam na exposição.[14] Parte desse texto foi traduzido e publicado em fôlderes produzidos para a mostra brasileira.

Inúmeros periódicos cariocas seguiram o roteiro proposto pelo MoMA e, inclusive, o nome da instituição tal como sugerido, com algumas exceções. Entre elas, Ferreira Gullar, que analisou ligeiramente algumas produções demonstrando conhecer certos artistas. Enfatizou o grande formato das gravuras e a excepcionalidade de Josef Albers, o "único concretista", que fugia à "euforia monumental". Finalizou suas considerações sugerindo que o Ibeu e a Embaixada deveriam promover mais exposições como aquela, pois "seria ainda muito melhor se as exposições se estendessem a todo o acervo do Museu de Arte Moderna de Nova York, que poderia ser mostrado aqui em exposições parciais. Pode ser esta uma sugestão absurda, mas não há dúvida de que é também fascinante" (Gullar, 1956).

Mário Barata (1956a) também publicou um texto com viés autoral e observou que a mostra oferecia uma visão da moderna xilogravura americana, que se caracterizava

---

11 Carta de Mario H. G. Torres para Porter A. McCray. 23 nov. 1956. Localizado IC/IP, I.A. 165. MoMA Archives, NY. O International Program arcou com os custos do seguro da exposição. Cabe lembrar que nesse mesmo espaço foi também exibida "Built-in-USA-Post-War".

12 Carta de Porter A. McCray para Phifer P. Rothman (*assistant cultural affairs officer* – USIS), 15 de outubro de 1956. Localizado KM, I.A.170. MoMA Archives, NY.

13 O fato de o MoMA ter solicitado que o seu nome constasse como The Museum of Modern Art também se referia a uma disputa judicial do termo "museu de arte moderna" entre o MoMA de Nova York e Huntington Hartford (ver Zalman, 2013).

14 Carta de Grace Davis (administrative assistant, Department of Circulating Exhibitions and the International Program) para Dulany Terret (United States Information Service), 17 ago. 1956, 2 p. Localizado KM, I.A.170. MoMA Archives, NY. O texto informava que o artigo de William S. Lieberman havia sido publicado na revista *Perspectiva 12*, Summer, 1955, e que havia concordância do editor para que o texto pudesse ser usado.

pelo "uso da cor e matéria, insistência do grande formato e experimentação com suas consequentes inovações técnicas". Pouco tempo antes do encerramento da exposição, apresentou outra reflexão em que destacava a postura "imparcial" e "rigorosamente técnica" do MoMA, que deveria ser seguida pelos museus modernos brasileiros. Isso porque eram exibidas todas as tendências contemporâneas e não somente as abstratas, levando ao estrangeiro "uma ampla representação da arte de seu país, ao contrário do que se vem fazendo nos envios brasileiros" (idem, 1956b). Sem dúvida, a comparação de Barata colocava como parâmetro a mostra circulante organizada pelo museu nova-iorquino.

De modo geral, a partir dos casos aqui analisados, percebe-se que se estabeleceu um protocolo para as mostras circulantes. Basicamente, eram compostas por trabalhos da própria coleção do MoMA, mas foram frequentes empréstimos de instituições, colecionadores, artistas e galeristas. Em alguns casos, como em "Moderna Xilogravura Norte-Americana", a instituição adquiriu os trabalhos porque a turnê seria prolongada, o que dificultava a cessão das obras.

Mostras temáticas possibilitavam exibir uma diversificada produção, pois comportavam a inclusão de diversos estilos, suportes e artistas, postura que parecia apropriada para uma instituição que não promovia nenhuma poética artística em particular. Como o transporte de pinturas e de esculturas era mais oneroso e complexo, foram menos frequentes nas circulantes enviadas para o Brasil. Particularmente, as mostras de gravura possibilitaram à instituição expandir a sua rede de parceiros internacionais, pois não eram peças únicas e tinham valores acessíveis para aquisição. Foram frequentes as exposições de gravura e também as de fotografia, meios fáceis de embalar, versáteis no transporte e com baixo valor de seguro. Para esses suportes, o MoMA desenvolveu modelos de embalagens com reconhecido primor. Como muitas vezes as instituições receptoras não tinham profissionais especializados e os espaços eram adaptados, as gravuras e as fotografias já eram enviadas emolduradas, o que facilitava a produção e a montagem da exposição. Tampouco deve ter havido modelo museográfico para a disposição dos trabalhos e a montagem deve ter respeitado a sequência numérica apresentada na lista das obras.

O MoMA criou também normas para as instituições receptoras das mostras. Como ele não cobria o valor total das circulantes, era necessário que a instituição receptora pagasse uma tarifa de locação para cobrir parte dos gastos da produção. O montante variava a cada projeto e algumas vezes, quando o próprio MoMA queria atingir um maior número possível de cidades, a taxa não era cobrada. Em muitos casos, a própria Embaixada dos Estados Unidos realizou esse pagamento.[15] Mesmo que

---

15 Carta de John Stringer (*assistant director International Program*) para George Former, Nova York, 1º maio 1970. Localizado IC/IP, I.A., 1977. MoMA Archives, NY. A Embaixada dos Estados Unidos,

condições fossem variáveis a cada circulante, o MoMA cobria o valor do seguro, da embalagem e, algumas vezes, do transporte internacional. Inúmeras vezes, solicitava-se às instituições receptoras que pagassem pelo transporte dos Estados Unidos ao Brasil. Foi frequente companhias marítimas realizarem traslados de cortesia. Também deveriam ficar a cargo da instituição receptora o custo com o deslocamento entre o local anterior à mostra, as despesas locais com a publicidade, as taxas de aduana, a instalação da exposição e a produção de catálogo específico. Nesses casos, o MoMA fornecia as imagens e o texto para publicação. Contudo, quando a instituição nova-iorquina produzia o catálogo, era cobrado do expositor somente o preço de custo. Para a avaliação e a comprovação da eficácia do projeto, solicitava-se que as instituições enviassem registros fotográficos das exposições e dos visitantes no espaço da mostra, imagens que eram anexados aos relatórios anuais do International Program. Por fim, deve-se ressaltar que essas diretrizes se referem às circulantes internacionais e não ao conjunto de circulantes organizadas pelo MoMA. Mesmo que algumas representações dos Estados Unidos enviadas para as bienais de Veneza e de São Paulo tenham se transformado em mostras itinerantes, elas possuíam parâmetros específicos e contavam com orçamentos generosos do International Program.

Acompanhando a programação das circulantes do MoMA, observa-se que em 1964 as diretrizes foram mais bem sistematizadas quando foi lançado o Program of Exhibition Exchange with Latin America, projeto que tinha o apoio intelectual e financeiro do International Program. Tratava-se de proposta unilateral e sem qualquer tipo de reciprocidade entre países, pois as exposições eram organizadas para percorrerem circuitos específicos. Com isso, a instituição pretendia intensificar a presença da arte estadunidense na América Latina e não realizar intercâmbios propriamente ditos. Considerava que as "trocas culturais" já haviam demonstrado eficácia na melhora das relações internacionais, estratégia que seria utilizada, mais uma vez, para que os Estados Unidos qualificassem a sua imagem no continente, sobretudo após a Revolução Cubana de 1959.

Chama a atenção que, poucos anos antes de lançar o programa de circulantes para a América Latina, o MoMA deixou de organizar a representação oficial dos Estados Unidos para as bienais de Veneza e de São Paulo. Já em agosto de 1960, a retirada do MoMA dessa função já havia sido discutida com agentes da United States Information Agency (USIA). No contexto da Guerra Fria, o teor político que envolvia as representações oficiais parece ter sido um forte argumento para fazer com que a USIA se responsabilizasse pelas bienais de Veneza e de São Paulo, a partir de 1963.

---

ainda sediada no Rio de Janeiro, fez diversos pagamentos ao MoMA de mostras que ocorreram na cidade, como no caso de Tamarind, exibida do MAM RJ, e New Photography, no Ibeu RJ, ambas no valor de U$250 como tarifa de locação (a ser paga pela embaixada dos Estados Unidos).

Nesse contexto, mesmo que o MoMA tenha alegado problemas de ordem financeira para representar o país, talvez tenha preferido organizar exposições capilares de caráter ideológico menos perceptível que poderiam disseminar melhor a sua própria identidade em âmbito internacional.

Retornando à discussão sobre o Program of Exhibition Exchange with Latin America, "Josef Albers: homenagem ao quadrado" foi "a primeira de uma série de exposições organizadas" pelo projeto (Harnoncourt, 1964). Rasmussen, diretor do Departamento de Exposições Circulantes do MoMA, viajou para a abertura da mostra em Caracas e aproveitou para também visitar outros países no continente para avaliar espaços expositivos que poderiam aderir ao programa.[16] No que diz respeito à América Latina, inúmeras parcerias haviam se estabelecido por correspondência, mas com o novo programa e a ampliação da rede de instituições receptoras, a qualidade se tornou um requisito significativo. No caso brasileiro, devido às bienais de São Paulo, diretores e funcionários do MoMA já conheciam o ambiente artístico paulistano e carioca e indicavam as suas preferências. Em diversas ocasiões, foram os agentes do USIS que ampliaram as itinerâncias das mostras porque sugeriram centros binacionais para receber as mostras em diversas regiões do Brasil.

Quanto a "Josef Albers: homenagem ao quadrado", o museu nova-iorquino tomou a iniciativa para encontrar instituições que a recebessem. Inicialmente, a mostra havia sido oferecida ao MAM SP, que a recusou alegando motivos financeiros, pois Ciccillo Matarazzo indicava que havia grande déficit na instituição devido à VII Bienal.[17] Por sua vez, Carmen Portinho, representando o MAM Rio, declinou argumentando que a agenda do museu já estava completa naquele ano.[18] Posteriormente, diante da envergadura da exposição, a instituição carioca mostrou arrependimento. Como a oferta foi recusada pelas duas tradicionais parceiras do MoMA, a mostra foi exibida no Ibeu RJ, no mês de novembro, e no MAC USP, em dezembro de 1964.[19]

---

16 Carta de Waldo Rasmussem para George C. A. Boehrer (USIS), Nova York, 9 mar. 1964. Localizado IC/IP, I.A.1427. MoMA Archives, NY.
17 Carta de Francisco Matarazzo Sobrinho para Manuel Ulloa, São Paulo, 28 nov. 1963. Localizado IC/IP, I.A.1427. MoMA Archives, NY.
18 Carta de Carmen Portinho (diretora executiva do MAM RJ) para Waldo Rasmussen. Rio de Janeiro, 21 jan. 1964. Localizado IC/IP, I.A.1427. MoMA Archives, NY. Sobre o descontentamento do MAM Rio por ter declinado da mostra, ver Carta de George C. A. Boehrer (adido cultural da Embaixada dos USA) para Waldo Rasmussen, Rio de Janeiro, 26 out. 1964. Localizado IC/IP, I.A.1427. MoMA Archives, NY.
19 A mostra teria tido este roteiro: Caracas, Galeria Mendoza, de 8 a 29 de março de 1964; Montevidéu, Centro de Artes y Letras, de 20 de abril a 17 de maio de 1964; Buenos Aires, Instituto Torcuato de Tella, 9 de junho a 5 de julho de 1964; Lima, Instituto de Artes Contemporaneo, 14 de setembro a 11 de outubro de 1964; Ibeu Rio de Janeiro, 5 a 30 de novembro de 1964; MAC USP, 7 a 23 de dezembro de 1964; Quito, USIS Guayaquil de Cultura Ecuatoriana, 23 a 28 de janeiro de 1965. Manuscrito. Sem data. Localizado IC/IP, I.A.1427. MoMA Archives, NY. A mostra no MAC USP

Foi o próprio MAC USP que, em 30 de abril de 1964, escreveu ao MoMA colocando-se à disposição para realizar intercâmbios com os Estados Unidos e, particularmente, receber a mostra de Albers. Walter Zanini informava que, quando procurou a Embaixada dos Estados Unidos, George Boherer lhe sugeriu contatar diretamente a instituição nova-iorquina.[20] Embora a solicitação de Zanini tenha chegado bastante tarde aos Estados Unidos, Rasmussen manifestou contentamento com o pedido e conseguiu encaixar o museu universitário no roteiro da exposição. Essa inserção do MAC USP foi possível porque a abertura da exposição em Quito, no Equador, foi adiada.[21] Desse modo, "Josef Albers: homenagem ao quadrado" inaugurou os intercâmbios entre o MoMA e o museu universitário. Mostrando-se um agente ativo e influente no meio brasileiro, Zanini consultou Rasmussen sobre a possibilidade de Belo Horizonte e de Porto Alegre também exporem a mostra: dizia conhecer pessoalmente os diretores dos espaços e se colocava à disposição para fazer os contatos necessários entre as instituições.[22] Contudo, o calendário não permitiu mais nenhuma inclusão. Como se verá mais adiante, Zanini também atuou como ponto nevrálgico na rede de instituições brasileiras que receberam mostras do MoMA.

Desde o início de sua gestão no MAC USP, Zanini procurou estabelecer parcerias internacionais. Costumava apresentar as credenciais genealógicas da instituição para obter suficiente credibilidade no meio artístico e relatava o surgimento do museu a partir da doação de Francisco Matarazzo de sua coleção pessoal e do acervo do MAM SP à Universidade de São Paulo. Além disso, afirmava ser o conjunto de arte contemporânea mais significativo da América Latina. Essa contiguidade simbólica entre ambos os museus era reiterada constantemente. Por sua vez, na parceria que se iniciava, o MoMA lembrava que os intercâmbios com o MAM SP constavam no acordo assinado em 1950, o que possibilitou ao museu nova-iorquino representar oficialmente os Estados Unidos nas primeiras bienais de São Paulo.[23] Assim, os intercâmbios entre o MAC USP e o MoMA pareciam devidamente chancelados por laços históricos criados pelo MAM SP.

---

teria se encerrado no dia 22 de dezembro de 1964 para que as obras fossem embaladas e remetidas ao Rio de Janeiro e, posteriormente, seguir para ao Equador.

20 Carta de Walter Zanini para Waldo Rasmussen. São Paulo, 30 abr. 1964. Localizado IC/IP, I.A.1427. MoMA Archives, NY. Na mesma carta, Zanini demonstrava o interesse em receber mostra de *pop art*.

21 Carta de Waldo Rasmussen para George Boeher (*cultural affairs officer* USIS), Nova York, 13 out. 1964. Localizado IC/IP, I.A.1427. MoMA Archives, NY.

22 Carta de Walter Zanini para Waldo Rasmussen. São Paulo, 10 out. 1964. Localizado IC/IP, I.A.1427. MoMA Archives, NY.

23 Fact Sheet on previous exchange of exhibitions with Brazil organized by the Museum of Modern Art, New York, sem data. Localizado IC/IP, I.A.165. MoMA Archives, NY.

Essa conexão também se fortaleceu quando, em 1969, o museu universitário foi uma das 23 instituições escolhidas pelo International Council para ser filiado ao MoMA pelo prazo de cinco anos, além de receber mil dólares em livros a serem escolhidos pelo museu brasileiro.[24] Talvez incrédulo com as notícias, Zanini respondeu dizendo: "Muito obrigado pela sua carta de 10 de dezembro. Sentimo-nos muito honrados por vocês terem oferecido essa associação ao Museu de Arte Moderna por cinco anos e US$1.000 em livros de arte, no entanto, não compreendemos em quais termos isso foi feito".[25] Todo o processo de recebimento dos livros selecionados foi bastante moroso porque as outras instituições selecionadas tardaram em enviar as suas opções, e o Library Overseas Program do International Council só faria a remessa após a finalização de todas as escolhas.[26]

Não parece casual que o Program of Exhibition Exchange with Latin America tenha se iniciado com arte abstrata geométrica. Afinal, após a Segunda Guerra Mundial, a produção abstrata geométrica foi prolífica no continente, fator que possibilitaria uma recepção favorável à produção de Albers. Além disso, o próprio artista tinha conexões com a América Latina, pois havia lecionado no México, em Havana, em Lima e em Santiago. Também como professor na Hochschule, em Ulm, entre 1953 e 1955, Albers teve alunos brasileiros, como Alexandre Wollner, por exemplo. Aliás, foi Wollner quem produziu um fôlder exclusivo para a mostra do artista no MAC USP, que Aracy Amaral solicitou ao MoMA que fizesse chegar às mãos de Albers.

Como emigrado e naturalizado estadunidense, Albers ainda representava o acolhimento dado pelos Estados Unidos aos intelectuais e artistas refugiados do nazismo. Como cidadão estadunidense, Albers passava a expressar valores do novo país que o acolheu, onde pôde não somente desenvolver o seu trabalho artístico, mas também se tornar referência no ensino da arte no Black Mountain College e na Universidade de Yale.

Como também se antecipava que a mostra "Josef Albers: homenagem ao quadrado" circularia em cidades dos Estados Unidos, previu-se a produção de um catálogo com textos em inglês e versões em espanhol e português. Contudo, quando o tema foi abordado com Murillo Belchior, então diretor do Ibeu RJ, sabia-se que uma edição em espanhol já havia sido produzida. Para a produção do catálogo em português, Belchior

---

24 Carta de H. Gates Lloyd e Richard S. Zeisler para Walter Zanini. Nova York, dez. 1969. Localizado no Arquivo MAC, FMACUSP0014/009 v.1
25 *Thank you very much for your letter of December 10. We feel very honored you offered this Museum membership in the Museum of Modern Art for five years and $1,000 worth of art books, yet we did not understand on which terms.*" Carta de H. Gates Lloyd e Richard S. Zeisler para Walter Zanini. São Paulo, 11 jan. 1970. Localizado no Arquivo MAC, FMACUSP0014/009 v.1.
26 Carta de Bernard Karpel para Walter Zanini. Nova York, 18 mar. 1971. Localizado no Arquivo MAC, FMACUSP0014/009 v.1 Das 24 bibliotecas selecionadas, apenas metade havia respondido ao comunicado.

Figura 16 – Vista da exposição "Joseph Albers: Homenagem ao Quadrado", realizada no Museu de Arte Contemporânea (MAC) da Universidade de São Paulo (USP), em dezembro de 1964

POLÍTICAS DE ATRAÇÃO

FONTE: ARQUIVO DA SEÇÃO DE CATALOGAÇÃO E DOCUMENTAÇÃO MAC USP (LORCA FOTÓGRAFOS LTDA)

foi informado que cada exemplar custaria U$ 0.60, caso fossem impressos mil volumes.[27] Na cuidadosa edição, há um ensaio de Kynaston McShine, curador do MoMA, depoimentos de Albers, informações biográficas e uma extensa seleção bibliográfica sobre a sua produção. Por serem de propriedade do artista, as 36 pinturas a óleo sobre placas de masonite estavam à venda e uma lista com os preços foi enviado aos museus que receberam a turnê.

O curador selecionou trabalhos da fase iniciada em 1949 a obras ainda em processo. No ensaio, ele apresentava o período de formação de Albers, sua passagem pela Bauhaus, a chegada aos Estados Unidos e suas atribuições como professor no Black Mountain College, posição conseguida por indicação do próprio MoMA. Apesar de caracterizar a produção pela "austeridade inflexível" e "racionalismo disciplinado", McShine considerava a produção distante de qualquer formalismo, pois os quadrados "sensuais e refinados" invocavam uma "experiência visual rica e convincente", sobretudo pela relatividade e instabilidade da cor. Para ele, Albers mostrava "quão ilusória a cor pode ser; como ela pode se apresentar como uma flutuação contínua", pois nas áreas pintadas uniformemente havia a impressão da presença de diversas cores, o que era apenas efeito visual. Considerava o processo poético do artista simples, pois ele ajustava "exatamente as dimensões dos quadrados na inflexível prancha de composição e então aplicava a tinta, em geral diretamente do tubo, tão levemente e tão uniformemente quanto possível sem o vestígio da mão". Quadrados fisicamente inexistente "são feitos de modo a existirem pela interação dos quadrados de cor existentes". Ou seja, os diversos matizes produzem uma "interdependência da cor, forma e colocação". McShine afirmava que os trabalhos refinados de Albers educam e ao mesmo tempo comovem, e lembrava palavras do próprio artista: "o objetivo da vida são as criaturas vivas. O objetivo da arte são as criações vivas". McShine (1964) concluía dizendo que as "Homenagens" são presenças porque "vivem, movem-se, respiram, falam uma à outra e a nós".

Por sua vez, o próprio Albers considerava que na série "Homenagem ao quadrado", cada quadro era uma "instrumentalização em si mesmo", pois a escolha das cores tem como propósito a sua interação, "influenciando-se e alterando-se cada uma, numa direção e na outra". Isso resulta que "o caráter e o sentimento variam de quadro para quadro, sem nenhuma caligrafia adicional ou chamada textura". Apesar da repetição dos quadrados posicionados de modo concêntrico, "eles se movem para diante e para trás, para dentro e para fora, crescem para cima e para baixo, para perto e para longe, bem como aumentam e diminuem. Todos esses aspectos proclamam a autonomia da cor como meio de organização plástica". Também sobre o seu processo poético,

---

27 Carta de Waldo Rasmussen para Murillo Belchior, Nova York, 18 maio 1964. Localizado IC/IP, I.A.1427. MoMA Archives, NY.

Albers afirmou que aplicava a tinta diretamente do tubo com espátula, sem adição de camadas e, quase sempre, sem misturas. As exceções ficavam com o branco, que era adicionada ocasionalmente, para tons de "vermelho, como vermelho pálido e cor de rosa, e para matizes fortes de azul, impossíveis de serem obtidos em tubos". Desse processo, a pintura resultava em "tênues películas de tinta primária" que secam de modo uniforme e atingem "uma saudável e duradoura superfície de tinta de luminosidade sempre crescente" (Albers, 1964).

A elaborada produção do catálogo, com ensaios, imagens, declarações do artista e referências bibliográficas sobre o artista, reflete o interesse pela amplificação da exposição no ambiente artístico latino-americano. Afinal, naquele momento, ainda eram raras as publicações sobre a arte realizada nos Estados Unidos.

Sobre a repercussão do evento no ambiente brasileiro, sabe-se que Mário Pedrosa deu uma palestra sobre a exposição no Ibeu do Rio de Janeiro,[28] mas não há informações sobre sua repercussão e sobre o público presente. Pedrosa já havia mencionado a Rassmussen o seu particular interesse pela obra de Albers, quando ambos se encontraram 1961, por ocasião da VI Bienal de São Paulo.[29]

As resenhas publicadas na imprensa sobre a exposição não foram numerosas e em sua maioria se limitaram a reproduzir as informações do *press release*. Porém, o texto "Didática na pintura: homenagem ao quadrado", assinado por G.F., talvez escrito por Ferreira Gullar, destaca-se pela densidade analítica. Para começar, o autor comparou as mostras realizadas no Ibeu RJ e no MAC USP e concluiu que a configuração espacial das pinturas no museu paulistano favoreceu a recepção das obras porque elas ficaram numa disposição melhor. Advertia que a mostra não era de arte concreta, pois os trabalhos não careciam de elucubrações interpretativas e havia simetrias e uso de cores simples, que resultavam em instrumentalizações uniformes. Dos quadrados emergiam "variações em si mesmas, e que adquirem uma movimentada vibração, na inter-relação colorida organizada". Em cada pintura, os quadrados interagem e se fundem em outros quadrados "até o limite interno, infinito, ou até o desdobramento externo do quadro". Esse desenvolvimento contínuo produz "alterações musicais cada vez mais vivas e mais vibrantes, cada vez mais surdas e mais silenciosas" que, nas próprias palavras de Albers, demonstravam a "autonomia da cor como meio de organização plástica". G.F. salientava que, para o público desinteressado, os quadros funcionavam bem isoladamente, mas considerava que a mostra não era para amadores – isso porque "os aspectos didáticos provenientes do conjunto possibilitavam aos pintores e aos

---

28 A palestra teria ocorrido no dia 27 de novembro de 1964. Ver carta de Mathilde Pereira de Sousa para Waldo Rasmussen, 10 dez.1964. Localizado IC/IP, I.A.1427. MoMA Archives, NY.

29 Carta de Waldo Rassmussen para Mario Pedrosa. 8 jan. 1964. Localizado IC/IP, I.A.1427. MoMA Archives, NY.

estudantes de pintura conhecer empiricamente o que explanações teóricas não possibilitavam facilmente, pois o pintor oferecia uma argumentação instruída com todas as peças do processo" (G.F., 1964).

Por sua vez, o texto "Josef Albers ou a homenagem à pureza" (1964), publicado pelo *Jornal do Comércio*, caracteriza-se pelo didatismo, com um breve histórico sobre a arte abstrata geométrica no século XX, uma análise dessa produção no ambiente da Bauhaus e ainda o papel de Albers como professor na escola. Enfatizava que, apesar do "esquema de absoluta pureza" e dos quadros serem "modelos lógico-matemáticos", havia uma "vibração lírica". Destacava que, embora os meios empregados pelo artista fossem simples, os seus "quadros mergulhavam em profundidade com o escurecimento progressivo dos quadrados, ou se levantavam no ar com a presença dos quadrados mais claros ao centro. Em seu virtuosismo, Albers nos oferece uma espécie de *"trompe-l'œil*, totalmente depurado e participante da pura essência da geometria".

Ainda que os esforços para a repercussão de "Josef Albers: homenagem ao quadrado" tenham sido consideráveis, o calendário da exposição pouco contribuiu para atrair maior público, pois foi exibida no Ibeu RJ em novembro e no MAC USP em dezembro, quando foi desmontada dias antes do Natal do primeiro ano da ditadura brasileira.

Sabe-se que o International Program inaugurou o Program of Exhibition Exchange with Latin America com a mostra "Josef Albers: homenagem ao quadrado" e que a instituição se empenhou para que ela atingisse larga itinerância pelo continente. Contudo, referências ao nome do programa reaparecem sem grande ênfase na documentação sobre as mostras circulantes. Talvez o território tenha se integrado às rotas do International Program sem a necessidade de tratamento exclusivo, pois a programação foi sistematizada e o volume de exposições circulantes frequente.

Em 1966, o MoMA informou o Bureau of Educational and Cultural Affairs (ECA), setor do governo responsável pelos intercâmbios internacionais e ligado ao Departamento de Estado, que circulavam pelos países latino-americanos as mostras "Contemporary Painters and Sculptures as Printmakers", "Lettering by Modern Artists", "Roads" e "Visionary Architecture". Nesse resumo, o museu nova-iorquino discorria sobre as condições oferecidas às instituições receptoras das circulantes. Informava que o programa do MoMA cobriria o seguro das obras durante todo o translado e o período em que estariam expostas, além de subsidiar os catálogos em alguns casos, sobretudo quando as moedas dos países estivessem em desvantagem em relação ao dólar. Esse teria sido o caso de "Contemporary Painters and Sculptors as Printmakers" em que o catálogo havia custava ao MoMA U$ 1,00, mas ele solicitava U$ 0,50 devido a um subsídio que recebera para este fim. O MoMA relatava ainda que o transporte era o maior problema e pedia à agência governamental sugestões para resolvê-lo, pois como as instituições receptoras não tinham suficiente orçamento para o transporte aéreo, os traslados marítimos e por terra provocavam demoras que comprometiam toda a programação das itinerantes.[30] Na carta, o MoMA demonstrava o seu empenho com as exposições circulantes e a flexibilidade com que tratava as instituições receptoras. Contudo, os motivos das concessões dadas a alguns de seus parceiros não eram detalhados.

Certamente, o MoMA buscava otimizar o roteiro de suas itinerantes aumentando o número de cidades dispostas a recebê-las. Para as mostras de 1965-1966, decidiu-se que as instituições receptoras precisariam somente pagar o transporte do lugar precedente, a instalação da exposição e garantir a segurança e a vigilância das obras. Para a exposição de "Visionary Architecture", exibida nos centros binacionais de Belo Horizonte e de Recife, o MoMA assumiu as despesas de U$ 250 porque os espaços não poderiam arcar com o valor, nem o USIS. Nesse caso, talvez seja possível inferir que o número esperado de países receptores para "Visionary Architecture" fosse insuficiente. Ou ainda, a flexibilidade era ainda maior porque era uma exposição de *design* e de arquitetura, conteúdo direcionado para países "em processo de desenvolvimento", como o Brasil.

No que diz respeito aos custos e aos atrasos com o deslocamento das obras, o MoMA também solicitou o apoio do governo brasileiro. Carlos Jacynto de Barros, cônsul do Brasil em Nova York, foi consultado sobre a possibilidade de colaboração com transportes para a mostra "Roads", pois o USIS não tinha rubricas para cobrir esse tipo de despesa.[31] Embora se desconheça a resposta, sabe-se que o Itamaraty colaborou com mostras circulantes de diferentes países, inúmeras vezes.

Ainda no que se refere ao orçamento, o International Council atribui o sucesso da mostra "Tamarind: homenagem à litografia" ao baixo valor da tarifa de locação e ao longo período em que as obras foram disponibilizadas para a turnê pelo próprio ateliê de gravura.[32] A qualidade da exposição, sua versatilidade na montagem e facilidade na circulação tornaram-na referência também nos relatórios do USIS.[33]

A mostra em questão era resultado do trabalho realizado no Tamarind Lithography Workshop, espaço criado por June Wayne, em 1959, com o apoio do Program

---

30 Carta de F.A. Kolmetz (*program associate*, International Circulating Exhibitions) para Robert W. Ades (*acting chief*, West Coast Programs. Inter-American Programs.) Bureau of Educational and Cultural Affairs, Department of States. Nova York, 25 out. 1966. Localizado IC/IP, I.A. 1440. MoMA Archives, NY.
31 Carta de Waldo Rasmussen para Carlos Jacynto de Barros (cônsul do Brasil em Nova York), 24 mar. 1966. Localizado IC/IP, I.A. 1441. MoMA Archives, NY.
32 "Tamarind: Homage to Lithography". Sem autor. Localizado IC/IP, I.A. 1968. MoMA Archives, NY. O Tamarind Lithography Workshop disponibilizou as gravuras para a turnê.
33 Documento – "Recommendations for Fine Arts Exhibits for FY 1969". Office Memorandum. United States Government. Para: Miss Lois Bingham – International Arts Program. De: George A. Rylance deputy assistant director (Latin America). 15 set. 1967. Localizado no Smithsonian Institution Archives, RU 321 Box 28, folder Exhibitions requested Latin America.

in Humanities and the Arts da Ford Foundation. Primeiramente, as atividades aconteceram no próprio ateliê de Wayne, que se localizava na Tamarind Avenue, em Los Angeles. Em 1970, ele foi transferido para a Universidade do Novo México, em Albuquerque, onde ofereceu cursos e programas de bolsas para artistas e se tornou referência internacional para a litografia.

Foram William S. Lieberman e Virginia Allen, ambos do Departamento de Desenho e Gravura do MoMA, que selecionaram 150 imagens para uma exposição na instituição que celebrava os nove anos de existência do ateliê Tamarind. Encerrada a exposição em Nova York, foram selecionadas 92 gravuras para compor a circulante que percorreu catorze países da América Latina, entre 1969 e 1972, com o apoio do International Council. Entre 1973 e 1975, foi proposto outra turnê, agora enviada para cidades da Austrália e da Nova Zelândia.

O tributo prestado pelo MoMA ao Tamarind era acompanhado de genuíno conhecimento de sua própria trajetória. Lieberman havia sido membro do conselho de diretores e participado de processos de seleção do ateliê e Allen havia sido curadora no espaço. No catálogo produzido pelo MoMA para a exposição, Allen apresenta a história da litografia e sinaliza a importância do Tamarind nessa trajetória, que procurava "ressuscitar" o suporte atraindo impressores e artistas para o local. Afinal, ele havia surgido como espaço para a recuperação e a revitalização da litogravura. A estreita colaboração entre o artista e o impressor, ambos vencendo as dificuldades técnicas e explorando os equipamentos colocados à disposição para o trabalho, estava entre os atributos enfatizados na comemoração do MoMA. As experiências vividas pelos artistas naquele lugar tinham sido reveladoras, pois puderam se familiarizar com o suporte, como nos casos de Josef Albers, Louise Nevelson, Sam Francis, por exemplo.[34]

"Tamarind: homenagem à litografia" exibia 92 litografias produzidas por diferentes artistas, com temas e formas variadas. A circulante também previa divulgar o Tamarind como espaço aberto às pessoas interessadas em explorar o suporte e propagandear que eram concedidas bolsas para pintores e gravadores, geralmente com a duração de dois meses. Enfatizava-se que se tratava de organização sem fins lucrativos e que as edições de gravuras produzidas no espaço poderiam ser levadas pelos artistas visitantes. De modo abreviado, o boletim *Notícias EUA Culturais*[35] divulga esse conteúdo: "Durante os nove anos de existência da Oficina Tamarind, 95 pintores bolsistas,

---

34 The Museum of Modern Art, nº 54 for release, April 29, 1969, p.1-3. In: https://www.moma.org/documents/moma_press-release_326625.pdf?_ga=2.138850481.301479639.1673190655-1239397204.1641732729. Acesso em: 9 jan. 2023.

35 Em correspondência ao MoMA, a Embaixada informava que o *Notícias EUA Culturais* tinha tiragem de 10 mil exemplares e era distribuído para todo o Brasil, o que daria repercussão sobre Tamarind. Ver correspondência de Elinor Halle (*deputy cultural affairs officer*) para John Stringer (*assistant director* International Program). Localizado IC/IP, I.A.1977. MoMA Archives, NY.

57 artistas convidados, bem como alguns gravadores e membros do corpo docente, produziram mais de 2.500 edições de litogravuras, contendo perto de 75 mil gravuras, enquanto 67 gravadores-bolsistas tiveram um treino altamente especializado na arte da gravura litográfica".[36]

No Brasil, a mostra foi exibida no MAM RJ (de 2 a 15 de fevereiro de 1970), no ICBEU de Belo Horizonte (de 4 a 13 de março de 1970), no MAM SP (de 24 de março a 12 de abril de 1970) e em Porto Alegre. Lá, a mostra foi dividida: trinta imagens foram expostas no Instituto Cultural Brasileiro Norte-americano (ICBNA) e sessenta no Museu de Arte do Rio Grande do Sul (de 22 de abril a 15 de maio de 1970).[37]

Figura 17 – Páginas das *Notícias EUA Culturais* periódico publicado pela Seção Cultural da Embaixada dos Estados Unidos, n.46, 1970

---

36 O Renascimento da Litogravura: "Tamarind". *Notícias EUA Culturais*. Publicado pela seção cultural da Embaixada dos Estados Unidos, p.6. Localizado Smithsonian Institution Archives, RU 321 Box 128 C24/06/06 – C25/06/04.

37 A duração da turnê na América Latina foi de novembro de 1969 a junho de 1972. Depois do Brasil, a mostra seguiu para Buenos Aires, Montevidéu, Santiago do Chile, Lima, Quito no Equador, Panamá City, San Salvador (El Salvador), Guatemala, San Pedro Sula (Honduras), México D.F. (México). *Tamarind: Homage to Litography*. Manuscrito. Sem autor e sem data, 2 p. Localizado IC/IP I.A.1968. MoMA Archives, NY.

CRIANÇAS INVADEM MUSEUS

De Boston a Pasadena, pezinhos estão correndo em direção aos Museus. As vêzes tímidas, frequentemente ansiosas, mas sempre com entusiasmo, crianças de várias idades se estão beneficiando do nôvo empreendimento cultural patrocinado por inúmeros museus de todo o país.

Do mesmo jeito que as outras crianças do mundo inteiro, elas expressam sua originalidade e espírito criador com abandono. Aprender a ver em profundidade, pintando à sua maneira o que está ao redor, familiarizar-se com materiais estranhos a fim de criar objetos originais, são experiências que transformam o mundo num lugar mais acolhedor e animado. Quando esta atividade é exercida num Museu de Arte onde se encontram obras das mais variadas tendências e épocas, verifica-se uma ação intermediária que permite apreciar os trabalhos artísticos com sensibilidade mais aguçada, em razão das aulas ali recebidas. O Museu e suas coleções adquirem vida mais intensa e de maior interêsse.

Nesta invasão extraordinária, as crianças têm a possibilidade de expandir seu grande potencial de ideias originais e habilidade de criação, além de desenvolver sua técnica artística.

Para demonstrar no Brasil essa nova atividade, uma exposição especial intitulada "ARTE INFANTIL NOS MUSEUS NORTE-AMERICANOS" foi realizada no Rio de Janeiro (na Galeria de Arte do IBEU) de dezembro a janeiro. A mostra, que foi organizada pelo Instituto Smithsonian de Washington, foi vista também em Brasília, e deverá percorrer diversas cidades do Brasil, do Norte ao Sul.

"NEW PHOTOGRAPHY: USA" CHEGA AO BRASIL

GEORGE KRAUSE

JERRY UELSMANN

Doze principais fotógrafos da última década aparecem nesta cativante exposição organizada pelo Museu de Arte Moderna de Nova York.

A seleção feita representa um panorama da nova fotografia norte-americana em seu melhor aspecto. Seu espírito poderia ser melhor descrito como "independente". Todavia, pelo menos três importantes ramos da fotografia tradicional estão presentes: o espírito documentário, com sua clareza e discrição; a "straight photography" (fotografia pura e simples), com seu amor pelo prazer físico, e as fotos como um artefato no qual a fotografia se torna um problema tanto em síntese como em análise.

"NEW PHOTOGRAPHY: USA" está programada para São Paulo em março (até 31), seguindo depois pelo IBEU no Rio (5 a 25 de abril), ICBEU em Belo Horizonte (6 a 20 de maio), Brasília (1 a 14 de junho), Salvador (1 a 13 de julho) e Recife (28 de julho a 11 de agosto). Estão incluídos os seguintes fotógrafos: Dione Arbus, Paul Caponigro, Bruce Davidson, Lee Friedlander, George Krause, Joel Meyerowitz, Naomi Savage, Art Sinsbaugh, Jerry Uelsmann, Garry Winogrand e Ray Metzker.

O RENASCIMENTO DA LITOGRAVURA: "TAMARIND"

A arte da litografia, em perigo de extinção há uns dez anos, tornou-se hoje em dia novamente um meio dinâmico de expressão artística. O centro dêsse renascimento é a Tamarind Lithography Workshop (Oficina de Litografia Tamarind), em Los Angeles, dirigida por June Wayne e patrocinada pelo Programa de Humanidades e Arte da Fundação Ford. Uma organização educacional sem fins financeiros, Tamarind oferece bôlsas de estudo, tanto a gravadores quanto a pintores que colaboraram na elaboração da litogravura.

Uma exposição internacional de 91 litogravuras, circulando sob os auspícios do Museu de Arte Moderna de Nova York, foi muito bem recebida pela crítica brasileira. Foi apresentada no Museu de Arte Moderna do Rio de Janeiro durante o mês de fevereiro, no ICBEU de Belo Horizonte e no Museu de Arte Moderna em São Paulo no mês de março, devendo ainda ir a Pôrto Alegre de abril a maio de 1970.

Citando um catálogo escrito por Virginia Allen, "a litografia é uma colaboração entre o pintor e o gravador. Tècnicamente, a mais difícil maneira de gravação, requer habilidade especializada, equipamento e agilidade física que geralmente são encontrados em uma minoria de artistas". A história da litografia, até seu renascimento atual, foi descrita por Virginia Allen, no citado catálogo. Base meio de expressão foi inventado em 1799 pelo bávaro Alois Senefelder, depois de muitos anos de experimentação, mas a "litografia como arte floresceu realmente na França. Géricault havia feito litogravuras artísticas plenas de sensibilidade já em 1817, mas foi o espanhol Goya quem, voltando-se para a litografia durante os últimos anos de sua vida, primeiro explorou totalmente a profundidade e sutileza inerentes a essa arte."

Sendo utilizada como um meio artístico de expressão na Europa, a litografia nos Estados Unidos foi adotada, no século dezenove, para a produção em massa de cartazes ilustrativos e propaganda. De 1900 a 1940 alguns artistas norte-americanos trabalharam em litogravuras mas a estética artística distanciou-se das técnicas tradicionais e os gravadores divergiram da litografia para o entalhe inspirado por Stanley W. Hayter.

Como se vê, essa necessidade de preservar a litografia foi a razão de ser da Tamarind. A prova do vulto do programa Tamarind para os artistas e a litografia é que, enquanto poucas artistas norte-americanos dedicavam-se a litogravuras na década de 1950, há poucos na década de 1960 que não o tenham feito, quer seja em Tamarind ou em outras oficinas criadas como conseqüência do programa Tamarind.

Durante os nove anos de existência da Oficina Tamarind, 95 pintores bolsistas, 57 artistas convidados, bem como alguns gravadores e membros do corpo docente, produziram mais de 2.500 edições de litogravuras, contendo perto de 75.000 gravuras, enquanto que 67 gravadores-bolsistas tiveram um treino altamente especializado na arte da gravura litográfica.

NÔVO CAMPEÃO NA BROADWAY

James E. Jones, a nova sensação de Broadway, tornou-se o símbolo das aspirações do negro norte-americano, o herói trágico que assume o papel de homem em batalha com a sociedade.

Em sua interpretação de Jack Johnson, em "The Great White Hope" (A Grande Esperança Branca), êle é o primeiro campeão negro mundial de box pêso-pesado. Na realidade, Johnson tornou-se campeão em 1908, inspirando mais tarde os detratores a busca desesperada de uma "Grande Esperança Branca" que pudesse humilhá-lo. Tal frase deu o título à peça. Como o lutador orgulhoso e bravio, ostentando o seu sucesso, expulso de seu país e, finalmente, brutalmente batido, Jones revela tôda a gama de sua imenso talento.

DIVERSOS PAPÉIS APRIMORARAM UM TALENTO MAGNÍFICO

Para a interpretação do papel de Jack Johnson, Jones afirma que foi procurar elementos em tudo que havia feito no teatro: "Otelo", "Os Negros", na própria vida... De repente chegou a celebridade, após 14 anos de trabalho duro em que se aperfeiçoou na tragédia grega, Shakespeare, peças modernas e trabalhos experimentais. Nascido em uma fazenda e formado em uma universidade estadual, Jones lavou assoalhos de muitos teatros para conseguir estudar no "The American Theater Wing". Max, uma vez iniciada sua carreira profissional, não parou mais. Participou de mais de 50 peças, shows de televisão, pequenos papéis no cinema.

Em 1962, graças a seu esforço, disciplina e talento, recebeu o prêmio de melhor ator off-Broadway, uma área que êle ainda considera o seu lar espiritual. Hollywood é o passo seguinte. Jones vai filmar "The Great White Hope" para depois fazer o principal papel em "As Confissões de Nat Turner". "Não quero ser um astro", afirma êle, "Mas quero ser um grande ator".

PROBLEMAS SOCIAIS E LITERATURA

O PEN-CLUBE DO BRASIL (Centro Brasileiro da Associação Mundial de Escritores, sob os auspícios da UNESCO), com a colaboração da Comissão para o Intercâmbio Educacional entre os Estados Unidos da América e o Brasil, e com o patrocínio do Departamento Cultural do Ministério das Relações Exteriores do Brasil, está promovendo, entre 23 de março e 7 de abril, um curso de Literatura Comparada, intitulado PROBLEMAS SOCIAIS E LITERATURA, um estudo dos reflexos dos problemas sociais no romance e na poesia, do Brasil e dos Estados Unidos da América. O curso está sendo ministrado às segundas, quartas e sextas-feiras das 18 às 20 horas, no Auditório do PEN-CLUBE DO BRASIL. (Av. Nilo Peçanha, 26, 13°. andar). Eminentes mestres nos campos literário e social ministram as aulas: Adonias Filho, George Monteiro, Ary Gonzalez Galvão e Gilberto Freyre. Certificados dependerão serão expedidos.

FONTE: SMITHSONIAN INSTITUTION ARCHIVES, RU 321, BOX 128

O relatório do USIS apresentava-a de modo favorável, pois houve boa recepção dos artistas brasileiros e interessados em se candidatar às bolsas do Tamarind.[38] A Embaixada também considerou a mostra um sucesso e, junto à apreciação enviada ao MoMA, anexou *clippings* sobre a repercussão na imprensa onde foi exposta. Em sua maioria, esses textos reproduziram as informações distribuídas pelo USIS sobre as itinerantes.[39] Mesmo que eles reproduzissem o conteúdo do *release*, apresentavam as informações julgadas essenciais: informavam rapidamente sobre trabalhos exibidos, descreviam o Tamarind como espaço particular para a litogravura nos Estados Unidos aberto para artistas do mundo todo e divulgavam o nome de seu provedor financeiro, a Ford Foundation.

Desse contingente, sobressaem-se as colunas publicadas na imprensa de Porto Alegre, que dedicaram largo espaço para contar a história da litografia e o papel do Tamarind na restituição desse suporte na produção contemporânea. Antonio Hohlfeldt, por exemplo, descreveu a excepcionalidade do espaço para as artes e os resultados dos nove anos de existência do lugar. De modo didático, informava sobre as características e desafios do suporte e a parceria estabelecida entre o artista e o impressor. Dizia que o Tamarind, "dentro do ambiente do explosivo contexto das artes plásticas americanas, pretende ser um movimento de protesto, e a educação dos artistas que lá fazem o seu aprendizado não possui interesse de lucro. Os artistas nada pagam para utilizá-lo" – e era possível produzir a quantidade de gravuras que pudessem ser impressas, pois havia o apoio do Programa de Humanidades e Artes da Fundação Ford (Hohlfeldt, 1970).

Já Danúbio Gonçalves se referia à mostra como "contagiante aos que souberem enxergá-la" e sugeria que a manutenção dos impressores no ateliê, como o Tamarind fazia, era um exemplo que o governo ou instituições particulares no Brasil deveriam considerar. Terminava suas considerações dizendo: "retorno a exaltar a oportuna vinda da exposição de litografias [...] graças ao Instituto Cultural Brasileiro-Norte Americano e ao Museu de Artes do Rio Grande do Sul, que merecem nossa gratidão por tão substancioso acontecimento cultural com esta mostra gráfica pertencente ao Museu de Nova York" (Gonçalves, 1970). Nenhuma propaganda oficial poderia almejar melhor apresentação pública sobre as itinerantes.

---

38 *"[...] to show how museums in the USA are instructing children in the arts and to interest local art teachers and museum curators in this program."* Carta – Departamento de Estado dos Estados Unidos. Serviço Nacional de Informação. De: USIS Rio de Janeiro (RJ). Para: USIA Washington (D.C.). Mensagem n.3, 2 jul. 1970, p.11. Envia atividades culturais promovidas pelo USIS Brasil 1970. Não classificado. Localizada na University of Arkansas Library – *Special Collections*, Bureau of Educational and Cultural Affairs Historical Collection (CU), Mc 468, box 50, folder 25.

39 Jayme Maurício (1970c), em uma pequena nota de sua coluna, limitou-se a dizer: "uma exposição que os paulistas não devem perder e que no Rio não foi bem assimilada".

Mesmo que não relacionadas às mostras ocorridas no Brasil, as observações de Marta Traba, publicadas no *La Marcha*, oferecem uma perspectiva mais politizada sobre a exposição. Traba reconhecia a relevância do Tamarind para o ressurgimento e prestígio da litografia, "um centro para artesãos dedicado ao restabelecimento do grande prestígio de seu ofício, além de sua orientação estética". Contudo, sugeria que o público observasse as diferentes perspectivas que a mostra oferecia. A primeira referia-se à leitura que o MoMA propunha, "que é sem dúvida um dos museus mais importantes". Em seguida, devia-se perceber a abordagem do Tamarind, que se diferenciava do MoMA. Por último, o público deveria observar o sentido presente nas gravuras de Frasconi, o uruguaio; de Abularach, o guatemalteco; de Cuevas, o mexicano. Neles se poderia notar "que exalam um ar de simples complacência estética".[40] A percepção a respeito dos interesses institucionais e políticos na promoção da exposição pareciam claros para a crítica de arte. Contudo, o sentido estético das obras não se subjugava aos projetos do MoMA ou do Tamarind, pois o público poderia percebê-lo quando observasse a singularidade dos trabalhos. Não por acaso, ela apontava aqueles produzidos por latino-americanos.

Como o MAM RJ não havia se esforçado em divulgar o evento, agentes do USIS produziram e distribuíram *releases* para a imprensa. Também os próprios funcionários da Embaixada telefonaram para personalidades do meio artístico convidando-as para a abertura, o que resultou em um expressivo número de visitantes, entre eles, setenta artistas e críticos de arte.[41] Foi notável o envolvimento da diplomacia cultural com essa exposição, particularmente empenhada para que São Paulo fizesse parte da rota da exposição. Allan James escreveu ao museu nova-iorquino que se caso o MAM SP não pudesse exibi-la, o MAC USP seria um bom candidato. A inserção da cidade tinha um motivo específico, e James esclarecia: "gostaríamos muito de ver a mostra Tamarind ir para São Paulo, principalmente em vista da situação lamentável relacionada à Bienal deste ano".[42] A diplomacia cultural esforçou-se para que a ausência da representação

---

40 Marta Traba. The importance of being called Cuevas. Extrato de artigo presente no documento *Tamarind Impressions*. Critical reviews. Localizado IC/IP, I.A.1968. MoMA Archives, NY.
41 Em correspondência ao MoMA, a Embaixada informava que o *Notícias Culturais* possuía tiragem de 10 mil exemplares e era distribuído para todo o Brasil, o que daria repercussão sobre Tamarind. A carta informa que no MAM RJ o público estimado foi de 5 mil, apesar do período de carnaval. Já em Belo Horizonte, o número chegou a 7.300, no MAM SP a 1.600, e em Porto Alegre houve cerca de 8 mil pessoas. Ver correspondência de Elinor Halle (*deputy cultural affairs officer*) para John Stringer (*assistant director* International Program), Rio de Janeiro, 1º jul. 1970. Localizado IC/IP, I.A.1977. MoMA Archives, NY.
42 De Alan E. James (*box officer*) para Annette Allwardt (*administrative assistant* of The International Program), Rio de Janeiro, 22 set. 1969. Localizado IC/IP, I.A.1977. MoMA Archives, NY. ("*We would like very much to see Tamarind show to go to São Paulo, particularly in view of the unfortunate situation in connection with the Bienal this year.*")

dos Estados Unidos na X Bienal de São Paulo, ocasionada pelo boicote artístico internacional, não significasse qualquer tipo de envolvimento com as manifestações artísticas críticas à ditadura brasileira. A presença de "Tamarind: homenagem à litografia" em São Paulo poderia tornar o episódio da X Bienal um caso isolado e destituído de apoio oficial, pois o intercâmbio artístico com o Brasil seguir o fluxo da normalidade.

Casos como esse revelam a importância das mostras circulantes na agenda da diplomacia cultural. O protagonismo e o comprometimento dos agentes do governo dos Estados Unidos com os intercâmbios artísticos expressam a importância desses eventos em suas agendas. Como a programação do International Art Program (IAP) era bastante limitada quando comparada à agenda das circulantes do MoMA, o suporte diplomático dado às atividades internacionais do museu nova-iorquino significava promoção das artes estadunidenses. Indubitavelmente, também se propagava o nome de uma das mais competentes instituições museológicas do país. Ambas as prerrogativas estavam presentes nos Country Plans para o Brasil, conforme aqui já discutido.

Entre as inúmeras tarefas em que os diplomatas e os funcionários do USIS estavam envolvidos constava acompanhar as etapas da produção das exposições, elaborar e distribuir os *releases* para a imprensa, monitorar o fluxo das obras entre as cidades e liberar as obras na alfândega. Além disso, produziam relatórios de avaliação dos eventos, recolhiam os *clippings* dos jornais e traduziam as partes mais significativas, ou mesmo artigos inteiros, para que as dimensões da repercussão e da recepção das circulantes pudessem ser avaliadas. Muitas vezes, esses funcionários ainda garantiam a produção de registros visuais da abertura que documentavam a exposição e os visitantes.[43] O MoMA, por exemplo, solicitava aos museus e aos postos USIS que enviassem fotografias e *slides* coloridos para apresentar nos encontros anuais do International Council, que era patrocinador das exposições internacionais.[44]

As correspondências entre funcionários do MoMA com agentes do USIS, por exemplo, eram em tom colaborativo e possibilitam compreender como essa proximidade facilitou a solução de problemas. Canais oficiais parecem ter sido bastante bem explorados pelo MoMA.[45] Por exemplo, a carta de Rasmussen para George C. A. Boehrer, funcionário do USIS no Rio de Janeiro, solicitava que ele intercedesse juntos às instituições brasileiras para que recebessem a mostra de Albers, haja vista o MAM

---

43 De George Former (*assistant cultural affairs officer*) para Annette Allwardt (*administrative assistant of* The International Program), Rio de Janeiro, 13 fev. 1970. Localizado IC/IP, I.A.1977. MoMA Archives, NY.

44 De Annette Allwardt (*administrative assistant of* The International Program) para George Former (*assistant cultural affairs officer*), Nova York, 6 abr. 1970. Localizado IC/IP, I.A.1977. MoMA Archives, NY.

45 Cabe sinalizar que, entre a década de 1960 e 1970, o International Art Program desenvolveu um projeto de envio de obras de arte para as Embaixadas dos Estados Unidos pelo mundo.

SP ter declinado o convite. Sinalizava que a concretização da mostra também seria útil para a Embaixada, pois se tratava de intensificar o intercâmbio cultural entre os Estados Unidos e o Brasil.[46]

Apesar de predominar um tom cordial na correspondência entre a USIA e o MoMA, os atritos e as situações delicadas não puderam ser evitados. Desde o final da década de 1950, a USIA solicitava que o MoMA se comunicasse com a agência em Washington e não diretamente com os postos USIS nos países para os quais enviaria exposições. A centralização das informações, segundo a USIA, evitaria inversões de prioridades e desentendimentos de diversas ordens, que variavam desde o comprometimento dos orçamentos dos postos, até ocupações de espaços expositivos e acordos verbais assumidos pelo MoMA com museus e instituições locais que acabavam não se cumprindo. Tornou-se comuns entre diretores de instituições procurar o USIS para obter respostas sobre exposições prometidas por funcionários do MoMA quando estes últimos visitavam o Brasil. Ou ainda, para viabilizar as itinerantes, os diretores de museus brasileiros que procuravam apoios financeiros na agência dizendo-se orientados pelo MoMA.

Quando o museu de Nova York anunciou as suas mostras circulantes para a América Latina para os anos de 1965-66, o USIS forneceu um guia para os seus funcionários em que estabelecia os limites de suas atribuições e intervenções. Diz o documento:

> 1. Insta o USIS a limitar sua assistência em relação às exposições do MoMA à facilitação quando o desembaraço aduaneiro é particularmente difícil. 2. Solicita que o USIS obtenha aprovação prévia da Agência nos raros casos em que o USIS considerar o patrocínio direto vantajoso para seu programa. 3. Não aprovará nenhum tipo de despesa em conexão com as exposições do MoMA, a menos que o posto apoie o pedido com uma forte justificativa e declare porque o GOE deve ser usado no caso em consideração. 4. Recomenda que o posto fique alerta para pistas iniciais de qualquer negociação para exposições dos museus locais com o MoMA, e que eles evitem, se possível, e torce para que o direito à assistência financeira seja fornecido pelo USIS.[47]

---

46 Carta de Waldo Rasmussem para George C. A. Boehrer, Nova York, 30 jan. 1964, Localizado IC/IP, I.A. 1427. MoMA Archives, NY. ("*if you could play a role in assisting us to arrange a Brazilian showing, we would be most grateful, and I am sure the event would be very useful from de Embassy's point of view in further cultural Exchange between our country and Brazil.*")

47 "*1. Urges USIS to limit its assistance in regard to MoMA exhibitions to facilitation when customs clearances are particularly difficult. 2. Requests USIS to procure advance approval from the Agency in those rare Instances when USIS considers direct sponsorship advantageous to its program. 3. Will approve no type of expenditure in connection with the MoMA exhibitions unless the post supports its request by a strong justification which states why GOE should be used in the particular instance under consideration.*

Não surpreende que o auxílio com os trâmites na alfândega esteja como a primeira das atribuições do USIS. A demora na liberação das obras sempre foi o maior problema para as itinerâncias, como foi o caso de "Pintores e Escultores Contemporâneos". A mostra foi inviabilizada por ter ficado retida por um longo período e as obras e os catálogos acabaram retornando ao MoMA.

Em 1970, para dar visibilidade ao problema da aduana brasileira, Waldo Rasmussen e Barbara Duncan, ambos funcionários do museu de Nova York, convidaram para uma conversa pública os artistas Rubens Gerchman, que morava naquela cidade, e Marília Kranz, que passava um temporada para pesquisas de novos materiais.[48] Com a repercussão desse evento, o MoMA pretendia sensibilizar o meio brasileiro sobre as constantes dificuldades que a instituição tinha com a alfândega e os transtornos causados a toda uma cadeia de instituições. A pedido dos artistas, o *Jornal do Brasil* publicou um resumo da conversa e ainda elencou algumas exposições que o Brasil deixaria de receber, caso não se encontrasse alguma solução para as dificuldades aduaneiras.[49]

Além disso, Rasmussen enviou uma longa carta a Lauro Sotello Alves, cônsul brasileiro em Nova York, expondo casos em que mostras circulantes haviam sido retidas nas aduanas brasileiras de modo arbitrário, cujos desfechos irracionais não apenas adiavam as exposições nas instituições brasileiras, mas também colocavam a segurança das obras em risco, pois as condições de acondicionamento das obras nos espaços das aduanas era desconhecido. Citou o caso da mostra "Tamarind: homenagem à litografia", que ficou retida por dois meses.[50]

Apesar desses esforços, os problemas de liberação de obras na alfândega permaneceram sem resolução. Em 1971, John Stringer, diretor assistente do International Program, escreveu para o USIS do Rio de Janeiro dizendo: "Temos uma história muito angustiante de atrasos onerosos no Brasil. Sentimos que, infelizmente, chegamos ao

---

4. *Recommends that the post be alert to early hints from local museums of any negotiation with MoMA for exhibitions, and that they forestall, if possible, and hopes that financial assistance right be provided by USIS*." Subject: Museum of Modern Art (New York City) Exhibitions for Latin American Circulation. Localizado no Smithsonian Institution Archives, RU 321, box 30, file Museum of Modern Art, general, 1956-71 (Folder 1-2).

48 Rasmussen também já havia tratado do tema com Zanini, que informou que nada podia fazer sobre o caso e sugeriu que o MoMA procurasse os contatos propostos por José Neisten, que era então diretor do BACI em Washington DC, alguém com maior proximidade com o Itamaraty. Ver Documento – Susan Bertram. The Museum of Modern Art. 9 out. 1972. File: Latin America, Brazil. Localizado IC/IP, IV.c.25. MoMA Archives, NY.

49 O MAM de Nova York e o Brasil. *Jornal do Brasil*, Rio de Janeiro, 12 maio 1970.

50 Carta de Waldo Rasmussen para Lauro Soutello Alves. Nova York, 4 mar. 1970, 4 páginas. Localizado Arquivo MAC USP, FMACUSP0014/009 v.1

ponto em que simplesmente não é seguro mandar exposições para o Brasil, a menos que tenhamos alguma espécie de garantia de que não serão adiadas".[51]

Eram os funcionários da Embaixada dos Estados Unidos no Rio de Janeiro e do USIS que buscavam agilizar os trâmites na alfândega brasileira. Contudo, grande parte do trabalho da embaixada e da agência se amparava no trânsito diplomático, o que excluía artistas que não fossem dos Estados Unidos, coleções privadas e mostras com obras à venda. Inúmeras vezes, trabalhos que participariam das bienais eram remetidos para o porto carioca aos cuidados da Embaixada para garantir que chegassem a tempo para a abertura das exposições em São Paulo. Ou seja, mais uma vez eram funcionários do governo dos Estados Unidos que viabilizaram a exibição de inúmeras mostras do MoMA no Brasil. Nesse sentido, chama atenção que George Former, funcionário do USIS, tenha se apresentado para Annette Allwardt, então assistente do International Program, como responsável pelas exposições de arte no Brasil, em fevereiro de 1970. Relatava ter vivido dois anos no interior do país e reconhecia a importância das exposições promovidas pela instituição para os brasileiros.[52]

Em outros casos, o envolvimento de agentes do governo dos Estados Unidos foi fundamental para a ampliação da circulação das mostras entre cidades brasileiras, como por exemplo, no caso em que Allan E. James, funcionário do USIS, escreveu ao MoMA relatando que representantes de sete cidades brasileiras se reuniriam com o adido cultural para discutir as exposições "Tamarind" e "New Photography". Na pauta, seria pedido para que se esforçassem para encontrar espaço para as mostras em suas respectivas cidades. Inclusive, a tarifa de locação de U$250 dólares seria requisitada, mas não haveria insistência para o pagamento.[53] James já havia sido informado por Rasmussen que o International Program abriria exceções para instituições brasileiras que não pudessem pagar essa taxa. O MoMA "estava mais preocupado que um maior público da América Latina tivesse a oportunidade de ver a exposição".[54] Em resposta à missiva de James, o MoMA agradecia a sua disposição para procurar por

---

51 Carta de John Stringer para Hans Tuch, *cutural affairs officer*, American Embassy, USIS, 30 jun. 1971. Localizada no Arquivo MAC USP, FMACUSP0014/009 v.2. ("*We have had a most distressing history of costs delays in Brazil. We feel we unfortunately have reached the point where it is simply not safe to send exhibitions to Brazil unless we have some kind of guarantee that they will not be held up.*")

52 Carta de George Former para Annette Allwardt, fev. 1970. Localizado IC/IP I.A.1977, MoMA Archives, NY.

53 De Alan E. James (*box officer*) para Annette Allwardt (*administrative assistant of* The International Program), Rio de Janeiro, 30 out. 1969. Localizado IC/IP, I.A.1977. MoMA Archives, NY. A carta informava que, além de São Paulo e Rio de Janeiro, o USIS tinha agentes em Porto Alegre, Curitiba, Belo Horizonte, Brasília, Salvador, Recife e Belém.

54 De Gail Swerling (International Program) para Alan E. James (Box Officer), Nova York, 16 out. 1969. Localizado IC/IP, I.A.1977. MoMA Archives, NY.

novos espaços para as duas circulantes e informava que a mostra "Tamarind" poderia ficar no Brasil apenas cinco meses, pois havia compromissos já assumidos como outras cidades da América do Sul, já que a turnê completa seria de dois anos.[55]

Na vasta correspondência trocada entre o MoMA e a Embaixada dos Estados Unidos, no final da década de 1960, chama a atenção o interesse pela concretização e ampliação da recepção das mostras circulantes no Brasil. Nessas tratativas, o esforço era para que elas ocorressem em centros binacionais também fora do eixo Rio-São Paulo, o que ampliaria os parceiros tradicionais do museu nova-iorquino e, consequentemente, o público para a produção artística estadunidense.

Nos primórdios do International Program, o MoMA procurou instituições que recebessem as suas mostras circulantes. Devido à qualidade das mostras e das vantagens da parceira, cresceu o número de interessados em recebê-las. Essa nova realidade possibilitou ao MoMA selecionar as parcerias que lhe pareceram mais adequadas, o que causou um clima de disputa entre as instituições brasileiras. O MAC USP, por exemplo, acumulou decepções diante de acordos não cumpridos pelo museu nova-iorquino. Primeiro, chama atenção que Zanini tenha solicitado, em 1969, que Barbara Duncan pedisse a Rasmussen que colocasse o museu na programação das exposições circulantes da instituição, apesar de o MAC USP já ter recebido mostras do International Program.[56] Em 1965, por exemplo, Rasmussen tinha oferecido ao museu universitário as exposições "Contemporary Painters and Sculptors as Printmakers", "Lettering by Modern Artists" (que estava em exposição em Buenos Aires) e "Roads" (em exposição na Costa Rica), que faziam parte do programa de intercâmbio cultural estabelecido para a América Latina.[57] Ele avisava que, como o convite havia sido feito a diversas instituições, os roteiros e o calendário deveriam ser ajustados conforme interesses.[58] Dentre as mostras oferecidas, o museu universitário demonstrou interesse por "Roads", que teria gostado de expor em abril de 1966, e "Contemporary Painters and Sculptors as Printmakers", para exibir em fins de maio de 1966. Também se dizia interessado em "Lettering by Modern Artists", caso a exposição retornasse para a América

---

55 De Annette Allwardt (*administrative assistant of* The International Program) para Alan E. James (*box officer*), Nova York, 4 dez. 1969. Localizado IC/IP, I.A.1977. MoMA Archives, NY.
56 Carta de Walter Zanini para Barbara Duncan. São Paulo, 12 nov. 1969. Localizada no Arquivo MAC USP, pasta FMACUSP 0014/009 v.1
57 A partir da documentação de arquivo, é possível verificar que, em 1965, o International Program ofereceu as mostras circulantes "Contemporary Painters and Sculptors as Printmakers", "Lettering by Modern Artists" e "Roads" ao MAC USP. Ver Carta de Aracy Amaral para Waldo Rasmussen, 11 out. 1965. Localizada IC/IP, I.A.1441. MoMA Archives, NY.
58 Carta de Waldo Rasmussen para Walter Zanini. 10 ago. 1965. Localizado no Arquivo MAC, FMACUSP0014/009 v.1

do Sul no ano seguinte. Contudo, apesar da oferta do MoMA e do aceite do MAC USP, nenhuma das circulantes foi enviada ao museu universitário.

Também em 1973, Zanini escreveu a Rasmussen manifestando surpresa ao saber pela imprensa local que a mostra com obras de Giacometti e Dubuffet,[59] cujas tratativas estiveram em curso entre ambas as instituições durante anos, seria exibida no Masp.[60] Em extensa missiva ao diretor do MAC USP, Rasmussen declarava admirá-lo profissionalmente e reconhecer seus esforços para internacionalizar as artes. Também lhe escrevia na condição de amigo. Expostos esses atributos, ele informava que o MAC USP foi preterido devido ao seu pequeno orçamento, insuficiente para cobrir os gastos de U$ 10,000 e ainda mais o custo do transporte da exposição. Não apenas isso, mas a carta também apontava a necessidade de as mostras do MoMA receberem grande público, fato que o museu da universidade não cumpria, pois se encontrava longe do centro da cidade. Já o Masp, por ser mais bem localizado, atrairia um número maior de visitantes. Rasmussen apontava como forte elemento desabonador os problemas alfandegários acumulados pelo MAC USP com as mostras "Cartier-Bresson" e "Tamarind". Dizia que, em ambos os casos, ele mesmo precisou intervir e acionar a Embaixada e o Itamaraty para que os embaraços fossem solucionados. Rasmussen terminava a correspondência reafirmando o compromisso do MoMA com o MAC USP, mas dizendo que também trabalharia com outras instituições brasileiras, pois se até aquele momento o museu universitário havia recebido exclusividade, não parecia justo que isso não acontecesse com outras instituições.[61]

Em resposta a Rasmussen, Zanini afirmou que o MAC USP não pretendia ter o monopólio das mostras do museu nova-iorquino, mas se queixava de que compromissos acordados não haviam sido cumpridos, como no caso de "Word and Image",[62] que o MoMA enviou para o Masp. A mostra havia sido longamente tratada com o museu nova-iorquino para ser exibida junto com as comemorações de dez anos do MAC USP. A desolação do diretor brasileiro parecia intensa pois, além de a exposição já ter sido

---

59 John Stringer, então diretor assistente do International Program do MoMA, enviou ao MAC USP propostas das mostras circulantes "Dubuffet", "Miró, The Passionate Years: Expressionism in Germany" e "Calder" disponíveis para turnê na América Latina entre 1971-1972. Material localizado no Arquivo MAC USP, FMACUSP 0014/009 v.1
60 Carta de Walter Zanini para Waldo Rasmussen. São Paulo, 3 jul. 1973. Localizada no Arquivo MAC USP, FMACUSP0014/009 v.2
61 Carta de Waldo Rasmussen para Walter Zanini. Nova York, 31 jul. 1973. Localizada no Arquivo MAC USP, FMACUSP0014/009 v.2
62 A mostra "Word and Image: Posters from the Collection of the Museum of Modern Art" foi exibida no MoMA em março de 1968 e depois transformada em exposição circulante. Há no Arquivo MAC uma carta do MoMA oferecendo a mostra e colocando as condições necessárias para recebê-la. Ver Word and Image. Localizado no Arquivo MAC USP, FMACUSP 0014/009 v.1.

anunciada, a vasta correspondência e um encontro pessoal em Nova York, em outubro de 1972, demonstravam que as tratativas do envio já estavam em processo.[63]

Em outra missiva a Rasmussen, Zanini apresentava o perfil comprometido do MAC USP em cumprir seus acordos firmados com seriedade, como no caso da mostra "Cartier-Bresson: fotografias recentes",[64] ocasião em que o museu se responsabilizou por cuidar da circulação da exposição no Brasil. Na mesma carta, Zanini lembrava também os esforços que teve para sincronizar a mostra do fotógrafo francês com outras instituições, indício de que não pretendeu ter exclusividade das circulantes do MoMA. Apesar do cumprimento de todas as atribuições, ele se queixava das raras parcerias conseguidas:

> Queria apenas reforçar que este Museu sempre manteve uma correspondência ativa com o MoMA, bem como contatos pessoais, a fim de atrair exposições para o Brasil. Embora escassas, as exposições que recebemos ao longo dos dez anos de existência do MAC foram significativas: especialmente a de Albers e a de fotos de Cartier-Bresson.[65]

Apontava ainda que era injusto delegar ao MAC USP qualquer problema com a alfândega, mesmo que ínfimo, relacionado à mostra "Cartier-Bresson: fotografias recentes", nem poderia ser imputada ao museu brasileiro qualquer responsabilidade em relação à mostra "Tamarind". Lembrava que ambos haviam discutido sobre o problema das tramitações alfandegárias e que ele próprio havia sugerido ao MoMA procurar canais diplomáticos para as circulantes. A respeito da localização do museu, Zanini afirmava ser o mesmo prédio em que ocorria a Bienal e que se a exposição fosse importante atrairia visitantes, como havia ocorrido na mostra "Cartier-Bresson". Já sobre os valores da circulante e a suposição de que o museu não teria fundos, Zanini dizia que poderia discutir com antecedência junto ao conselho do museu ou mesmo com a universidade. Inclusive, ele já havia aprovado somas maiores para receber outras mostras temporárias. Zanini deixava claro que Rasmussen não deveria deduzir o que o MAC USP poderia ou não receber e exibir.[66]

---

63 Carta de Walter Zanini para Waldo Rasmussen. São Paulo, 6 ago. 1973. Localizado no Arquivo MAC USP, FMACUSP 0014/009 v.1.
64 Para análise sobre essa exposição ver Costa (2014).
65 Carta de Walter Zanini para Waldo Rasmussen. São Paulo, 20 ago. 1973. Localizada IC/IP, IV.C.25. MoMA Archives, NY. ("*I only wanted to reinforce that this Museum always kept an active correspondence with MoMA, as well as personal contacts, in order to attract exhibitions to Brazil. Although scarce, the expositions we received during the ten years of MAC's existence were significant: specially the one of Albers and the one of photos of Cartier-Bresson.*")
66 Carta de Walter Zanini para Waldo Rasmussen. São Paulo, 20 ago. 1973. Localizada IC/IP, IV.C.25. MoMA Archives, NY.

Ao que parece, quando o MoMA atingiu grande visibilidade na cena artística brasileira, ele pôde privilegiar as parcerias que lhe pareciam mais convenientes, o que não era o caso do museu universitário. Apesar desse mal-estar, em 1973 o MAC USP recebeu a mostra do fotógrafo Brassai e intermediou a sua itinerância pelos espaços em Brasília e Belo Horizonte.[67]

Não parece excessivo lembrar que, no recorte temporal deste livro, os deslocamentos internacionais eram mais difíceis e a comunicação se realizava, quase exclusivamente, por correspondência. Em 1973, Rasmussen escreveu para Heloisa A. Lustosa, diretora do MAM RJ, solicitando um encontro para reativar intercâmbios culturais. Salientava que não representava oficialmente os Estados Unidos, mas o programa do MoMA, que contava com financiamento privado e não com fundos do governo. Dizia ainda que o Brasil não havia recebido mostras importantes enviadas para a América Latina, como "Cézanne to Miró", "The Art of Surrealism" e "Alexander Calder".[68] Talvez se pudesse imaginar que, no contexto brasileiro, o Museu de Arte Moderna do Rio fosse um parceiro paradigmático por ser uma instituição privada e, aparentemente, destituída de conexões políticas.

Voltando às mostras itinerantes, a visibilidade e reverberação de "Nova fotografia nos Estados Unidos" fez com que se transformasse em modelo para as agências do governo. O projeto foi apresentado ao International Program por John Zsarkowski, então diretor do Departamento de Fotografia do MoMA, provavelmente a pedido de Rasmussen. Foram aprovadas duas versões da exposição para circularem pela América Latina, Europa, Austrália e Ásia.[69] O próprio MoMA procurou encontrar o maior número de espaços na América Latina para receberem a exposição, pois considerava que eram raras as exposições em que o suporte fotográfico era apresentado como arte,

---

67 Carta de Walter Zanini para Susan Bertram. São Paulo, 26 mar. 1974. Localizada no Arquivo MAC USP, FMACUSP0014/009 v.2

68 Carta – De: Waldo Rasmussen. Para: Heloisa A. Lustosa. NY, 4 abr. 1973. Localizada IC/IP, I.A. 1901. MoMA Archives, NY. ("*I should emphasize that my trip is purely unofficial and that our International Program is supported by private, non-governmental sources*".)

69 Antes do Brasil, a mostra foi vista em Montevidéu, Uruguai, entre 18-31 de dezembro de 1969. Depois do Brasil, ela foi enviada para Buenos Aires (18 de setembro a 10 de outubro de 1970), onde inaugurou o novo prédio do CAYC, na rua Viamonte, para a qual foi produzido um primoroso catálogo; Caracas (14 de fevereiro a 17 de março de 1971); Bogotá (15 de abril a 12 de maio de 1971); San José – Costa Rica (9-16 de agosto de 1971); Puntarenas – Costa Rica (31 de agosto a 10 de setembro de 1971); Cidade do Panamá (11-24 de novembro de 1971); San Salvador (14-29 de fevereiro de 1972); Guatemala City (13-24 de março de 1972); Auckland – Nova Zelândia (13 de fevereiro a 11 de março de 1973); New Plymouth – Nova Zelândia (18 de março a 1º de abril de 1973); Palmerston North – Nova Zelândia (7-22 de abril de 1973); Hamilton – Nova Zelândia (15-27 de janeiro de 1974). Localizado IC/IP, I.A.1901. MoMA Archives, NY. Na América Latina, o público foi de 50 mil visitantes, dos quais 36 mil eram brasileiros, dos quais 20 mil seriam de São Paulo. Impresso. New Photography USA (Copy II) ICE-F-142-70. Localizado IC/IP, I.A 1903. MoMA Archives, NY.

como verdadeira expressão artística. Assim, junto com a mostra itinerante "Cartier-Bresson: fotografias recentes", exibida em 1970, no MAC USP, o MoMA pretendeu apresentar a excepcionalidade da fotografia produzida nos Estados Unidos e exibir a sua própria prática institucional com o suporte fotográfico. Demonstrava que reconhecia as transformações artísticas na fotografia contemporânea e destinava a elas espaço em sua coleção. Desse modo, "Nova fotografia nos Estados Unidos" expunha 110 imagens, produzidas por onze fotógrafos, todos eles com trabalhos na coleção do MoMA: Diane Arbus, Paul Caponigro, Bruce Davidson, Lee Friedlander, George Krause, Ray K. Metzker, Joel Meyerowitz, Naomi Savage, Art Sinsabaugh, Jerry N. Uelsmann, Garry Winogrand.

Embora os trabalhos artísticos e as reflexões dos curadores não sejam objeto prioritário das análises desta pesquisa, é significativo apresentar o ambicioso texto de Zsarkowski em que ele afirma a originalidade da produção fotográfica estadunidense. Em suas palavras:

> [...] as novas fotografias são, em primeiro lugar, derivações de velhas fotografias. [...] É fato que o fotógrafo sério e dedicado dos Estados Unidos está muito mais familiarizado do que seus colegas em outras partes do mundo com o trabalho fotográfico de mestres do século XX: Atget, Stieglitz, Strand, Man Ray, Moholy-Nagy, Kertesz, Weston, Cartier-Bresson, Evans, Brandt e outros. Quando o talento corresponde a essa familiaridade, o resultado não é uma imitação, mas um desafio e uma renovação.[70]

Segundo Zsarkowski, a "nova fotografia" estadunidense parecia não somente ser a herdeira do legado da fotografia moderna, mas também conseguir renová-la. Inclusive, ele utiliza o adjetivo "independente" como o mais apropriado para se referir ao processo criativo dos trabalhos expostos.[71] O conjunto exibia o que "a fotografia americana tinha de melhor", e o curador reconhecia elementos exclusivamente identitários para a fotografia produzida nos Estados Unidos.

---

70 *"[...] las nuevas fotografías son, en primer lugar, derivaciones de viejas fotografías. [...] Es un hecho que el fotógrafo serio y dedicado en los Estados Unidos está mucho más familiarizado, que sus colegas de otras partes del mundo, con la obra fotográfica de los maestros del siglo XX: Atget, Stieglitz, Strand, Man Ray, Moholy-Nagy, Kertesz, Weston, Cartier-Bresson, Evans, Brandt, y otros. Cuando el talento ha coincidido con esta familiaridad, el resultado no ha sido el de una imitación, sino un desafío y una renovación."* Fôlder – Nueva Fotografía U.S.A. CAYC, Buenos Aires, out. 1970, s.p. Localizado IC/IP, I.A.1902. MoMA Archives, NY. Após a mostra em Recife, a exposição foi remetida para Buenos Aires e inaugurou a nova sede do Centro de Arte y Comunicación (Cayc), na rua Viamonte, 452. Para a ocasião, foi impresso catálogo com versão ampliada do texto de John Zsarkowski e com reproduções das fotografias que participavam da exposição.
71 Fôlder – Nueva Fotografía U.S.A. Cayc, Buenos Aires, out. 1970, s.p. Localizado IC/IP, I.A. 1903. MoMA Archives, NY.

Talvez nunca antes uma geração de fotógrafos tenha olhado com tanta simpatia e sofisticação para os muitos fios contrastantes de sua rica tradição. [...] O vigor excepcional e a independência da fotografia americana contemporânea devem muito ao fato de que o trabalho significativo do meio foi mais amplamente exibido e estudado com mais seriedade nos Estados Unidos do que em qualquer outro país.[72]

Os fotógrafos nos Estados Unidos estavam familiarizados com a produção fotográfica do século XX e este legado, combinado com o talento deles, resultava no rejuvenescimento, pois tinham "senso de como as realizações passadas definiram as possibilidades presentes". Além disso, o curador identificava nessa produção o resultado de compreensões pessoais sobre as potencialidades do meio fotográfico, e não respostas ao mercado, fosse ele comercial ou de *connaisseur*. A presunção era explícita, pois não havia qualquer sutiliza nas afirmações de Zsarkowski de que a fotografia produzida nos Estados Unidos era original e exclusiva.

No Brasil, o planejamento e a administração da mostra "Nova Fotografia nos Estados Unidos" ficou aos cuidados do USIS do Rio de Janeiro, fato que talvez justifique a inclusão de quatro centros binacionais no projeto. Como visto anteriormente, George A. Rylance havia sugerido a Lois Bingham que exposições de qualidade e com baixo custo de transporte, como mostras de fotografia do MoMA e de filmes como forma de arte, por exemplo, poderiam percorrer de modo eficiente os centros binacionais regionais da América Latina, como era o caso de "Nova fotografia nos Estados Unidos".[73] Na perspectiva dos programas do governo e da agenda da Embaixada, esses espaços deveriam ser conectados aos propósitos dos Country Plans e ser acionados frequentemente. Nesse caso, mesmo se tratando de uma circulante do MoMA, a parceria com os museus de arte moderna parece ter deixado de ser prioridade. Assim, ao longo de 1970, a "Nova fotografia nos Estados Unidos" foi exibida no MAM SP; no Ibeu RJ, no Ibeu Belo Horizonte, na Casa Thomas Jefferson, Brasília e, simultaneamente, em Goiânia; nos espaços públicos Teatro Castro Alves, Salvador, Embratur, Recife e

---

72 Impresso. John Zsarkowski. New Photography U.S.A. January, 1970. Localizado IC/IP, I.A.1914. MoMA Archives, NY. ("*perhaps never before has a generation of photographers looked with such sympathy and sophistication at the many contrasting threads of their rich tradition. [...] The exceptional vigor and independence of contemporary American photography owes much to the fact that the medium's significant work has been more widely exhibited and more seriously studied in the United States than in any other country. [...] their sense of how past achievements have defined present possibilities*").
73 Documento – "Recommendations for Fine Arts Exhibits for FY 1969". Office Memorandum. United States Government. De: George A. Rylance deputy assistant director (Latin America). Para: Miss Lois Bingham – International Arts Program. 15 set. 1967. Localizado no Smithsonian Institution Archives, RU 321 Box 28, folder Exhibitions requested Latin America.

Biblioteca Pública de Natal, cidade que não estava prevista inicialmente na turnê.[74] A concomitância da mostra em Brasília e Goiânia ocorreu devido ao espaço da Casa Thomas Jefferson ser exíguo e não comportar o conjunto fotográfico completo, problema solucionado por agentes do USIS que acomodaram o restante das imagens na cidade vizinha. Comunicado posteriormente sobre essa divisão, o MoMA não deixou de manifestar o seu desagrado e informou o USIS que a atitude prejudicava o projeto curatorial.

Ainda no que se refere aos relatórios sobre a exposição, a presença de Abreu Sodré, governador do Estado, e Robert Corrigan, cônsul dos Estados Unidos, na abertura em São Paulo, foi utilizada para enfatizar a repercussão da exposição na cena política da cidade.[75] Os relatos oficiais também frisavam que a mostra atingiu audiências

---

[74] A "New Photography" percorreu as seguintes instituições/cidades: MAM São Paulo (10-30 de março); Ibeu Rio de Janeiro (8-25 de abril); Ibeu Belo Horizonte (13-20 de maio); Hall – Casa Thomas Jefferson, Brasília (1-6 de junho); Hall – Departamento de Turismo, Goiânia (9-14 de junho); Galeria do Teatro Castro Alves, Salvador (2-15 de julho); Galeria da Agência de Turismo do Estado, Recife (28 de julho-2 de agosto); Biblioteca Pública do Estado, Natal (4-7 de agosto). A mostra foi dividida em duas partes para ser exibida simultaneamente em Brasília e Goiânia. Comunicação – John W. Mowinckel – Escritório de Negócios Públicos. Mensagem n. 68, 10 dez. 1970. De USIS Rio de Janeiro (RJ) para USIA Washington (D.C.). Exibições: "New Photography: USA". Localizada no Smithsonian Institution Archives, Washington (D.C.), RU 321 Box 26, folder IAP Admin-Personnel – Job Applications. Documento – USIS, Rio de Janeiro. De: John W. Mowinckel. Para: USIA Washington. 10 dez. 1970. Subject: "Exhibit: New Photography: USA", 3 p. Localizado IC/IP, I.A.1902. MoMA Archives, NY.

[75] Carta – Departamento de Estado dos Estados Unidos. Serviço Nacional de Informação. De: USIS Rio de Janeiro (RJ). Para: USIA Washington (D.C.). Mensagem n. 3, 2 jul. 1970, 16 p. Envia atividades culturais promovidas pelo USIS Brasil 1970. Não classificado. Localizada na University of Arkansas Library – *Special Collections*, Bureau of Educational and Cultural Affairs Historical Collection (CU), Mc 468, box 50, folder 25, p.11. A "New Photography" foi vista em São Paulo, Rio de Janeiro, Belo Horizonte, Brasília, Salvador e Recife, totalizando 112 dias de exposição. A presença de público nas cidades de São Paulo, Rio de Janeiro, Belo Horizonte e Salvador totalizou 36 mil pessoas (respectivamente 28 mil, mil, 4 mil e 2 mil). Sobre as duas restantes, não há dados. Em outro documento, aparecem as seguintes cifras: em São Paulo, 28 mil; Rio de Janeiro, mil; Belo Horizonte, 4 mil; Brasília, 2 mil; totalizando 35 mil pessoas. Documento – U. S. Information Service. De: USIS Rio de Janeiro. Para: USIA Washington. 7 jul. 1970, 16 p. Subject: Leading Cultural Activities Sponsored by USIS Brazil. January-June 1970, p.26. Já o MoMA considerava que a audiência brasileira chegou a 36 mil, número fornecido pelo próprio USIS para a instituição. Também receberam a mostra: Uruguai (Museo Nacional de Artes Plásticas Montevideo), dezembro de 1969; Argentina (Centro de Arte y Comunicación Buenos Aires), setembro de 1970; Venezuela (Fundación Eugenio Mendoza, Caracas), fevereiro-março 1971; Colombia (Museo de Arte Moderno, Bogotá), abril-maio 1971; Colombia (Museo de La Tertulia, Cali), junho de 1971; Costa Rica (Binational Center, San Jose), agosto de 1971; Panamá (Ministério de Cultura, Panamá), outubro de 1971; El Salvador (Biblioteca Nacional, San Salvador), janeiro de 1972; Guatemala (Binational Center, Guatemala), março de 1972. Ver Impresso. New Photography USA. ICE-F-126-68 (5210). Sem assinatura, 2 p. Localizado IC/IP, I.A.1902. MoMA Archives, NY.

afastadas dos grandes centros e pouco expostas às exposições de fotografias, além de ter atraído os sofisticados públicos urbanos. A visitação foi estimada em 36 mil pessoas, das quais 28 mil na cidade de São Paulo. Contudo, mesmo constantemente acompanhada por vigias, a exposição no teatro Castro Alves, em Salvador, teve quatro fotografias furtadas. Como a subtração não deixou espaços vazios perceptíveis, a ausência só foi percebida na desmontagem da mostra, quando ela seguia para Recife. Nesse caso, o MoMA se mostrou bastante compreensivo,[76] apesar do desfalque de três imagens de Naomi Savage e uma de George Krause que os novos destinos sentiriam.

Em seus relatórios, o USIS enfatizou a repercussão da "Nova fotografia nos Estados Unidos" no meio brasileiro e apontou as vantagens que ela trazia para os seus próprios programas. Nas palavras de John Mowinckel, diretor da agência:

> Esta excepcional coleção [...] teve um *impacto impressionante sobre artistas profissionais e fotógrafos*. A cobertura da imprensa foi incomumente volumosa. Aproximadamente 36 mil pessoas visitaram a mostra no país todo, exibida em cinco capitais e no Distrito Federal. [...] As mostras no Rio, Belo Horizonte e Brasília foram realizadas em centros binacionais (EUA-Brasil). Enquanto o comparecimento foi consideravelmente menor do que em mostras em museus, *a alta qualidade da exposição deu certo prestígio para nossos vários centros*. [...] Essa mostra deve ser considerada como a melhor e mais impressionante que circulou no Brasil. *Isso demonstrou o interesse na fotografia norte-americana como uma forma de arte e também revelou uma visão interessante e artística da vida dos Estados Unidos.* (grifos nossos)[77]

Mesmo que comentários oficiais dessa magnitude precisem ser relativizados, os aspectos pontuados por Mowinckel sobre a qualidade do conjunto exibido, seu impacto nos artistas e fotógrafos brasileiros, bem como a apresentação "da vida" nos Estados Unidos sob um viés artístico parecem alinhados aos propósitos dos Country

---

76 Carta – Departamento de Estado dos Estados Unidos. Serviço Nacional de Informação. De: USIS Rio de Janeiro (RJ). Para: USIA Washington (D.C.). Mensagem n. 3, 2 jul. 1970, 16 p. Envia atividades culturais promovidas pelo USIS Brasil 1970. Não classificado. Localizada na University of Arkansas Library – *Special Collections*, Bureau of Educational and Cultural Affairs Historical Collection (CU), Mc 468, box 50, folder 2, p.11.

77 "*This outstanding collection [...] made an impressive impact upon professional artists and photographers. Press coverage was unusually voluminous. Approximately 36,000 viewed the country-wide exhibit in five states capitals and in the federal capital. [...] The exhibits in Rio, Belo Horizonte and Brasilia were shown in Binational centers (USA-Brazil). While turnouts were considerably smaller than that at museum shows, the high quality of the exhibition gave a certain prestige to our various centers. [...] This show must be considered as one of the best and most impressive that has circulated in Brazil. It demonstrated the interest within the United States in photography as an art form and it also showed an interesting and artistic view of U. S. life itself.*" Comunicação – John W. Mowinckel – Escritório de Negócios Públicos. Mensagem n. 68, 10 dez. 1970. De: USIS Rio de Janeiro (RJ). Para: USIA Washington (D.C.). Exibições: New Photography: USA. Localizada no Smithsonian Institution Archives, Washington (D.C.).

Plans. O relatório do USIS considerava que a elite culta e educada brasileira, líderes ou formadores de opinião, público-alvo constante nos inúmeros projetos, havia reconhecido a produção estadunidense como elevada e de qualidade. Assim, a exposição contribuía para a afirmação da produção de vanguarda daquele país e destacava a consolidação do suporte fotográfico na coleção do MoMA. Ou seja, as mostras circulantes demonstraram-se engrenagens eficazes para as "políticas de atração".

No que diz respeito às resenhas, elas repercutiram positivamente a exposição. Jayme Maurício, por exemplo, identificava a exclusividade no conjunto exibido e dizia ter "a impressão de algo realmente novo e inesperado em fotografia". Dizia-se surpreendido com a rejeição que os novos fotógrafos faziam ao fotojornalismo e à tradição documental, assim como aos recursos plásticos já então bastante explorados, como o grão. Reconhecia também o papel do MoMA na valorização do suporte fotográfico como arte e mostrava-se esperançoso para que alguma instituição no Rio de Janeiro exibisse a mostra "Cartier-Bresson: fotografias recentes", também organizada pelo MoMA, e então exposta no MAC USP. Para ele, "assim, o ciclo fotográfico seria quase perfeito" (Maurício, 1970b).

No conciso catálogo produzido para a mostra do Ibeu RJ, o curador identificava três tendências distintas na tradição fotográfica:

> o espírito do documentário, pela clareza intelectual, reserva emocional e austeridade técnica, está claramente visível no trabalho de Arbus e Winogrand; a tradição na de Stieglitz e Weston; a "fotografia pura", pela alegria física de ver e sensibilidade pela metáfora visual, se encontra no trabalho de Camponigro e Krause – e algo inesperado no de Meyerowitz. A fotografia como um artefato (por muito tempo denominado "experimental"), em que se torna um problema em síntese como análise, é exemplificada no trabalho de Metzker, Uelsmann e Savage. (Zsarkowski, 1970)[78]

Os casos analisados neste capítulo possibilitaram compreender a sintonia entre as circulantes organizadas pelo MoMA para a América Latina com as "políticas de atração". Foram exposições concatenadas com as políticas expansionistas dos Estados Unidos para o continente, que tiveram como propósito exportar modelos políticos e econômicos para essa região e, com isso, aumentar o seu campo de influências. Pode-se observar como as mostras itinerantes participam da cadeia de exportação artística e cultural, fundamental para a promoção da produção artística estadunidense.

Da mesma forma, observar como o museu nova-iorquino trabalhou com as agências governamentais para viabilizar as mostras circulantes possibilitou compreender a

---

[78] A abertura da exposição ocorreu em 8 de abril de 1970, na av. Copacabana, 690. Localizado no Smithsonian Institution Archives, RU 321 Box 128 C24/06/06 – C25/06/04.

sintonia entre os setores públicos e o privado para promover as artes estadunidenses no Brasil. Ao mesmo tempo que o MoMA foi uma engrenagem que favoreceu esse processo, as exposições que exportava difundiram as suas práticas artísticas e institucionais e consolidaram a sua posição como um dos maiores agentes na nova geopolítica internacional.

3
•
AS "POLÍTICAS DE ATRAÇÃO" E AS INSTITUIÇÕES

Prêmios de viagem no Ibeu do Rio de Janeiro[1]

O Ibeu e a diplomacia cultural: aspectos gerais

Os Institutos Brasil-Estados Unidos (Ibeus), surgidos no Brasil em 1937, tiveram como prioridade o ensino da língua, a organização de eventos culturais e de exposições e a manutenção de bibliotecas.[2] Como já discutido neste livro, era prerrogativa dos Country Plans tornar o inglês o segundo idioma no Brasil, o que colocava os institutos binacionais na posição de engrenagens valiosas para a realização dessa política. Como se pode constatar em relatórios oficiais, o Serviço de Informação Norte-americano

---

1 Partes das reflexões desse texto foram apresentadas nos artigos "Políticas norte-americanas e arte brasileira nos anos 1960 e 1970", catálogo da mostra "Coleção Roger Wright" (Pinacoteca do Estado de São Paulo, 2018) e "Os prêmios no Ibeu do Rio de Janeiro: construindo uma imagem positiva dos Estados Unidos no meio das artes" (*Concinnitas*, dossiê "Os meios e as margens das artes", v.1, n.32/19, p.250-75, ago. 2018).

2 O Ibeu também foi responsável por gerenciar intercâmbios, como mostram notícias de jornal como esta: "Estão abertas as inscrições para bolsas de estudos nos EUA. É preciso ser brasileiro nato ou naturalizado, ter bons conhecimentos de inglês e no máximo 35 anos de idade (para as bolsas de especialização) e de 17 a 20 para as de nível *undergraduate*" (Ibeu dá bolsas nos EUA. *Jornal do Brasil*, Rio de Janeiro, 13 jul. 1962). O mesmo modelo se repetiria em abril de 1968 (Agenda: bolsas. *Jornal do Brasil*, Rio de Janeiro, 23 abr. 1968).

(USIS) no Brasil acompanhou de perto as programações dos Ibeus e tentou envolvê-los em diversas ações:

> A importância dos centros binacionais no Brasil para esse objetivo não pode ser ignorada; ensinando 80 mil alunos de inglês em 53 centros, dezenove dos quais recebem suporte do USIS, essas organizações têm o papel de descrever para os brasileiros o que a cultura americana é e como ela se relaciona com o Brasil. Esses centros frequentemente colaboram para ajudar nos esforços de programação cultural do USIS.[3]

Além da importância da difusão do idioma, os eventos organizados e as exposições que circularam pelas sedes dos Ibeus foram também um modo eficiente de dar visibilidade à produção artística e cultural estadunidenses no meio brasileiro, promovendo conexões entre profissionais e instituições.

O Departamento de Estado vinha financiando viagens de escritores e artistas para atuarem como embaixadores da produção artística estadunidense pelo mundo. Alexandre Calder está entre esses casos; durante sua estada no Brasil, em 1959, disse: "durante muitos anos se pensou que nos Estados Unidos não havia artistas, simplesmente porque a arte dos norte-americanos não era divulgada no mundo". Além de viajar por cidades brasileiras, o escultor teve uma mostra de seus trabalhos no Museu de Arte Moderna do Rio de Janeiro (MAM RJ), espaço mais adequado ao artista do que a tímida galeria do Ibeu. Quando indagado sobre a arte brasileira, que havia conhecido quando visitara o país pela primeira vez, em 1949, Calder (Calder fala..., 5 set. 1959) disse que reconhecia progressos no que vira até então.[4] Se esse tipo de apoio governamental foi esporádico ao longo da primeira metade do século XX, as ações de difusão da produção norte-americana, fossem de fluxo de pessoas, fossem de circulação de objetos, intensificaram-se, sobretudo a partir da década de 1960, e o Ibeu foi um ator considerável nesse processo.

Sob responsabilidade de personalidades locais, os institutos mantinham a aparência de cooperação bilateral e dissimulavam o caráter de centros de propaganda, apesar de seus vínculos com a Embaixada e do recebimento de apoio econômico de agências dos Estados Unidos, que no caso dos cursos subsidiavam professores, livros

---

3 "*The importance of the binational centers in Brazil to this objective cannot be ignored; teaching 80,000 students of English in 53 centers, 19 of which receive USIS support, these organizations play a part in describing to Brazilians what American culture is and how it relates to Brazil. These centers are often cooperative in assisting USIS cultural programming efforts.*" Documento – Annual Field Proposal For Brazil. Dados distribuídos pela USIA Communications Unit. Brasília, 12 jun. 1972. 79 p. Confidencial. Localizado na University of Arkansas Library – *Special Collections*, Bureau of Educational and Cultural Affairs Historical Collection (CU), Mc 468, box 15.F10, p.11.

4 Alexander Calder viajava com o patrocínio do Departamento de Estado e a convite do Itamaraty e do Ibeu.

e outros materiais. Ou então contribuíam com recursos para as mostras itinerantes, conforme discutido anteriormente. Formalmente, por ocasião da mostra dos artistas que representaram os Estados Unidos na Bienal de 1955, o Ibeu do Rio de Janeiro apresentou-se desta forma: "fundado em 1937, é uma organização regida por leis brasileiras, cuja diretoria, eleita periodicamente, é constituída de brasileiros e norte--americanos aqui residentes".[5]

Mas a presença de temas de política externa na agenda da instituição, como se pode encontrar nos relatórios da diretoria do Ibeu de 1960, por exemplo, demonstram o comprometimento e a articulação da instituição com outros parceiros políticos:

> [...] o Instituto continua a desempenhar importante papel no aprimoramento das relações entre o Brasil e os Estados Unidos. Especialmente no momento atual temos a certeza de que muito deve ser feito para enfrentar a campanha antiamericana que vem sendo desenvolvida entre nós procurando deteriorar a amizade entre nossos países, tão necessárias ao equilíbrio deste hemisfério e tão importante para brasileiros e americanos.[6]
> [...] aproximação entre o Brasil e os Estados Unidos não estava sendo aparentemente compreendida, [...] vivemos uma hora crucial para a democracia e para o hemisfério ocidental e dificilmente poderá haver entendimento nesta parte do mundo se as duas maiores nações não se entenderem.[7]

Emitidas no início da década de 1960, ambas as citações devem se referir à nova configuração geopolítica na América Latina provocada pela Revolução Cubana, que criou um "inimigo" capaz de provocar desequilíbrio entre o Brasil e os Estados Unidos, os dois maiores países das Américas. Mesmo que as relações internacionais não sejam o tema desta pesquisa, aqui se quer conectar as três premiações concedidas aos artistas com uma agenda de aproximações também políticas. Sabe-se que a diplomacia estava constantemente presente no Ibeu, como no caso da conferência do subsecretário adjunto de Estado, Richard Goldwyn quem, em viagem para conhecer de perto o Brasil, elogiava o plano da Sudene voltado ao desenvolvimento do Nordeste brasileiro e ainda enfatizava a necessidade de sucesso da Aliança para o Progresso. Mas de seu discurso se destacam aqui as palavras voltadas ao papel daquele país como protagonista e guardião da liberdade do continente. O termo liberdade, aliás, era evocado frequentemente por agentes do campo político quando de sua circulação pelos meios artísticos. Disse ele:

---

5 Documento – Galeria Ibeu. Exposição Norte-Americana da III Bienal de São Paulo. Sem data, sem paginação. Material localizado no MoMA Library, file "Bienal de Sao Paulo (3th 1955)".
6 Instituto Brasil-Estados Unidos. *Relatório da Diretoria* – referente ao biênio 1958-1960. Rio de Janeiro, p.1.
7 Instituto Brasil-Estados Unidos. *Relatório da Diretoria* – referente ao biênio 1962-1964. Rio de Janeiro, p.1.

> Jamais a compreensão entre os nossos dois países foi tão importante. [...] Para nós, para esta geração de americanos, foi concedida a tarefa de demonstrar que os homens livres vencerão pela primeira vez seus velhos inimigos que são a pobreza, a fome e a ignorância. [...] O objetivo básico de nossa política exterior é assegurar um mundo onde o homem possa alcançar seu ideal dentro dos princípios de uma sociedade livre. [...] Na trilha desse projeto, os EUA elaboraram uma política de duplo aspecto. O primeiro consiste no estabelecimento de uma força capaz de sufocar qualquer agressão, venha de onde vier. O segundo consiste no empenho que demonstramos em trabalhar conjuntamente com outras nações do mundo, ajudando-as a se tornarem mais fortes e independentes. (Goldwyn: a Aliança..., 1961)

Na década de 1960, a aproximação política e comercial dos Estados Unidos com o Brasil se intensificou de modo deliberado, o que pode ser observado também no discurso de Lincoln Gordon, embaixador dos Estados Unidos no Brasil, quando a ele foi concedido o título de sócio honorário do centro binacional. Em sua fala, ele enfatizou o sólido fundamento de amizade e respeito mútuo entre os dois países, e aproveitou para elogiar a atuação do Ibeu, "um instrumento para a unidade e o entendimento entre o Brasil e os Estados Unidos", que contribuía "para fortalecer os nossos ideais comuns, de promoção de um mundo de crescente prosperidade sob condições de paz e de liberdade" (Respeito mútuo..., 1965).

Embora outros exemplos pudessem ser aqui avaliados, os casos mencionados são suficientes para que se reconheçam os vínculos entre os prêmios de viagem concedidos pelo Ibeu RJ com o complexo contexto político da época. Como se quer argumentar, no Prêmio Ibeu – Standard Electric, concedido a Antonio Maia em 1968 e a Raimundo Colares em 1970, e no Prêmio International Telegraph Telephone, dado a Ivan Freitas em 1969, pode-se observar o envolvimento de empresas privadas, do Ibeu e de instâncias do governo dos Estados Unidos. Neles, há a participação de setores do governo e da sociedade estadunidense na promoção dos deslocamentos de artistas para os Estados Unidos, trânsitos que, consequentemente, contribuíram para a promoção das instituições norte-americanas e a consolidação da rota artística--cultural entre ambos os países. Nesse processo, as próprias agências governamentais sugeriram o envolvimento de empresas comerciais nas "políticas de atração", como se pode ver no Country Plan de 1975, em que companhias estadunidenses sediadas no Brasil eram estimuladas a oferecer bolsas a candidatos qualificados. Naquele ano, a National Distillers Company e a Gillette Corporation enviaram, cada uma, um aluno para os Estados Unidos por ano.[8]

---

8 *Country Plan 1975*. Uso Oficial Limitado. Localizado na University of Arkansas Library – *Special Collections*, Bureau of Educational and Cultural Affairs Historical Collection (CU), Mc 468, box 14, folder 17, s.p.

Dessa forma, as premiações aqui analisadas foram oportunidades em que as instituições artísticas e culturais dos Estados Unidos foram apresentadas com magnitude, receptivas e amigáveis com os artistas e intelectuais brasileiros. A apresentação positiva das instituições daquele país e as oportunidades que se podia encontrar por lá contribuíram para que Nova York se tornasse rapidamente a primeira opção de viagem artística e cultural entre os brasileiros.

Os casos discutidos neste capítulo ocorreram na sede do Ibeu no Rio de Janeiro.[9] Deve-se lembrar que, durante a década de 1960, a cidade ainda mantinha o *status* de capital cultural do país, pois Brasília era uma cidade incipiente e distante dos centros culturais do país. Além disso, o Itamaraty demorou a se transferir para a nova capital, o que ocorreu somente em 1970. Por conseguinte, inúmeras representações diplomáticas mantiveram sedes em Brasília e no Rio de Janeiro, como foi o caso dos Estados Unidos.

Com esse cenário, compreende-se melhor por que o Ibeu RJ se tornou espaço privilegiado de ações da diplomacia estadunidense. Segundo Tarcila Formiga (2012), a sede carioca foi um espaço ativo voltado ao que havia de atual na cena da cidade. Comprometido com uma programação de artes visuais de vanguarda e arte jovem de qualidade, exibiu inúmeros artistas brasileiros ainda sem reconhecimento no meio, como Ivan Serpa, Iberê Camargo e Almir Mavignier. Cabe lembrar que o Ibeu organizou mostras significativas, como a de Ivan Serpa, realizada em 1951 com texto de Mário Pedrosa, e a primeira exposição do Grupo Frente, em 1954. Formiga (2012, p.99-100) discute ainda como o Ibeu, entre as décadas de 1940 e 1960, privilegiou o moderno, colocando a arte abstrata em destaque.

Além disso, por ser o centro binacional mais proeminente no Brasil, recebeu exposições itinerantes organizadas pelo Internacional Art Program (IAP) e pelo MoMA, além de desdobramentos de mostras expostas anteriormente na Bienal de São Paulo. As circulantes enviadas por instituições dos Estados Unidos para exibição nos Ibeus enfatizaram uma arte com identidade própria e não mais dependente de uma matriz europeia, conforme já discutido nesta pesquisa.[10]

---

9 No Rio de Janeiro, o Ibeu foi criado em 13 de agosto de 1937.
10 Foram inúmeras as mostras que circularam pelo Brasil. O Ibeu do Rio de Janeiro e o MAC USP noticiam o recebimento de algumas dessas exposições, como a mencionada "Homenagem ao quadrado", de Josef Albers, organizada pelo MoMA, exibida entre 5 e 30 de novembro de 1964, com 34 obras e uma visitação de 878 pessoas (ver Laus, 1964). A mostra seguiu para o MAC USP. Mário Pedrosa deu a conferência "Origens e atualidade de Albers" no dia 27 de novembro. "Letras na Arte Moderna", mostra também organizada pelo MoMA, foi vista entre 8 e 28 de dezembro de 1965, com um total de 1367 visitantes em 23 dias. Percorreu também outros países da América Latina (*Relatório de Atividades*, 1962-1964. Rio de Janeiro: Ibeu, p.11). Na mostra havia 64 obras: pinturas de Elise Asher, Herbert Bayer, Cliff Condak, Stuart Davis e Dubuffet; esculturas de Calder, Bem Shahn, David Smith, Ulfert Wilke e outra peça anônima; desenhos e colagens de Picasso, Winfred Gaul, Robert Morris, Schwitters, Steinberg, James Walkus, Marian Warzech e Ulfert Wilke; gravuras

Críticos de arte influentes, como Mário Pedrosa e Clarival Prado Valadares, eram chamados para organizar exposições e escrever sobre as mostras nos catálogos. Indubitavelmente, se o Ibeu se comprometia com o que havia de novo na cena artística, profissionais qualificados deveriam fazer esse reconhecimento. Quando se observa mais de perto a programação da instituição, o nome de Marc Berkowitz (1914-1989) se destaca. De origem russa, ele se encontrava no Rio de Janeiro desde 1928 e, por trabalhar como tradutor, acabou por se aproximar da Embaixada dos Estados Unidos e, consequentemente, do Ibeu (Formiga, 2009, p.14). A própria instituição reconhece o protagonismo do crítico que teria, em 1943, sugerido a Afrânio Peixoto, então diretor do Ibeu, promover exposições de artes plásticas (Um pouco..., 1997, p.13). Assim, desde 1944, Berkowitz tornou-se membro da Comissão de Arte do Ibeu, posição que ocupou por muitas décadas. Seguramente, ele possuía dois atributos: movia-se bem no meio artístico e era um nome de confiança dos funcionários do governo estadunidense.

Em junho de 1960, o Ibeu inaugurou a Galeria de Artes, espaço dedicado às exposições em Copacabana, que se tornou referência no calendário de mostras da cidade (ibidem, p.12).[11] Para amplificar a notícia de sua abertura, foi organizado um Salão de Artes Plásticas, no qual participaram 77 obras de quarenta artistas, e foi oferecido um prêmio de viagem aos Estados Unidos para um artista que passaria 45 dias naquele país (Ibeu oferece..., 1960).[12] Considerando-se esse formato, muito provavelmente se tratava de modelo similar à bolsa oferecida pelo Departamento de Estado.

O prêmio de viagem, dispositivo sedutor em um meio artístico com raras oportunidades, atraiu artistas reconhecidos e, ao mesmo tempo, deu evidência e visibilidade ao espaço de exposições do Ibeu. A competição, denominada de 1º Salão de Artes Plásticas do Ibeu, inaugurou a nova galeria oferecendo uma viagem aos Estados Unidos e três outros prêmios em dinheiro. Para participar, era necessário que o artista fosse brasileiro, residente no Rio de Janeiro e que não conhecesse os Estados Unidos. Quarenta artistas se inscreveram, e o júri foi composto por Abelardo Zaluar, Carlos Flexa Lima, Leopold Arnaud (adido da Embaixada dos Estados Unidos), Marc Berkowitz e Marilu Ribeiro (presidente da Comissão de Arte do Ibeu). O pintor

---

de Alechinsky, Bonnard, Antonio Frasconi, Winfred Gaul, Johannes Itten, Jasper Johns, Matisse, Hellen Philips, Hans Schmidt e Shahn. Havia ainda trabalhos gráficos: uma reprodução de carta de Apollinaire, cartaz de Braque, Chernayeff, Cieslewicz, Picasso, Miró, Tanguy, Van de Velde e ainda um texto de Léger e dois trabalhos de Le Corbusier: capa e página do livro *Poème de l'angle droit*, e de Miró havia um livro de poemas (ver Laus, 1965b).

11 O arquiteto Wit-Olaf Prochnik teria sido o responsável pelo projeto do espaço expositivo, com iluminação especial e painéis móveis que deram ao espaço flexibilidade para as montagens das mostras.
12 A sede do Ibeu ficava na Rua Senador Vergueiro, 103, e foi transferida em 30 de agosto de 1962 para a Rua Visconde do Rio Preto, 36, em Botafogo. A sede para as exposições era exclusiva e localizava-se na avenida Nossa Senhora de Copacabana, 690.

e gravador Henrique Oswald foi o selecionado na categoria de viagem e Ricardo Castro Costa, Roberto Delamonica e Geza Heller receberam o valor em dinheiro (Gullar, 1960c). Ferreira Gullar informava que o artista estava em contato com Abol Fotouhi da Embaixada, pois a Divisão Cultural ajudaria na organização do roteiro artístico da viagem e ainda facilitaria a entrada do artista "em lugares de seu interesse" (ibidem). Gullar terminava a notícia deixando claro o propósito do projeto, que era marcar a presença dos Estados Unidos no meio artístico, pois desejava ao vencedor o "máximo proveito em sua viagem", assim como fazia um convite para que fosse "um grande divulgador da cultura americana" quando voltasse ao Brasil (ibidem).[13]

Se a Embaixada e o Ibeu concederam o prêmio a Henrique Oswald, nos casos dos outros artistas que serão aqui analisados houve, em suas premiações, também a participação da iniciativa privada. A Standard Oil, que utilizou seu nome Esso, já havia organizado mostras e eventos em diversos países da América Latina. Em material de divulgação para o Brasil, ela assim se apresentava: "Não fazemos arte porque não é nosso negócio. Mas entramos nas atividades artísticas à procura de gente que queira se ajudar, ajudando sua arte. Para tanto, criamos o Salão Esso de Artistas Jovens. [...] Para nós, os artistas plásticos são gente muito importante. Têm algo para dizer, coisas para comunicar, contribuições para fazer".[14]

Durante os anos de 1964 e 1965 foram realizados salões em dezoito países da América Latina com o propósito de levar os vencedores nacionais a participar do Salão Esso de Arte da América Latina, na sede da Organização dos Estados Americanos (OEA), em Washington, D.C. Mais uma vez, interesses econômicos e diplomáticos estavam juntos para, por meio da promoção das artes, defender indiretamente seus interesses políticos e financeiros.

No livro *Making Art Pan-American – Cultural Policy and the Cold War*, Claire Fox discute a relação que esses salões tiveram com a Aliança para o Progresso, uma vez que constituíram uma espécie de política cultural que complementava as áreas sociais e econômicas do projeto inicial. Além disso, a autora apresenta o envolvimento da OEA nas mostras de arte e discute como, a partir delas, José Gómez-Sicre – que dirigia o Setor de Artes Visuais da organização – formulou um paradigma transnacional de arte latino-americana que, segundo a autora, ainda permanece na era contemporânea da globalização (Fox, 2013, p.117-8). O papel da OEA no meio das artes será analisado mais adiante.

---

13 A coluna Artes Visuais era assinada com as iniciais F.G., o que se supõe ser Ferreira Gullar. Nos anos posteriores as siglas são substituídas pelo nome do crítico.
14 Museu de Arte Moderna do Rio de Janeiro. Artes. *Nossa presença*. Esso. s.p.; s.d. Material de divulgação localizado no setor de Pesquisa e Documentação do Museu de Arte Moderna do Rio de Janeiro (MAM-RIO).

Com expressivo número de artistas inscritos, as duas edições brasileiras do Salão Esso de Artistas Jovens foram patrocinadas pela Standard Eletric do Brasil e ocorreram em 1965 e 1968 no MAM Rio. Na primeira delas, o próprio Gómez-Sicre viajou dos Estados Unidos ao Brasil para fazer parte do júri, dando assim maior prestígio ao evento.[15] Na realidade, ele organizou o salão em dezoito países onde havia empresas ligadas à Standard Oil Company. Observar o material das campanhas promocionais desses salões pelos diversos países da América Latina, como cartazes, catálogos, *releases* para a imprensa, dá a conhecer as dimensões do empreendimento.[16] A determinação de o Salão Esso aceitar somente artistas com menos de quarenta anos era na verdade um protocolo comum na década de 1960 e era conveniente nessa mostra, considerando a efetividade das "políticas de atração" em jovens com perfil de destaque e de liderança.

Além dos Salões Esso, a empresa Standart Eletric do Brasil patrocinou outros dois prêmios de viagens ao exterior para artistas que se destacaram em mostras no Rio de Janeiro. Nas duas edições, de 1968 e de 1970, as exposições com obras dos vencedores foram levadas para o Brazilian-American Cultural Institute (BACI) com sede em

---

15 Realizado em janeiro de 1965, o I Salão Esso teve o júri formado por José Gómez-Sicre, Quirino Campofiorito e José Geraldo Vieira. O Primeiro Prêmio de Pintura, no valor de CR$ 1 milhão, foi para Alberto D'Almeida Teixeira; o Segundo Prêmio de Pintura, no valor de Cr$ 750 mil, foi para Yuka Toyota. Já em Escultura, o Primeiro Prêmio, no valor de CR$ 1 milhão, foi para Maurício Salgueiro e o Segundo Prêmio, no valor de Cr$ 750 mil, para Nicolas Vlavianos (ver *I Salão Esso de Artistas Jovens*. Rio de Janeiro, Brasil/Washington (D.C.), EUA: Organização dos Estados Americanos/Esso, 1965). Participaram da edição que envolvia também ganhadores de outros países, realizada em abril de 1965 nos Estados Unidos, os artistas brasileiros Alberto Teixeira, Maurício Salgueiro, Nicolas Vlavianos e Yutaka Toyota. No júri dessa edição internacional estiveram Alfred H. Barr, Gustave Von Groschwitz e Thomas M. Messer (ver *Esso Salon of Young Artists*. Washington (D.C.), USA, abr. 1965). Logo depois, 34 obras desse conjunto foram exibidas na Galeria IBM, em Nova York. Desta vez, apenas Alberto Teixeira foi incluído (ver "Young Artists of Latin America". Sponsored by the Esso Companies, 25 maio a 18 jun. 1965). Durante cinco anos, a mostra foi ainda exibida em outras cidades norte-americanas (para essa informação, ver "Esso Salon of Contemporary Latin American Artists". A New, Permanent Collection. Lowe Art Museum. University of Miami, Coral Gables, Flórida, 9 dez. 1970 a 31 jan. 1971). Essa instituição recebeu 59 peças do "I Esso Salon" para incorporá-las em sua coleção permanente (para detalhes sobre essa aquisição, consultar http://www.essosalons.artinterp.org/omeka/about-the-esso-young-artists-salons. Acesso em: 7 ago. 2016). Já o II Salão Esso foi realizado em fevereiro de 1968. Dessa vez, a gravura foi incluída e o júri foi composto por Maria Eugênia Franco, José Roberto Teixeira Leite e Frederico Morais. Os vencedores na categoria Escultura foram Fernando Jackson Ribeiro, com o Prêmio Esso, de NCr$ 3.000, e a dupla Elke Hering e Hamilton Cordeiro, com o Prêmio Aquisição, de NCr$ 800. Na categoria Pintura, o Prêmio Esso, de NCr$3.000, foi para Vilma Pasqualini, e o Prêmio Aquisição, de NCr$ 2.000, para Raimundo Colares. Na categoria Gravura, o Prêmio Esso, de NCr$ 3.000, ficou com Sérgio Lima, e o Prêmio Aquisição, de NCr$ 800, para Rubens Gerchman. A taxa de recusados nessa mostra foi de 90% (ver *O Globo*, Rio de Janeiro, 29 fev. 1968. Não foram localizadas informações sobre a realização da segunda edição internacional do Salão Esso).

16 Para os catálogos das mostras e a campanha publicitária em alguns países consultar: http://essosalons.artinterp.org/omeka/about-the-esso-young-artists-salons. Acesso em: 14 mar. 2021.

AS "POLÍTICAS DE ATRAÇÃO" E AS INSTITUIÇÕES

Washington, D.C. Assim, Antonio Maia e Raimundo Colares tiveram suas obras lá expostas e ambos viajaram para os Estados Unidos, como se verá mais adiante. Aqui cabe destacar apenas que, nos dois casos, houve um complexo envolvimento no translado das mostras e dos artistas que contou com a participação do Departamento de Estado americano e da diplomacia brasileira. Assim, deslocamentos de artistas e exposições de arte promovidas pela iniciativa privada chancelavam o nome do país e de suas instituições. Nesse sentido, os casos aqui analisados evidenciam a participação de empresas nas "políticas de atração" – estratégias dos Estados Unidos em se fazer presente e influente no meio artístico e cultural brasileiro.

Também no que se refere ao patrocínio das artes pelo meio empresarial, o caso do prêmio dado pela International Telephone and Telegraph (ITT) a Ivan Freitas merece uma análise em separado, isso porque a empresa se utilizou de obras de arte para fazer sua própria propaganda (Brasileiro organiza..., 1970).

Prêmio Ibeu – Standard Electric de 1968: Antonio Maia

Em setembro de 1968, a imprensa noticiou o lançamento de uma bolsa de artes plásticas para os que haviam se destacado em mostras individuais naquele ano. Haveria uma Comissão de Arte do Ibeu RJ que elegeria três artistas e, posteriormente, um júri indicaria o vencedor de uma viagem e estadia de quatro a seis semanas nos Estados Unidos. A programação do deslocamento interno seria feita pela Divisão Cultural da Embaixada Americana e o vencedor teria ainda uma mostra na Galeria do Ibeu RJ (Ayala, 1968a). Em 16 de dezembro de 1968, foram divulgados os nomes dos três artistas mais votados: Ione Saldanha, Antonio Maia e Ivan Serpa. A segunda comissão, desta vez composta pelo adido cultural da Embaixada Americana, pelo presidente da Comissão de Artes Plásticas e por um membro nomeado pela comissão preliminar, selecionou Antonio Maia (idem, 1968d). Anunciou-se que a escolha se deveu a "seu talento, persistência e contemporaneidade, aliados a uma inquieta juventude" que aproveitará bem nesta "viagem de observação no maior centro de criação artística do mundo moderno" (idem, 1968e).[17] Assim, em 1969, Maia seguiu para uma turnê pelos Estados Unidos e ainda exibir seus trabalhos no BACI.[18]

---

17 Deve-se notar que em nenhuma das notas publicadas pelo jornal o nome da empresa Standard Electric havia sido mencionado, informação adicionada apenas nas etapas seguintes.
18 A exposição de Antonio Maia ocorreu no BACI, em Washington D.C., entre 23 de setembro e 2 de outubro de 1969. O convite para a recepção foi enviado pelo embaixador Mario Gibson Barbosa, que anunciou que o artista estaria presente para o *vernissage*.

Maia, que havia nascido em Carmópolis, no Sergipe, era comumente apresentado como um artista autodidata que refinou seu trabalho com um apurado processo de aprendizagem, o que alguns críticos chamavam de "evolução erudita". Em suas primeiras pinturas, ligadas à cultura popular religiosa nordestina, as efígies de ex-votos concorriam com uma fatura rica na superfície da tela, composta especialmente de texturas com rendas coladas. Paulatinamente, os trabalhos foram se depurando até dar lugar a superfícies de cores planas, com contornos sutis de partes de corpos que ainda remetiam às imagens de ex-votos, sobretudo as cabeças. A biografia do artista era apresentada de modo a reafirmar sua identidade artística moldada na própria experiência. Em 1969, disse ele ter descoberto a arte "no sentido profissional do termo" na II Bienal de São Paulo, em 1953. "Vi que a arte existia e comecei a pintar de verdade, como jeito de viver. Comprei tinta, material e comecei a trabalhar sozinho" (apud Ayala, 1970c). Roberto Pontual o definiu como um "artista de procedência popular nordestina, de formação autodidata e formação erudita".[19] Assim, a biografia do homem simples que soube se cultivar com o que o mundo da arte lhe proporcionou tornou-se a definição da própria produção do artista, uma arte popular atualizada.

Vera Pedrosa (1968a) observou esse processo – de Maia ter permanecido fiel aos temas populares de sua infância de nordestino –, mas a

> [...] sua maneira de lidar com as imagens mudou. Antes, aproximava-se de seus mitos de um modo nostálgico, apegado. O envolvimento do artista era total. Em termos pictóricos, isto se traduzia no recurso à colagem, onde utilizava rendas e panos bordados, como quem não consegue se desfazer de suas relíquias pessoais. [...] Agora, com uma técnica muito rigorosa, "limpou" a superfície. Utilizando elementos do desenho, faz uma pintura quase narrativa.

Manter-se fiel a seu próprio processo e ficar longe dos modelos replicantes da arte vinda do estrangeiro foram dois dos atributos mais frequentes nas análises das obras do artista. A figura do artista autodidata que produzia uma "arte popular" modernizada tornou-se, para os propósitos de exportação de um nacionalismo durante a ditadura militar, um modelo conveniente de identidade artística brasileira. Pode-se compreender por que, ainda em 1965, com o apoio do Ministério das Relações Exteriores, Maia teve suas obras expostas em Valparaíso e Santiago do Chile, o que aconteceria também ao longo da década de 1970, quando inúmeras embaixadas e consulados brasileiros pela Europa organizaram exposições com suas pinturas.

---

19 Manuscrito de Roberto Pontual. s.d., s.p. Localizado no Centro de Documentação e Pesquisa da Funarte, Rio de Janeiro, pasta "Antonio Maia".

Assim, quando recebeu o Prêmio Ibeu – Standard Electric, Maia estava em evidência na cena carioca. Seu deslocamento pelos Estados Unidos seguiu o modelo de viagem-padrão oferecida pelo governo estadunidense, que englobava visitar instituições universitárias e artísticas de cidades das duas costas do país, incluindo ainda Chicago. Mesmo em viagem, suas impressões sobre o percurso apareceram em nota publicada pela imprensa: "Cheguei ontem de Washington e a programação aqui [em Chicago] é excelente" (Das artes, 1969). Essas repercussões evidenciavam ainda mais a importância do Prêmio Ibeu – Standard Electric, dando oportunidade para a instituição e para a empresa terem seus nomes veiculados nas seções de artes.

Como de uma espécie de celebridade, o retorno de Maia, no início de novembro de 1969, foi noticiado por vários periódicos. Suas impressões sobre os museus e as galerias que visitara foram apresentadas, com a devida projeção de *slides*, no Ibeu carioca, pouco tempo depois, no dia 25 de novembro do mesmo ano.[20] No *Jornal do Brasil*, por exemplo, com o título "Americanos não pintam mais a mulher", constava a declaração do artista de que a tendência da pintura era fixar coisas, deixando de lado a figura feminina. Segundo o artigo, no Galeão, o pintor sergipano disse que "o movimento *pop* continua[va] a predominar nos EUA".[21] As invariáveis informações sobre as impressões do artista em sua chegada levam a supor que o conteúdo provinha de algum *briefing* produzido e enviado à imprensa.

O crítico de arte Walmir Ayala concedeu todo o espaço de sua coluna no *Jornal do Brasil* para que Maia expusesse sua experiência. Em tom entusiasmado, ele declarou que "nesse prêmio, o artista tem a oportunidade de ver o que há de mais importante na matéria por ele escolhida e dentro de uma ótima programação do Departamento de Estado Americano. Não se perde tempo e tudo funciona à perfeição. São seis semanas que valem por seis meses". Em seguida, apresentou de modo deslumbrante o roteiro que fez e resumiu as exposições vistas, os encontros e as instituições visitadas (apud Ayala, 1969).[22]

Se o intuito dos prêmios de viagem era provocar uma visão positiva no visitante, no caso de Maia a resposta foi modelar, pois ele não manifestou qualquer ressalva ou crítica aos lugares pelos quais passou. Os comentários extrapolavam o âmbito das artes

---

20 Instituto Brasil-Estados Unidos. *Relatório da Diretoria* – referente ao biênio 1969-1970. Rio de Janeiro, p.30.
21 No jornal *Última Hora* da mesma data, a manchete foi quase a mesma: "Americano não pinta mais mulheres". Já no *Diário de Notícias*, de 2 de novembro de 1969, o conteúdo da nota era o mesmo, mas o título era "O objeto é a arte do momento". E na *Gazeta de Notícias*, de 2 de novembro de 1969, sob a manchete "Americanos não pintam mais a mulher: só coisas", o conteúdo se repetia.
22 As cidades visitadas teriam sido Washington, Chicago, São Francisco, Oakland, Berkeley, Los Angeles, Nova York e Filadélfia.

e incluíam também aspectos comportamentais, como a "liberdade" que pôde observar na visita a São Francisco:

> Por falar em erotismo, a liberdade neste sentido é total nos Estados Unidos. Nudez já é coisa secundária. Há uma verdadeira exaustão do erótico, encarado com naturalidade e à disposição de quem quiser ver, como uma realidade irrefutável. Uma posição sadia, a meu ver. Voltando à viagem programada devo salientar o tempo que passei em São Francisco e arredores. [...] Além do proveito pessoal da viagem, tive duas exposições programadas pelo Itamaraty, uma já feita em Washington e outra que será realizada brevemente em Nova Iorque. (ibidem)

Várias matérias publicadas enfatizavam como os novos ambientes estimularam transformações no trabalho do artista:

> O problema da preocupação com a cor pode ser consequência da minha viagem aos Estados Unidos em setembro do ano passado. Na Filadélfia, por exemplo, me despertou enorme interesse a cor das árvores. Nova Iorque, que é uma cidade completamente cinza, tem em compensação uma iluminação artificial feérica. Essas coisas devem ter influído na minha nova cor. (Antonio Maia..., 1970)

Com detalhes, o texto ainda descrevia uma pintura em que o tema era a bandeira americana com cinza-azulado na parte inferior, com listras vermelhas na parte superior e um anjo em tons de azul, com rosto e pés em ocre, no primeiro plano. No trabalho denominado *Espetáculo matinal*, sob raios de sol, havia uma multidão apoiada em estrelas, próprias também da bandeira dos Estados Unidos (ibidem). Parece que esse símbolo nacional, que o artista deve ter notado em todas as partes do país, não deixou de assombrá-lo. A análise da pintura chamava a atenção para o surgimento de uma nova paleta, assim como para o pesar e a tristeza nas silhuetas das cabeças pintadas.

Apesar do entusiasmo demonstrado pelos Estados Unidos, quando ganhou o Prêmio de Viagem ao Exterior, em 1969, Maia preferiu se estabelecer em Barcelona. Poder-se-ia aventar que viver nos Estados Unidos requeria, além do domínio da língua, uma rede de apoio e de contatos que o artista pareceu não ter. A opção pela Espanha, disse ele, foi porque era um país mais barato e em que era possível viver com a bolsa de U$500, cuja "regularização" o artista ainda aguardava.[23] Reconheceu ainda que tinha

---

23 Vários artistas citados nesta pesquisa que receberam o Prêmio de Viagem ao Exterior sofreram atraso em começar a receber o valor da bolsa. Amilcar de Castro, por exemplo, chegou a acionar um advogado para começar a recebê-la.

fascínio por esse país, que sempre quis conhecer devido às festas religiosas. Voltaria ao Brasil dois anos depois, após ter exposto em várias outras cidades na Europa, quase sempre em espaços diplomáticos. Em 1973, já no Brasil, ele fez um balanço comparativo entre a situação do artista brasileiro com o que viu em suas duas experiências internacionais:

> O artista, principalmente o jovem, tem mais cobertura e incentivo do que na Europa e Estados Unidos. Colunas diárias nos jornais, cobertura permanente pela imprensa, prêmios como o "Prêmio de Viagem ao Estrangeiro" com direito a bolsa de 2 anos oferecido pelo Ministério da Educação e Cultura através do Salão de Arte Moderna, são coisas que não se vê lá fora. [...] Lá a coisa já se estabilizou. No Brasil ainda está em formação, mas é inegável que o apoio oferecido ao artista é fantástico. A diferença está apenas no campo econômico. Lá o artista desfruta de maiores recursos, enquanto aqui ele sofre muito na busca do material para trabalhar. Mas já existem compensações tais como o mercado nacional de compra que está evoluindo satisfatoriamente. Na verdade, o mercado brasileiro já garante uma estabilidade ao artista de artes plásticas. Os leilões de arte se sucedem e a classe média está entrando firme na compra de pinturas através de planos de financiamento. (apud Vieira, 1973)

Figura 18 – "Antonio Maia leva sua gente humilde para americano ver", reportagem publicada em *O Globo* em 9 de agosto de 1969

FONTE: ARQUIVO DO MUSEU DE ARTE MODERNA DO RIO DE JANEIRO

Figura 19 – "Prêmio Standard Electrica – IBEU para pintor Antonio Maia", notícia publicada no *Jornal de Brasil* em13 de setembro, 1969

FONTE: ARQUIVO DO MUSEU DE ARTE MODERNA DO RIO DE JANEIRO

Figura 20 – "Walmir Ayala – Um prêmio de viagem (Antonio Maia)", artigo publicado no *Jornal do Brasil*, em 6 de novembro de 1969

CLIPPING PAPEL

FONTE: Jornal do Brasil CIDADE: Rio de Janeiro DATA: 06 nov. 1969

CAD

ARTES PLÁSTICAS | WALMIR AYALA

UM PRÊMIO DE VIAGEM

O pintor Antônio Maia acaba de regressar de uma viagem de seis semanas pelos Estados Unidos, em gôzo do prêmio conferido pelo Instituto Brasil-Estados Unidos, sob o patrocínio da Standard Electric. O prêmio é para um jovem artista cuja exposição tenha sido um destaque durante o ano de 1968, e Maia foi plenamente merecedor, por sua juventude, por sua pintura coerente e pessoal, na qual as marcas das raízes brasileiras se fundem numa linguagem contemporânea e universal. Trazemos aqui seu depoimento do que viu, e muito viu, nesse breve e fecundo prêmio de viagem:

— Em primeiro lugar, quero dizer que considero êsse prêmio de viagem o mais importante de quantos estão sendo lançados por aí. Não se trata de dar passagem e uns quantos dólares para que o artista descubra novas terras. Nesse prêmio, o artista tem a oportunidade de ver o que há de mais importante, na matéria por êle escolhida e dentro de uma ótima programação do Departamento de Estado americano. Não se perde tempo e tudo funciona à perfeição. São seis semanas que valem por seis meses.

ROTEIRO

— Começando por Washington, devo destacar três visitas que fiz: à Phillips Collection, à National Gallery e à Collection of Fine Arts. Notei, desde o princípio da viagem e até o seu término, a importância que os museus e grandes coleções dão à pintura americana. E a florescência da escultura, nos jardins, nas universidades, com plena cobertura das indústrias. Visitei muitas universidades e escolas de arte. Há uniformidade na categoria dessas escolas dentro de uma perfeita organização, e uma privilegiada dotação de recursos. Em Chicago, outra etapa da minha viagem, vi nada mais nada menos que uma exposição intitulada 50 Anos de Bauhaus. Desde as obras de todos os mestres da Bauhaus até esboços de Klee, dentro de um perfeito desenvolvimento didático. No Museu de Arte Contemporânea de Chicago vi uma exposição de Tôrres através do mundo, em fotografias e maquetas. E uma exposição do holandês Paul van Hoedonck. Das exposições em galerias particulares de Chicago chamou-me especial atenção a de Jerry Savage, de objetos eróticos carregados de agressividade e riqueza plástica.

LIBERDADE

— Por falar em erotismo, a liberdade neste sentido é total nos Estados Unidos. Nudez já é coisa secundária. Há uma verdadeira exaustão do erótico, encarado com naturalidade e à disposição de quem quiser ver, como uma realidade irrefutável. Uma posição sadia, a meu ver. Voltando à viagem programada devo salientar o tempo que passei em São Francisco e arredores. O movimento de galerias de vanguarda em São Francisco não é importante, mas tem o Museu da Cidade e muitas escolas de arte. Visitei Oakland, que tem o mais nôvo museu da Califórnia, especializado em pintores da Califórnia e pinturas sôbre a Califórnia. Berkley é outra cidade perto de São Francisco, onde visitei o Instituto de Arte e Universidade. Em São Francisco participei também de dois tremores de terra, durante uma sessão do espetáculo de teatro **Hair**.

LOS ANGELES

Em Los Angeles assisti durante algumas horas a todo o processamento litográfico da famosa Tamarindo. Visitei o nôvo museu de Los Angeles, o Count Museum, de belíssima arquitetura, onde vi uma curiosa exposição de manequins do princípio do século, vestidos à moda da época. Na Universidade da Califórnia, tive um debate com os alunos sôbre minha viagem. Visitei o Occidental College, onde **miss** Constance Perkins é professôra de Arte. Ela é que trouxe há pouco mais de um ano uma exposição de artistas americanos das novas tendências para o nosso Museu de Arte Moderna. Mostrou-me a galeria de exposições permanentes do Colégio e os departamentos da Escola de Arte. A mostra mais importante que vi em galerias particulares de Los Angeles foi a de Gió Pomodoro.

NOVA IORQUE

No Museu de Arte Moderna de Nova Iorque vi uma exposição de Oldemburg. Na Guggenheim, vi exposições de Lichtenstein e Kandinski. Lichtenstein em nova fase de esculturas em metal, acrílicos, cabeças de porcelana ou cerâmica pintadas. Vi uma exposição muito importante no museu Contemporary Crafts: O SOM — objetos, quadros e ambientes sonoros. No Whitney Museum vi uma exposição de pintores primitivos americanos dos séculos 18 e 19. No mesmo museu vi uma exposição, fraca, tendo por tema a tortura. Nas galerias particulares, destaco as exposições de Vasarelli, Sam Richardson e Ron Davis. Como chave de ouro cito a exposição Trinta Anos de Pintura Americana (de 40 a 70), no Metropolitan. Não vi gravuras. Nem nas escolas de arte nem nos museus. Há, isto sim, galerias especializadas em lito e serigrafia.

DESTAQUE

De tudo o que vi quero destacar duas grandes mostras americanas, de primitivos dos séculos 18 e 19 e dos pintores contemporâneos, dando uma idéia de que a pintura americana é algo mais que uma fonte de novas tendências. Tem uma vigorosa tradição, e aqui não temos idéia disso. Seria importante que se pudesse trazer ao Brasil pelo menos a mostra de pintores primitivos americanos, que já itinerou por tôda a Europa, tendo sido exposta em Berlim, Paris, Spoleto, Londres, Bruxelas, Madri, Barcelona, Montreal, Washington, etc. Com um pouco de boa vontade e sintonia poderíamos trazer esta exposição ao Museu de Arte Moderna do Rio.

— Além do proveito pessoal da viagem, tive duas exposições programadas pelo Itamarati, uma já feita em Washington e outra que será realizada brevemente em Nova Iorque.

Antônio Maia prepara-se, agora, para uma nova viagem bem mais longa, a de dois anos, como prêmio no último Salão Nacional de Arte Moderna.

FONTE: ARQUIVO DO MUSEU DE ARTE MODERNA DO RIO DE JANEIRO

Figura 21 – "Walmir Ayala – Prêmio do IBEU", artigo publicado no *Jornal do Brasil*, em 4 de fevereiro de 1970

FONTE: ARQUIVO DO MUSEU DE ARTE MODERNA DO RIO DE JANEIRO

Figura 22 – Francisco Bittencourt, "Um artista do resumo: Antonio Maia", artigo publicado no *Jornal do Brasil*, em 11 de julho de 1970

FONTE: CENTRO DE DOCUMENTAÇÃO E PESQUISA DA FUNARTE, RIO DE JANEIRO

Figura 23 – Antonio Maia, Galeria Debret, Paris, 1971

FONTE: CENTRO DE DOCUMENTAÇÃO E PESQUISA DA FUNARTE, RIO DE JANEIRO

Figura 24 – Antonio Maia. Bangkok, 1977

FONTE: CENTRO DE DOCUMENTAÇÃO E PESQUISA DA FUNARTE, RIO DE JANEIRO

Provavelmente, a animação com a cena brasileira deve-se ao aquecimento do mercado de arte brasileira impulsionado pelo milagre econômico ocorrido no início da década de 1970, que favoreceu a comercialização de obras de arte, sobretudo de pinturas, suporte preferencial do artista. Além disso, durante os anos de ditadura o regime manteve oficialmente uma fachada de "normalidade" em relação às artes, como a não interrupção dos salões e prêmios de viagem, situação que corrobora as comparações feitas pelo artista. Nos dois anos em que viveu na Europa, Maia realizou inúmeras mostras em embaixadas e consulados brasileiros, o que reafirmava a conveniência da circulação, em tempos de ditadura militar, de uma produção com aspecto de brasilidade arcaico-refinada. Apesar das considerações otimistas proferidas em 1973, com o passar dos anos, Antonio Maia (que permaneceu coerente com sua temática relacionada aos ex-votos de cores chapadas e desenhados com formas simplificadas) acabou por se tornar um nome cada vez mais rarefeito na cena artística brasileira.

Por último, resta acrescentar que o caso de Maia foi uma possibilidade de compreender uma experiência bem-sucedida da premiação do Ibeu e da Standard-Eletric ligada às "políticas de atração", cujo êxito levou as instituições a repetir o "mecenato". Ambas as instituições ganharam projeção no meio carioca e chamaram a atenção de importantes artistas. Todas as etapas do processo foram noticiadas: o lançamento do prêmio que oferecia a turnê pelos Estados Unidos (país ainda não popular no Brasil); a divulgação da lista com os selecionados e, posteriormente, dos vencedores; a publicação de inúmeras manchetes que projetavam os nomes do Ibeu e da Standard-Eletric junto de fotografias de Maia com autoridades do governo dos Estados Unidos, em colunas de artes na imprensa carioca; a difusão de detalhes dos deslocamentos do artista em sua viagem. Não bastasse o cumprimento das funções dos veículos de informação e de prestação de serviço, alguns jornalistas deram, sem qualquer avaliação crítica, visibilidade generosa para o retorno do artista por meio de espaço para depoimentos entusiasmados de Maia; essas matérias eram, em alguns casos, ilustradas com obras pertencentes a uma "fase americana".

Os jornais sugeriram também que a viagem pelo maior país da América do Norte teria provocado uma mudança nas pinturas de Maia – mas o próprio artista creditava as constantes alterações em sua paleta às variações de luminosidade das cidades por onde passava, que numericamente, ao longo de sua vida, foram muito mais europeias do que estadunidenses.

AS "POLÍTICAS DE ATRAÇÃO" E AS INSTITUIÇÕES

Prêmio Ibeu – Standard Electric de 1970: Raimundo Colares[24]

Em fevereiro de 1970, Walmir Ayala anunciava em sua coluna a realização do segundo prêmio oferecido pela empresa estadunidense:

> O Ibeu, sob o patrocínio da Standard Electric e através de seu Conselho de Arte, conferiu no ano passado um prêmio de viagem de seis semanas aos Estados Unidos ao pintor Antônio Maia. O sucesso da promoção, o aproveitamento do artista, a retribuição generosa em termos de vários diálogos ilustrados sobre o movimento artístico americano animaram a Standard Electric a repetir o prêmio. (Ayala, 1970a)[25]

Sem dúvida, após o resultado promissor apontado por Ayala, os ânimos para a repetição da experiência estavam exultantes. Dessa vez, Amélia Toledo, Emanuel Araújo e Raimundo Colares[26] haviam sido os finalistas, sendo este último o escolhido "por sua qualidade, pela consequência de seu trabalho com as linhas da vanguarda americana, por ser jovem e estar no ponto exato de poder aproveitar uma oportunidade como esta" (Zózimo, 1970).

Ayala (1970a) também informou que a premiação fora decidida por personagens não pertencentes ao âmbito artístico:

---

24 Ao longo dos anos, o nome do artista teve alteração na grafia. Foram mantidas as formas originais dos documentos consultados.

25 É importante apontar que havia outras categorias de premiações, como Prêmio Ibeu de Teatro, iniciada em 1968 e vigente até 1995. Concedia-se um prêmio anual para a melhor montagem carioca de texto de autor dos Estados Unidos. Mas essas premiações não foram analisadas neste trabalho por não serem o foco da pesquisa. Em algumas ocasiões, houve presença significativa de público, como informa o relatório do USIS: "um especial e notável resultado foi obtido no Centro Binacional do Rio [Ibeu] em conexão com o segundo prêmio anual pela melhor Peça Americana da estação, *A história do Zoo*" ("*a special noteworthy result was obtained in the Rio Binational Center in connection with the second annual prize for the season's best American Play*, The Zoo Story.") Ver Carta do Country Public Affairs Office, United States Information Agency (USIA), Information Service (USIS), Washington (D.C.), EUA. Documento n. 3, 7 jul. 1970. De USIS Rio de Janeiro para USIA Washington (D.C.). Informa sobre atividades culturais patrocinadas pelo USIS Brasil/Janeiro-Junho de 1970. Não classificada. Localizada na University of Arkansas Library – *Special Collections*, Bureau of Educational and Cultural Affairs Historical Collection (CU), Fayetteville, Arkansas, EUA. Para uma lista completa do Prêmio Ibeu de Teatro ver o texto (sem autoria) "Um pouco de história", no catálogo *60 obras selecionadas em 60 anos com muita arte* (1997), p.33.

26 "É esta a segunda vez que o prêmio é concedido (o premiado do ano passado foi Antônio Maia) e Colares chegou às finalistas juntamente com Amélia Toledo e Emanuel Araújo" (Morais, 1970). Em pequenas notas na imprensa, a International Telegraph Telephone (ITT) aparece também como patrocinadora da viagem do artista (ver Marcondes, 1970).

Assim o prêmio do Ibeu não deve ser para a melhor exposição do ano, mas para aquela exposição que reúna mais condições de aproveitamento: juventude, apetência de conhecimento, margem de aproveitamento, etc. [...] Apesar do tumulto de conceitos e pontos de vista para a seleção da Comissão de Arte do Ibeu, chegou-se, em dois escrutínios, à escolha de excelentes nomes finalistas: Amélia Toledo, Raimundo Colares, que no meu ponto de vista reúne com mais força todos os elementos de justificativa do prêmio que defendi acima. Esta última decisão [...] depende de uma outra comissão, após prévio contato com os artistas selecionados. [...] Enfim, qualquer que seja o resultado *dessa estranha segunda comissão, composta de personagens da Embaixada americana e da firma patrocinadora do prêmio*, já temos a certeza de que um elemento de valor, jovem e com visão bem atualizada, é que desfrutará da breve e fecunda visita aos mais importantes centros de arte norte-americanos. (grifo nosso)

Para Ayala, a seleção realizada pelo patrocinador ou os funcionários da embaixada não parecia legítima. Mesmo assim, Ayala não se indispôs completamente com a segunda comissão composta por figuras do meio político e empresarial, financiadoras do projeto. De todo modo, para um crítico que parece ter aprovado posições do governo ditatorial, chama a atenção a ressalva feita às "personagens da Embaixada americana e da firma patrocinadora do prêmio" no processo de seleção. Já sobre a escolha do nome de Colares, Ayala a considerava uma aposta promissora, um nome apto, com uma trajetória de destaque no meio carioca que aproveitaria o prêmio e traria "frutos" para o meio brasileiro.

Raimundo Colares, segundo sua irmã Therezinha Collares, teria saído de Montes Claros, Minas Gerais, ainda na metade do 3º ano do Científico, com uma bolsa da Superintendência do Desenvolvimento do Nordeste (Sudene),[27] para terminar o curso em Salvador. Em seguida, deveria cursar Engenharia Civil na Universidade da Bahia, o que não aconteceu por ele ter dispensado a bolsa e ter ido viver no Rio de Janeiro em 1966.[28] Ainda em Salvador, conheceu jovens admiradores de Mondrian, Klee, Kandinsky, que também se interessavam pela arte concreta. O próprio artista considerou essa convivência importante para suas futuras decisões, pois apesar de ter continuado a fazer paisagens, a geometrização que havia conhecido naquele momento seria incorporada a sua poética (Tristão, 1969). Disse ainda que desenhava desde criança e que seus primeiros trabalhos assinados eram de 1959, quando fez retratos de artistas de cinema, cópias de cartões postais e paisagens de Montes Claros (Raimundo Colares..., 1970a).

---

27 Como verbas foram concedidas pela política da Aliança para o Progresso para a Sudene, seria necessário investigar se há alguma relação com o tipo de bolsa dada a Raimundo Colares.
28 Manuscrito intitulado "Raimundo Colares", de autoria de Terezinha Collares. 3 p. Localizado no Arquivo do Museu de Arte Moderna do Rio de Janeiro, p.1.

AS "POLÍTICAS DE ATRAÇÃO" E AS INSTITUIÇÕES

Colares ofereceu um longo depoimento sobre sua trajetória ao crítico Jayme Maurício na ocasião de sua primeira mostra individual realizada na Galeria de Arte do Copacabana Palace, ocorrida em 1969, que reitera seu percurso autodidata:

> Aos sete anos comecei a desenhar espontaneamente. Em 1963 (19 anos) fiz meu primeiro quadro a óleo: um autorretrato. Comecei então a copiar cartões postais ao mesmo tempo que fazia paisagens do natural. Em 1964, com uma bolsa de estudos da Sudene (pré-vestibular de engenharia), viajei para Salvador. Lá fui procurado por Antônio Brasileiro (poeta e pintor) que coordenava um grupo jovem de poesia e pintura. Agreguei-me a eles. Trabalhávamos juntos e, apesar da tônica do grupo ser Klee, Mondrian e Kandinsky, eu continuava a fazer paisagens. Mas a verdade é que, aos poucos, estas paisagens foram perdendo os detalhes (talvez folclóricos) que cediam lugar a uma ordenação do espaço com quadrados e linhas. Em janeiro de 1965, abandonei a bolsa de estudos e vim para o Rio, onde fiquei até julho vendo exposição, lendo muito.[29]

Depois disso, volta para Montes Claros onde continua suas pinturas, agora de folhagens tropicais com aspectos diferenciados, ordenadas de modo dinâmico no espaço.

> Esses trabalhos evoluíram então para uma fase que denominei "dos dragões" e cuja característica não era mais a ordenação e sim a agressividade. Foi nessa época que *pintei o primeiro tema de estradas*. Um mural encomendado pelo Departamento de Estradas e Rodagens. Era um mural de 3m x 2,80m, comemorando o início do asfaltamento da estrada Montes Claros-Belo Horizonte, que até hoje não foi concluído. Em janeiro de 1966 vim morar definitivamente no Rio.[30]

Talvez essa demanda oficial tenha estimulado o artista a observar as formas das "máquinas que carregam gente" e que se movem entre partidas e chegadas. Seguramente, quando foi ao Rio de Janeiro, a cidade acelerada, os fluxos nas ruas interseccionados pelas formas de veículos, particularmente dos ônibus, tornaram-se tema privilegiado em sua produção.

---

[29] Manuscrito de Jayme Maurício. 3 p. Localizado no Acervo Jayme Maurício do Instituto Moreira Salles, Rio de Janeiro, pasta "JM631". Muito provavelmente, o depoimento de Raimundo Colares a Maurício foi a base do artigo "Colares: o ônibus e as barreiras a vencer", publicado por este último no *Correio da Manhã*, em 3 de setembro de 1969, haja vista a semelhança entre os depoimentos do artista.

[30] Manuscrito de Jayme Maurício. 3 p. Localizado no Acervo Jayme Maurício do Instituto Moreira Salles, Rio de Janeiro, pasta "JM631".

Para Colares, o Rio de Janeiro era o "verdadeiro centro cultural" e foi lá que conseguiu em poucos anos fazer uma carreira vertiginosa, não sem antes sobreviver como guia de turismo, intérprete, professor, desenhista de letras e monitor no MAM RJ (Raimundo Colares..., 1970b). Confessou ter enviado seus trabalhos para inúmeros salões, nos quais foi continuamente recusado. Teria sido em 1967, quando Antonio Dias o convidara para participar da mostra "Nova Objetividade Brasileira", na qual ele expôs *Ocorrências de uma trajetória* e *Ultrapassagem-pista livre*, que as coisas começaram a mudar. Em 1968, por exemplo, Colares acabou recebendo o segundo lugar no II Salão Esso. Frederico Morais (1968) comentou os trabalhos expostos:

> A fase em que se encontra presentemente Raimundo Collares (e três trabalhos seus poderão ser vistos brevemente no II Salão Esso) começou com uma abordagem, a "la *pop*", de certos aspectos da realidade urbana: fachadas e perfis de ônibus, ruas, "zebras", números. Prevalecia, digamos assim, a narrativa. Sem que esta desaparecesse, seus quadros começaram a adquirir com o tempo, porém, um sentido construtivo, os quadrados e diagonais estruturando-se numa linguagem concreta. Mais do que um tema (o ônibus e seus correlatos) impõe-se, agora, uma problemática atual: o choque de forças antagônicas de trajetórias conflitantes, a rápida sucessão de acontecimentos num espaço, o aumento da velocidade a partir de cortes incisivos e curtos ou desvios da trajetória, enfim, a dinamização de uma superfície bidimensional graças à descontinuidade dos percursos.

Quando seus trabalhos começaram a ser associados pela crítica à cultura dos Estados Unidos, Colares responde de modo insatisfeito:

> Acusam-me de sofrer influência americana. Como, se jamais fui além do Rio de Janeiro? Reconheço, isto sim, a influência do cinema nos meus quadros. A influência dos cortes, da dinâmica [...], seria a do cinema americano que era o que existia para se ver em toda a minha infância e adolescência. E também das histórias em quadrinhos, invenção americana e leitura intensa dos meus tempos de criança. Mas os ônibus que retrato, garanto, são inteiramente cariocas e urbanos. Eu os vejo assim: bacanas, coloridos, metálicos. Nunca transferi para as telas um ônibus interestadual. São todos na base do Castelo-Ilha do Governador, São Salvador-Leblon, etc.[31]

Colares admitia ter crescido com dois produtos de exportação da cultura estadunidense: o cinema e as histórias em quadrinhos. Desde cedo, os filmes entraram em sua vida, pois sua família foi viver em uma casa ao lado de uma sala de cinema, da qual

---

31 Manuscrito de Jayme Maurício. 3 p. Localizado no Acervo Jayme Maurício do Instituto Moreira Salles, Rio de Janeiro, pasta "JM631".

era possível ouvir o som das histórias rodadas na tela (Mattar, 2016). Ele reconhece a importância dos cortes e da dinâmica cinematográfica em seus trabalhos, assim como se pode colocar em paralelo a relação que seus trabalhos estabeleceram entre as sequências de enquadramentos e as imagens chapadas dos HQs.

O reconhecimento do paralelismo entre os trabalhos de Colares com a produção dos Estados Unidos foram frequentes no jornalismo cultural. Por ocasião do Salão dos Transportes, realizado ainda em 1969, o crítico Jayme Maurício considerou a mostra uma caricatura americana de arte, pois "tem-se, às vezes, a impressão de uma exposição de alunos de Robert Indiana, Rosenquist e D'Arcangelo. Bons mestres de uma civilização para maus alunos de uma civilização atrasada". Mesmo que tenha considerado a mostra uma reverberação rebaixada da produção ao norte da linha do Equador, Maurício (1969a) concordava que o primeiro prêmio dado a Colares fora acertado, "mesmo que seus ônibus esmerados e polidos se parecessem com Greyhund [sic] do que com as companhias brasileiras Cometa ou Pássaro Marron". Aos olhos de Maurício, a proximidade entre os trabalhos de Colares e os de artistas estadunidenses não comprometia sua qualidade. O crítico chegou a dizer: "não há muita diferença na forma dos novos ônibus no mundo inteiro e a cultura de estrada com as variantes do subdesenvolvimento, em essência, é a mesma em toda parte. Os meios de informação, caro Colares, fazem do mundo uma grande aldeia global, disse McLuhan – não há motivos para bradar originalidade" (ibidem). Em um novo artigo, publicado poucas semanas depois, Maurício (1969b) escreveria que "o contato de Colares com a *pop art* vem de há tempos e através de livros".

Sobre as conexões com a *pop art* em sua produção, Colares não demonstrou nenhuma concordância:

> [...] não foi de repente que eu vi *pop art*. Começou com aquele grupo de artistas jovens de Salvador que estudavam Klee, Mondrian e Kandinsky. Aos poucos minhas paisagens foram pegando aquela estruturação geométrica, influência daqueles estudos. A esse tempo travei conhecimento com a *pop art* através dos livros. Somente em 1965, quando cheguei ao Rio, eu a vi mais de perto.[32]
>
> O importante é o movimento dos veículos e a sua capacidade de percorrer uma trajetória. É exatamente como uma força percorrendo uma trajetória, que encontra outras forças do mesmo sentido ou em sentido contrário; assim também como barreiras que devem ser ultrapassadas. É como um homem que tem uma trajetória a cumprir e a fará de qualquer maneira, apesar de encontrar em sentidos contrários outras forças. E

---

[32] Manuscrito de Jayme Maurício. 3 p. Localizado no Acervo Jayme Maurício do Instituto Moreira Salles, Rio de Janeiro, pasta "JM631".

tentará vencer, forçando trajetórias contrárias e barreiras, já que fazem parte da vida essas ultrapassagens.[33]

Mesmo reconhecendo o contato com a *pop art* por meio de reproduções impressas, Colares não reconhece nenhuma filiação com essa poética artística, o que talvez reflita o próprio desapreço de parte da crítica brasileira por essa produção. De todo modo, o artista preferia estabelecer relações entre seus trabalhos e elementos locais de seu entorno. Quanto às filiações à história da arte, Colares associava-se às formas abstratas e aos artistas que conheceu quando jovem na Bahia, nomes já bastante consagrados.

Em 1968, Colares conseguiu também a isenção do júri no Salão Nacional. Nessas participações, ele apresentou pinturas em alumínio no formato tridimensional e, em 1969, obteve com elas o primeiro prêmio no Salão dos Transportes e a participação na seleção prévia para a Bienal de Paris (idem, 1969b). Com esses trabalhos que se afastavam da parede, cuja temática eram os ônibus, o artista queria "transferir a dinâmica e a velocidade dos tempos modernos, das cidades grandes". Assim, com imagens que lembravam a combinação de carrocerias e laterais de ônibus, foram obras que provocaram um debate sobre as características de suas produções, que combinavam o rigor formal da tradição construtivista com a cultura *pop*. Com essas duas premiações, ganhou ainda maior espaço nas notícias dos jornais, o que lhe possibilitou discutir seu processo poético:

> Os ônibus e os automóveis em alta velocidade preocupam-me, participam esteticamente da minha obra porque tento relacioná-los com o homem, a rapidez de sua vida, de seu progresso. Meu trabalho sugere a velocidade dos acontecimentos e é a tentativa de coordenação dos mesmos. [...] Minha primeira preocupação foi sair da tela para o espaço. Formas soltas da parede. O problema financeiro me impediu de materializar meus projetos, porque, em realidade, eles já existem. Por outro lado, consegui isto, plenamente, através dos últimos trabalhos, os livros-objetos, que são de realização mais fácil, com papel mais barato – o papel – tendo conseguido, assim, esta saída virtual para o espaço, e, também, espontaneamente, uma coisa que muito me preocupava, que era a participação do espectador. [...] este livro é constituído de folhas de papel em duas cores, com cortes semelhantes às trajetórias dos ônibus, e que o espectador vai, ao mexer, dispondo de novas combinações. Há em cada página o elemento-surpresa, motivando uma busca que identifique a sensibilidade do espectador, integrando-o a uma determinada forma. Este trabalho, com características lúdicas, pode servir de protótipo a uma produção de massa [...]. (Prêmio Ibeu-70..., 1970)

---

33 Manuscrito de Jayme Maurício. 3 p. Localizado no Acervo Jayme Maurício do Instituto Moreira Salles, Rio de Janeiro, pasta "JM631".

Colares denominou seus livros-objetos de "gibis",[34] espécie de livros de artista compostos de páginas de pura cor (normalmente com a combinação de duas cores contrastantes) e formas geométricas recortadas. Ao serem manipuladas e desdobradas, elas se destacavam e se reorganizavam em múltiplos rearranjos espaciais. Talvez aqui seja importante lembrar que, quando adolescente, Colares havia trabalhado em uma papelaria em Montes Claros, onde manipulou e conviveu "com postais, papéis coloridos".[35] Um texto manuscrito do próprio artista discorre sobre o surgimento dos "gibis" (livros-objeto):

> Fiz o 1º livro-objeto que denominei de "gibi" em 1969. Surgiu a ideia de cortar as folhas de um livro em sequências programadas formando um desenho quando tentava desenhar uma história em quadrinhos; como os desenhos não saiam como eu queria cortei a página e vi que poderia usar as páginas cortadas como um livro-objeto. Deste meu envolvimento com as histórias em quadrinhos surgiu naturalmente o nome "gibi" para o título destes livros-objetos. O incrível é que o primeiro que fiz tinha os cortes paralelos o que o tornava extremamente parecido com a pintura que eu vinha desenvolvendo. Descoberto o processo as ideias para novos desenhos com os cortes vieram naturalmente.[36]

Figura 25 – "A cor local nos Estados Unidos", *Diário de Notícias*, 22 de novembro de 1970

FONTE: CENTRO DE DOCUMENTAÇÃO E PESQUISA DA FUNARTE, RIO DE JANEIRO

---

34 Lançada em 1939, *Gibi* foi a primeira revista de histórias em quadrinhos no Brasil.
35 Manuscrito intitulado "Raimundo Colares", de autoria de Terezinha Collares. 3 p. Localizado no Arquivo do MAM RJ, p.1.
36 Manuscrito do artista, publicado no catálogo *Raymundo Colares*. Rio de Janeiro: Ronie Mesquita Galeria, abril de 2016, p.43. Disponível em: https://issuu.com/vteixeira/docs/catalogo-online_0caf-c278a2d3b7. Acesso em: 6 jan. 2021.

Figura 26 – "Brasileiro organiza exposição nos EUA", *Última Hora*, 26 de outubro de 1970

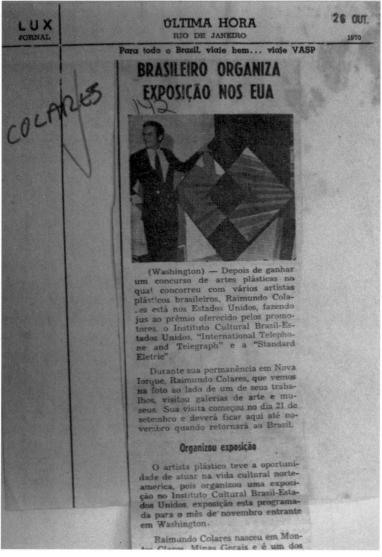

FONTE: CENTRO DE DOCUMENTAÇÃO E PESQUISA DA FUNARTE, RIO DE JANEIRO

Figura 27 – "Prêmio IBEU-70 explica técnica", *O Globo*, 20 de março de 1970

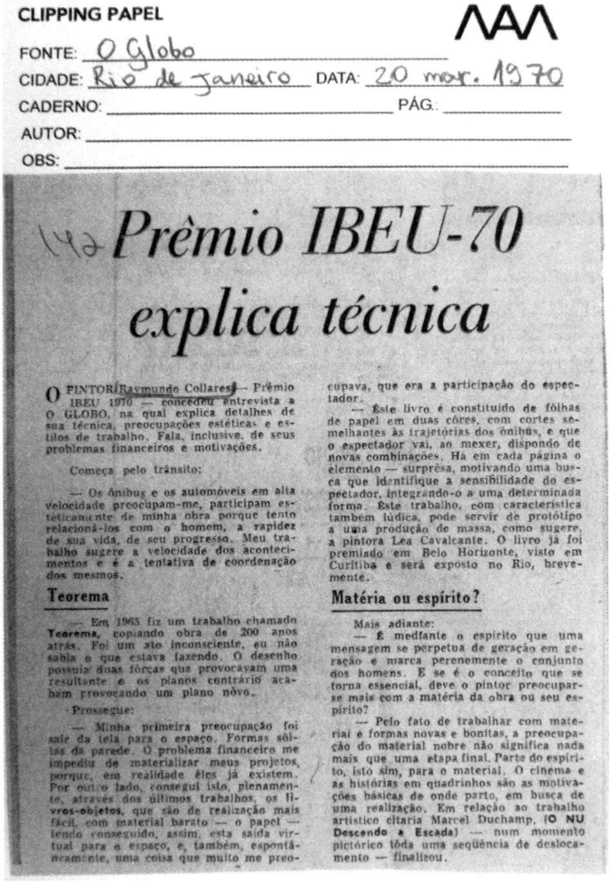

CLIPPING PAPEL

FONTE: O Globo

CIDADE: Rio de Janeiro DATA: 20 mar. 1970

CADERNO: PÁG.:

AUTOR:

OBS:

142

Prêmio IBEU-70 explica técnica

O PINTOR Raymundo Collares — Prêmio IBEU 1970 — concedeu entrevista a O GLOBO, na qual explica detalhes de sua técnica, preocupações estéticas e estilos de trabalho. Fala, inclusive, de seus problemas financeiros e motivações.

Começa pelo trânsito:

— Os ônibus e os automóveis em alta velocidade preocupam-me, participam esteticamente de minha obra porque tento relacioná-los com o homem, a rapidez de sua vida, de seu progresso. Meu trabalho sugere a velocidade dos acontecimentos e é a tentativa de coordenação dos mesmos.

Teorema

— Em 1965 fiz um trabalho chamado **Teorema**, copiando obra de 200 anos atrás. Foi um ato inconsciente, eu não sabia o que estava fazendo. O desenho possuía duas fôrças que provocavam uma resultante e os planos contrário acabam provocando um plano nôvo.

Prossegue:

— Minha primeira preocupação foi sair da tela para o espaço. Formas sôltas da parede. O problema financeiro me impediu de materializar meus projetos, porque, em realidade êles já existem. Por outro lado, consegui isto, plenamente, através dos últimos trabalhos, os **livros-objetos**, que são de realização mais fácil, com material barato — o papel — tendo conseguido, assim, esta saída virtual para o espaço, e, também, espontâneamente, uma coisa que muito me preocupava, que era a participação do espectador.

— Êste livro é constituido de fôlhas de papel em duas côres, com cortes semelhantes às trajetórias dos ônibus, e que o espectador vai, ao mexer, dispondo de novas combinações. Há em cada página o elemento — surprêsa, motivando uma busca que identifique a sensibilidade do espectador, integrando-o a uma determinada forma. Êste trabalho, com característica também lúdica, pode servir de protótipo a uma produção de massa, como sugere, a pintora Lea Cavalcante. O livro já foi premiado em Belo Horizonte, visto em Curitiba e será exposto no Rio, brevemente.

Matéria ou espírito?

Mais adiante:

— É mediante o espirito que uma mensagem se perpetua de geração em geração e marca perenemente o conjunto dos homens. E se é o conceito que se torna essencial, deve o pintor preocupar-se mais com a matéria da obra ou seu espirito?

— Pelo fato de trabalhar com material e formas novas e bonitas, a preocupação do material nobre não significa nada mais que uma etapa final. Parte do espírito, isto sim, para o material. O cinema e as histórias em quadrinhos são as motivações básicas de onde parto, em busca de uma realização. Em relação ao trabalho artístico citaria Marcel Duchamp. (**O NU Descendo a Escada**) — num momento pictórico tôda uma seqüência de deslocamento — finalizou.

FONTE: ARQUIVO DO MUSEU DE ARTE MODERNA DO RIO DE JANEIRO

Figura 28 – Jayme Maurício, "Colares: o ônibus e as barreiras a vencer", *Correio da Manhã*, 3 de setembro de 1969

FONTE: ARQUIVO DO MUSEU DE ARTE MODERNA DO RIO DE JANEIRO

AS "POLÍTICAS DE ATRAÇÃO" E AS INSTITUIÇÕES

O artista mostrava-se ligado à cultura urbana e às dinâmicas da arte contemporânea, o que contrastava com o premiado anterior do Ibeu, Antonio Maia. Quando Colares viajou para os Estados Unidos, provavelmente repetiu o mesmo tipo de roteiro realizado por Maia. Mas a cobertura dada aos dois artistas pela imprensa brasileira parece desproporcional, pois o trajeto percorrido por Colares não foi acompanhado com o mesmo interesse que o de Maia. Assim como as obras deste último, entretanto, os "gibis" e as pinturas de Colares foram expostos no BACI entre 13 de novembro e 4 de dezembro de 1970. Apesar de diminutas, as notas na imprensa brasileira reafirmavam positivamente sua experiência nos Estados Unidos:

> Se toda a minha viagem pelos Estados Unidos tiver o mesmo êxito que tiveram minhas viagens a Nova Iorque e Washington, isso será fantástico. [...] O de que mais gostei em Nova Iorque foi o Museu Guggenheim. Sua Arquitetura é maravilhosa. Senti imenso prazer em caminhar pela rampa circular em torno da qual se acham as telas. É como se fosse um museu aerodinâmico. Espero voltar a Nova Iorque no fim de minha viagem para visitar outras galerias. (Brasileiro organiza...,1970)[37]

Antonio Dias revelou que tanto em Nova York quanto em Milão (cidade que visitaria posteriormente), Colares passava dias inteiros em sebos de gibis buscando raridades.[38] Hélio Oiticica, por sua vez, o hospedou em seu *loft* e assim se referiu ao cotidiano de Colares e ao que produziu:

> Iniciou as DOBRAGENS, livros desdobráveis espetaculares [...] compra sem parar *comics* revistas ídolos cine-rock lê peças do FUTURISMO ITALIANO, etc. e vê sessões diárias de filmes antológicos no ARCHIVES: o artista de rigor e coerente q com DIAS é o q me interessa por aqui: *whoelse*?[39]

Além de oferecer detalhes sobre o cotidiano de Colares, em 1970, Oiticica produziu um ensaio fotográfico com seu hóspede carioca posando nas ruas de Manhattan. Além disso, algumas de suas "dobragens" foram posicionadas para interagir com escadas de incêndio e janelas externas de um típico prédio da cidade. Desse conjunto, três foram publicadas por Oiticica em *Navilouca*, revista lançada no Brasil em 1974, acompanhadas de texto/poesia sobre Colares, datado de 1972. Entre as linhas, pode-se ler:

---

37 A nota informava ainda que a turnê havia começado em 21 de setembro e que Colares regressaria ao Brasil em novembro.
38 Apud Luiz Camillo Osório. *Raymundo Colares*. Texto de exposição. São Paulo, Museu de Arte Moderna, 18 nov. a 19 dez. 2010.
39 Carta de Hélio Oiticica a Daniel Más. Nova York, 1o maio 1972. Localizada no Arquivo Hélio Oiticica –HO 00449.72.

faca que corta corte certo
página q é bloco-estrutura não linear
passar o giro-bloco
ir volver
queda subir na intensidade-cor
cor fina do não-avesso
semântica do abc visual
puzzle-tempo
parentesco sadio-longínquo NÃO OBJETO LIVRO DE CRIAÇÃO (GULLAR PAPE) sem intenção metafísica
mostruário
livro-MONDRIAN disseca levando a espaço pós-pintura representação
q se dissolve no plano reconstruído no tempo
skyline de não-livro eixos multidirecionais no fio-corte (Oiticica, 1974)

Oiticica enfatiza a precisão das estruturas dos trabalhos de Colares, cortadas à faca, que não se submetem à lógica sequencial. As formas, vinculadas a uma nobre linhagem de pertencimento, os não objetos de Gullar e o *Livro da criação* de Lygia Pape são como peças de um enigma/quebra-cabeça que possibilitam combinações temporais fugidias nas mãos de seu manipulador.

Ainda em 1970, Colares recebeu também o Prêmio de Viagem ao Exterior, mas dessa vez preferiu se estabelecer em Trento, na Itália, passando antes um período em Nova York no apartamento de Hélio Oiticica; depois, permaneceu um tempo em Milão.[40]

Ainda na década de 1960, tornou-se comum artistas e críticos de arte triangularam deslocamentos cujo destino final era a Europa, fazendo antes uma parada em Nova York. De todas as formas, a amizade com Oiticica e a vibração de Nova York devem ter atraído o artista para uma segunda viagem, quando passou uma parte do tempo de sua premiação do Salão Nacional por lá. Assim, em 1972, durante essa segunda jornada na cidade, despertado seu interesse por suportes tecnológicos, processo similar ao de inúmeros artistas brasileiros que viveram na cidade no mesmo período, realizou filmes em que a fragmentação e a decomposição, características de seus trabalhos plásticos, repetiam-se. Em todos eles, o artista teria colocado em frente à câmera um canudo ótico que resultava em imagens decompostas pela cor, similar a um caleidoscópio. Diferentemente de suas pinturas e livros de artistas, que já avançavam

---

[40] Cabe aqui ainda sinalizar que ele ficou preso por dois dias porque, em uma batida policial, estava sem sua carteira profissional (*Jornal do Brasil*, Rio de Janeiro, 20 maio 1970. Seção Gente). Outra nota na imprensa informa que ele "jogou pedra nas vidraças do MAM. Está preso" (Lamare, 1970).

Figura 29 – Hélio Oiticica, "Colares" (fevereiro de 1972), publicado na revista *Navilouca*, em 1974

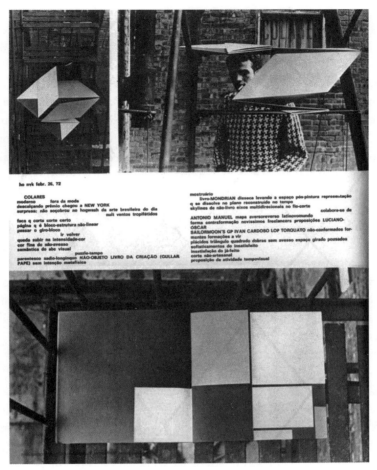

no plano, a experiência com os filmes lhe trouxe ainda mais fortemente a sobreposição dos planos e a profundidade como elementos plásticos novos. Lygia Canongia descreveu esse canudo ótico como "composto por lâminas de acetato de diversas cores que, de acordo com a movimentação das lâminas ou a cor evidenciada, reflete a imagem invertida ou distorcida". Ela destacou ainda a ênfase na mobilidade, além da fragmentação nos três filmes que o artista tinha realizado em Nova York: *Trajetórias, Gotham City, Broadway-Boogie-Woogie* (Canongia, 1981, p.26).

Em carta a Aracy Amaral, Colares explicou como perdeu essa produção. Sua câmera havia sido roubada e junto com ela se foram os oito *reels* de *Broadway Boogie-Woogie*. Sobre esse filme, diria que se tratava de sua terceira experiência com

[...] uma espécie de caleidoscópio que uso para distorção/melhor seria chamar de decomposição da imagem uma pena o roubo [...] porque não sei quando poderei voltar a n.y. de qualquer modo não tem muita importância o fato de ter sido rodado na zona bdway times square 42ª st. é certo que ali tinha concentrado bastante luz neon em movimento e de efeitos impressionantes naturalmente farei de novo nem que seja "copacabana boogie-woogie".[41]

Passada essa segunda temporada em Nova York, Colares estabeleceu-se em Trento, onde permaneceu a maior parte do tempo relativo à bolsa. Após ter vivido oito anos em cidades grandes, esperava encontrar naquela pequena cidade italiana, perto dos Alpes, o sossego desejado. Em carta ao amigo Antônio Manuel, registrou: "estou muito cansado, não quero mais agitação, poluição, competição".[42] Na nova morada, teria o espaço desejado para trabalhar, mas pouco se conhece o que aí produziu. Dedicou grande parte do tempo à escrita de cartas para os amigos, de contos e de poemas.

No retorno ao Brasil, Colares se retirou da cena artística e alternou períodos de permanência no Rio de Janeiro e em Montes Claros. Morreria de forma trágica, em decorrência de um incêndio provocado por um cigarro na cama do hospital em que estava internado, em 1986.[43]

Diferentemente de Maia, a premiação concedida a Colares, que lhe possibilitou conhecer os Estados Unidos, parece tê-lo estimulado a experimentar novos suportes e a arriscar uma produção mais conectada ao frenesi nova-iorquino, caso similar ao de Ivan Freitas.

Prêmio International Telegraph Telephone: Ivan Freitas, 1969

Ivan Freitas saiu de João Pessoa em 1958 e rapidamente se envolveu com o meio artístico carioca, participando de salões e mostras e recebendo prêmios. Em 1962, foi para Paris com uma bolsa de seis meses oferecida pelo governo francês.[44] De volta ao Brasil, avaliou que, apesar de o meio parisiense ser promissor, os artistas encontravam

---

41 Carta de Raimundo Colares para Aracy Amaral na preparação da "Expo-Projeção". Trento, 5 mar. 1973. Publicada no catálogo *Expo-Projeção 1973-2013*. Curadoria de Aracy Amaral e Roberto Moreira Cruz. São Paulo: Sesc Pinheiros, 2013, p.31. Recentemente, foram encontradas algumas dessas produções de Colares.
42 Carta de Raimundo Colares para Antônio Manuel. Trento, 26 nov. 1972, p.62 (apud Luiz Camillo Osório. "Raymundo Colares". Texto de exposição. São Paulo, Museu de Arte Moderna, 18 nov. a 19 dez. 2010).
43 Sobre detalhes do trágico acidente e da morte de Raimundo Colares, ver o comovente artigo de Morais (1986).
44 Quando retornou ao Brasil, integrou o grupo de artistas brasileiros que participaram da III Bienal dos Jovens (1963), em Paris.

Figura 30 – Ivan Freitas, página de revista

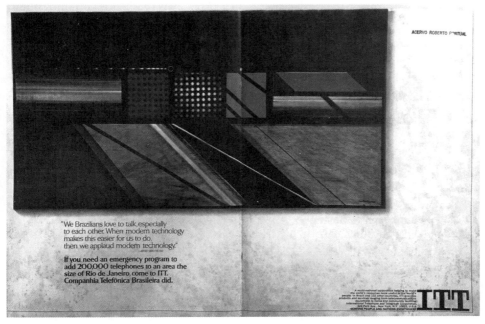

FONTE: CENTRO DE DOCUMENTAÇÃO E PESQUISA DA FUNARTE, RIO DE JANEIRO

por lá dificuldades financeiras devido à "imensa concorrência nacional francesa e internacional" (Pintor paraibano...,1963). Após a experiência em Nova York, as considerações do artista não seriam muito diferentes.

Do período parisiense, incorporou a prática da colagem às obras e começou a se interessar pelo movimento e pela tecnologia. Considerava sua pintura uma experiência sensório-visual e assumia que o ritmo de seu trabalho se desenvolvia lentamente, à custa de experimentações. Afirmava se interessar pelo contraste entre o velho e o novo, "a arquitetura, o mecanicismo, a eletrônica, as velhas estruturas e o novo urbanismo" (Bento, 1963).

Com cada vez mais espaço na cena artística carioca, não foi surpresa quando, em 1969, participou da seleção do Prêmio International Telegraph Telephone (ITT) para participar da Super Corporate Campaign e foi o vencedor. Tratava-se de uma divulgação publicitária relacionada ao contrato de expansão da telefônica do Rio de Janeiro, assinada pela companhia telefônica brasileira com a Standart Eletric S.A., associada à International Telegraph Telephone (ITT) do Brasil.[45] A tela, pela qual Freitas rece-

---

45 "O tema brasileiro da campanha é o contrato de expansão telefônica do Rio assinado pela companhia telefônica brasileira com a Standard Eletric S/A, associada a ITT do Brasil" (Ivan Freitas viaja, 1969).

beu mil dólares, denominava-se *Comunicação*[46] e foi veiculada em revistas de âmbito internacional acompanhada da declaração do artista: "Nós brasileiros gostamos muito de conversar. Quando a tecnologia moderna vem facilitar nossas conversas, então nós aplaudimos a tecnologia moderna". Em seguida, podia-se ler: "Se precisar de um programa emergencial para acrescentar 200 mil telefones a uma área do tamanho do Rio de Janeiro, venha para a ITT. A Companhia Telefônica Brasileira fez isso".[47]

Convidado para o lançamento da mostra internacional como representante da América do Sul, Freitas foi para Nova York no início de fevereiro de 1969 e voltou apenas em 1972. Embora não se conheçam detalhes sobre essa extensa estada, sabe-se ter sido um período profícuo em que ele produziu "construções cinéticas", objetos que envolviam processos tecnológicos. Em cartas enviadas aos críticos de jornais brasileiros, o artista informava sobre as novas experimentações:

> Cheguei ao desenvolvimento natural do meu trabalho, a construção da obra. No sentido em que dirijo a pesquisa, necessito cada vez mais da tecnologia, física, eletrônica, mecânica. Como vê, o processo, para ser bom, tem que ser lento. Como você percebe, tudo isso, na verdade, iniciei em 1964, no Rio. Agora desejo demorar-me por aqui. As possibilidades materiais são ilimitadas. Posso ir aonde quiser com minhas experiências. (Freitas apud Ayala, 1971b)

No mesmo texto, o colunista Walmir Ayala, além de exaltar os trabalhos, afirmava ser oportuno que a Galeria Ralph Camargo os trouxesse para exibi-los no Brasil. Afinal, "a pesquisa atual de Ivan de Freitas [...] coloca-se honrosamente no panorama americano, dentro de uma tendência que é sem dúvida a mais poderosa nos vários núcleos de criação contemporânea" (ibidem). Aos olhos do colunista, a qualidade da produção de Freitas o colocava em um patamar de nível internacional. Ao mesmo tempo, o artista tentava se manter conectado ao ambiente brasileiro e exibir trabalhos em mostras no Brasil, como demonstra sua tentativa de participar do Salão Eletrobrás, em 1971. Nessa ocasião, entretanto, suas duas obras acabaram retidas na alfândega por terem sido classificadas como "aparelhos científicos importados indevidamente" e não como obras de arte (idem, 1971c).

Na perspectiva do artista, a facilidade de acesso aos materiais em Nova York lhe possibilitava levar adiante as questões cinéticas que o interessavam e estavam na

---

46 Em anúncio de revista, a obra de Ivan Freitas aparecia intitulada *Mechanic Phase I* e está ao lado das pinturas *Articule Man*, de Josefina Robirosa; *African Wave III*, de Mohamed Melhi; *Age of Space*, de Pratueng Emjaroen; *Eletronics: Images and Symbols*, de Herman Muys (ver *Pshychology Today*, v.5, n.11, s.p, abr. 1972).

47 "*We Brazilians love to talk especially to each other. When modern technology makes this easier for us to do, then we applaud modern technology. [...] If you need an emergency program to add 200.000 telephones to an area the size of Rio de Janeiro, come to ITT. Companhia Teleônica Brasileira did.*"

perspectiva de seu trabalho desde sua estada em Paris. Considerava que a visão do mundo tecnológico passou a organizar mais diretamente seu plano estético e a exploração tridimensional tornou-se um campo de possibilidades relacionado à tecnologia e à exatidão matemática (Ivan Freitas..., 1973).

As máquinas sofisticadas fascinavam-no desde criança, quando tinha Flash Gordon como herói. Cresceu seduzido pelas imagens dos aviões da Segunda Guerra e, utilizando as tintas do pai, um pintor primitivo da Paraíba, chegou a representá-los em pinturas de batalhas aéreas entre alemães e ingleses (ibidem). As imagens da galáxia e a exploração espacial, que culminou com a chegada do homem à Lua, igualmente estão presentes em seus trabalhos. O artista admitia que a presença da cor azul em suas pinturas devia-se à descrição que Yuri Gagarin fizera de que a Terra era dessa cor.

O imaginário de criança fascinada pelas engrenagens de aparatos parece ter se atualizado com a experiência vivida em Nova York, que ele chamava de "cidade máquina":

> [...] uma cidade estimulante, onde as coisas novas surgem a cada minuto, 24 horas por dia. [Comecei...] principalmente com o acrílico de forma acabada, formas já cortadas e polidas; um spray que seca rapidamente e que oferece uma gradação de cor fabulosa. Depois passei a trabalhar com motores e circuitos alternados, até desenvolver, em menos de um ano, uma prática de artesanato que nunca tive. Aí passei às construções em alumínio e aos objetos cinéticos. [...] Vi *2001* oito vezes, aqui [Rio de Janeiro] e em Nova Iorque. Fiquei vidrado: interessa-me a angústia do ser humano colocado nos grandes espaços, a sua desproteção quando entra numa sala imensa, vazia [...]. (ibidem)

Pelos depoimentos, percebe-se que, nas obras produzidas nos Estados Unidos, Freitas conjugou o rigor matemático à experimentação, utilizando alumínio, madeira, acrílico, motores, instalações elétricas e eletromagnéticas. Suas habilidades manuais possibilitavam-lhe cuidar de todas as etapas do trabalho – que iam desde trabalhos com carpintaria aos com eletricidade –, dispensando serviços de terceiros. O acréscimo de cores e de luzes dava lirismo à tecnologia, deixando a sensação de espaço; a imensidão da galáxia e os robôs protagonizavam a cena em estruturas complexas de luzes em caixas de madeira.

Para Ayala (1973), esse processo resultava em que, pela "simples pressão de um botão, ou de um interruptor, brotam estágios solares que ampliam o espírito do azul, ou que varrem de uma luz interplanetária as varetas de acrílico implantadas em superfícies tensas de um silêncio de lentas metamorfoses".

Como muitos brasileiros que viveram um "exílio artístico",[48] Freitas não sobreviveu como artista em Nova York, apesar de ter conseguido realizar uma exposição em dezembro de 1969 na Pan America Union, em Washington, D.C., e participar de

---

48 O tema do "exílio artístico" foi mais largamente explorado em Jaremtchuk (2021).

Figura 31 – Ivan Freitas, recorte de jornal, 1973

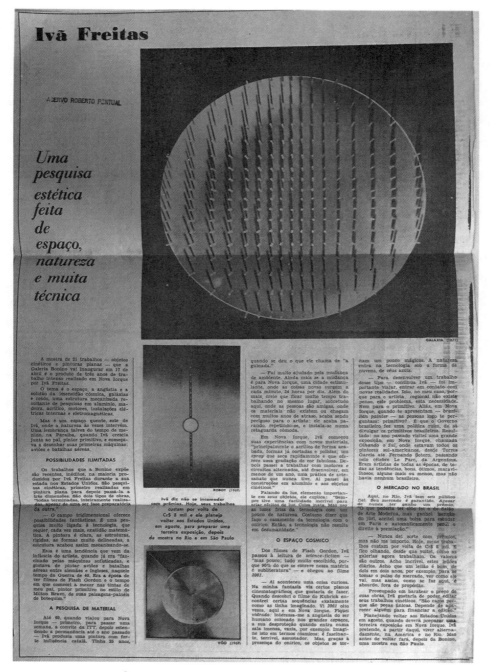

FONTE: CENTRO DE DOCUMENTAÇÃO E PESQUISA DA FUNARTE, RIO DE JANEIRO

Figura 32 – Ivan Freitas, Galeria Bonino (RJ), 17 de abril a 5 de maio de 1973

FONTE: CENTRO DE DOCUMENTAÇÃO E PESQUISA DA FUNARTE, RIO DE JANEIRO

duas coletivas em 1971, na Iramar Gallery[49] e na Bloomingdales Art Gallery, ambas em Nova York.

Sobre a mostra coletiva na Iramar Gallery, Gordon Brown, resenhista de exposições da *Art Magazine*, comentou: "Trabalhando num estilo geométrico e linear, o pintor e escultor Ivan Freitas mostra obras em dois diferentes níveis, construindo máquinas reais ou pintando, em *trompe-œil*, projeções dessas máquinas. Nos melhores trabalhos ele combina o real com o sugerido (apenas pintando) e é impossível dizer a diferença. E ainda sugere luzes com surpreendente sucesso".[50]

---

49 Constava no anúncio da mostra coletiva na Iramar Gallery que ele expôs escultura cinética. O trabalho justapõe círculos, pontos e alfinetes de metal em campos iluminados (ver *Artnews*, v.70, n.8, p.69, dez. 1971). Conforme anúncio na revista, participaram da mostra coletiva Freitas, Hamar, Moholyi, Adalson do Prado, Aldemir Martins, Vinicio Horta. Foram também exibidas tapeçarias de Colaço, Kennedy, Rubico, Morais e trabalhos com bambu de Ione Saldanha. A Iramar Gallery ficava na 125 East 81St. A mostra foi de 4 de novembro a 30 de dezembro de 1971.

50 *Art Magazine*, v.46, n.3, p.66, dez. 1971 – jan. 1972, citado por Ivan Freitas em *Pinturas*, Concorde Galeria de Arte, Rio de Janeiro, 30 out. a 14 nov. 1979.

Para continuar vivendo e produzindo arte em Nova York, reconheceu que estava disposto "a fazer qualquer tipo de concessão", desde que pudesse permanecer e levar adiante suas pesquisas. Segundo Lucas Mendes (apud Exílio artístico..., p.292-3), para viver, reconhecia que realizava biscates. Mas bastante descontente com o pouco de espaço para o que produzia, o artista fazia um balanço amargo sobre a projeção e a presença da arte brasileira nos Estados Unidos, valorizada pelo governo brasileiro:

> Em Nova Iorque quando te apresentam – *Brazilian painter* – as pessoas logo perguntam: primitivo? É que o governo brasileiro faz uma política ruim, de só divulgar os primitivos brasileiros. Resultado: no ano passado visitei uma grande exposição em Nova Iorque, chamada *Olhando o Sul*, onde estavam todos os pintores sul-americanos, desde Torres Garcia até Fernando Sotero [sic], passando pelo célebre Le Parc, da Argentina. Eram artistas de todas as épocas, de todas as tendências, bons, ótimos, maravilhosos, alguns mais ou menos, mas não havia nenhum brasileiro. (Ivan Freitas..., 1973)

Freitas comparava a realidade de outros artistas latino-americanos com a ausência de uma ampla política para as artes do Brasil no estrangeiro. Lamentava a promoção oficial da arte primitiva que reforçava uma identidade brasileira, como o caso do próprio Antonio Maia discutido anteriormente.

Mesmo sem apoio e com demandas reduzidas, Freitas seguiu produzindo e acabou por tornar essa experiência no estrangeiro bastante profícua para suas explorações poéticas. Quando retornou ao Brasil, em 1972, os trabalhos que trouxe na bagagem foram bem recebidos. Em 1973, a Galeria Bonino, no Rio de Janeiro, e a Galeria Collectio, em São Paulo, exibiram os objetos cinéticos e as pinturas produzidas nos Estados Unidos e algumas no Rio de Janeiro, realizadas após sua chegada. As mostras receberam resenhas bastante elogiosas, exaltando a conjugação entre a qualidade técnica e o conteúdo dos trabalhos: "o tema é o espaço, a angústia e a solidão da imensidão cósmica, galáxias e robôs, uma estrutura mecanizada resultante de pesquisas em alumínio, madeira, acrílico, motores, instalações elétricas internas e eletromagnéticas" (ibidem).

Antônio Bento (1973), o crítico, por exemplo, reconheceu esses resultados: "a fase atual possui notável unidade cromática, predominando as tonalidades azuis, tanto em seus 'Robots' como em outras composições do grupo das 'Faces mecânicas' e outras agora expostas. Nesses quadros, muito bem pintados, está viva e presente a evolução do pintor, em seu período norte-americano". Em sua perspectiva, Freitas dera continuidade às pesquisas cinéticas e avançara em suas pinturas.

Olívio Tavares de Araújo, de modo retrospectivo, lembrava-se vivamente da mostra realizada na Collectio, em 1973, e procurava estabelecer conexões entre aqueles trabalhos e a produção da década de 1980. Naquela ocasião, Freitas exibiu principalmente

[...] objetos cinéticos com luzes, executados durante e logo após uma temporada nos Estados Unidos. Já nesses objetos se detectava o propósito específico do pensamento plástico do artista: lidar com a fantasia de uma maneira exata, límpida, impecável, suscitando o mágico por meio de estímulos sutis e à primeira vista racionais. Havia ainda naquilo tudo um toque de *"science-fiction"*, como que detalhes de espaçonaves impossíveis, e o extremo requinte dos meios tons, onde predominavam os cinzas e os azuis. (Araújo, 1986, s.p.)

Destacados os aspectos de ficção científica dos trabalhos realizados no início da década de 1970, Araújo estabeleceu conexões com "mundos irreais", suscitados pelas pinturas de marinhas e paisagens desertas produzidas na década de 1980. Nelas há objetos posicionados no primeiro plano que, seja pela escala, seja pela temática, não se conectam com os outros planos das imagens. Para Araújo, o efeito de estranhamento identificado nesse conjunto de pinturas realizadas na década de 1980 remetia ao mundo ficcional da fase estadunidense e acabava por estabelecer uma peculiar linhagem surrealista, segundo o crítico. Fato é que as pesquisas cinéticas esmoreceram nessa época e as experimentações tecnológicas foram sendo substituídas por representações ilusionistas que pouco lembravam o entusiasmo de Freitas pelas combinações cromáticas e tecnoartesanais.

Ao longo das décadas seguintes, a presença de Freitas em instituições culturais se esvai e seus trabalhos são exibidos prioritariamente no circuito comercial.[51] A pintura de paisagens acabou sendo seu último refúgio.

Diferentemente da vibração que encontrou em Nova York, que lhe rendeu três profícuos anos de produtividade, ao voltar ao Brasil Freitas admitiu que "trabalhar no mesmo lugar [...] onde as pessoas são amigas, onde os materiais não existem ou chegam com muitos anos de atraso, acaba sendo perigoso para o artista: ele acaba parando, repetindo-se, e instala-se numa retaguarda cômoda" (Ivan Freitas..., 1973).

Observando os deslocamentos que realizou, seja Paris, seja Nova York, o artista parece sentir-se desafiado quando se encontra em novos ambientes. A viagem a Paris possibilitou-lhe conhecer a arte cinética e o emprego da tecnologia na produção artística, interesse que se traduziu na presença de movimento em sua poética. Já em Nova York explorou diversos materiais e construiu com eles objetos cinéticos complexos que resultaram em um conjunto criativo que contou com uma boa recepção no Brasil. Contudo, de volta ao Rio de Janeiro, em ambiente menos profissional e mais

---

51 Depois de seu retorno, Ivan Freitas participou das bienais de São Paulo em 1973 e 1975 e do Panorama do MAM SP em 1979. Nas décadas seguintes, seus trabalhos foram exibidos prioritariamente em galerias.

acanhado, o artista parecia antever sua própria acomodação e o refluxo em seu processo criativo.

Em meados da década de 1990, a Falcone Arts & Objetos comissionou o artista para retratar a arquitetura histórica, as paisagens e as visões urbanas contemporâneas da cidade de João Pessoa e seus arredores, o que resultou em um conjunto de imagens com referenciais claramente identificáveis. Como anteriormente, as pinturas permanecem desabitadas, com primeiro plano extenso e vazio que, agora, contrasta com referentes pintados em escala diminuta e posicionados no último plano das imagens. As luzes exacerbadas, acentuadas pelo acréscimo de arco-íris, feixes ou faixas luminosas geometrizadas, enfatizam o tom irreal das cenas. Nelas, o passado colonial é rememorado pelos traços arquitetônicos, mas o efeito da luminosidade sobre os casarios evoca um tempo irreal que converte as imagens em estranhos espaços a-históricos.[52]

Acompanhar as viagens de Antônio Maia, Raimundo Colares e Ivan Freitas para os Estados Unidos possibilita conhecer o funcionamento das engrenagens das premiações para a construção no meio carioca de uma silhueta assertiva das instituições daquele país. Em outras palavras, um sistemático corpo de ações estabelecidas a partir das "políticas de atração" contribuiu para amenizar o antiamericanismo identificado na produção artística e cultural no Brasil na década de 1960. Essas premiações eram amplamente divulgadas pela imprensa carioca que, junto das informações sobre os deslocamentos e as exposições dos artistas, apresentava elogios às instituições dos Estados Unidos ("fecunda visita aos mais importantes centros de arte norte-americanos"). Desejava-se que os artistas tirassem o "máximo proveito em sua viagem" e que, no retorno ao Brasil, o artista fosse um "grande divulgador da cultura americana" (Gullar, 1960c).

Pode-se observar que, nesses textos jornalísticos, além de a cultura americana ser sempre "atrativa", as viagens parecem ter servido de modelos para que outros artistas quisessem repetir a experiência. Nada disso parece ter sido casual, principalmente quando se conhecem as prerrogativas das agências estadunidenses, como se pode ler no relatório da United States Information Agency (USIA): "desde que a imprensa brasileira continue a estar disponível e receptiva para divulgar materiais de orientação política do USIS, o Posto acredita que suas operações de imprensa sejam um instrumento efetivo".[53]

---

[52] O resultado foi exposto no Teatro Santa Roza, na capital da Paraíba, com o apoio da Secretaria da Educação e Cultura do Estado (ver Freitas, 1995, s.p).

[53] Carta do Departamento de Estado dos Estados Unidos. Serviço Nacional de Informação. De USIS Brasília (DF), Brasil, para USIA Washington (D.C.), EUA. Mensagem n.27, 15 maio 1974. Submete o *Country Plan 1975*. Uso Oficial Limitado. Localizado na University of Arkansas Library – *Special Collections*, Bureau of Educational and Cultural Affairs Historical Collection (CU). Mc 468, box 14, folder 17, p.16. ("*since Brazilian publication continue to be available and receptive to USIS*

Organização dos Estados Americanos (OEA)[54]

Depois de passar em revista as carreiras e trabalho de Maia, Colares e Freitas, artistas cujo sucesso relativo muito deveu às políticas difusas de premiação e de viagens, somadas às suas repercussões fomentadas ou não, investiga-se agora uma política mais programática. Dos aspectos difusos de penetração filtrados por obras e sujeitos históricos, passa-se novamente à estrutura dos programas desenhados para atrair, de algum modo, componentes culturais diversos em torno de uma imagem a ser reafirmada da América Latina.

Em 1945, José Gómez-Sicre, especialista em arte do Office of Intellectual Cooperation da Organização dos Estados Americanos (OEA), pôs em andamento o programa de mostras temporárias que tinha lugar na sede da instituição em Washington, D.C. O objetivo era tornar a arte latino-americana mais conhecida nos Estados Unidos por meio de exposições de artistas talentosos, mas ainda não consagrados. Segundo ele, "o único pré-requisito autoimposto que orientava minhas seleções para exibições era a qualidade com que cada artista era capaz de traduzir uma mensagem estética como membro da cultura latino-americana" (Gómez-Sicre apud Sanjurjo, 1997).[55] Assim, o protagonismo de Gómez-Sicre na organização das exposições realizadas na Pan American Union, na qual permaneceu por 34 anos, assim como sua atuação tanto no círculo artístico quanto no diplomático, fizeram com que suas formulações sobre arte latino-americana se tornassem referência, sobretudo, para a diplomacia cultural nos Estados Unidos.[56] A formação de uma coleção – empreendida por ele e que, mais tarde, se tornaria o acervo do museu da organização, fundado em Washington, D.C., em 1976 – reafirmaria essa posição. Embora o nome do crítico de arte esteja envolvido em inúmeras ações relacionadas à Guerra Fria cultural na América Latina, as dimensões desse tema extrapolam as discussões aqui propostas.

No que se refere às "políticas de atração" efetivadas por instituições durante as décadas de 1960 e 1970, as mostras de arte e os intercâmbios realizados pelo setor de artes da Organização dos Estados Americanos (OEA) contribuíram, mesmo que de

---

press placement of policy-oriented materials, the Post believes its press operations to be a highly effective instrument.")

54 A Organização dos Estados Americanos (OEA, em inglês, Organization of American States – OAS) tem sede em Washington, D.C. e foi criada em 1948, apenas três anos após o surgimento da Organização das Nações Unidas (ONU). A OEA é uma espécie de organismo regional dentro da ONU e reúne os países do continente americano.

55 "[...] the only self-imposed prerequisite guiding my selections for exhibitions was the quality with which each artist was able to translate an aesthetic message as a member of the Latin American culture."

56 Em 1944, José Gómez-Sicre havia sido consultor de Alfred H. Barr, diretor do MoMA, para assuntos de arte latino-americana.

modo menos retumbante, tanto para tornar evidente o protagonismo dos Estados Unidos na cena artística e cultural quanto para tornar a arte latino-americana mais presente no âmbito norte-americano. Desse modo, para muitos artistas, participar da agenda da OEA simbolizava transpassar a porta de entrada de um possível meio artístico estadunidense. Nesse sentido, o espaço expositivo da instituição buscava contemplar artistas dos diversos países membros da organização.

Se as atividades próprias do meio artístico intensificaram o trânsito de latino-americanos para os Estados Unidos, sabe-se que, a partir de 1958, um extenso programa de bolsas de estudos se tornou concorrido na OEA, cujo propósito era "a supressão de um dos obstáculos ao progresso do Continente. Isto é, a falta de ensino profissional superior e de aperfeiçoamento técnico" (Cinquenta e quatro candidatos..., 1963). O programa dividia-se basicamente em três grandes áreas: 1) Economic development; 2) Community service; 3) Scientific and cultural development.[57] Embora a instituição informasse que o número de bolsas tivesse aumentado devido à crescente demanda, o projeto acabou por ter uma ampliação substancial, de fato, após o suporte dado pelos Estados Unidos no início da década de 1960.[58] O próprio presidente declarou esse apoio:

> No mês de fevereiro de 1961, o Presidente John F. Kennedy se pronunciou por carta [...] expressando sua opinião de que o ensino, principalmente o universitário, era um dos caminhos mais promissores para fortalecer os vínculos entre nações das Américas. [...] A Secretaria Geral aceitou de imediato a responsabilidade encomendada e combinou com o governo norte-americano que este último facilitaria os fundos necessários para levar a cabo o trabalho.[59]

---

57 Organization of American States. *Fellowship and Professorship of the OAS 1960-1961. Report of the Technical Secretariat.* Washington (D.C.): Pan American Union, General Secretariat, OAS, p.8.

58 "Originado na Recomendação no 22 do Comitê Interamericano de Representantes dos Presidentes, o Programa de Bolsas da OEA funciona como uma atividade regular e continuada da Organização desde julho de 1958. Desde então, aumentaram progressivamente seus fundos, o que correspondeu ao crescimento constante do número de solicitações de bolsas." Organização dos Estados Americanos. *Informe anual del Secretariado General al Consejo de la Organización*, 1961. Washington (D.C.): União Panamericana, Secretaria Geral da Organização dos Estados Americanos, p.49. Material localizado na Columbus Memorial Library, OEA, Washington, D.C. (*"Originado en la Recomendación n.22 del Comité Interamericano de Representantes de los Presidentes el Programa de Becas de la OEA funciona como actividad regular y continuada de la Organización desde julio de 1958. Desde entonces se han aumentado progresivamente sus fondos, correspondiendo al crecimiento constante del número de solicitudes de becas."*)

59 *"En el mes de febrero de 1961, el Presidente John F. Kennedy se dirigió por carta [...] expresándole su opinión de que la enseñanza, especialmente la universitaria, era uno de los caminos más promisorios para fortalecer los vínculos entre naciones de las Américas. [...] La Secretaria General aceptó de inmediato la responsabilidad encomendada y convino con el Gobierno norteamericano en que este último facilitaría*

A imprensa brasileira informava constantemente sobre o aumento do subsídio: "até fins de dezembro de 1962, haviam sido concedidas [...] 202 bolsas a candidatos brasileiros, para um total de 1.829, correspondente a todos os países americanos. Agora, elevou-se aquele número a 256" (Cinquenta e quatro candidatos..., 1963). O programa Professorship vinculava-se diretamente a esse propósito, pois "o resultado da troca entre a América Latina e os Estados Unidos era o principal fator para o sucesso dessas duas bolsas, como reconhecimento pelas instituições que visitavam".[60] Participaram dele o arquiteto e urbanista Lúcio Costa, que foi convidado a dar palestras na Universidade de Yale (School of Architecture and City Planning), em maio de 1961, e o dr. John Robert Oppenheimer, diretor do Institute for Advanced Studies da Universidade de Princeton, que deu conferências e seminários em centros de Física e Matemática no México, Brasil e Argentina, em junho de 1961.

O propósito do intercâmbio era proporcionar aperfeiçoamento, compreendendo que a transferência de conhecimento, sobretudo no eixo norte-sul, contribuiria para o desenvolvimento das regiões menos favorecidas do continente. Poderiam se candidatar não apenas quem tivesse "recebido um grau universitário ou seu equivalente, como qualquer pessoa que possa alegar competência nas matérias ou técnicas em que deseja aperfeiçoar-se". O retorno ao Brasil era a única exigência (Dezoito candidatos..., 1962). Deve-se ressaltar, contudo, que no processo de divulgação do intercâmbio o ambiente acadêmico foi privilegiado (Cinquenta e quatro candidatos..., 1963). É bom lembrar que, nesse período, as universidades brasileiras ainda não ofereciam cursos na área de artes e, não parecendo a alegação de competência ter sido algo trivial para concorrer ao programa, essa modalidade de intercâmbio não se propagou no meio artístico. Além disso, conforme discutido adiante nesta pesquisa, Luis Camnitzer declarou que a OEA não se apresentava como uma instituição desprovida de componentes políticos-ideológicos. A organização se incumbiu, por exemplo, de organizar The Esso Salon of Young Artists, concebido e financiado pela Standard Oil Company para comemorar seu 75º aniversário (Celebrations of the Inter-American System).[61] Embora as artes e áreas afins estivessem contempladas na concessão de bolsas, a oportunidade foi pouco

---

los fondos necesarios para llevar a cabo el trabajo." Organização dos Estados Americanos. *Informe anual del Secretariado General al consejo de la Organización*, 1961. Washington (D.C.): União Panamericana, Secretaria Geral da Organização dos Estados Americanos, p.49. Material localizado na Columbus Memorial Library, OEA, Washington, D.C.

60 "*The resulting exchange between Latin American and the United States were principal factors in the success of these two professorships, as acknowledge by the institutions they visited.*" Organization of American States. *Fellowship and Professorship of the OAS 1960-1961. Report of the Technical Secretariat*. Washington (D.C.): Pan American Union, General Secretariat, OAS, p.18-9.

61 The Esso Salon of Young Artists contou com 59 participantes, todos com menos de 40 anos de idade e oriundos de todos os países latino-americanos.

procurada por artistas brasileiros, com exceção de Josely Carvalho, que já vivia nos Estados Unidos e requisitou uma bolsa para pagar seu curso universitário.

Sobre esse contexto, a crítica de arte Jacqueline Barnitz observou que, embora desde o começo da década de 1950 os artistas latino-americanos estivessem nas exposições da Pan American Union em Washington, as mostras se intensificaram e se expandiram para instituições espalhadas pelos Estados Unidos entre os anos de 1959 e 1968. Artistas latinos foram incluídos em grandes exposições pelo país e galerias se envolveram no projeto de divulgar esses nomes (Barnitz, 1983, p.7).[62] Ao que tudo indica, o espaço e a visibilidade conectavam-se com interesses e motivações políticas e econômicas, não estando os setores da OEA de fora desse processo.

Se a Pan American Union deu tímida visibilidade para a produção artística do continente das Américas, sobretudo por se localizar em Washington D.C., juntamente com o Center for Inter-American Relations, ambos foram responsáveis pela produção de catálogos e publicações sobre arte latino-americana, reflexões ainda raras em língua inglesa.

The Inter-American Foundation in the Arts e o Center for Inter-American Relations (CIAR)

Do mesmo modo, o surgimento de The Inter-American Foundation in the Arts, em 1963, confirmava o grau de importância que as artes atingiram no tabuleiro político nas Américas durante a Guerra Fria. Adlai E. Stevenson, embaixador dos Estados Unidos na ONU, admitiu: "Tudo isso está mudando atualmente no nível socioeconômico através de programas de cooperação como a Aliança para o Progresso. E tais programas como os patrocinados pela Fundação Interamericana para as Artes estão trazendo essa tão esperada mudança também no nível cultural" (Stevenson, 1964).[63]

---

62 Foram citadas pela autora as seguintes mostras específicas de arte latino-americana: "South American Art Today" (1959), realizada em Dallas; "Contemporary Latin American Artists" (1968), no Delaware Art Center, em Wilmington; "Magnet: New York" (1964), exibida na Bonino Gallery, em Nova York; "The Emergent Decade" (1966), em Cornell e no Guggenheim Museum de Nova York; "Art of Latin America Since Independence" (1966), na Yale University e na University of Texas Art Museum, em Austin. Entre as galerias enumeradas pela autora constam a Bonino Gallery, Bianchini, Howard Wise, Berta Schaeffer, Contemporaries e Cisneros. Entre as grandes mostras que incluíram latinos listam-se "The Responsive Eye" (1965) e "The 60ies" (1967), ambas no MoMA; "Art Today" (1965), no Albright-Knox em Buffalo; "Optic Art" (1965) no Fairleigh Dickinson in Rutherford, em New Jersey.

63 As obras exibidas foram selecionadas por Stanton L. Catlin, diretor-assistente da Yale University Art Gallery; Thomas M. Messer, diretor do Solomon R. Guggenheim Museum; e Ida E. Rubin, diretora da Plastic Arts of The Inter-American Foundation for the Arts.

AS "POLÍTICAS DE ATRAÇÃO" E AS INSTITUIÇÕES

Não somente o número de subsídios oferecidos aos latino-americanos aumentou, como também surgiram instituições e mostras de arte específicas nos Estados Unidos, por exemplo, a "Magnet: New York", na Galeria Bonino, organizada pelo The Inter--American Foundation in the Arts, em 1964. No catálogo dessa mostra, o presidente da instituição Robert M. Wool (1964, s.p.) apontava para o desconhecimento dos estadunidenses para com as artes de seus "vizinhos":

> Essa atitude é apenas outro reflexo da inacreditável ignorância a respeito da América Latina que permeava os Estados Unidos. Mas vai mudar, como, de fato, está mudando. Uma razão, é claro, é a necessidade política. Fidel Castro fez com que percebêssemos que era imperativo aprender alguma coisa a respeito do suposto "vizinho do sul" e prestar atenção a ele. [...] Mas o propósito da exibição não é subliminal, não é para sutilmente afetar a nossa opinião a respeito da América Latina. [...] Um dos objetivos mais óbvios é dar uma oportunidade extra aos melhores pintores que vêm da América Latina. Estamos confiantes que por meio dessa exposição tão merecida eles possam superar seus obstáculos específicos.

A cidade de Nova York já era apresentada como uma espécie de meca para os latino-americanos, atestada pela presença significativa de artistas na cidade (Latins in Manhattan, 1964). Wool (1964) reconhecia a produção dos artistas que participavam da "Magnet: New York", não deixando de apontar como os Estados Unidos haviam se tornado alternativa para os que viviam duras realidades em seus respectivos países:

> Não é fácil ser pintor nos países da América Latina. Suas escolas são limitadas e seu público e exposições também. Você não está tão isolado como há dez anos, mas você tem relativamente poucas oportunidades de ver trabalhos novos importantes, novas ideias e desdobramentos dos que têm o poder de estimular seus próprios avanços.[64]

Assim, os Estados Unidos não apenas eram transformados como ponto de referência para artistas, mas também a cena artística contemporânea daquele país se transformava em poderoso capital político. O artista Arnold Belkin observou que

> [...] a violência política, econômica e militar se estende também para a área da cultura, na forma de "ajuda" dos Estados Unidos, como bolsas e aquisições projetadas para

---

64 *"It is not easy to be a painter in a Latin America Country. Your schools are limited and so are your audience and exposure. You are not quite so isolated as, say, ten years ago, but nonetheless you have relatively few opportunities to see new important work, new ideas and developments from the men who have the power to stimulate your own breakthroughs."*

"fomentar e encorajar o talento latino-americano". [...] O clima de repressão que existe na América Latina – talvez mais evidentemente no Brasil neste momento – é também uma grande razão para muitos artistas e intelectuais deixarem seus países. [...] Nós viemos aqui participar do mercado dos Estados Unidos para sermos reconhecidos e adquiridos pelo establishment, isto é, os museus e a classe média alta afluente em decadência.[65]

Por razões não muito evidentes, a The Inter-American Foundation in the Arts transformou-se no Center for Inter-American Relations (CIAR) que, por sua vez, em 1985, foi renomeado Americas Society. Oficialmente criado em 1965 por David Rockefeller, o CIAR tornou-se não apenas uma instituição privada (sem fins lucrativos) referência para as artes latino-americanas em Nova York, como também o espaço mais longevo da cidade dedicado ao tema, representando ainda o Caribe e o Canadá nos Estados Unidos. Na realidade, em seu início, colocava em prática uma agenda conservadora patrocinada por Rockefeller, que contava em seu conselho de diretores com a presença de empresários com interesses comerciais na América Latina, além de personagens da política externa estadunidense comprometidas com a agenda anticomunista.[66] Assim, em uma década significativa para a Guerra Fria na América Latina, a instituição congregava interesses de economia, política internacional e cultura.

Como nos conta Beverly Adams, o próprio termo "Inter-American" estava diretamente associado à família Rockefeller, pois Nelson Rockefeller havia sido o coordenador do Office of Inter-American Affairs, em 1940, durante o governo Roosevelt, e

---

[65] "*This political economic and military violence extends into the area of culture also, in form of 'help' from the U. S. as grants and acquisitions designed to 'foment and encourage Latin American talent.' [...] The climate of repression that exists in many of Latin American – perhaps most notoriously in Brazil at this moment – is also a major reason for many artists and intellectuals to leave their countries. [...] We come here to participate in the U. S. market, to be recognized and bought by the establishment, that is, the museums and the decaying affluent upper class*". Arnold Belkin. *Some notes on why Latin American artists come to New York*. Manuscrito localizado no MoMA Queens, datado de fevereiro de 1973, pasta do artista. Belkin acrescentou manualmente as seguintes informações no texto: "Esta declaração foi compilada de notas feitas para um painel chamado 'Por que New York' na Art Students League em 1972, e da declaração feita sobre um painel de Cultura Latino-Americana na Universidade de Mass., em Amherst, em fevereiro de 1973". ("*This statement was compiled from notes that made for a panel called 'Why New York' at the Art Students League in 1972, and from a statement made on a panel on Latin American Culture at the University of Mass at Amherst in Feb. 1973.*") Pode-se ler outra anotação importante no que se refere à realidade brasileira: "Isto foi escrito antes do golpe no Chile". ("*This was written before the coup in Chile.*")

[66] O "Chase National Bank de David Rockefeller era o maior fundo de investimentos brasileiros, com participação em mais de cem empresas nacionais" (Suppo, 2012, p.359). ("*Chase National Bank de David Rockfeller eran los mayores fondos de inversiones brasileños, con participación en más de cien empresas nacionales.*") David Rockfeller também teria tentado formar um grupo de patronos para apoiar mostras dos Estados Unidos na América Latina e vice-versa (*Correio Braziliense*, Brasília, 23 de agosto de 1962).

o MoMA (instituição também ligada à família) possuía um Inter-American Fund. Já o filho de Nelson, Rodman Rockefeller, fundou em 1963 a Inter-American Foundation for the Arts, e David Rockefeller, o CIAR, em 1965.[67] Além disso, os primeiros profissionais a configurar o espaço para as artes visuais na fundação tinham conexões com o MoMA.[68]

David Rockefeller havia estado no Brasil em 1965 e comprado dezoito obras de arte para colocá-las na sede de seu banco, The Chase Manhattan Bank, em Nova York. Antes de fazê-lo, organizou com elas uma mostra, em maio de 1965, convidando para fazer o discurso inaugural o então embaixador Juracy Magalhães. Ao diplomata, o banqueiro teria dito que regressou do Brasil "com a melhor impressão dos progressos realizados pelo governo em seu programa de estabilização econômica, [...] o problema agora reduz-se a '*to hold the line*'".[69]

Com forte projeção no meio literário desde sua criação, as atividades do Visual Art Department do CIAR só começariam efetivamente em 1968 e mostras de artistas brasileiros figuraram em sua agenda desde o início. A primeira delas, "Gravadores brasileiros", teria acontecido por interesse e indicação do próprio diretor da galeria do CIAR, Staton Catlin, segundo o cônsul Lauro Soutello Alves.[70] O cônsul de Nova York informou à Secretaria de Relações Exteriores do Brasil que Catlin fizera uma proposta orçamentária, cabendo ao Brasil pagar a colocação de molduras nas cinquenta gravuras, a publicidade e o catálogo, totalizando a soma de U$1.650,00. O CIAR, por sua vez, ofereceria o coquetel e o valor de U$200 para a publicidade.[71] Acertos financeiros concluídos, a mostra foi, segundo o cônsul, um sucesso, tendo vinte gravuras sido reservadas para venda.[72] Como se poderá ver melhor no próximo capítulo, essas

---

67 Na época, as ligações dos membros do conselho da instituição com a política da Guerra Fria faziam com que a própria sigla CIAR fosse "simplificada" pelos artistas que viviam em Nova York por CIA, o que denotava suas claras conexões ideológicas (ver Adams, 2006, p.24).
68 Sobre o tema, ver Adams (2006).
69 Telegrama da Secretaria das Relações Exteriores, Embaixada de Washington. Doc. n.5016, 31 mar./1º abr. 1965. Material localizado no Arquivo Itamaraty em Brasília (DF), DDC/540.3(22).
70 Telegrama da Secretaria das Relações Exteriores. De Lauro Soutello Alves para Consulado Geral em Nova York. 11 dez. 1968. Informe sobre exposição coletiva de gravadores brasileiros. Material localizado no Arquivo Itamaraty de Brasília (DF), DDC/540.31(22).
71 Telegrama da Secretaria das Relações Exteriores. De Lauro Soutello Alves para Consulado Geral em Nova York. 11 dez. 1968. Informe sobre exposição coletiva de gravadores brasileiros. Material localizado no Arquivo Itamaraty de Brasília (DF), DDC/540.31(22).
72 Participaram da mostra, segundo informação do catálogo, os seguintes artistas: Lívio Abramo, José Roberto Aguilar, Maciej Babinsky, Dora Basílio, Edith Behring, Iberê Camargo, Newton Cavalcanti, Miriam Chiaverini, Roberto De Lamonica, Farnese de Andrade, Anna Bella Geiger, Rubens Gerchman, Marcelo Grassmann, Almir Mavignier, Fayga Ostrower, Arthur Luiz Piza, Isabel Pons, Anna Letycia Quadros, Marilia Rodrigues, Darel Valença Lins (ver "Gravadores brasileiros". Art Gallery Center for Inter-American Relations, 25 set. a 2 nov. 1969). Foram remetidos três cheques para Dora

mostras exemplificam como o Itamaraty instrumentalizou as artes para oferecer uma imagem internacional mais conveniente para a política externa em tempos de ditadura militar no Brasil.

Da programação do Visual Art Department, interessa aqui lembrar da participação de Rubens Gerchman na mostra "Fashion Show Poetry Event", organizada em 1969 por Eduardo Costa, John Perreault e Hannah Weiner. O artista carioca havia recém-chegado a Nova York com o Prêmio de Viagem ao Exterior quando recebeu o convite para participar desse evento. Tratava-se de uma espécie de desfile de moda, que combinava arte e poesia, e Gerchman apresentou uma variante de seu trabalho *Novas casas de morar* que exibira no Brasil em 1967. Na versão de Nova York, modelos vestiam os cestos (jacás) nas cabeças, só que agora as cores do material de revestimento eram verde e amarelo, em clara referência ao Brasil.

No final da década de 1960, o CIAR planejou uma mostra dedicada à produção da América Latina, o que provocou insatisfação nos artistas residentes em Nova York, resultando em embate e boicote à instituição. Os embates evidenciavam que aquele espaço que se apresentava como "oficial" do continente estava claramente comprometido com interesses políticos e econômicos. Particularmente, a primeira mostra dedicada ao continente, "Precursors of Modernism 1860-1930", exibida em 1967, trouxe críticas dos artistas residentes em Nova York por exibir uma concepção homogênea da produção artística da América Latina, negligenciando as diferenças e as transformações históricas.

Assim, esse episódio promoveu a aglutinação dos artistas, que se organizaram em dois grupos e elaboraram plataformas de contestação distintas e contrárias à agenda do CIAR, a saber, o Movimiento por la Independencia Cultural de Latinoamérica (MICLA) e o Museo Latinoamericano. As atividades de ambos os grupos acabaram por dar visibilidade às questões da comunidade e por chamar a atenção da crítica e do circuito de arte da cidade. Os esforços de ambos resultaram na organização de *Contrabienal*, publicação que se relacionava ao boicote mundial à edição de 1969 da Bienal de São Paulo e que teve repercussões também no boicote à edição seguinte, de 1971. Em 1969, após uma série de atos de censura do governo militar às artes, os artistas promoveram um primeiro boicote com amplitude internacional. Afinal, parecia impossível participar de um evento organizado por uma fundação alinhada à ditadura. A aderência dos artistas ao chamado atingiu uma amplitude tal que acabou

---

Basílio no valor de U$60; um para Anna Bella Geiger, de U$70; um para Marcelo Grassmann, de U$160; um para Darel Valença Lins, de U$70; um para José Roberto Aguilar, de U$50. Ver Informe da Secretaria das Relações Exteriores. De Lauro Soutello Alves, Consulado Geral de Nova York. 13 mar. 1970. Informa sobre exposição de gravadores e remessa de cheques. Material localizado no Arquivo do Itamaraty em Brasília (DF), 540.31(22).

Figura 33 – "A hora do espetáculo", *Jornal do Brasil*, Rio de Janeiro, 25 de fevereiro de 1969

FONTE: ARQUIVO DO MUSEU DE ARTE MODERNA DO RIO DE JANEIRO

por impedir a participação dos Estados Unidos, porque muitos deles se recusaram a enviar trabalhos ao Brasil.

A ausência dos Estados Unidos na edição de 1969 da Bienal, apesar de ter sido iniciativa dos artistas que integravam a mostra que representaria o país, não deixou de provocar desconforto no meio oficial, conforme já discutido aqui. Para John W. Mowinckel, do Country Public Affairs Office, a Embaixada deveria atribuir "a maior importância na participação americana na seção de arte da próxima Bienal. Nossa incapacidade de produzir uma grande exposição de arte em 1969 ainda é um assunto de conversa frequente e uma fonte de embaraço".[73]

Já em maio de 1971, depois da circulação de inumeráveis rumores, o Departamento de Estado anunciou oficialmente a posição de não participar da Bienal de São Paulo. A justificativa pautava-se na falta de recursos:

> Nos últimos tempos algum suporte financeiro tem sido dado pelo governo dos Estados Unidos para participações em exposições de arte, mas isso tem sido exceção na política geral. Uma revisão desse último procedimento levou à recomendação de que se retorne a depender dos esforços e financiamento privados em relação às exposições de arte, como no caso de outros eventos internacionais. Portanto, não haverá participação oficial dos Estados Unidos na Bienal de São Paulo. O Departamento foi informado de que já foram iniciadas conversas com organizações privadas nos Estados Unidos, tendo em vista a participação na Bienal de São Paulo. Espera-se que essas conversas tenham êxito e, se for o caso, o governo dos Estados Unidos providenciará assistência para as instalações conforme for possível.[74]

---

73 "[...] *the greatest importance in American participation in the art section of the next Biennal. Our failure to produce a major art exhibition in 1969 is still a subject of frequent conversation and a source of embarrassment.*" Carta do Country Public Affairs Office, United States Information Agency (USIA), Information Service (USIS), Washington (D.C.), EUA. De John W. Wowinckel para Smithsonian Institution/NCFA/IAP. 9 nov. 1970. Localizada no Smithsonian Institution Archives, Washington (D.C.), EUA.

74 "*In the recent past some United States Government financial support has been given for participation in art exhibitions, but this has been an exception to general policy. A review of the latter procedure has led to recommendation that there is a return to reliance on private efforts and funding with regard to art exhibitions, as is the case with other international events. Therefore, there will be no United States official participation in the Sao Paulo Biennial. The Department has been informed that talks have already begun with United States private organizations, looking toward participation in the Sao Paulo Biennial. It is hoped these talks will be successful and, if so, the United States Government will upon request provide such facilities assistance as is feasible.*" Comunicado do Department of State, United States, Washington (D.C.), EUA. 14 maio 1971. Informa sobre a não participação dos Estados Unidos na Bienal de São Paulo de 1971. Documento localizado no Smithsonian Institution Archives, Washington (D.C.), EUA.

Sabia-se que a justificativa era protocolar e que as causas mais plausíveis da ausência oficial já estavam circulando entre os diplomatas e na imprensa. Mesmo que o comunicado deixasse em aberto a possibilidade de alguma instituição assumir o encargo, não se acreditava que a situação seria revertida. Parecia prudente evitar novos tipos de descontentamentos, pois as intervenções do país no Vietnã e a invasão do Camboja já tinham levado manifestantes às ruas e, pelo mesmo motivo, artistas nova-iorquinos organizaram uma greve que envolvia museus, galerias, exposições, escolas e cinemas (Artista vai..., 1970). Nas universidades, o clima de revolta contra o assassinato de alunos na Kent State University em 1970 tomou diversos *campi* por todo o país. Assim, a condição da política externa, assim como as turbulências internas, parecia não favorecer o envio de uma representação artística estadunidense para o Brasil, país que violava os direitos humanos. Ao contrário, a participação poderia ser entendida como apoio e alinhamento à ditadura brasileira e tornar-se um novo motivo para manifestações. Talvez fosse necessário evitar o que ocorreu na Bienal de Veneza em 1968:

> A cerimônia da Bienal veneziana teve mesmo um transcurso tumultuoso, tendo sido fechada a mostra imediatamente, para ser aberta no dia seguinte, em virtude da manifestação de um grupo de estudantes e artistas, aos quais se juntara o senador Giovam-Battista Gianquinto. Esse representante comunista liderava o protesto feito contra os Estados Unidos, aos gritos de "Fora os norte-americanos" e "Abaixo o fascismo". Chegaram a dirigir-se para o pavilhão norte-americano bradando *"slogans"* contra o presidente Lyndon Johnson e dando vivas a Ho Chi Minh, dirigente do Vietnã do Norte. (Bento, 1968, p.15-6)

A jornalista Grace Glueck (1971b, p.8), de *The New York Times*, apresentou a seguinte análise sobre a Bienal de São Paulo:

> [...] embora afirmem que sua decisão não se baseia em questões políticas, ela certamente foi influenciada pela controvérsia que cercou a última Bienal, em 1969. [...] Embora a data da inauguração da Bienal de São Paulo só esteja marcada para setembro, duas cartas já estão circulando entre os artistas dos Estados Unidos e de outros países, exortando-os a não participar da mostra, seja sob patrocínio oficial, seja fora dele. Uma das cartas foi distribuída por dois grupos de artistas latino-americanos residentes nos Estados Unidos, o Museu Latino-Americano e o Movimento Cultural Independente da América Latina. Outra carta foi distribuída por Gordon Matta-Clark.

O jornal *O Estado de S. Paulo*, em uma pequena nota publicada em 1º de junho de 1971, deu a conhecer o receio do governo dos Estados Unidos em relação à articulação dos artistas:

Os Estados Unidos não participarão da próxima Bienal de São Paulo, informou-se ontem em Nova York. A razão oficialmente seria a falta de crédito, mas, segundo observadores, a decisão poderia ser resultado de protestos formulados nos últimos tempos por artistas norte-americanos contra a "repressão no Brasil". Fontes oficiais, porém, desmentem que a decisão dos Estados Unidos de não participarem da Bienal se deva a razões políticas. (Estados Unidos fora..., 1971)

Provavelmente, essa última notícia refere-se às movimentações em torno do projeto *Contrabienal*, publicação que se transformou em manifesto político e pode ser considerada uma resposta contundente do meio das artes à ditadura brasileira. Foi levada adiante por dois grupos de artistas latino-americanos residentes em Nova York, conforme já indicado pela jornalista de *The New York Times*. O Museo Latinoamericano e o Movimiento por la Independencia Cultural de Latinoamérica (MICLA) trabalharam coletivamente na produção dessa publicação.[75] De Nova York, ambos entraram em contato com artistas de diversos países, explicando os motivos da proposta: a ampliação do boicote à Bienal de São Paulo de 1969 e a denúncia da tortura e da violência praticadas não somente no Brasil, mas também em outros países da América Latina.

Noticiando o boicote ao Center for Inter-American Relations (CIAR), Grace Glueck citava a alternativa que os artistas latino-americanos estavam delineando à performance do CIAR. Eles tinham apresentado uma lista de condições para participar de suas atividades. A primeira delas foi a "chamada por 'uma revisão drástica' dos conselhos de diretores, com a retirada daqueles que simbolizassem uma atividade imperialista dos Estados Unidos em nosso hemisfério [América Latina]". Também queriam "que o centro se abstivesse de se relacionar com organizações estatais ou privadas que servissem como 'instrumento de repressão contra a liberação social, política, econômica e social dos países latino-americanos'".[76]

Para os artistas, a potencialização e a expansão do boicote iniciado em 1969 apoiavam-se em fatos políticos apresentados na forma de imagens e depoimentos que formariam o projeto *Contrabienal*. Como a proposta da publicação concentrava-se na

---

75 "*The idea for the Museo was initially brought up by Arnold Belkin, Leonel Góngora, and others, toward the end of 1970, before the document to van Weeren-Griek was written— a fact that made the artists' letter sound as if one institution were addressing another.*" (Camnitzer; Weiss, 2009, p.167). O artista Rubens Gerchman fazia parte desse grupo.

76 "*[...] called for 'a drastic revision' of the center's board of directors, with removal of those who symbolize United States imperialist activity in our hemisphere. [...] that the center refrain from establishing relations with state or private organizations serving 'as instrument of repression against social, political, economic and cultural liberation of our countries'.*" (Glueck, 1971a, p.13).

permanência e na ampliação do *"Non à la Biennale de Sao Paulo"*,[77] a primeira medida dos organizadores foi redigir uma carta para conseguir adesões ao projeto. Os impeditivos para apresentar-se na mostra brasileira eram explícitos:

> O MUSEO LATINOAMERICANO rechaça um ato cultural montado por um governo que exerce um sistema de repressão baseado em torturas brutais.
>
> MICLA se nega a participar em atos culturais que pretendem dar uma aparência de dignidade a um governo que esmaga seu povo por meio das torturas e das repressões mais sangrentas do nosso hemisfério. Repudia a Bienal de São Paulo, além disso, como um instrumento da colonização cultural de nossos países, função que esta bienal compartilha com muitas outras atividades culturais realizadas na América Latina.[78]

Solicitava-se também àqueles que já haviam sido convidados pela Bienal ou por seus respectivos países de origem que declinassem a participação e integrassem a publicação de *Contrabienal*. Do contrário, estariam avalizando a brutalidade da ditadura.

O projeto *Contrabienal* não visava se tornar uma mostra impressa ou mesmo substitutiva do evento brasileiro e dos objetos estéticos lá exibidos. Na realidade, tratava-se de um posicionamento coletivo acerca do mundo das artes, um projeto que documentaria os atos reais da verdadeira cultura latino-americana, segundo seus organizadores.[79] O formato bastante modesto de livro/brochura que, inclusive, limitava o trabalho dos participantes ao tamanho da folha de papel-carta optava por um modelo de livro de artista que se tornaria frequente na arte-correio. A ideia era a circulação entre um público amplo, para além da esfera artística. Todo o material recebido (que, aliás, não era abundante) foi incluído na edição sem nenhuma espécie de seleção. A publicação foi desenhada por Luis Camnitzer, Liliana Porter, Carla Stellweg e Teodoro Maus, e impressa em uma máquina *off-set* adquirida com dinheiro de uma rifa realizada especialmente para esse fim.

Mesmo sendo o Brasil o foco da publicação, nenhum brasileiro dela participou, para evitar possíveis represálias por parte do governo. Justificava-se assim essa ausência:

---

77 *"Non à la Biennale de Sao Paulo"* foi a expressão utilizada no dossiê produzido para que ocorresse o boicote em 1969.

78 De la carta enviada invitando a los artistas a participar en la Contrabienal. *Contrabienal*. Museo Latinoamericano / Movimiento por la Independencia Cultural de Latinoamérica (Micla), 1971, s.p.

79 De la carta enviada invitando a los artistas a participar en la Contrabienal. *Contrabienal*. Museo Latinoamericano / Movimiento por la Independencia Cultural de Latinoamérica (Micla), 1971, s.p.

Por razões óbvias, não há nenhum artista brasileiro entre os colaboradores. Por ações menores que a participação em uma publicação como esta, companheiros do Brasil têm sofrido prisão e tortura. Nos pareceu oportuno, então, dedicar a primeira parte da *Contrabienal* às atrocidades oficiais do regime brasileiro atual, as que a Bienal de São Paulo pretende esconder.

A tortura estava entre os temas que mais ocuparam as páginas da publicação. Foram incluídas notícias de imprensa, imagens de violência, depoimentos de torturados e descrições dos métodos empregados pela repressão brasileira, como o pau de arara.

Apesar de seu tom fortemente político e de muitos textos tratarem da necessidade do engajamento dos artistas no processo revolucionário que se imaginava em curso, não havia unidade ideológica entre os participantes, inclusive quanto ao prolongamento do boicote à Bienal de São Paulo. A crítica mexicana Ida Rodríguez Prampolini, por exemplo, colocou essa ideia em suspensão, pois lutar contra a Bienal, segundo ela, era lutar contra algo já morto, dado que exposições com essa envergadura não faziam mais sentido naquele momento. Compreendeu que a *Contrabienal* poderia ser apenas um espelhamento reverso desse tipo de mostras:

> As bienais como meio de difusão da arte eram coisa morta e por mais decorativo que se apresente o cadáver, cadáver é. Por isso considero igualmente sem sentido apresentar uma contrabienal [...]. Ainda que a obra seja de outros autores, por mais valor plástico que possa ter, isso fica perdido ao ser apresentado neste marco. [...] Nem vale a pena a discussão porque significa dar-lhe importância. Para mim é mais arte, nestes momentos [...] o labor dos *tupamaros* como uma expressão latino-americana de criação, da qual não podemos mais que reconhecer sua qualidade artística-estética-cultural.[80]

Já Julio Le Parc enviou um manifesto totalmente motivado por concepções marxistas. Apresentou 23 princípios sobre a "Função social da arte na sociedade contemporânea". Segundo ele, o sentido da arte estava em crise por ter ela os mesmos valores da sociedade capitalista, que se resumia a um produto da ideologia burguesa. Afirmava que

> [...] a cultura revolucionária não deve ter a mesma estrutura que a cultura burguesa que aponta para a sustentação de sua classe privilegiada, mas sim ser um produto da criatividade de todo um povo que aponta para novas formas de vida. [...] É necessário para se integrar a um processo revolucionário, seja em uma sociedade capitalista ou socialista,

---

80 Ida Rodríguez. *Contrabienal*. Museo Latinoamericano/ Movimiento por la Independencia Cultural de Latinoamérica (Micla), 1971, s.p.

romper os esquemas aceitados do fazer artístico individual e experimentar coletivamente outro tipo de relação entre os artistas, a realidade social e o povo.[81]

Por sua vez, Juan Carlos Romero, convidado pelo crítico de arte argentino Horacio Safons, selecionou notícias de um jornal de Córdoba sobre casos de desaparecidos na Argentina e as organizou no formato de papel-carta. Para ele, essa participação tornou-se um marco, pois a partir dela passou a usar letras e textos em seus trabalhos.[82]

Em busca de maior apoio ao projeto, o grupo Museo havia procurado Gordon Matta-Clark, convidando-o a participar da *Contrabienal*. O artista não apenas aderiu à proposta, como também ampliou o raio de atuação em busca de adesões. Redigiu uma carta-padrão para diretores de museus, críticos, revistas de arte e imprensa em que explicava os motivos para a não participação na Bienal de São Paulo. Explicava que, para além de manter o afastamento, era também necessário denunciar a falta de liberdade vivida no Brasil e as violências cometidas pelo governo militar. A carta foi encaminhada à imprensa e parece ter sido publicada no Brasil, além de ter sido enviada a pessoas influentes do mundo da arte, como Lucy Lippard[83] e a própria Lois Bingham. Matta-Clark igualmente conseguiu que os artistas Carl Andre, Robert Morris, Hans Haacke, Mel Bochner, Dan Graham, Keith Sonnier, Vito Acconci, Michael Heizer, Walter de Maria, Terry Fox, Christo, Lee Jaffe e Les Levine se comprometessem a não participar da mostra brasileira, apesar de eles não integrarem as páginas de *Contrabienal*.

Em sua coluna Artes Plásticas no *Jornal do Brasil*, Walmir Ayala menciona o fato de que jornais brasileiros teriam recebido essa carta. Para Ayala (1971a), aquelas posições eram inapropriadas, porque Matta-Clark

> [...] afirmou, sem ver, que não existe liberdade de criação artística no Brasil [...]. Aliás, em matéria de informação sobre esses problemas, os americanos estão a uma distância venusina da realidade. Posso exemplificar com um fato: o professor Kepes, diretor do Departamento de Pesquisa Artística do Instituto de Tecnologia de Massachusetts, o artista John Goodyer, estagiando no mesmo Instituto, e Jacques Burnham, professor assistente do departamento de arte da Northwestern University de Chicago, pensavam que o artista Rubens Gerchman era exilado político do Brasil e caíram para trás quando esclareci que o dito artista era Prêmio de Viagem do Governo Brasileiro por dois anos em Nova Iorque.

---

81 Julio Le Parc. Función social del arte en la sociedad contemporánea. *Contrabienal*. Museo Latinoamericano/ Movimiento por la Independencia Cultural de Latinoamérica (Micla), 1971, s.p.
82 Juan Carlos Romero. Entrevista concedida a esta pesquisadora. Buenos Aires, Argentina, 21 out. 2013.
83 Carta de Gordon Matta-Clark. Localizada em Smithsonian Institution Archives, RU 321, Box 39 C24/06/06 - C25/06/04, folder Recurring international exhibitions Sao Paulo Biennials General.

No que diz respeito à distância dos estadunidenses em relação à realidade brasileira parece que Ayala reitera a existência do "clima de normalidade" quanto ao funcionamento das instituições artísticas. Também o tom irônico quando se refere a Gerchman nos traz à memória o esforço do governo de afirmar que os exilados propagavam "mentiras" sobre o Brasil. O crítico ainda ignorava que passado o período de vigor da bolsa, Gerchman optou por permanecer nos Estados Unidos, trabalhando em outras atividades para sobreviver. Se a motivação da partida estivesse apenas nos recursos oferecidos, após seu término muitos não teriam estendido sua permanência. Muitas estadas se prolongaram porque o Brasil, além de ser pouco promissor naquele momento, oferecia aos artistas uma cena insegura. Nas palavras de Gerchman (apud Ferreira, 1987, p.55): "não fui para ficar esse tempo todo. Mas ainda estava no navio, soube que tinham decretado o Ato Institucional nº 5 aqui. Aí pensei: agora eu não volto mais, vou para ficar".

Retornando à análise do projeto *Contrabienal*, toda a mobilização em torno dele e da amplitude do debate tornou-se desproporcional ao resultado final: uma versão impressa tímida e com repercussão parcial e singela. Previa-se a venda e a distribuição para diversos públicos, o que não ocorreu. Entre os inúmeros fatores que explicariam esse "fracasso", estaria outra vez o receio de um posicionamento político público que poderia talvez comprometer a obtenção do visto de permanência nos Estados Unidos.

No conteúdo da publicação, prevaleceram imagens gráficas, textos e declarações, instrumentos próprios das práticas dos meios de comunicação. A inserção de testemunhos e de registros de cenas de violência reafirmou ainda mais a ênfase ética da proposta e seu caráter de panfleto, bastante próprio daquele período. Qualquer análise sobre seus valores estéticos ou expressivos seria inadequada, porque seu potencial se localiza na mobilização de uma classe que dificilmente se apresenta coletivamente ou se organiza para denunciar cumplicidades do sistema das artes com regimes políticos ou instâncias financeiras. Apesar de suas "qualidades moderadas" e de seus parcimoniosos poderes de contestação, marcou um raro compromisso do meio das artes. Também se deve aqui lembrar que os Estados Unidos não participariam da Bienal de São Paulo de 1971. Não foi a organização da *Contrabienal* que provocou tal ausência, mas os rumores sobre a sua preparação não podem ser desprezados, sobretudo porque acabaram ressoando na correspondência trocada entre os órgãos que organizavam o evento.

Embora alguns artistas que se mobilizaram e contestaram a atuação do CIAR tenham posteriormente realizado mostras na instituição, Camnitzer é o único que mantém o boicote até os dias de hoje.

A presença de artistas brasileiros na agenda de exposições do CIAR ainda precisa ser inventariada, assim como mais bem avaliada a conexão do país com o conceito de arte latino-americana. De todo modo, não foi um espaço que se tornou referência na comunidade de artistas brasileiros residentes em Nova York, embora continue a expor arte brasileira de forma esporádica.

John Simon Guggenheim Memorial Foundation: a Bolsa Guggenheim[84]

Criada em 1925 por John Simon Guggenheim e sua esposa, a instituição que carrega o sobrenome de seus fundadores permanece como referência no meio das artes. Embora qualquer análise sobre sua atuação seja complexa, aos propósitos deste livro interessa compreender seu lugar na intensificação do trânsito de artistas visuais brasileiros para os Estados Unidos e na formação de uma rede de contatos profissionais. Como se verá, é possível reconhecer que a partir da década de 1960 a instituição se torna mais presente no meio artístico brasileiro, período que coincide com as "políticas de atração" praticadas por setores governamentais e privados dos Estados Unidos, alguns deles aqui já identificados.

Decorridos todos esses anos após a Guerra Fria cultural, a fundação permanece reafirmando sua independência e a inexistência de qualquer tipo de participação ou aproximação com posições do governo dos Estados Unidos. A instituição parecia abdicar de intermediários diplomáticos usuais e agir de modo independente para se fazer mais presente no meio brasileiro.

Diante da pergunta sobre a existência ou inexistência de qualquer documentação sobre políticas da instituição voltadas para a América Latina, em especial relativas à ditadura no Brasil, André Bernard, então vice-presidente e secretário da John Simon Memorial Foundation, assim se posicionou:

> As Bolsas da Guggenheim nunca foram concedidas em qualquer base política. Elas resultam de uma competição anual fundamentada totalmente no mérito. O Programa na América Latina opera da mesma maneira: centenas de candidatos competem nos diferentes campos e, depois de exame e avaliação rigorosos, os trinta a quarenta ganhadores são selecionados por um Comitê composto de eminentes ex-bolsistas Guggenheim. Se um país tem uma ou outra forma de governo é irrelevante para a competição e seu resultado. Nunca houve nenhuma "política especial" em qualquer sentido.[85]

---

84 A Fundação Guggenheim foi criada em 1925 por Simon Guggenheim e sua esposa em memória ao filho John Simon Guggenheim que falecera muito jovem, em 1922.

85 "*Guggenheim Fellowships have never been awarded on any political basis. They result from an annual competition based entirely on merit. The Latin American program operates in the same manner: several hundred applicants compete in the different fields, and, after rigorous inspection and evaluation, the 30 to 40 winners are selected by a Committee of Selection, which is made up of distinguished former Guggenheim fellows. Whether a country has been ruled by one form of government or another is irrelevant to the*

Os casos aqui discutidos relativizam a declaração de André Bernard. Para a condução da discussão, as hipóteses propostas se apoiam em dois aspectos: o primeiro diz respeito à visibilidade que a instituição passou a ter na década de 1960 no circuito brasileiro, posição favorecida pelos canais de divulgação de informação das agências do governo dos Estados Unidos. Observando os textos publicados na imprensa, raramente a fonte da notícia é revelada, como no caso de "Vencedores dos prêmios Guggenheim do ano passado" (1959), no qual aparece como signatário o nome USIS. O segundo elemento que sustenta a hipótese de alinhamento da instituição com as "políticas de atração" refere-se ao aumento do número de bolsas concedidas aos latino-americanos, conforme constatou o artista e escritor Félix Ángel. Dito de outro modo, se a partir da década de 1960 a América Latina ganhou maior espaço dentro da Fundação Guggenheim, o fato talvez não possa ser creditado ao aumento repentino da qualidade das produções artísticas no continente.[86]

Mesmo que se diga que a seleção ocorria por mérito e reconhecimento, Ángel sinalizou o crescimento de bolsas para o âmbito da arte latino-americana:

> De 1925 a 1967 a fundação concedeu 6.328 bolsas de estudo em todas as áreas do conhecimento para indivíduos do Ocidente e das Filipinas. De 1950 a 1967, vinte artistas latino-americanos receberam bolsas. As bolsas foram, renovadas para metade desses artistas por pelo menos por mais um ano. [...] Isso representou um aumento considerável comparado ao período de 1927-1950, quando apenas seis artistas da América Latina que trabalhavam com artes visuais receberam subvenções. Esse aumento talvez possa ser interpretado como um resultado indireto do interesse dos Estados Unidos em penetrar na América Latina e estabelecer-se como a cultura dominante.[87]

---

competition and its outcome. There have never been any 'special policies' in place in any regard." André Bernard. Correspondência eletrônica recebida por esta pesquisadora em 19 out. 2011.

86 Entre as décadas de 1960 e 1980, personagens ligadas às artes que receberam a Bolsa Guggenheim foram as seguintes: Roberto De Lamonica, em 1965; José Roberto Teixeira Leite, em 1966; Amilcar de Castro, em 1967 e 1969; Maureen Bisilliat, em 1970; Hélio Oiticica, em 1970; Haroldo de Campos, em 1971; Antonio Dias, em 1971; Orlando Villas-Bôas, em 1972; Augusto Boal, em 1973 e 1975 (selecionado pela Argentina); Avatar da Silva Moraes, em 1973; João Alexandre Costa Barbosa, em 1976; Aracy A. Amaral, em 1977; Rubens Gerchman, em 1978; Roberto Schwarz, em 1978; Regina Vater, em 1980; Paulo Bruscky e Lygia Pape, em 1981.

87 "*From 1925 to 1967 the foundation awarded 6,238 fellowships in all fields to individuals from the Western Hemisphere and the Philippines. From 1950 to 1967 twenty Latin American artists received fellowships. The fellowships were renewed at least for one more year to half of the artists. [...] This represented a considerable increase from the period 1925-50, when only six artists from Latin America working in the visual arts received grants. The increase can be interpreted perhaps as an indirect result of U.S. interest in penetrating Latin America and establishing itself as the dominant culture.*" (Ángel, 1988, p.229)

A década de 1960 é o momento em que artistas e intelectuais brasileiros começaram a fazer parte do contingente contemplado pela bolsa Guggenheim, acompanhando o crescimento de premiados da América Latina. E, assim como nos demais países da região, esse resultado não deve ter ocorrido pelo aumento de talentos naquele momento.

Observando as notícias sobre o processo competitivo e as concessões de bolsas, chama a atenção a ênfase na nacionalidade, como nestes casos: "Fundação dá bolsas ao Brasil", "Brasileiros ganham bolsa da Fundação Guggenheim", "Três brasileiros foram agraciados", "EUA dão a cinco brasileiros os prêmios mais cobiçados", "Fundação dá bolsas ao Brasil", "Brasileiros ganham bolsa da Fundação Guggenheim", "Fundação dá bolsas para a AL", "EUA dão a cinco brasileiros os prêmios mais cobiçados".[88] Nos textos, as cifras financeiras destinadas e/ou o número total de bolsas concedidas à América Latina eram elementos atrativos. Hoje, os nomes dos países são prescindíveis e a própria instituição tornou-se referência e sinônimo de oportunidade excepcional e excelência no meio artístico.

Jayme Maurício, em 1966, de modo extremamente didático informava aos artistas como buscar desenvolvimento ou estudos no estrangeiro, destacando a Bolsa Guggenheim como "excelente", "uma das melhores". Além de apresentar a história do surgimento da premiação, o jornalista informava sobre as fases da competição, os valores pagos pela fundação (que variavam de acordo com as necessidades e a renda que cada bolsista), como fazer a inscrição e como era o processo de seleção; citava ainda nomes de artistas, escritores e intelectuais que haviam sido agraciados e destacava que as bolsas se destinavam a pessoas com idade entre 30 e 45 anos, mas o comitê de seleção poderia nomear pessoas fora desta faixa etária (Bolsas..., 1966). Sem qualquer análise ou criticidade, Maurício informava que a premiação era uma oportunidade para os interessados em "pesquisa e criação artística".

Mas, antes de as bolsas oferecidas pela John Simon Guggenheim Memorial Foundation tornarem-se conhecidas, outra instituição – que, coincidentemente, apresentava o mesmo sobrenome, a Fundação Solomon R. Guggenheim, responsável pelo museu em Nova York –[89] circulava no meio brasileiro em virtude do Prêmio

---

88 "Fundação dá bolsas ao Brasil" (*O Estado de S. Paulo*, 4 set.1971); "Brasileiros ganham bolsa da Fundação Guggenheim" (*A Tribuna*, 17 out. 1973); "EUA dão a cinco brasileiros os prêmios mais cobiçados" (*A Luta Democrática*, 21 ago. de 1978); "Fundação Guggenheim dá 30 bolsas para pesquisadores e artistas interamericanos" (*Jornal do Brasil*, 22 out. de 1965); "Três brasileiros foram agraciados" (*O Estado de S. Paulo*, 24 ago. 1969); "Fundação dá bolsas ao Brasil" (*O Estado de S. Paulo*, 4 set. 1971); "Brasileiros ganham bolsa da Fundação Guggenheim" (*A Tribuna*, 17 out. de 1973); "Fundação dá bolsas para a AL" (*O Estado de S. Paulo*, 14 out. 1973); "EUA dão a cinco brasileiros os prêmios mais cobiçados" (*A Luta Democrática*, 21 ago. de 1978).

89 O Museu Guggenheim surgiu em 1939 com o nome de Museum of Non-Objective Painting, tendo a artista Hilla von Rebay como sua primeira diretora. Em 1952, três anos após o falecimento de seu

Figura 35 – "Roberto De Lamonica recebe a Bolsa Guggenheim", *O Globo*, 16 de outubro de 1965

FONTE: ARQUIVO DO MUSEU DE ARTE MODERNA DO RIO DE JANEIRO

Internacional Guggenheim. Considerado o maior prêmio do meio das artes naquele momento, a primeira etapa do processo consistia no Prêmio Nacional, no qual eram concedidos mil dólares ao vencedor, e ainda o Prêmio Extra Nacional, no mesmo valor (Gullar, 1960b).[90] Primeiro, o artista inscrevia uma obra na seleção nacional e um júri composto por três membros das instituições parceiras do projeto, o International Council of Museums (ICOM), a International Association of Art Critics (AICA) e a International Association of Art (AIAP/IAA), encarregava-se da premiação.[91] Espe-

---

fundador, a instituição foi renomeada e passou a receber o nome dele, tornando-se Solomon R. Guggenheim Museum.

90 Ver também Maurício (1957a). O Brasil só não esteve representado em 1964 e os premiados foram Portinari, em 1956, Volpi, em 1958, e Maria Leontina, em 1960. Além deles, participaram da mostra em Nova York artistas que receberam menções honrosas, como, em 1958, Alfredo Volpi, Lygia Clark, Milton Dacosta, Djanira Motta e Silva e Paolo Musumeci Rissone; em 1960, Lygia Clark, Manabu Mabe, Loio-Pérsio e Flávio Tanaka.

91 Por exemplo, em 1960, Flávio de Aquino participou pela International Association of Art Critics (IAAC), Mário Barata pela International Council of Museums (ICOM) e Bruno Giorgi pela International Association of Art (AIAP/IAA).

rava-se que as entidades representantes das classes garantissem critérios e resultados equânimes no processo de premiação. Afinal, os vencedores nacionais seguiriam para o Grande Prêmio Internacional que ocorreria no Museu Guggenheim de Nova York. Ali, outro júri designado pelo museu selecionaria o melhor trabalho e o premiaria com o valor de dez mil dólares. Nessa modalidade, os finalistas foram Ben Nicholson, em 1956, Joan Miró, em 1958, Karel Appel, em 1960, e Alberto Giacometti, em 1964.[92]

A importância desse processo de internacionalização das artes a partir de Nova York pode ser observada pela participação do próprio presidente Dwight D. Eisenhower, que fez as duas primeiras entregas aos artistas escolhidos. Afinal, o protagonismo econômico e político dos Estados Unidos deveria se repetir também nas artes. As instituições do país, ao mesmo tempo que foram eficientes para a projeção internacional de Nova York como espaço privilegiado para a produção contemporânea, competiram para a sedimentação de seus perfis como agentes culturais internos e também no exterior.

Ao contrário do esperado, as escolhas no Prêmio Nacional se mostraram inadequadas, insuficientes e distantes dos patamares de equidade e relevância, o que resultou em mostras heterogêneas no museu em Nova York. Ferreira Gullar relatou que Dore Ashton ficou desapontada com o Prêmio Internacional Guggenheim de 1960,[93] pois o evento não conseguiu "nem realizar seu propósito de reunir o que há de melhor no mundo da arte, nem [...] promover o encorajamento do interesse público da arte. [...] uma exposição de qualidade tão desigual, com tantas sombras a se mover pelos cantos, é realmente nefasta para os artistas". Mark Rothko, que participava da exposição com uma pintura pela qual recebera o prêmio nacional, devolveu o valor de mil dólares e, por carta, justificou sua atitude dizendo que, por princípio, ele não desejava submeter sua pintura a uma seleção e tampouco receber um prêmio, pois desejava "ver chegar o dia em que se distinguirá um homem pela significação do conjunto de sua obra" (apud Gullar, 1960a).[94]

Em 1962, o crítico Antonio Bento informava sobre as alterações no regulamento da quarta edição, que ele considerava o "prêmio Nobel da pintura". Em sua quarta edição, o Prêmio Internacional Guggenheim abolira as premiações nacionais e as

---

92 Informação disponível em: https://en.wikipedia.org/wiki/Guggenheim_International_Award. Acesso em: 26 fev. 2021. O Museu Guggenheim não contabiliza a edição de 1964, talvez pela ausência dos prêmios nacionais.

93 Sobre a participação do Brasil nesse ano: "O Prêmio Nacional Guggenheim de 1960 acaba de ser conferido pelo júri nacional à pintora Maria Leontina. Quadros de Tanaka, Lygia Clark, Manabu Mabe e Loio-Pérsio também foram selecionados para serem enviados a Nova York, a fim de, juntamente com os de Maria Leontina, concorrerem ao Prêmio Internacional Guggenheim no valor de 10 mil dólares. O júri que selecionou os trabalhos estava constituído por Bruno Giorgi, Mario Barata e Flávio de Aquino" (Maria Leontina..., 1960).

94 Nesse mesmo ano, Asger Jorn também teria declinado um dos cinco prêmios de U$ 2.500. Ver: https://www.guggenheim.org/finding-aids/file/42a-asger-jorn-declines-guggenheim-international-award.

substituíra por cinco prêmios de 2.500 dólares. Como hipótese para essa mudança, Antonio Bento (1962) aventava que o processo, além de se mostrar oneroso financeiramente, apresentou problemas nas edições anteriores porque as associações de artistas plásticos, de museus e de críticos de arte que concediam as premiações não seguiram o regulamento sobre a qualidade dos trabalhos, o que colocou em risco a essência da edição internacional.

Talvez como um modo de corrigir desníveis e desarmonias nas mostras anteriores, a edição realizada em 1964 privilegiou o trabalho de Lawrence Alloway, curador do Museu Guggenheim, que teria viajado pelos Estados Unidos, Canadá, América do Sul, Europa e Ásia para selecionar os cem trabalhos que compuseram a mostra. Alloway pretendeu promover um diálogo entre pinturas realizadas nos últimos três anos e elegeu a arte abstrata como a linguagem protagonista da mostra. Afinal, seu apoio à arte estadunidense produzida no pós-Segunda Guerra era bastante conhecido.[95] Nessa que seria a última edição do prêmio, nenhum artista brasileiro foi selecionado nem foram localizadas informações sobre uma possível vinda de Alloway para o Brasil.

No ano seguinte, com tom melancólico, Bento (1965) avaliou que a modalidade do Prêmio Internacional Guggenheim "desapareceu sem ter prestado qualquer contribuição cultural à arte da nossa época", resultado que ele opunha ao Salão Esso, no qual ele reconhecia reverberações na cena artística local.

Se a premiação bianual oferecida pela Fundação Solomon R. Guggenheim foi um projeto de curta duração sem impactos e ressonâncias no meio brasileiro, o mesmo não se pode dizer da bolsa concedida pela John Simon Guggenheim Memorial Foundation.

Fôlderes sobre as bolsas, editados em três línguas (inglês, espanhol e português), começaram a circular entre artistas e instituições no Brasil fazendo crescer a procura. Informações sobre a bolsa Guggenheim tornaram-se constantes na imprensa na década de 1960 e espaços nos periódicos passaram a destacar os nomes dos selecionados. Em 1965, por exemplo, um artigo trazia o histórico dos recursos que deram início às atividades da Fundação e informava ainda sobre as diversas categorias de subsídios que ela oferecia. Das trinta bolsas concedidas pela instituição, segundo o texto, quatro foram destinadas a brasileiros: "Manfredo Perdigão do Carmo, professor de Matemática da Universidade de Brasília; Werner Carlos Augusto Bokermann, técnico do Laboratório da Divisão de Zoologia do Departamento de Agricultura de São Paulo; Ferreira Simões, pesquisador do Museu Goeldi; e Roberto De Lamonica, professor de Artes Gráficas do Museu de Arte Moderna do Rio de Janeiro" (Brasileiros ganharam..., 1965). Aqui cabe lembrar que Alair Gomes tinha recebido a bolsa quando era professor no Instituto de Física da Universidade Federal do Rio de Janeiro (UFRJ), na categoria

---

95 Para consulta ao catálogo da mostra, cf. https://archive.org/details/guggenheimintern1964allo. Acesso em: 26 fev. 2021.

"Humanities, History of Science & Technology" e não na área de artes. No entanto, essa experiência nos Estados Unidos não deixou de reverberar em suas produções fotográficas (Pitol, 2016, p.23).

Também é relevante perceber o interesse da instituição em se aproximar do meio das artes, como demonstra uma carta de Gordon Ray, presidente da Fundação Guggenheim, para Amilcar de Castro:

> Ficarei contente em ter os nomes e endereços de todos os especialistas, artistas e autores que ao seu ver atendem aos padrões da Fundação em qualquer momento antes de 1º de novembro, embora quanto mais cedo, melhor. Aqueles nomeados por você estarão em 1969, nós prevemos que viajarei ao Sul novamente. É desnecessário dizer que espero ansiosamente para encontrar amigos e companheiros nessa jornada. Quando os detalhes de minha viagem estiverem completos, escreverei novamente.[96]

Mesmo que não tenha sido possível localizar informações sobre a realização dessa viagem, sabe-se que alguns nomes passaram a integrar o grupo de avaliadores no Brasil, como Walter Zanini, que desde 1966 era acionado pela Guggenheim Foundation para emitir pareceres sobre pedidos de bolsa.[97] Desde o final da década de 1960, o Museu de Arte Contemporânea da Universidade de São Paulo (MAC USP) recebia fôlderes da instituição e, no começo da década seguinte, Zanini passou a integrar seu quadro de avaliadores. Em correspondência ao então diretor do MAC USP, o secretário Stephen L. Schlesinger afirmava:

> Esta nota traz para você nossa solicitação anual para ajuda em nossa competição de bolsas para o Hemisfério Ocidental e as Filipinas. Ficaremos agradecidos por sua apreciação sincera e crítica do candidato que indicou você. Você pode ficar seguro de que sua avaliação será guardada em estrita confidencialidade.[98]

---

[96] *"I shall be glad to have the names and addresses of any scholars, artists or composers who in your judgment meet the Foundation's standards at any time before November 1, but the sooner, the better. Those whom you name will then be in 1969, we anticipate that I will travel south again. Needless to say, I look forward to meeting friends and fellows on that journey. When details of my trip are completed, I shall write again."* Carta de Gordon Ray, presidente da John Simon Guggenheim Memorial Foundation, para "the Fellows". New York, 27 nov. 1968. Localizada no Instituto Amilcar de Castro.

[97] Stephen L. Schesinger, secretário da John Simon Guggenheim Memorial Foundation, enviou uma declaração a Walter Zanini: *"I am happy to certify that you have been responding for many years to our requests for reports on candidates for our awards who have listed you for reference. I have been able to determine that you provide a letter of reference as early as 1966."* De: Schesinger, S. L. Para: Walter Zanini. January 13, 1982. Localizado no Arquivo MAC USP, FMACUSP 0014/006.

[98] *"This note brings you our annual request for assistance in our Fellowship competition for the Western Hemisphere and the Philippines. We shall be grateful for your candid and critical appraisal of the*

Zanini foi acionado constantemente para avaliar os concorrentes à bolsa Guggenheim e forneceu cartas de referência para inúmeros artistas apresentarem suas candidaturas à fundação. Pelas análises aqui já realizadas, parecia ser o profissional qualificado e com as credenciais necessárias para integrar a rede que se estabelecia entre os Estados Unidos e o Brasil.

Outro aspecto que não parece ser gratuito nessa aproximação da Fundação Guggenheim com a América Latina diz respeito aos contatos com os setores do governo dos Estados Unidos. Por exemplo, entre os documentos do Bureau of Educational and Cultural Affairs – órgão responsável pelas atividades de intercâmbio e ligado ao Departamento de Estado, conforme já discutido – foram localizadas correspondências trocadas entre o órgão e a Fundação Guggenheim. Mesmo que nelas tenham sido solicitadas apenas as listas com os nomes dos bolsistas, é possível compreender esse movimento também como um tipo de acompanhamento das atividades da fundação e não somente como acompanhamento da concessão de vistos:

> Em resposta a sua carta de 6 de agosto, [...] estamos felizes em lhe mandar memorandos mostrando as indicações para as Bolsas Guggenheim em 1956 [...]. Como você verá, não há número fixo de bolsas alocadas a qualquer país.[99]

> Acuso o recebimento de sua carta de 19 de julho, estou anexando uma lista de nossos prêmios interamericanos para 1960 e 1961. A lista de 1962 não está disponível ainda. Nossas indicações ainda estão em processamento.[100]

> Obrigado por sua carta de 24 de julho e pela lista anexa de seus prêmios interamericanos para 1960 e 1961. Ficarei grato em receber a lista de 1962 quando estiver disponível. Se você também enviasse as listas de 1960, 1961 e 1962, bem como todas as futuras listas das subvenções concedidas para os residentes da República das Filipinas, do Canadá e do

---

candidate who has referred us to you. You may be sure that your statement will be held in strictest confidence." Carta de Stephen L. Schlesinger para Walter Zanini. 27 mar. 1972. Localizada no Arquivo MAC USP.

[99] "*In response to your letter of August 6, [...] we are glad to send you memoranda showing the appointments to Guggenheim Fellowships in 1956 [...]. As will you see, no fixed number of Fellowships is allotted to any country.*" Carta de Josephine Leighton, Administrative Assistant of John Guggenheim Memorial Foundation. 11 set. 1957. Localizada na University of Arkansas Library – *Special Collections*, Bureau of Educational and Cultural Affairs Historical Collection (CU), Fayetteville, Arkansas, EUA.

[100] "*I acknowledge herewith your letter of July 19, I am enclosing a list of our Inter-American awards for 1960 and 1961. The 1962 list is not yet available. Our appointments are still in process.*" Carta de James F. Mathias, Secretary of John Guggenheim Memorial Foundation. 24 jul. 1962. Localizada na University of Arkansas Library – *Special Collections* – Bureau of Educational and Cultural Affairs Historical Collection (CU).

Caribe Britânico, eu agradeceria muito. Obrigado por sua cooperação nesse assunto e pela pronta atenção dada à minha carta anterior.[101]

Embora as fundações se apresentem como entidades independentes, sabe-se que, em tempos de Guerra Fria, elas estiveram envolvidas de modo silencioso com as engrenagens políticas e econômicas anticomunistas. Afinal, eram instituições que se projetavam pelo profissionalismo e independência política e não eram rechaçadas ou rejeitadas como as agências oficiais do governo dos Estados Unidos. Desse modo, muitas das ações políticas ou ideológicas das fundações eram imperceptíveis por serem encobertas pelo pragmatismo profissional que se impunha sobre qualquer atitude suspeita.

Avaliando sua própria trajetória, o artista Luis Camnitzer lembra que a bolsa Guggenheim era considerada menos contaminada politicamente do que as bolsas da Organização dos Estados Americanos (OEA), por exemplo, o que representava um dos motivos de seu interesse em recebê-la. Fazendo um retrospecto desses fatos, o artista diz compreender somente agora que, na realidade, havia dois níveis de concessões de bolsas na década de 1960:

> Havia a altamente eminente [*highly distinguished*] e, por sua vez, uma para fins de formação, usada para a América Latina. Isso não significava que todos os latino-americanos ganhavam esse segundo tipo de bolsa, mas acredito que ganhei. Tinha 23 anos quando me inscrevi e queria usá-la para aperfeiçoar minhas habilidades de gravura. A bolsa é realmente para artistas maduros que precisam de tempo para refletir sobre seu trabalho, e eu certamente não estava naquele nível.[102]

A escolha de jovens para a realização de intercâmbios não era casual, conforme já se analisou neste livro. Mas se a realidade de Camnitzer for comparada com a dos artistas brasileiros que também receberam a bolsa, Antonio Dias teria sido o artista

---

101 "*Thank you for your letter of July 24 and the enclosed list of your Inter-American awards for 1960 and 1961. I shall appreciate receiving your 1962 list when it is available. If you would also send the 1960, 1961 and 1962 lists as well as all future lists for the grants awarded to the residents of Republic of the Philippines, Canada, and the British Caribbean area, it would be greatly appreciated. Thank you for your cooperation in this matter and for the very prompt attention given to my earlier letter.*" Relatório de Jean B. Dulaney, Bureau of Educational and Cultural Affairs. 26 jul. 1962. Localizado na University of Arkansas Library – *Special Collections*, Bureau of Educational and Cultural Affairs Historical Collection (CU).

102 "*There was the highly distinguished one, and then one for training purpose that was used for Latin America. This didn't mean that all Latin Americans got this second kind of fellowship, but I believe I did. I was twenty years old when I applied and wanted to use it to perfect my printmaking skills. The fellowship is really for mature artists who need time to reflect on their work, and I certainly wasn't at that level.*" (Camnitzer, 2014, p.46).

mais jovem a consegui-la, em 1971, com apenas 27 anos.[103] Mesmo jovem, ele já apresentava naquele momento um perfil internacional, pois vivia na Europa desde 1968 e participava do circuito de exposições. Inclusive, havia sido o único brasileiro convidado para a "Mostra de Arte Latino-Americana" no Museu Guggenheim, em 1970, mérito devido à sua própria rede de contatos. Assim, apesar de a maioria dos artistas brasileiros poder ser colocada no nível de formação na concessão das bolsas, seguindo a divisão proposta por Camnitzer, a discussão levantada por ele oferece a possibilidade de compreender o *modus operandi* da instituição como uma prática escalonada não dividida entre países. Melhor dizendo, seria pertinente realizar uma análise de todas as bolsas concedidas no contingente latino-americano e verificar outros casos similares ao do artista uruguaio.

De todo modo, o incremento da fundação enfatizava a maturidade profissional como critério. O montante oferecido era notável e a divulgação na imprensa trazia esses valores junto aos nomes dos selecionados como se pode ver nesta nota de *O Estado de S. Paulo*, publicada em 1971:

> A Fundação Guggenheim [...] anunciou ontem a entrega de trinta bolsas, no valor global de 298 mil dólares, a artistas e intelectuais da América Latina. O benefício destina-se a pessoas que tenham demonstrado "a mais alta capacidade nos campos das letras e das ciências e elementos de comprovada habilidade criativa nas belas artes". Da lista de contemplados de 1971 constam os seguintes nomes do Brasil: Haroldo de Campos, Antonio Dias, Roberto L. Lobo e Silva, Margaret U. Mee, Armando D. Mendes e Luis R. Travassos. (Fundação dá bolsas..., 1971)[104]

Assim, se por um lado o aumento das bolsas da Fundação Guggenheim aos latino-americanos não foi idiossincrático e tornou-se instância significativa para atrair

---

103 Considerando os marcos temporais desta pesquisa, os artistas brasileiros tinham a seguinte idade quando foram contemplados pela bolsa: Roberto De Lamonica nasceu em 1933 e tinha 32 anos quando recebeu a bolsa em 1965; Amilcar de Castro nasceu em 1920 e recebeu a bolsa em 1967 com 47 anos (e uma segunda vez, em 1969); Hélio Oiticica nasceu em 1937 e tinha 32 anos quando recebeu a bolsa em 1970; Antonio Dias nasceu em 1944 e recebeu a bolsa em 1971 com 27 anos; Avatar da Silva Moraes nasceu em 1933 e tinha 40 anos quando recebeu a bolsa em 1973; Rubens Gerchman nasceu em 1942 e recebeu a bolsa em 1978 quando tinha 36 anos; Regina Vater nasceu em 1943 e recebeu a bolsa em 1980 com 37 anos.

104 Em 1973, outra nota publicada na imprensa anunciava que, para a América Latina, haviam sido destinadas trinta bolsas, dessa vez sem informação sobre o montante em dinheiro. Eram três os brasileiros: Avatar da Silva Moraes, Paul Israel Singer (economista) e Nielm Zagury (professor de física da PUC-Rio). Nesse mesmo ano, Augusto Boal ganhou a bolsa, só que pela Argentina. Informava-se ainda que os valores das bolsas não eram fixos porque avaliavam-se os gastos que cada candidato teria e a renda que tinham (Fundação dá bolsas..., 1973).

um contingente qualificado de pessoas para os Estados Unidos, ele pouco contribuiu, por outro lado, para tornar a América Latina visível dentro daquele país, pois a integração e as trocas culturais não estavam entre os objetivos desse subsídio. O valor pago ao artista era suficiente para que vivesse de modo confortável durante a vigência da bolsa. Concedido o crédito, não havia a necessidade de qualquer resultado em troca, nem sequer a entrega de algum tipo de relatório final. Mas se de um lado havia essa total liberdade dada aos artistas, de outro também não lhes era oferecido suporte de visibilidade, como a realização de alguma exposição ou mesmo uma palestra. Assim, apesar da possibilidade de os bolsistas poderem viabilizar seus projetos, a participação e integração na cena nova-iorquina dependiam do esforço e da agenda de contatos pessoais de cada um deles.

Amilcar de Castro: duas vezes bolsista da Fundação Guggenheim

Acompanhar a trajetória de Amilcar de Castro nos Estados Unidos possibilita compreender mais de perto a experiência vivida por um artista contemplado pela bolsa Guggenheim. Quando se observa o sistema de escolhas da instituição na década de 1960, percebe-se que o peso da trajetória dos artistas parece não ter sido o único fator preponderante. A Fundação anunciava privilegiar artistas destacados e com uma carreira consolidada, mas analisando a lista de premiados, percebe-se que um importante centro de gravidade das escolhas esteve nas cartas de indicação que acompanhavam as candidaturas, geralmente fornecidas por profissionais gabaritados e influentes. Nesse sentido, o caso de Amilcar de Castro é modelar, pois Henry Geldzahler, então um dos curadores do Metropolitan Museum de Nova York, forneceu-lhe as credenciais necessárias à candidatura.[105]

Inúmeros jornais da época noticiaram que Geldzahler havia ficado impressionado com a qualidade da escultura do artista brasileiro quando esteve na VIII Bienal de São Paulo, em 1965. Particularmente, um artigo revelava que Amilcar teria recebido um telefonema sobre a visita que receberia em seu ateliê no Rio de Janeiro: "Amilcar, te aguenta aí que tem um crítico americano – um tal de Geldzahler, conhece? – que viu o teu trabalho na Bienal e quer conhecer tua obra. Ele está de passagem pelo Rio por algumas horas e vai diretamente do aeroporto até aí". Segundo o texto, Geldzahler

---

105 Em 1969, do Brasil, receberam o prêmio: Amilcar de Castro, Benedito José Vianna da Costa Nunes (estudioso de estética e crítico da Literatura Brasileira do século XX), Rubens da Silva Santos (estudo de fósseis do Brasil). À Argentina, coube o maior número de premiados das Américas (doze), seguida do México (oito), Colômbia (duas), Chile, Peru, Cuba, Porto Rico, Uruguai e Trinidad Tobago, cada um com uma bolsa (Três brasileiros..., 1969).

teria comprado uma obra do artista para sua coleção pessoal, outra para o Metropolitan Museum, e teria sugerido que Patrick Lanan, colecionador e fundador do Museu de Arte de Miami, fizesse o mesmo (Pedrosa, 1969a). Assim, teria sido a partir dessa aproximação que Geldzahler forneceu ao artista as cartas necessárias para que apresentasse candidatura à Bolsa Guggenheim, além de mais dois críticos brasileiros (Amilcar também..., 1967).

Amilcar deixou o Brasil em 1968, acumulando o Prêmio Viagem ao Exterior e a Bolsa Guggenheim, subsídio (*grant*) este que lhe foi concedido em 1967 e uma segunda vez em 1969.[106] Viajou com a esposa, Dorcilia, e os três filhos, Rodrigo, Ana e Pedro, retornando somente em 1971, quando o caçula completou a escolaridade elementar.[107] Rodrigo e Ana regressaram antes, porque o pai receava que o filho mais velho, ao completar dezoito anos, corresse o risco de ser convocado para a Guerra do Vietnã, conta a filha Ana Caldeira.[108]

Advogado de formação, Amilcar abandonou a carreira após exercer a profissão em Belo Horizonte. Ainda quando estudante de ciências jurídicas, em 1943 aproximou-se de Guignard, quando este último ainda iniciava suas aulas na capital mineira. Em 1948 foi a vez de frequentar o curso de Frans Weissman, com quem diz ter aprendido a técnica de escultura figurativa, modelando com argila e moldando com gesso.

Incentivado por amigos, mudou-se em 1952 para o Rio de Janeiro, onde sustentou a família com um emprego no escritório local do Departamento de Café de Minas Gerais. Aos poucos, foi trabalhando com a diagramação de importantes revistas e jornais. A reestruturação que realizou para o *Jornal do Brasil* (JB), que durou de 1957 a 1959, tornou-se referência na imprensa brasileira. Permaneceu nesse periódico até 1961. Em 1970, quando Carlos Lemos pretendeu ajustar novamente a diagramação do JB, recorreu mais uma vez ao artista. Após trocas de correspondências, uma vez que o artista se encontrava nos Estados Unidos, foi acertado que ele receberia uma passagem de Nova York para o Brasil e o valor de três mil dólares. Nas tratativas, solicitava-se que os ajustes no jornal deveriam ocorrer ao longo do tempo e ser imperceptíveis aos olhos dos leitores, pois nada deveria ser "modificado da noite para o dia". Além disso,

---

106 O primeiro período da bolsa foi de 17 de março de 1968 a 16 março de 1969. Já a renovação se estendeu de 16 de junho de 1969 a 15 de junho de 1970. Informação localizada na correspondência com a John Simon Guggenheim Memorial Foundation, depositada no Instituto Amilcar de Castro, em Nova Lima (MG).
107 O artista viajou com a esposa Dorcilia Caldeira de Castro e os três filhos: Rodrigo Antonio Caldeira, Ana Maria Antonio Caldeira e Pedro Antonio Caldeira. A todos eles, o Itamaraty concedeu o passaporte especial, vantagem do Prêmio Viagem ao Exterior.
108 Ana Caldeira. Instituto Amilcar de Castro, Nova Lima (MG), 13 jul. 2016. Entrevista concedida a esta pesquisadora.

AS "POLÍTICAS DE ATRAÇÃO" E AS INSTITUIÇÕES

o processo deveria ocorrer "no maior sigilo".[109] Provavelmente, esse foi um dos casos que o fizeram vir ao Brasil durante a vigência da bolsa.

Antes de sair do país, quando ainda morava no Rio de Janeiro, era cada vez mais frequentemente identificado como escultor, mesmo que as encomendas lhe fossem raras. Obteve reconhecimento pelos prêmios que recebeu e pelas participações em salões e bienais.

Figura 36 – Confirmação de bolsa da Fundação Guggenheim para Amilcar de Castro, 22 de agosto de 1967

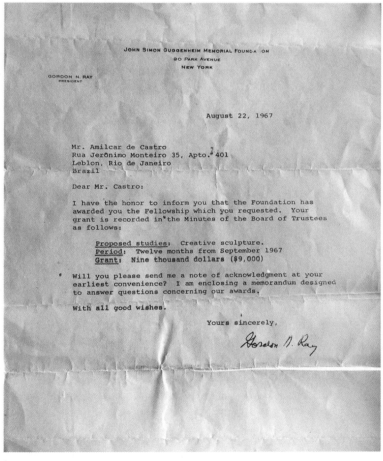

FONTE: INSTITUTO AMILCAR DE CASTRO

---

109 Carta – De: Carlos Lemos. Para: Amilcar de Castro. "Meu caro Amilcar", Rio de Janeiro, 7 jan. 1970. Localizada no Instituto Amilcar de Castro, Nova Lima (MG). A carta possui o timbre "S.A. Jornal do Brasil".

POLÍTICAS DE ATRAÇÃO

Figura 37 – Confirmação da segunda bolsa da Fundação Guggenheim para Amilcar de Castro, 11 de junho de 1969

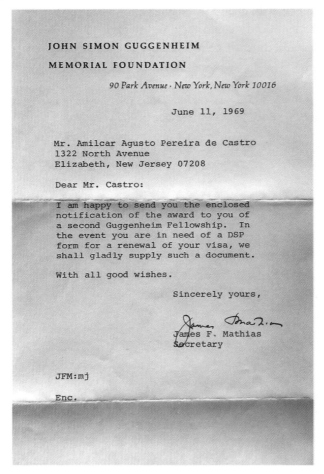

FONTE: INSTITUTO AMILCAR DE CASTRO

AS "POLÍTICAS DE ATRAÇÃO" E AS INSTITUIÇÕES

Figura 38 – Amilcar de Castro com crianças, c. 1968, New Jersey

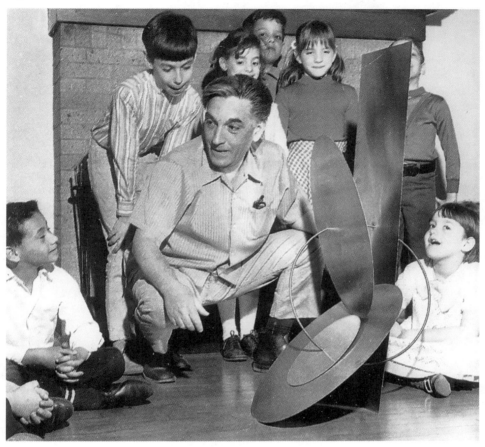

FONTE: INSTITUTO AMILCAR DE CASTRO, FOTÓGRAFO DESCONHECIDO

Figura 39 – Amilcar de Castro. Sem título, 1969. Aço inoxidável, 120 x 50 x 0,3 cm, montagem variável

FONTE: INSTITUTO AMILCAR DE CASTRO, 1969, FOTÓGRAFO DESCONHECIDO

Figura 40 – Amilcar de Castro. Sem título, 1969. Aço inoxidável, montagem variável

FONTE: INSTITUTO AMILCAR DE CASTRO, 1969

Figura 41 – Amilcar de Castro. Sem título, 1970. Aço inoxidável, 21 x 14 x 7 cm, montagem variável

FONTE: INSTITUTO AMILCAR DE CASTRO, 1969

Figura 42 – Abertura da exposição na Kornblee Gallery, 1969

FONTE: INSTITUTO AMILCAR DE CASTRO, FOTÓGRAFO DESCONHECIDO

Ao chegar aos Estados Unidos, em 1968, instalou-se primeiramente em Manhattan, onde viveu por quatro meses, para, em seguida, transferir-se com a família para uma casa em Elizabeth, New Jersey, lugar com mais espaço para instalar um ateliê de escultura.[110]

Apesar da relativa "independência" em relação ao Brasil, os trâmites burocráticos necessários para o serviço de imigração faziam com que muitos artistas precisassem dos postos consulares para legalizar suas estadas nos Estados Unidos. Uma apresentação feita para Amilcar de Castro, para que ele pudesse receber a Bolsa Guggenheim, é exemplar para esses casos:

> Isto é para apresentar o sr. Amilcar Augusto Pereira de Castro, portador de passaporte brasileiro especial [...], que, com sua esposa e três filhos, deseja estender sua estada nos Estados Unidos até meados de 1970. O sr. Pereira de Castro é um artista brasileiro

---

110 Ana Caldeira se lembra de que viveram em apart-hotéis até seu pai encontrar a casa em Elizabeth. Segundo ela, o escultor não queria morar em Manhattan. A casa em que viveram estava bem conectada com a ilha. Na esquina da residência, havia uma parada de ônibus que os deixava no Port Authority Bus Terminal depois de trinta minutos de viagem. Ana Caldeira. Instituto Amilcar de Castro, Nova Lima (MG), 13 jul. 2016. Entrevista concedida a esta pesquisadora.

bastante conhecido, que ganhou uma bolsa em escultura da Fundação Guggenheim, que necessitou uma estada de dois anos neste país. O sr. Pereira de Castro também ganhou um prêmio concedido pelo Ministério de Educação e Cultura do Brasil, chamado "Prêmio Viagem ao Exterior". Este Consulado Geral está organizando uma mostra de seus trabalhos para o fim deste ano.[111]

Foi em 1970 que Amilcar realizaria uma mostra individual na Kornblee Gallery, em Nova York, tendo participado, no ano seguinte, da exposição coletiva de escultura no Loeb Student Center Contemporary Arts Gallery, da New York University, com Waldo Balard, Rubens Gerchman e Alejandro Puente.[112]

Embora se conheçam poucos detalhes sobre a produção para essas exibições, a escolha de novos materiais, formas e escalas contrastam com o que havia empregado anteriormente. Essas características têm sido tratadas pela crítica como transformações provocadas pelo alto preço da realização de peças únicas em ferro e pela dificuldade do artista de encontrar oficinas especializadas nesse material. É possível ainda imaginar que a pouca fluência na língua inglesa e a falta de inserção na cena artística local tenham criado dificuldades para que ele encontrasse condições similares às do Brasil. Precisou se adaptar e começou a usar o aço inoxidável e o alumínio, elementos que não lhe eram totalmente desconhecidos.

Amilcar admitia, entretanto, que a cidade lhe oferecia o que precisava e percebia a maturidade do próprio trabalho:

> O meio nova-iorquino, com sua quantidade de museus, dá um incentivo enorme, embora o brasileiro não tenha nada a aprender aqui. [...] As vantagens aqui são sobretudo técnicas. Em Nova Iorque o escultor encontra dezenas de oficinas especializadas só com o material com que lido. O acabamento, o polimento, enfim, o cuidado com o seu trabalho é absoluto.[113]

---

111 "*This is to introduce Mr. Amilcar Augusto Pereira de Castro, bearer of Brazilian special passport [...] who, with his wife and three children, wishes to extend his stay in the United States until the middle of 1970. Mr. Pereira de Castro is a well-known Brazilian artist who won a scholarship in sculpture from the Guggenheim Foundation, which required a stay of two years in this country. Mr. Pereira de Castro also won a prize granted by the Ministry of Education and Culture in Brazil, called 'Overseas Travel Prize'. This Consulate General is organizing an exhibit of his works for the end of this year.*" Carta de Laura Malcher para Immigration and Naturalization Service. U. S. Department of Justice. Consulate General of Brazil. New York, EUA. Doc. n. 41, 3 abr. 1960. Localizada no Instituto Amilcar de Castro, Nova Lima.
112 A mostra ocorreu sob auspícios do Brazilian Institute, entre 18 de fevereiro e 18 de março de 1971.
113 Depoimento de Amilcar de Castro (apud Lucas Mendes. Nossos homens em Nova Iorque. *Revista Fatos e Fotos*, s.d., s.p. Material localizado no Arquivo Hélio Oiticica, Rio de Janeiro (RJ)).

O depoimento revela um artista que já se considerava formado e maduro, perfil que se encaixa naquele descrito por Camnitzer. Para as obras expostas na Kornblee Gallery, Amilcar utilizou folhas circulares e quadrangulares de aço inoxidável de pouca espessura e as articulou e interligou por anéis. Engates e encaixes substituem as tradicionais operações de dobrar e cortar, próprias da poética de Amilcar com o ferro. Em algumas obras, as partes não são fixas e podem ser rearranjadas até que se encontre o equilíbrio no espaço.

O jornalista Paulo Henrique Amorim oferece detalhes importantes a respeito dos seis trabalhos expostos na Kornblee Gallery, dos quais cinco eram em aço inoxidável e um em alumínio. Quatro deles eram compostos por quadrados, retângulos e círculos presos por um aro, o que possibilitava inúmeras combinações de posições. Nos outros dois trabalhos, Amilcar preferiu utilizar uma argola para prender dois retângulos a um círculo e dois círculos que seccionam um cubo. Segundo Amorim (1970, p.8), eram formas puras, simples: "três quadrados, em diferentes proporções, presos num aro. Cada um com uma espessura de 1 centímetro. O ponto mais alto da escultura está a 2 metros do chão. [...] Tem-se a impressão de que ali começa a vida, que acaba de ser construído um novo sistema de sóis e luas".

Como a produção anterior de Amilcar estivera sempre associada ao universo da geometria de caráter mais estrito, a descrição de Amorim oferece relações peculiares: a mobilidade das peças e a associação com elementos da natureza, sóis e luas.

Apesar da possibilidade de manipulação dos trabalhos, o artista não admitia fazer "arte participante", porque isso significava "negócio [que] cheira a campanha do Exército da Salvação" (Amilcar e sua arte..., 1969). Sugeria que cada trabalho fosse compreendido como forma específica em que as articulações se estabeleciam internamente, não havendo assim caracterização externa e relacional. Dizia Amilcar (apud Barbara, 2010, p.205):

> A base é um chaveiro, e todas as posições assumidas pelas chapas são válidas, como em uma esfera. Penso a escultura como se ela estivesse solta no espaço e em movimento permanente. Agora, meu trabalho se abre a todas as significações, mas é uma consequência do trabalho anterior de espaço fechado e metafísico. Tenho experiência em um novo tempo, onde as formas repartem o mesmo futuro, em espaço aberto, e em movimento possível. Se na fase anterior já não havia a preocupação de base, ou de ponto de apoio para o pensamento desenhado, agora, então, vou às últimas consequências: tudo é muito mais livre ainda na infinita possibilidade da esfera, onde o espaço se realiza por movimento, na surpresa do equilíbrio.

Proporcionados pela estrutura de peças instáveis e soltas, que resultam em leveza e movimento constante, os trabalhos expostos na Kornblee Gallery contrastam com a falta de flexibilidade e a rigidez minimalistas. Foi no ambiente nova-iorquino, aliás, que o artista se viu diretamente envolvido com os debates estético-minimalistas. Por conseguinte, tornaram-se frequentes em seus depoimentos a oposição tanto ao minimalismo quanto à rotulação de "artista latino-americano". Constantemente indagado sobre as coincidências entre seus trabalhos e os de escultores estadunidenses, costumava responder que, se coincidiam no essencial, não tinham a mesma intenção. Completava dizendo que buscava a "expansão e contenção no momento exato, ser preciso – uma precisão sensível e não matemática, sentir-se completo e sem esbanjamento" (apud Ferreira, 2011, p.27). Ou seja, indicava que o excesso e a predominância da lógica exacerbada, próprias das poéticas minimalistas, não lhe interessavam.

A mostra na Kornblee Gallery lhe ofereceu a oportunidade de deixar claro que não ocupava um lugar de subordinação ou de assimilação às estéticas vindas do estrangeiro. Compreendeu mais diretamente as especificidades do projeto neoconcreto ao qual estava ligado e procurou explorar as variáveis temporais proporcionadas pela manipulação das peças das esculturas. Para Amilcar (apud Pedrosa, 1969b),

> [...] existem características na arte brasileira, das quais creio que participo. Temos menos refinamento que os europeus e menos sofisticação que os americanos. Fazemos um trabalho mais primário, mais espontâneo, mais bruto. Temos, talvez, menos técnica do que se tem em outras partes. Mas essas qualidades dão uma força excepcional a obras como as de Lygia Clark, Hélio Oiticica, Gerchman, Antonio Dias e outros. Na sua expressão mais autêntica, nossa arte não é subsidiária da estrangeira. Se o nosso concretismo ou neoconcretismo tinha a ver com as fontes europeias, não deixou de ter traços particulares e marcantes.

O resgate da independência e da originalidade da proposta brasileira ofereceu-lhe argumentos para se manter distante do minimalismo. Amilcar percebeu que o neoconcretismo possibilitava reivindicar um vínculo identitário e diferencial específico, sem rendição àquele imposto pela nova identificação de "latino-americano" e dependência a subordinações matriciais. Questionado pelo crítico de arte Walmir Ayala (1970d, p.26) sobre como se sentia trabalhando no estrangeiro, ele respondeu: "Como escultor brasileiro e em relação ao meu trabalho aqui nos Estados Unidos, sinto-me perfeitamente à vontade, porque o nosso movimento, chamado 'neoconcretismo', realizou com muito mais profundidade tudo o que agora vejo aqui proposto como novo. Fomos mais sensíveis, com o mesmo tema".

Mesmo buscando trazer para suas esculturas especificidades da poética brasileira, o ambiente de Nova York não deixou de afetar o que produziu para a mostra na Kornblee. Em entrevista ao jornalista Paulo Henrique Amorim (1970, p.8.), confessou: "Me deixei influenciar pela cidade. Não sabia falar a língua, me assustei. Por defesa, resolvi simplificá-la, passei a ver as formas e volumes no seu primarismo". As esculturas versáteis, de equilíbrio precário e com superfícies reflexivas, não deixam de rememorar a silhueta urbana cinza e espelhada de Manhattan.

Entre as raras resenhas publicadas nos Estados Unidos sobre a mostra na Kornblee Gallery está a do crítico Jean-Louis Bourgeois, que se limitou a afirmar na revista *Artforum* que o artista

> [...] trabalha com formas grandes, primárias, ora em alumínio, ora em aço inoxidável. Anéis finos suportam círculos e quadrados de até cinco pés de largura. Como os elementos são reorganizáveis, uma única peça pode ter muitas faces diferentes. De Castro parece interessado em uma mistura de improvisação e a imagem fixa, perfeita, combinação pela qual acho que tenho pouca simpatia.[114]

Talvez ainda ancorada no universo tridimensional minimalista, essa recepção desaprovava justamente o que o artista brasileiro buscava afirmar: a flexibilidade e a versatilidade dos trabalhos.

O termo "fracasso" não é frequente nas correspondências dos artistas. Em uma das raras exceções, o termo é mencionado em uma carta de Oiticica para Amilcar de Castro quando este último acabara de fazer uma individual na Galeria Kornblee em Nova York. Desde Londres, Oiticica tenta reconfortar o amigo mineiro que não havia vendido qualquer escultura em sua primeira mostra individual no estrangeiro. Disse ele:

> [...] "fracassado" porque não vendeu; contra isso tive sempre que lutar, e que hoje é o que se vê: muita consagração e nenhum tutu, e quanta vez penso ser um fracassado tudo o que quero por isso; mas contra isso é importante lutar, pois essa mentalidade comercial de aliar sucesso e dinheiro, se bem que não destituída de certa verdade, é ruim; claro que será ótimo se você vender muito, mas o mais difícil e [é] estar preparado para enfrentar o contrário; hoje muita gente elogia minha expo aqui [Londres], mas não sabem que até fome passei para isso, e, pelo que sinto, terei que voltar irremediavelmente ao Brasil o mais rápido [...] pois estou ainda em pior, aqui, roendo as unhas para saber o que será o futuro próximo; até o momento só vejo algo: tomar o navio para o Rio; ao menos lá

---

114 "[...] works with large, primary forms, sometimes of aluminum, sometimes of stainless steel. Slender rings support circles and squares up to five feet across. As the elements are rearrangeable, a single piece can have many different faces. De Castro seems interested in a blend of improvisation and the perfect, fixed image for which I find I have little sympathy." Jean-Louis Bourgeois, Claes Oldenburg, Museum of Modern Art; Group, Castelli Gallery; Harlem '69, Studio Museum in Harlem; Dennis Byng, Martha Jackson Gallery; Amilcar de Castro Catalog, New York: Kornblee Gallery. *Artforum*, nov. 1969, p.77.

posso trabalhar com José Celso em teatro e tenho casa e espaço; não posso é ficar a vida inteira só escrevendo e "fazendo planos".[115]

Após três anos de permanência no estrangeiro, Amilcar de Castro retornou ao Brasil e a seu antigo processo criativo com o ferro. Pelo enorme contraste, o conjunto realizado nos Estados Unidos se transformou em um interregno na trajetória poética do artista. Desse período, restaram as lembranças de exclusão e isolamento:

> [...] o Brasil, como tudo que é sul-americano, não existe. Existe num sentido folclórico, às vezes. Mas como país, não vale nada, como notícia não tem a menor importância. Eles não nos dão a menor importância, e é terrível a sensação que você sente. Apesar de ter feito uma exposição lá numa excelente galeria, não quer dizer que você teve importância. [...] Meu trabalho era ver museus, conversar com americano e com sul-americano. Conheci, por exemplo, Lichtenstein [...]. Fui ao ateliê dele, conversamos muito, ele foi à minha exposição, mas foi só. [...] A pior coisa é sentir-se estrangeiro. É um troço horrível, você não participa da vida que os outros vivem, a vida que tá lá. [...] Em Nova York, por exemplo, nem do racismo você participa, mesmo sendo contra ou a favor. Você não participa da vida na sociedade e, ficando 3 anos sem ouvir falar nada do Brasil, nem uma notinha num jornal ou revista, nada, você perde seus contatos aqui também e acaba sem saber do que se passa aqui, fica um negócio muito chato e esquisito. E lá você não entra mesmo. Você visita um sujeito, ele te recebe muito bem, mas assim meio de costas, meio torto. (apud *Pampulha*, 1980 p.1-15)

Esse balanço melancólico evidencia o sentimento de inferioridade identitária que outros artistas brasileiros também conheceram nos Estados Unidos. Essa viagem de Amilcar contrasta com a primeira experiência de deslocamento vivida pelo artista quando, em 1952, saiu de Minas Gerais e chegou à cena carioca. Naquele momento, junto com seus pares, era um agente ativo envolvido com um projeto de arte de vanguarda mobilizador. Além de escultor premiado, havia sido responsável por transformações radicais nas diagramações de meios de comunicação, como o *Jornal do Brasil*, por exemplo. Quando chegou a Nova York, viu-se sem vínculos profissionais e sociais e percebeu claramente o estigma de ser estrangeiro e, sobretudo, latino-americano, posição subalterna e inferiorizada na hierarquia das artes daquele período. Mesmo ele, que não era afeito a qualquer estereótipo desse gênero, viu-se assim identificado e pouco pôde fazer para mudar essa realidade. As tentativas frustradas de inserção no meio

---

[115] Carta – De: Hélio Oiticica. Para: Amilcar de Castro. The University of Sussex, Brighton, 1º nov. 1969. Localizada no Arquivo Hélio Oiticica – PHO, 0940.69-pl.

artístico e a falta de tratamento equânime fizeram com que vivesse uma experiência de fracasso profissional no "exílio artístico".

Durante o período em que viveu nos Estados Unidos, pouco se sabe sobre sua convivência com artistas brasileiros lá residentes ou com temas relacionados ao Brasil. Se, por um lado, admitia-se sutilmente a existência de um "exílio artístico" no contexto brasileiro, por outro, Jacqueline Barnitz faria o mesmo tipo de identificação nos Estados Unidos. A crítica de arte, sempre atenta ao universo dos artistas latino-americanos em Nova York, observou o aumento do número de brasileiros que chegaram à cidade no final da década de 1960 e creditava isso ao recrudescimento da repressão após a decretação do AI-5 (Barnitz, 1983, p.32). Em suas frequentes análises, as relações entre o "exílio artístico" e a ditadura militar foram assim explicitadas:

> Em um clima em que a originalidade criativa e a liberdade individual correm o risco de ser estranguladas pelo controle evidente do governo, bem como pelas vaias mais insidiosas da condicionada classe média, é cada vez mais difícil que novas formas de arte floresçam. [...] Muitos brasileiros estão morando no exterior, alguns com o dinheiro de subvenções. Brasileiros longe de casa não foram absorvidos completamente em seus novos ambientes como outros latino-americanos. Muito pelo contrário. (idem, 1971, p.47-8)[116]

A violência vivida durante os "anos de chumbo" no Brasil chegava aos Estados Unidos na forma de relatos, notícias e filmes. O próprio Hélio Oiticica foi assistir a um documentário sobre a tortura e escreveu para Mário e Mary Pedrosa, contando sobre a experiência, em 30 de julho de 1971:

> Vi um filme feito com exilados brasileiros aí, por um cara chamado landau, americano-chileno, ou sei lá o que, de S. Francisco; um filme era entrevista com o Allende, o outro sobre reconstituição das torturas brasileñas: uma maravilha, e o dia que foi exibido aqui [Nova York] vai impressionar demais; aparece a filha da Edyla, o filho do Sanz, que faz um depoimento impressionante, etc.; depois de uma hora, fica-se arrazado e pra não dizer no que se imagina que esteja acontecendo por lá, que não é nem contado nem filmado!; isso que é o pior, e me faz pensar em nunca mais morar no brasil, *at least*, enquanto as coisas não mudarem.[117]

---

[116] "*In a climate where creative originality and personal freedom are in danger of being strangulated by overt government control as well as by the more insidious jeers of the conditioned middle class, it is increasingly difficult for new art forms to flourish. [...] Many Brazilians are now living abroad, some on grant Money. Brazilians away from home have not become as completely absorbed into their new environments as other Latin Americans have. Quite the contrary.*"

[117] Carta – De: Hélio Oiticica. Para: Mário e Mary Pedrosa. 30 jul. 1971. Localizada no Arquivo Hélio Oiticica, Rio de Janeiro (RJ).

A carta de Hélio revela que a violência dos anos de chumbo no Brasil não chegou aos artistas que viviam o "exílio artístico" nos Estados Unidos somente por relatos de terceiros. Nem por isso artistas realizaram declarações públicas ou organizaram manifestações contrárias à ditadura. Vivendo no estrangeiro, alguns puderam viajar para o Brasil e retornar aos Estados Unidos, como foi o caso de Amilcar de Castro, quando chamado pelo jornal JB. No entanto, quando voltou definitivamente ao Brasil, ele foi recebido no aeroporto pelo Serviço de Informação e levado para prestar esclarecimentos.[118]

Mas encerrando este capítulo, o depoimento de Sônia Gomes Pereira, professora e historiadora da arte que recebeu uma bolsa da Fullbright de 1974 a 1976 para estudar nos Estados Unidos, revela as contradições e conflitos próprios dos que viveram os intercâmbios realizados nas décadas de 1960 e 1970. Disse ela:

> Lembro que a minha vontade primeira era fazer mestrado na França ou na Inglaterra. Mas pegando informações nos consulados desses dois países, senti que não era fácil: o número de bolsas era pequeno e as informações eram obtidas com mais dificuldade. Quando resolvi me informar sobre os Estados Unidos, a situação era muito mais propícia: havia maior número de bolsas e grande receptividade no consulado. Lembro-me que fui atendida por uma senhora, que me encaminhou a uma sala com muitos catálogos das universidades americanas, conversou demoradamente comigo sobre o processo de seleção e ainda me sugeriu nomes de professores de inglês, que preparavam para a prova de proficiência na língua (eu tinha feito todo o curso da Cultura Inglesa, mas a prova tinha um formato específico, no qual talvez não tivesse me saído bem, sem essa preparação específica). Nos formulários, você devia indicar três universidades americanas de sua preferência. Como eu tinha podido consultar os tais catálogos, pude escolher com critério. Resolvi escolher universidades em grandes centros (Nova Iorque e Washington), por causa dos museus, e a Universidade da Pensilvânia, na Filadélfia, da qual fazia parte o Robert Smith, grande estudioso de arte portuguesa. No processo de aceitação pelas universidades, me informaram que eu havia sido aceita em outras universidades, como em Buffalo, que eu não havia indicado. Fiquei firme e acabei indo para Filadélfia. Com a bolsa decidida, lembro que houve um ou dois encontros com bolsistas, se não me engano no Ibeu, em que foram discutidas questões práticas, como alojamento, vida no campus etc. [...] O interessante é que, no ambiente americano, mesmo acadêmico, havia um total desinteresse pelos nossos países. Por exemplo: o meu orientador, que era uma pessoa legal, jamais conseguiu guardar a minha origem; ficava na dúvida se eu era argentina

---

118 Segundo Ana Caldeira, quando Amilcar chegou ao Brasil com a esposa e o filho Pedro, foi levado sozinho pela polícia para prestar depoimento. Ana Caldeira. Instituto Amilcar de Castro, Nova Lima (MG), 13 jul. 2016. Entrevista concedida a esta pesquisadora.

ou chilena!!! Nunca consegui fazer trabalhos diretamente sobre arte brasileira, porque o tal especialista em arte portuguesa Robert Smith estava doente e acabou morrendo em seguida, e eu passei a ser orientada por um outro professor especializado em arte italiana. Assim, tive de acomodar o meu tema de dissertação ao campo dele. O meu departamento de História da Arte era totalmente voltado para o estudo da arte europeia e trabalhava com a metodologia alemã (lembrar que o Panofsky e outros emigraram para estas universidades americanas do leste). Assim, não havia livros franceses e espanhóis nas bibliografias dos cursos. Assim como eram exigidos exames em duas línguas estrangeiras, uma a escolher (escolhi francês) e outra tinha de ser alemã (o que foi uma novela para mim).

[...]

Se o interesse dessas agências ao dar a bolsa era mostrar a excelência dos Estados Unidos, talvez tenha dado certo com vários estrangeiros: encontrei na época alguns brasileiros que louvavam os Estados Unidos e desqualificavam o Brasil, como é tão comum hoje em dia.

Para mim, funcionou diferente. Eu mudei muito a ideia que tinha dos Estados Unidos. Por exemplo: eu achava que os Estados Unidos eram Nova Iorque. Não tinha ideia da diversidade do país e muito menos do caráter provinciano que muitos estados e cidades têm. Mesmo antes de sair do Brasil, tinha consciência da enorme interferência econômica e política dos EUA no mundo em geral e na América Latina em particular. Mas não sabia do desinteresse do povo pelo resto do mundo, visível em todos os aspectos, inclusive nos jornais. Aos americanos que eu conheci, só interessava, fora deles mesmos, a Europa. Eu senti claramente que era uma outsider.[119]

---

119 Sônia Gomes Pereira. E-mail recebido por esta pesquisadora em 3 out. 2013.

4
•
BRAZILIAN-AMERICAN CULTURAL INSTITUTE (BACI) (1964-2007)

Acompanhar a história do Brazilian-American Cultural Institute (BACI) possibilita conhecer aspectos da diplomacia cultural brasileira nos Estados Unidos durante o período da Guerra Fria. Como se verá neste capítulo,[1] a instituição não se restringiu à promoção da cultura e da língua brasileira no exterior, pois sua configuração jurídica inicial e a presença de congressistas norte-americanos em seu conselho sugerem conexões entre sua criação e estratégias das "políticas de atração", utilizadas pelos Estados Unidos para aumentar seu campo de influência na América Latina após a Revolução Cubana.

Desse modo, serão analisados aqui os fatos que levaram ao surgimento do BACI, bem como sua conformação diferenciada em relação a institutos semelhantes mantidos pelo Itamaraty no exterior. Já na década de 1970, o instituto passou por uma fase mais profissional, consequência de interesses da ditadura militar brasileira, que pretendeu promover uma imagem de benfeitora das artes e da cultura como forma de contrapor os relatos dos exilados políticos que denunciavam a censura, a repressão e a tortura praticadas no Brasil. Por fim, a reflexão apresenta os últimos anos do BACI até sua extinção, em 2007.

---

1 Parte das reflexões apresentadas neste capítulo foi publicada em artigo anterior (ver Jaremtchuk, 2021b).

A criação do Brazilian-American Cultural Institute (BACI)

Criado oficialmente em 1964, o Brazilian-American Cultural Institute (BACI) já funcionava na Embaixada Brasileira em Washington D.C. desde 1961, como um embrião de centro binacional baseado nos modelos que o Itamaraty lançara em Montevidéu, Assunção, Buenos Aires e La Paz. A decisão de formalizar a unidade nos Estados Unidos partiu do então embaixador Roberto de Oliveira Campos, que solicitou ao Ministério das Relações Exteriores (MRE) os estatutos das unidades na América Latina para que lhe servissem de base.[2] Como veremos, apesar da similaridade entre os institutos, a sede em Washington D.C. seguiria trajetória distinta, tornando-se uma organização não lucrativa regida pelas leis estadunidenses. Nesse processo, outro aspecto a destacar é que a proposta não teve origem em diretrizes do Ministério das Relações Exteriores, mas numa demanda específica da Embaixada. Nesse sentido, Cícero Martins Garcia (2003, p.111-2) explica assim os movimentos desse órgão governamental:

> Os CEBs e Institutos Culturais brasileiros, ao contrário dos institutos de idiomas de vários outros países, não tiveram sua criação determinada por nenhuma decisão central tomada pelo Governo, mas foram surgindo de forma empírica em países nos quais o Brasil mantinha Missões diplomáticas ou Repartições consulares, em virtude de iniciativas individuais ou de acordos culturais bilaterais firmados entre o Brasil e o país-sede. É curioso registrar a distribuição temporal do momento de criação dos CEBs ou Institutos, pois a mesma demonstra não haver concentração em nenhuma época específica, que pudesse indicar alguma iniciativa de política cultural tomada por determinada administração do Itamaraty.

Se, por um lado, a sede em Washington D.C. parece se encaixar nessa perspectiva, por outro, ela apresenta peculiaridades relacionadas ao contexto da Guerra Fria. Analisando os movimentos de sua criação e seus primeiros anos de existência, é possível localizar uma aproximação de parte de setores do governo dos Estados Unidos em direção ao BACI. Tal afirmação apoia-se na análise dos documentos produzidos pela própria instituição, nos quais estão presentes nomes de congressistas norte-americanos em seu quadro de diretores. Essa participação, ao que tudo indica, não se encaixa na chave da filantropia nem da casualidade.

---

2 Carta-telegrama da Embaixada do Brasil em Washington (D.C.). De Roberto de Oliveira Campos para Ministério das Relações Exteriores, Brasília (DF). 19 abr. 1963, 1 p. Solicita estatutos para o Instituto Brasil-Estados Unidos de Washington (D.C.). Localizada no Arquivo do Itamaraty em Brasília (DF).

Como o surgimento do BACI ocorreu antes do golpe civil-militar, quando ainda predominava no Brasil a Política Externa Independente, percebe-se que o movimento dos Estados Unidos de apoiar a criação do Instituto estaria ligado a outro jogo de interesses. Já em 1963, o presidente John Kennedy parabenizou o lançamento do BACI, antes mesmo de sua oficialização, que aconteceria somente em 1964. Assim, a formalização da instituição parece ter tido uma importância excepcional: "O povo dos Estados Unidos tem muito a aprender com o rico patrimônio histórico e cultural do Brasil; e estou feliz em constatar a criação de um novo Brazilian – United States Institute aqui em Washington para facilitar maiores contatos culturais e educacionais entre nossos dois países".[3]

A declaração do presidente Kennedy sobre a criação do BACI assinala que estava em curso um acompanhamento do governo daquele país sobre assuntos ligados à diplomacia brasileira, o que leva a crer que a formalização jurídica do instituto estivesse nesse entremeio. Por esse contexto de análise, a história do BACI deixa de ser um estudo de caso isolado e passa a revelar conexões com as "políticas de atração", uma vez que se tornou um espaço voltado para uma elite intelectual e econômica estadunidense interessada no Brasil. Afinal, seu surgimento como entidade cultural sem fins lucrativos (*non profit organization*), independente da Embaixada, sujeita às leis dos Estados Unidos e gerida por um conselho misto, não correspondia às práticas mais frequentes do Itamaraty em outros postos diplomáticos, com exceção do Instituto Cultural Uruguaio-Brasileiro (Icub) de Montevidéu, outra entidade de direito privado local (Garcia, 2003, p.117). Pode-se inferir que as missões culturais pareciam cumprir as metas de difundir a língua portuguesa e a cultura brasileira e não há indícios de que em Washington devesse ser diferente, conforme indica a própria Embaixada:

> O BACI foi criado e incorporado em Washington, D.C., como uma organização sem fins lucrativos, em 22 de fevereiro de 1964, pelo Itamaraty e por um grupo de parlamentares e profissionais liberais norte-americanos, com o propósito de estabelecer intercâmbio cultural, pedagógico e artístico entre o Brasil e os Estados Unidos.[4]

---

3 "*The people of the United States have much to learn from Brazil's rich historical and cultural heritage; and I am happy to note the creation of a new Brazilian – United States Institute here in Washington to facilitate greater cultural and educational contacts between our two countries.*" Brazilian-American Cultural Institute. *Bulletin*, n. 01, jan. 1966, Washington (D.C.), s.p. Localizado na Claire T. Carney Library, University of Massachusetts, Dartmouth.

4 Carta-telegrama da Embaixada do Brasil em Washington (D.C.). Doc. n. 1284, 5 maio 2004, 1 p. Envia informações sobre o Brazilian-American Cultural Institute. Localizada no Arquivo do Itamaraty em Brasília (DF).

Figura 43 – Brazilian-American Cultural Institute. Bulletin, n.1, jan. 1966, Washington (DC)

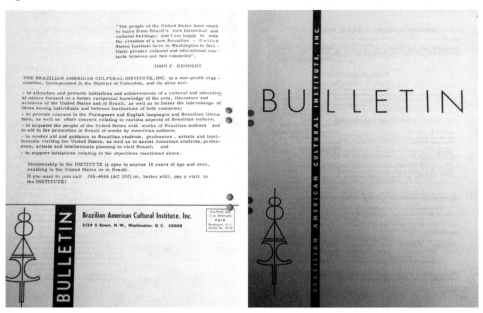

FONTE: CLAIRE T. CARNEY LIBRARY, UNIVERSITY OF MASSACHUSETTS, DARTMOUTH

Sem entrar na questão sobre a excepcionalidade do ordenamento da organização, pode-se afirmar de todo modo que foi a partir da criação dessa sociedade jurídica que a participação deliberativa tanto de congressistas quanto de cidadãos norte-americanos na agenda do BACI foi franqueada. Portanto, se o Ministério das Relações Exteriores do Brasil foi seu maior mantenedor financeiro, seguramente, ao menos em seus primeiros anos, não foi seu único mentor intelectual.[5] Congressistas, como Bradford Morse, Donald Irwin e John Brademas tiveram presença constante e bastante ativa na década de 1960.[6] Talvez seja necessário lembrar aqui que o Congresso dos Estados Unidos foi peça-chave na execução de políticas para a América Latina.

---

5   Desde o início, o orçamento do BACI era motivo de preocupação para seu conselho diretor. Sabe-se, no entanto, que além da contribuição dos associados houve a sugestão de participação de empresas estadunidenses no orçamento, embora não tenha sido possível confirmar a efetivação dessa prática. "*Congressman Morse suggested that he and Congressman Irwin write a letter to all the American Companies with interest in Brazil soliciting funds. Mr. Morse suggested that Mr. Hasslocher and Mr. Ouro Preto join him in setting up a date for a lunch with Mr. Washburn, a friend of Mr. Morse who is a Public Relations expert and who could assist them in drafting the letter for fund raising.*" In: Minutes of the Eighteenth Meeting of the Board of Directors of the Brazilian American Cultural Institute. 12 jan. 1967. Localizado na Claire T. Carney Library, University of Massachusetts, Dartmouth, p.4.

6   No primeiro boletim da instituição constam como membros do quadro de diretores Charles G. Fenwick (Chairman), F. Bradford Morse (Congressman), Maurício C. Bicalho, Donald Irwin (Congressman) e

Desse modo, a criação, em Washington D.C., de espaços como o BACI parece ter extrapolado o intuito de apenas promover a cultura e as artes brasileiras. Instituições como o Pan-American Union também eram locais frequentados por funcionários do Departamento de Estado, diplomatas e congressistas norte-americanos, além do público específico do mundo das artes. Tais aproximações sugerem o exercício de uma diplomacia cultural menos protocolar e bastante plural em relação a seus propósitos.

Alguns casos colaboram para o entendimento desse quadro, como, por exemplo, a exposição de Vicente Carneiro Netto, que era funcionário encarregado do setor de artes plásticas do Instituto Brasil-Estados Unidos. Como revela um ofício da Embaixada Brasileira remetido a Brasília, na mostra realizada em agosto de 1968 nos salões da Associação dos Empregados do Banco Interamericano do Desenvolvimento, estiveram presentes "além de diplomatas estrangeiros e brasileiros, funcionários do Departamento de Estado, representantes de organismos internacionais, da imprensa falada e escrita e um numeroso e seleto público, na sua maioria de americanos interessados em arte brasileira".[7] Além disso, a mostra havia sido noticiada no programa *Voz da América*. O texto destacava que até aquele momento 32 pinturas haviam sido vendidas.[8] Essa mesma informação foi motivo de destaque no ofício de Helen D. Sebsow, editora de cultura do Latin American Branch da United States Information Agency, ao parabenizar o diplomata-artista por ter vendido tantas obras, com os dizeres: "Depois de dar uma boa olhada, não posso dizer que isso surpreende".[9] Talvez essas observações e

---

Luiz A. Cunha (Executive Director). Ver Brazilian-American Cultural Institute. *Bulletin*, n. 01, jan. 1966, Washington (D.C.), s.p. Localizado na Claire T. Carney Library, University of Massachusetts, Dartmouth. F. Bradford Morse, deputado pelo estado de Massachusetts, foi eleito membro do conselho em outubro de 1965 e figura nas atas até 1972, ano em que foi nomeado pelo presidente Richard Nixon para o posto nas Nações Unidas em Nova York. Donald Irwin não aparece mais como membro na reunião de 1970. Também John Brademas, deputado pelo Estado de Indiana, recebeu convite para ingressar no *board of directors* em carta datada de 7 de fevereiro de 1969. Em 1972, Brademas, por impossibilidade de agenda, indicou Charles Moffitt, de sua equipe, para participar do conselho em seu lugar. Consta em ata que foi substituído pelo diplomata Niles W. Bond, cônsul dos Estados Unidos em São Paulo entre 1964 e 1969, que foi membro do conselho em 1972, 1973, 1974 e em 1975 tornou-se o seu presidente, permanecendo até 1985, quando foi substituído por Félix Grant. Nesse conjunto de nomes deve-se acrescentar Abbot Washburn, presidente honorário na década de 1970. Por serem mais políticas, as nomeações para o ingresso no *board* costumavam ficar a cargo da própria Embaixada.

7 Carta-telegrama da Embaixada do Brasil em Washington (D.C.). 16 set. 1968, 3 p. "Exposição em Washington. Vicente Carneiro Netto." Informa sobre exposição. Localizada no Arquivo do Itamaraty em Brasília (DF), n. 1354/540.3, p.2.

8 Carta-telegrama da Embaixada do Brasil em Washington (D.C.). 16 set. 1968, 3 p. "Exposição em Washington. Vicente Carneiro Netto." Informa sobre exposição. Localizada no Arquivo do Itamaraty em Brasília (DF), n. 1354/540.3, p.2.

9 "*After having had a good look at them, though, I cannot say that it is at all surprising.*" Ofício da United States Information Agency, Washington (D.C.). De Helen D. Sebsow para Vicente Carneiro Netto,

as "qualificações" sobre os trabalhos não apresentem qualquer tipo de exclusividade e sejam comuns em correspondências diplomáticas oficiais.

Também no informe sobre a exposição de Manabu Mabe e Tomoshige Kusuno que ocorreu no BACI notificava-se a presença de membros da Embaixada Brasileira, representantes do governo brasileiro, sócios do instituto, jornalistas, críticos e residentes da cidade: "a mostra [...] foi filmada pela 'United States Information Agency'".[10]

Como era de se esperar, a presença das agências americanas ou de funcionários do Departamento de Estado era destacada na correspondência oficial, mesmo que Washington D.C. se caracterize como espaço diplomático por excelência. Mas a notificação reincidente sobre a audiência de diversos atores da cena política em eventos culturais chama a atenção e, no cômputo desta pesquisa, se relaciona ao cenário mais amplo de interesses políticos. Assim como no caso de Vicente Carneiro Netto, na mostra de Mabe e Kusuno, não apenas o evento, mas também a visitação dele por representantes de órgãos governamentais era digna de se transformar em notícia.

Apesar de juridicamente independente e com diretrizes traçadas por seu conselho, o BACI foi gerido até 1970 por diplomatas brasileiros que se dividiam entre os assuntos culturais da Embaixada e as atividades do Instituto.[11] A ideia sempre fora que o espaço se tornasse autônomo financeiramente. No entanto, como entidade binacional, desde seus primórdios e para efetivar o empreendimento, a Embaixada sustentou financeiramente o projeto, pagando os gastos com a manutenção e os salários dos professores e funcionários, por exemplo.[12] Acreditava-se que empresas privadas estadunidenses interessadas no Brasil e empresas brasileiras interessadas nos Estados Unidos apoiariam o projeto e assumiriam os custos da instituição, possibilitando autonomia em relação à Embaixada, mesmo que isso não significasse a retirada do apoio oficial do Itamaraty e da permanência de seu *status* simbólico de representação. As doações, que parecem ter sido formas indiretas de explicitar os interesses comerciais dos doadores,

---

Embaixada dos Estados Unidos do Brasil, Washington (D.C.). 29 ago. 1968. Envia congratulações pela venda durante exposição. Localizado no Arquivo do Itamaraty em Brasília (DF).

10 Carta-telegrama da Embaixada do Brasil em Washington (D.C.). 27 abr. 1966. "Exposição de pintura no BACI. Manabu Mabe e Tomoshige Kusuno." Informa sobre exposição. Localizada no Arquivo do Itamaraty em Brasília (DF), n. 567/540.3.

11 Desde a fundação, a estrutura da instituição dividia-se em quadro de diretores (com a eleição de um presidente) e quadro de conselheiros. Havia também um quadro de sócios que contribuía financeiramente e elegia seus representantes no conselho diretor. O cargo de *executive director* fora criado em 1966, ao mesmo tempo em que se extinguia a função de *general secretary* (cf. Brazilian-American Cultural Institute. *Bulletin*, n. 01, jan. 1966, Washington (D.C.), p.5. Localizado na Claire T. Carney Library, University of Massachusetts, Darmouth).

12 Embora não tenham sido aqui analisadas as receitas dos cursos de português oferecidos pelo BACI, sabe-se que em determinados momentos de sua história, elas foram fonte significativa de renda, que subsidiava os salários dos professores e dos funcionários da instituição, assim como outras despesas de manutenção.

estiveram na pauta do BACI desde o início. A lista de empresas norte-americanas com interesses no Brasil não era pequena, figurando não apenas a Standart Oil Co., mas também o Chase Manhattan Bank, sendo inclusive seu diretor, David Rockefeller, um dos membros do quadro de conselheiros do BACI.

O exemplo mais expressivo dessa cooperação foi Harold E. Wibberley Jr., que em 1966 se interessou em custear a instalação da Biblioteca do Instituto. Wibberley era o presidente da Baker-Wibberley & Associates (Consulting Engineers), que havia ganhado uma concorrência para traçar os planos da estrada entre Rio de Janeiro e Lima. No entanto, essas parcerias não se tornaram constantes e foram buscadas em circunstâncias específicas, como nos momentos em que a crise financeira se exacerbava, ou então quando o governo brasileiro passou a apresentar perfil político mais liberal, como o da década de 1990.[13]

Se, por um lado, compreende-se melhor a institucionalização do BACI quando observada sob a ótica dos interesses dos Estados Unidos em se aproximar da América Latina, por outro, não se pode esquecer que também houve, por parte do governo militar, objetivos concretos em relação àquele país, para os quais o uso das artes foi conveniente.

Segundo o diplomata Fernando de Mello Barreto (2014, p.8-9), "nos três primeiros anos do regime militar, isto é, durante o governo do general Castelo Branco (entre abril de 1964 e março de 1967) houve política externa autoqualificada de 'fidelidade ao Ocidente'". Isso significava um alinhamento com os Estados Unidos e uma concordância com suas políticas contrárias aos regimes comunistas, perfeitamente condizentes com o clima da Guerra Fria. No entanto, diferentemente da gestão castelista, durante o governo do marechal Arthur da Costa e Silva (15 de março de 1967 a 31 de outubro de 1969), houve uma mudança na política externa e marcas mais nacionalistas se sobressaem, notadamente em relação ao regime castelista anterior. Já no governo Médici (de 31 de outubro de 1969 a 15 de março de 1974), que coincidiu com o de Richard Nixon, "as relações com os Estados Unidos voltariam a ser mais fluidas" (ibidem, p.8-15). Ou seja, Mello Barreto conclui que não houve durante todo o período da ditadura militar brasileira uma política linear em relação aos Estados Unidos. Mas pode-se acrescentar a essa reflexão que, apesar das diferenças, os governos militares no Brasil necessitavam do apoio daquele país para sua ditadura.

---

13 *"Counselor Lauro Moreira in a series of telephone and telegram exchanges was able to secure a $19,000 donation from Norberto Odebrecht S. A., as well known Brazilian construction company."* José M. Neistein. *Report of 1985.* Washington (D.C.), s.d., p.13. Localizado na Claire T. Carney Library, University of Massachusetts, Darmouth. Já em 1992, foram arrecadados U$90,000.00 entre as empresas Petrobras (U$10,000.00), Construtora Odebrecht (U$20,000.00), Vasp (U$20,000.00) e Banco do Brasil (U$40,000.00). Também as mensalidades/contribuições dos sócios sofreram acréscimos e, com o passar dos anos, como dito, a receita dos cursos de português tornou-se preciosa fonte de recursos.

Notas sobre exposições em embaixadas e postos consulares

Sabe-se que o Itamaraty costumava apresentar arte e cultura brasileiras em diversos postos diplomáticos, sobretudo quando interesses políticos e comerciais estavam em jogo. Mesmo que os exemplos que se seguem não estejam diretamente ligados às análises que priorizam os Estados Unidos, a observação deles possibilita conhecer certo tipo de associação entre as relações diplomáticas e exposições de arte que simbolizavam representações nacionais. Nesse sentido, embora não seja possível desenhar um quadro comparativo e delinear com precisão as diferenças entre as ações diplomáticas anteriores ao golpe, observa-se na documentação aqui pesquisada que, durante o governo militar, houve um interesse direto em transformar os eventos artístico-culturais em uma espécie de cartão de visitas para o Brasil.

Em novembro de 1965, por exemplo, foi inaugurado o Centro Cultural Ítalo-Brasileiro em Milão com uma mostra de gravuras de Roberto De Lamonica, artista que seguiria diretamente da Itália para Nova York devido ao recebimento da bolsa Guggenheim. Já desde 1959, o posto italiano oferecia cursos de português e possuía uma biblioteca. A abertura do espaço para artes transformou-se em importante notícia na imprensa brasileira, com fortes elogios à mentora do projeto, a cônsul Margarida Guedes Nogueira. A jornalista Vera Pacheco Jordão, correspondente enviada especialmente para cobrir o evento, registrava que a tinha em "crédito em matéria de arte e cultura em geral" e que o nível que havia conseguido era fruto de "seu prestígio já solidamente estabelecido". A matéria ainda nomeava os inúmeros artistas e críticos brasileiros que se deslocaram de outras cidades da Europa para o *vernissage*, cuja apresentação ficou a cargo do crítico italiano Franco Russoli. Destacava ainda a presença de outros críticos, Marchiori e Gilo Dorfles, e informava a sequência de mostras que daria continuidade ao uso do espaço, todas elas de gravadores: Isabel Pons, Artur Luiz Pizza, Rossini Perez e Ana Letícia (Jordão, 1965).[14]

O jornalista de arte Harry Laus, em passagem pela Europa, também se deslocou para Milão para cobrir a inauguração da mostra e dedicou a ela um longo texto no *Jornal do Brasil*. Enfatizava a importância da difusão artística e cultural no posto diplomático e não poupava elogios a Margarida Guedes Nogueira que, segundo ele, já havia criado dois outros centros anteriormente. Escreve Laus (1965a):

> Todos sabemos o que esta incansável batalhadora realizou em Trieste e em Valparaíso, onde os centros foram verdadeiras fontes de irradiação de nossa música, língua,

---

14 Apesar da data da matéria (10 de novembro), o *vernissage* ocorreu em 28 de outubro de 1965 e a mostra foi aberta ao público no dia seguinte.

literatura e arte. Este novo empreendimento é mais um passo para a descoberta do Brasil pelos italianos.

Como ambos os artigos (o de Vera Pacheco Jordão e o de Harry Laus) apresentam o mesmo conteúdo, é possível que tenham reproduzido informações recebidas de algum tipo de *briefing* produzido pelo próprio consulado.

Também a Casa do Brasil em Roma foi bastante ativa, mas teve seu programa de exposições alterado devido a mudanças operadas em 1966 pelo Ministério das Relações Exteriores. Decidiu-se não mais enviar os artistas junto com suas mostras e fazer exposições coletivas e não mais individuais como forma de divulgar de modo mais amplo as artes brasileiras, sem promover nomes específicos.[15]

Cabe incluir aqui a Galeria Debret, ligada ao Serviço Cultural da Embaixada do Brasil em Paris. Inaugurada em 8 de julho de 1966, foi oficialmente apresentada pelo governo como "um salão permanente de afirmação das artes plásticas brasileiras na capital francesa"[16] – melhor dizendo, espaço chapa branca do Consulado Brasileiro em Paris. Na abertura, foram exibidas obras de Antonio Bandeira, Sérgio Camargo, Cícero Dias, Sérgio Campos Mello, Arthur Luiz Piza, Rossini Perez e outros artistas brasileiros.[17]

De modo geral, a qualidade das exposições realizadas nos diversos postos do Itamaraty era de responsabilidade de seus diplomatas. Nesse processo, chama a atenção a mostra "Young Brazilian Art", inaugurada com a presença do embaixador brasileiro da época. Concebida originalmente para a Bienal de Paris, a mostra foi exibida em Londres no espaço de uma galeria de Richard Demarco. Tratava-se de um escritório desativado, remodelado para essa ocasião pelo arquiteto brasileiro Mauro Kunst, então na capital inglesa. Os *Parangolés* de Hélio Oiticica receberam algum destaque,

---

15 Também o embaixador Vasco Leitão da Cunha envia para o Brasil a lista de atividades do BACI, denominado por ele Instituto Cultural Brasil-Estados Unidos. Caso o DDC pensasse em selecionar outras mostras na programação, que fosse dada preferência a exposições coletivas ou com "comunidade de estilo" porque estas últimas chamavam mais a atenção do público do que as mostras individuais. Sugere também que fossem exibidos jovens artistas dos Estados Unidos fazendo jus ao propósito binacional do espaço. Observa ainda que o Instituto começou a "despertar interesse nos circuitos financeiros norte-americanos". Cf. Carta-telegrama da Embaixada do Brasil em Washington (D.C.). De Vasco Leitão da Cunha. 1º abr.1966. Informa sobre Programa de exposições de arte do Instituto Cultural Brasil-Estados Unidos para 1966. Localizada no Arquivo do Itamaraty em Brasília (DF), DDC/DAS 540.3(22).

16 Embaixada do Brasil. *Boletim Especial*, n. 122, Washington (D.C.), sexta-feira, 8 jul. 1966. Ver também o fôlder: GD Galerie Debret. Le mardi, 3 octobre, 1967. Paris, Services Culturels de L'Ambassade du Brésil. Localizado no Arquivo do Itamaraty em Brasília (DF).

17 Embaixada do Brasil. *Boletim Especial*, n. 122, Washington (D.C.), sexta-feira, 8 jul. 1966. Ver também o fôlder: GD Galerie Debret. Le mardi, 3 octobre, 1967. Paris, Services Culturels de L'Ambassade du Brésil. Localizado no Arquivo do Itamaraty em Brasília (DF).

assim como *Os conversíveis*, de Gastão Manuel Henrique. Foram ainda expostos Anna Bella Geiger, Avatar Moraes, Maria Bonomi, Francisco Liberato, José Lima e Regina Vater. Os arquitetos André Lopes e Paulo Hamilton apresentaram maquetes. Havia na mostra uma trilha sonora com Brian Willey, que reproduzia "A banda", de Chico Buarque, "Garota de Ipanema", na versão cantada por Frank Sinatra, e músicas recentes, como "Margarida", "Carolina" e "Chora minha nega". O cartaz do catálogo foi desenhado por Aloisio Magalhães e tinha como motivo a bandeira brasileira estilizada (Jordão, 1967).

Como já afirmado nesta pesquisa, não é tarefa simples precisar as atividades do Itamaraty relacionadas às artes ou delinear um mapa de suas diretrizes culturais para o exterior, haja vista a impossibilidade de localizar e reunir uma documentação completa. Apesar dessas lacunas, mesmo sendo os diplomatas os maiores responsáveis pelas agendas em seus postos, algumas ações levadas adiante durante a ditadura possibilitam identificar um expresso cuidado por parte do Itamaraty com as mostras de artes e a necessidade de informar antecipadamente às autoridades em Brasília a agenda dos nomes dos artistas que seriam expostos.

Há documentos que mostram o cuidado com essa agenda. Por exemplo, para que artistas conseguissem auxílio para subsidiar a realização de mostras no estrangeiro, solicitava-se com frequência ao Sistema Nacional de Informações (SNI) dados sobre eles. Consequentemente, qualquer posicionamento político ou manifestação contrária à ditadura militar comprometia a obtenção de subsídios.

São conhecidos alguns casos desse controle, como o que aconteceu em 1969, quando a Divisão de Difusão Cultural do Itamaraty enviou ao presidente da República, marechal Arthur da Costa e Silva, uma lista com nomes de artistas que teriam obras exibidas no exterior. O SNI esclareceu que, sobre a grande maioria deles, nada constava que os "desabonasse". No entanto, advertiu que alguns haviam contestado o regime e tinham ligações com a esquerda, como o pintor João Câmara, que mantinha "atividades comunistas e suspeitas". Câmara havia exposto, quando em Recife, na Galeria de Arte da Faculdade de Direito, e de lá seus trabalhos foram retirados por serem considerados "ofensivos aos costumes, à religião e à Revolução".[18] No caso de Elza de Souza, mesmo "não havendo nada contra ela", ressaltou-se ter viajado para os países da Cortina de Ferro (Polônia e Tchecoslováquia).

Já sobre as artistas Marília Rodrigues e Maria Bonomi, respectivamente, os históricos são mais detalhados. Sobre a primeira artista, constava: "Simpatizante comunista. Esquerda ativa. Assinou manifesto de agitação pró Universidade de Brasília, Hélio Fernandes e Oscar Niemeyer. Assistente do Instituto Central de Artes da UnB. Figurante

---

18 Gabinete da Presidência da República. Serviço Nacional de Informação. Levantamento de pessoas. Referência: DDC/75/540.31(00), 30 abr. 1969, s. p. Arquivo Nacional, Brasília, ACE 51341/69.

de uma relação de professores demissionários da UnB, em 18 out. 67, em solidariedade a outros professores demitidos pela Reitoria".[19] Já sobre Bonomi, registrava-se:

> Xilógrafa. Pintora. Assinou manifesto pela liberdade de Enio Silveira. Assinou manifesto, em São Paulo, condenando a nova Constituição. Assinou manifesto de repúdio à Lei de Imprensa. Incluiu seu nome em um abaixo-assinado conclamando o povo a unir-se contra o governo que coagia o Congresso. Esquerda atuante.[20]

Por sua vez, Regina Vater, que era filha de militar, foi considerada "marginada figura" pela participação em protestos contra a censura. No ano de 1972, a Divisão de Segurança e Informação do Ministério das Relações Exteriores solicitou ao SNI dados sobre seus antecedentes, pois o Departamento Cultural do Ministério estudava a possibilidade de patrocinar suas mostras, que circulariam em 1973 pela Colômbia, Peru, Venezuela e México. Dessa vez, o ofício do SNI, acompanhado de recortes de jornais, informava que em 1968 ela havia portado cartazes contra a ditadura na Passeata dos Cem Mil e, no ano seguinte, esteve presente em manifestações de rua com comícios relâmpagos e discursos inflamados.[21] A solicitação de patrocínio parece ter sido indeferida por parte do Ministério, pois a artista não realizou mostras nesses países. Ou então, por algum outro motivo, as exposições não se realizaram.

A prática de controle e monitoramento das mostras em espaços diplomáticos parece ter sido frequente. A Embaixada de Roma, por exemplo, em julho de 1977, solicitou à Divisão de Segurança e Informações do MRE os endereços de artistas que exporiam. Pretendia perguntar a eles não só sobre o interesse em expor em Roma, mas também "na eventualidade dos nominados possuírem antecedentes nesse OI a DSI/MRE agradeceria ser informada". A lista não era extensa; dela constavam Gerson de Souza, Manabu Mabe, Wanda Pimentel, Aldemir Martins, Genaro, Anísio Medeiros, Rubem Valentim, Clóvis Graciano, Gilvan Samico, Moacir de Andrade, Alfredo Volpi, Milton Dacosta. As esparsas informações apresentadas levam a supor que o controle era realizado a partir da filiação e dos contatos com o Partido Comunista, assim como pelo fluxo de viagens e de correspondência recebida dos países comunistas, e não por meio de um monitoramento sistemático da classe artística em geral. Os exemplos desse caso específico não mostram muito conhecimento, além das relações institucionais e do mapeamento de correspondência:

---

19 Gabinete da Presidência da República. Serviço Nacional de Informação. Levantamento de pessoas. Referência: DDC/75/540.31(00), 30 abr. 1969, s. p. Arquivo Nacional, Brasília, ACE 51341/69.
20 Gabinete da Presidência da República. Serviço Nacional de Informação. Levantamento de pessoas. Referência: DDC/75/540.31(00), 30 abr. 1969, s. p. Arquivo Nacional, Brasília, ACE 51341/69.
21 Ministério das Relações Exteriores. Divisão de Segurança e Informações. Registra informações sobre Regina Vater. Referência: DSI/1802, 31 ago. 1972. Arquivo Nacional, Brasília, ACE 50018/72.

Gerson de Souza – nada temos registrado; Gerson de Souza Nunes – eleitor inscrito no PCB, na 20ª Zona Eleitoral, do Município de Magé/RJ; Manabu Mabe – Vide Documento de Informações 1811/60/AC/73, de 18 set 73, difundido na época para essa DSI; Aldemir Martins – nada temos registrado; Genaro – apenas este nome, falta-nos elementos para informar; Clovis Graciano – pintor, filiado em 1976 ao Instituto Cultural Brasil/URSS; Moacir de Andrade – elemento de esquerda atuando no Departamento de Esportes do *Jornal do Brasil*; Milton Dacosta – em 1965 recebeu correspondência oriunda da URSS.[22]

Entretanto, apesar dos indícios de controle e de centralização por parte das agências de informação e ministérios, há indicativos de como as agendas dos postos consulares acabaram por ser encabeçadas pelo diplomata responsável. Esse foi o caso do Consulado Geral do Brasil em Nova York, com o diplomata Lauro Soutello Alves.[23] Na cidade, havia uma pequena sala de exposições bastante ativa, com mostras regulares, que parece ter recebido atenção especial no que se refere à indicação de agendas:

> Encareço a necessidade de as mostras serem divulgadas pela imprensa com antecedência, bem como, na medida do possível, o contato com críticos de arte locais. A importância das manifestações culturais na cidade, sobretudo quando os artistas interessados estiverem presentes, como é o caso de Erika Steinberg e Antonio Maia, devem merecer da Vossa Senhoria todo o apoio para que os expositores consigam penetrar no meio artístico.[24]

O cônsul Lauro Soutello Alves, por exemplo, sugeriu modificações na agenda recebida e as enviou para a aprovação de Brasília. Segundo ele, o novo calendário seria: Emílio Castellar, de 18 a 29 de abril; Sonia Ebling, de 1º a 9 de maio; coletiva do *marchand* Jean Boghici ou individual de Carlos Scliar, de 15 a 29 de maio; Vicente Carneiro Netto, de 3 a 13 de junho; Antonio Maia, de 17 a 30 de junho; Erika Steinberger, de 3 a 18 de julho; Anna Letycia Quadros, mês de outubro; Nicola Norberto, mês de novembro.[25] Houve, também, mais uma modificação nessas alterações da programa-

---

22 Ministério das Relações Exteriores. Divisão de Segurança e Informações. Pedido de endereços de artistas brasileiros. Referência: DSI/ 2754, 11 jul. 1977. Embaixada do Brasil em Roma, Itália. Localizado no Arquivo Nacional, Brasília.
23 Lauro Soutello Alves foi designado cônsul geral do Brasil em Nova York em 1967 (ver Onde está..., 1967).
24 Carta-telegrama da Secretaria de Estado das Relações Exteriores, Rio de Janeiro (RJ) para Consulado-Geral de Nova York, EUA. Doc. n. 96, 19 mar. 1969. Envia Programação cultural de 1969. Localizada no Arquivo Itamaraty em Brasília (DF), DDC/DAS/540.31(22).
25 Carta-telegrama de Lauro Soutello Alves. Consulado Geral de Nova York. 8 abr. 1969. Informa sobre Exposições de Artes Plásticas em Nova York. Localizada no Arquivo Itamaraty em Brasília (DF), DDC/DAS/540.31(22).

ção, no final de 1969, e as mostras de Nicola e de Anna Letycia seriam canceladas por contingenciamento de despesas.[26]

Ainda em relação ao ano de 1969, o cônsul Lauro Soutello Alves sugeriu a realização da mostra de Antonio Dias na galeria de Nova York, em substituição à coletiva de Jean Boghici que, devido ao atraso, comprometia o calendário previsto. O diplomata afirmava que Dias viajaria de Milão (onde morava) para os Estados Unidos por conta própria e que suas obras sairiam do Rio e se encontravam prontas, aguardando apenas a autorização para a viagem. Uma lista com os títulos dos trabalhos acompanhava a correspondência enviada à Secretaria de Relações Exteriores.[27] No texto, o diplomata salientava que Dias era um "artista jovem e já de renome internacional com ótima crítica no Brasil e na Europa".[28]

Chama a atenção nesse fato não apenas a gerência direta do diplomata na agenda do espaço cultural, mas também a seleção de obras, cujos temas eram diretamente relacionados à violência explícita, às imagens de corpos, de vísceras em cores vermelhas e esqueletos, aspectos evidenciados na resenha da mostra publicada na revista *Arts Magazine* (1969):

> Violência é a tônica – e todas as imagens são convulsivamente subvertidas a ela. Crânios contorcidos em um grito sustentado, o sangue está sombriamente pingando em abundância, órgãos humanos são arrancados em fragmentos sinistros – é um mundo em purulenta desordem. [...] Basicamente Dias limita-se a vermelhos, amarelos e negros – que são berrantemente expressos em um nível, e visualmente habilidosos em outro. A linguagem do *Pop* e a publicidade da arte estão lá, mas em vez de prenderem seu manipulador nos métodos dele, elas servem como veículos horripilantes e eficazes para a mensagem dele.[29]

---

26 Telegrama da Secretaria de Estado das Relações Exteriores, Rio de Janeiro (RJ), para Consulado--Geral de Nova York. 6 nov. 1969. Envia Programação de Artes Plásticas. Localizado no Arquivo Itamaraty em Brasília (DF), DDC/DAS/540.31(22).

27 Os títulos da pinturas: *A dog's dream*; *I still can see I still can say*; *America: the burned hero*; *Murder your love*; *The soldier: what he thinks*; *Hero*; *A trunk*; *Self-portrait for a counterattack*; *Letter*, *Blowing*; *Paris 3*; *Paris 2*; *Untitled*; *Untitled*. E dos desenhos: *She*; *Airless*; *Command*; *Burning away from fire*; *The wrong story*; *A small gift for your night: masked face*; *In bed*; *The spectacular attack from the flying ray*. Ver Carta-telegrama da Secretaria de Estado das Relações Exteriores, Rio de Janeiro (RJ). Doc. n. 158, 21 maio 1969. Envia sugestão de exposição. Localizada no Arquivo Itamaraty em Brasília (DF), DDC/DAS/540.31(22).

28 Telegrama da Secretaria de Estado das Relações Exteriores, Rio de Janeiro (RJ). De Lauro Soutello Alves para Consulado Geral de Nova York. 2 maio 1969. Envia informe sobre Exposição de Artes Plásticas em Nova York/Pintor Antonio Dias. Localizado no Arquivo Itamaraty em Brasília (DF), DDC/DAS/540.31(22).

29 "*Violence is the keynote – and all the images are convulsively subverted to it. Skulls grimace in a sustained shriek, blood is in grimly dripping abundance, human organs are wrenched into sinister fragments – it is a world in festering disarray. [...] Basically Dias confines himself to reds, yellows, and blacks – which are*

Seguramente, o mesmo conjunto de trabalhos teria dificuldades em ser exibido no Brasil naqueles anos finais de 1960. Nesse caso, percebe-se um descompasso entre o que era tolerado no exterior e no Brasil, no que diz respeito às artes visuais. Como já visto, Soutello Alves enfatizou, em sua correspondência com Brasília, que a escolha do artista se justificava por sua projeção internacional, fato que poderia minimizar associações entre suas obras e eventuais críticas à ditadura militar. A permissividade talvez estivesse apoiada na orientação do Ministério das Relações Exteriores em querer projetar positivamente o Brasil no estrangeiro, ou então na escolha pessoal do diplomata, que queria organizar a agenda de mostras do Consulado em Nova York sem se importar com a censura e as proibições que ocorriam no Brasil. Mesmo que não se possa afirmar categoricamente, pode-se aqui assumir a hipótese de que, crítico à ditadura e vivendo na Europa, o "artista brasileiro" Antonio Dias poderia ser útil, por levar junto às notícias de sua exibição pelos Estados Unidos o nome do "Brasil". Afinal, suas obras, junto com as de Roberto Magalhães, já haviam sido "testadas" dois anos antes na Galeria Debret. O termo flexibilidade, ou mesmo acomodação de vertentes contrárias sob um mesmo viés, parece ser o mais adequado para pensar esse trânsito de mostras nos postos diplomáticos. Ou seja, o Itamaraty, ao que tudo indica, não foi pressionado a seguir a mesma agenda restritiva e de censura às artes que ocorria no Brasil.

Outro exemplo notável, no que se refere às mostras sob a tutela territorial do Consulado em Nova York, foi uma ação de resistência à ditadura de alguma forma relacionada às mostras oficiais brasileiras na cidade. Os artistas do Movimento por la Independencia Cultural de Latino América (Micla) fizeram denúncia das práticas de violência da ditadura militar na abertura da exposição de ex-votos brasileiros dos séculos XVIII e XIX que, segundo Luis Camnitzer, teria ocorrido na Galeria Bonino, em Nova York.[30] É Camnitzer quem relata que, na abertura da mostra, os integrantes do MICLA, em conjunto com o Committee for Justice for Latin American Prisoners, estiveram presentes: "enquanto os membros do Comitê distribuíam panfletos aos visitantes, os membros do MICLA davam pequenas bonecas 'contra ex-votos' com bandagens marcadas em vermelho".[31] Como a mostra recebia o apoio oficial brasileiro,

---

garishly expressive on one level, and visually slick on another. The language of Pop and advertising art there, but rather than trapping their manipulator in his methods, they serve as gruesomely effective vehicles for his message." Arts Magazine (1969). Nessa resenha da mostra, acompanhada de imagem da obra Murder, Hero, Love, de 1965, constavam os prêmios que Dias havia conseguido na Bienal de Paris em 1965, assim como na Bienal de Lignano em 1968.

30 A Galeria Bonino, fundada em Nova York em outubro de 1962, foi um espaço significativo para exibição de artistas latino-americanos. Possuía sedes também em Buenos Aires, Rio de Janeiro e Londres (ver Ángel, 1988, p.238-9).

31 "*[...] while members of the committee distributed literature to the visitors, members of Micla gave out 'contra ex-votos' bandaged fragments of dolls.*" (Camnitzer; Weiss, 2009, p.172).

a ação acabou causando mal-estar, pois as bandagens das bonecas pintadas de vermelho que eram entregues aos visitantes vinham acompanhadas de textos com relatos de vítimas de tortura. Talvez se possa aqui supor que a mostra de ex-votos fosse na realidade uma exposição de obras pertencentes a Jean Boghici e que teria sido exibida no mês de outubro de 1969 sob os auspícios do Consulado de Nova York.[32]

Operação Campus: projeto de divulgação das artes brasileiras em universidades norte-americanas

Se houve um movimento por parte de diversos setores dos Estados Unidos para propagar a sua produção cultural e artística na América Latina, os militares brasileiros parecem ter utilizado as mesmas táticas em relação às artes brasileiras.

Lançada no primeiro semestre de 1965, a Operação Campus, projeto pontual do Itamaraty, pretendeu levar arte e cultura brasileira para os meios acadêmicos nos Estados Unidos. Em fins de abril de 1965, o Ministério das Relações Exteriores noticiou à Embaixada em Washington sobre a realização do projeto.[33] Inicialmente, previa-se uma turnê de três ou quatro artistas que circularia entre as principais universidades dos Estados Unidos, devidamente propensas a receber "conteúdos" sobre o Brasil. Além disso, desejava-se realizar uma exposição de arte brasileira contemporânea em Nova York que posteriormente circularia por outras cidades e terminaria sua jornada no Canadá.[34] O Itamaraty considerava que os recursos fiados nessa operação eram pequenos, se comparados aos benefícios dela resultantes.[35]

---

32 Telegrama da Secretaria de Estado das Relações Exteriores, Rio de Janeiro (RJ) para Consulado-Geral de Nova York. 31 jul. 1969. Envia Programação de Exposições de Artes Plásticas. Localizado no Arquivo Itamaraty em Brasília (DF), DDC/DAS/540.31(22).

33 Vasco Leitão da Cunha foi ministro de 4 de abril de 1964 a 17 de janeiro de 1966. Nesse período, o embaixador brasileiro em Washington era Juracy Monte Magalhães.

34 Carta-telegrama da Secretaria de Estado das Relações Exteriores, Rio de Janeiro (RJ) para Embaixada do Brasil em Washington (D.C.). Doc. n. 3831, 22 abr. 1965. Informa sobre a Operação Campus e sugere as universidades da costa leste e ao centro dos Estados Unidos para a mostra. Localizada no Arquivo do Itamaraty em Brasília (DF), DDC/DAS/540.3(22).

35 Há um indicativo do valor destinado à Operação na documentação referente ao pagamento de um de seus participantes: deduzido o valor de U$3,200 pago a Rubens Gerchman, o "saldo da verba passa a ser U$133.134.01". Carta-telegrama da Secretaria de Estado das Relações Exteriores, Rio de Janeiro (RJ) para Delegacia do Tesouro em Nova York. Doc. n. 18734, 13 out. 1965. Informa sobre autorização de saque: Rubens Gerchman. Localizada no Arquivo do Itamaraty em Brasília (DF), DDC/DO/540.3(22). No entanto, no balanço final da missão aparecem as seguintes cifras: transporte pessoal e de material U$1,645,55; material U$310.83; diversos U$186.05. Consta ainda a informação de que a Secretaria de Estado, diretamente por meio da Embaixada, cuidou das remunerações pessoais e das passagens Rio de Janeiro – Nova York – Rio de Janeiro. O transporte foi o item de despesas mais elevado. Relatório da Operação Campus, 1965. Washington, 30 dez. 1965, 10 p. Localizado no Arquivo do Itamaraty em Brasília (DF), p.8.

O desejo de uma "grande ofensiva cultural brasileira naquele país" já fora anunciado ao Consulado em Nova York pelo Ministério das Relações Exteriores pouco antes da ação. Vasco Leitão da Cunha avaliava que as atividades realizadas na Europa ainda eram prioritárias, mas defendia que esse quadro deveria ser revertido, pois "a tendência dos últimos anos na política internacional das artes plásticas é para a supremacia de Nova York em detrimento de Paris". Na tentativa de seguir os novos rumos geopolíticos das artes, o Brasil deveria ser recolocado nesse mapa cultural mundial. Planejava-se, assim, a "ampliação do programa de artes plásticas nos Estados Unidos da América". A correspondência dirigida ao Consulado de Nova York afirmava que a "Divisão de Difusão Cultural tem promovido algumas exposições de artes plásticas nesse país, mas com uma frequência e significado muito menor do que as atividades na Europa". Caberia então ao consulado encontrar museus em Nova York, epicentro daquele país, interessados em receber exposição de arte contemporânea brasileira, se possível, ainda naquele mesmo ano, 1965.[36]

No entanto, as primeiras tratativas dos diplomatas do consulado em Nova York trouxeram resultados frustrantes no que se referia a encontrar espaços nas agendas das instituições, normalmente organizadas com prazos bastante alargados, conforme informavam os relatórios enviados a Brasília. O Museu Guggenheim, por exemplo, como parte comemorativa do ano da América Latina, já se comprometera com a Universidade de Cornell para realizar uma mostra de pintura latino-americana na primavera de 1966, o que inviabilizava uma mostra brasileira próxima àquela data.[37] Assim, a urgência em realizar uma "ofensiva brasileira" nos espaços de Nova York, como esperava o Itamaraty, não produziu qualquer resultado imediato.

De forma também premeditada e mesmo precipitada, com a diferença de ter conseguido resultados efetivos, a Operação Campus dirigia-se aos meios acadêmicos e não ao meio artístico propriamente dito. Na carta-telegrama datada de 22 de abril de 1965, a Embaixada em Washington foi informada de que estava em curso a organização de uma turnê de artistas pelas universidades da costa leste daquele país. Haviam sido selecionadas instituições com demonstrado interesse pelo Brasil, o que seria "um valioso trabalho de aproximação cultural e universitária". Como a proposta da turnê se realizava a partir do Brasil, coube à Embaixada viabilizar o projeto e adequá-lo à execução. As diretivas eram bastante claras: a missão deveria se estender por um mês e vinte dias e ser composta por "um pianista, uma cantora, um violinista e um pintor

---

36 Carta-telegrama da Secretaria de Estado das Relações Exteriores, Rio de Janeiro (RJ) para Consulado Geral em Nova York. Doc. n. 6451, 13 abr. 1965. Informa sobre a ampliação do Programa de Artes Plásticas nos EUA. Localizada no Arquivo do Itamaraty em Brasília (DF), DDC/DAS/540.3(22).
37 Carta-telegrama do Consulado Geral em Nova York. De Carlos Jacynto de Barros. Doc. n. 13214, 17 e 18 ago. 1965. Informa sobre ampliação do Programa de Artes Plásticas nos Estados Unidos. Localizada no Arquivo do Itamaraty em Brasília (DF), DDC/DAS/540.3(22).

(ou gravador), todos jovens, e fluentes na língua inglesa, de boa aparência e dotados de temperamento comunicativo que facilite um convívio alegre e saudável com universitários norte-americanos". O curto espaço de tempo entre o informe recebido pelo posto em Washington e a realização do projeto igualmente impediam uma execução adequadamente programada. A proposta era vaga e não apresentava os nomes dos integrantes da turnê nem um cronograma pormenorizado, o que fez com que a Embaixada solicitasse maiores detalhes da operação. E, conforme previsto, as instituições contatadas solicitavam antecipadamente o repertório dos concertos, assim como a programação. As palavras do embaixador Juracy Magalhães expressam a urgência em recebê-las:

> As Universidades [com] que entramos em contato [...] insistem em receber com um mês de antecedência, no mínimo, as seguintes informações: nomes dos componentes do grupo e dados biográficos, elementos completos sobre repertório musical projetado, características dos trabalhos a serem eventualmente expostos pelo pintor ou gravador; textos ou temas das palestras a serem proferidas. Outrossim, indicam que a não remessa desses dados implicará o cancelamento das datas tentativamente consignadas em seu calendário para exibição do mencionado grupo.[38]

A revelação dos nomes dos participantes tardou um pouco, mas soube-se a tempo que o pianista Heitor Alimonda chefiaria o grupo e que as conferências seriam sobre música, artes plásticas e arquitetura. Previa-se a participação da soprano Maria Lúcia Godoy, do artista Rubens Gerchman e de Jeanette Alimonda. Esta última acabou declinando e a tarefa foi repassada para o pianista norte-americano Regis Benoit.

Na maior parte das apresentações, foram também expostas obras de Wesley Duke Lee, de Antonio Dias e do próprio Gerchman, que transportou pessoalmente os trabalhos expostos na turnê.[39] Embora haja um telegrama indicando o empréstimo pela Galeria Seta ao Itamaraty, de um conjunto de dez desenhos da série *Ligas*, de Duke Lee, não foi possível identificar o conjunto das obras exibidas nem o teor do texto sobre os artistas visuais entregue ao público nos eventos.[40] Mesmo não conhecendo as

---

38 Carta-telegrama da Embaixada do Brasil em Washington (D.C.). De Juracy Magalhães. Doc. n. 13190, 30 dez. 1965. Informa sobre Intercâmbio Cultural Brasil-Estados Unidos. Localizada no Arquivo do Itamaraty em Brasília (DF), DDC/540.36(22).

39 Foi localizada a informação de que ocorreram mostras em Yale, Harvard, University of Iowa e University of Indiana. Jack Misrachi Gallery. Rubens Gerchman first one-man show. 26 jan. 1971. Material consultado na The Museum of Modern Art Library.

40 "Segundo promessa feita à Galeria Relevo, rogo a vossa senhoria obséquio ao enviar Itamaraty, até o dia 24 do corrente, a série de 10 desenhos de Wesley Duke Lee (*Ligas*) que seguirão para os Estados Unidos." Telegrama da Embaixada do Brasil em Washington (D.C.). De Vasco Mariz para Pedro Manuel Gismondi, da Galeria Seta. Doc. n. 17053, 18 set. 1965. Informa sobre a Operação Campus.

obras exibidas, nem as motivações para essas escolhas, os organizadores optaram por artistas jovens em começo de carreira (mais tarde identificados como participantes da "Nova figuração" brasileira), que apresentavam trabalhos relacionados aos entornos urbanos e sociais. A exceção era Wesley Duke Lee, artista pouco mais velho, que havia estudado na Parsons School of Design e no American Institute of Graphic Arts, em Nova York, entre 1952 e 1955.

O roteiro previa várias universidades e havia ainda a advertência de que a organização do deslocamento de uma instituição a outra não poderia comportar qualquer remuneração, embora a hospedagem, caso fosse oferecida, pudesse ser aceita.[41] Claudio Garcia de Souza, primeiro-secretário, diplomata encarregado do setor cultural da Embaixada, além de ser o secretário geral do BACI, acompanhou de perto a efetivação desse projeto.[42]

Ao longo da turnê, foram enviados constantes informes ao Brasil. Apenas no relatório final há considerações judicativas mais precisas sobre os resultados, considerados melhores quando a missão esteve a cargo do departamento de estudos latino-americanos das universidades receptoras e ainda melhores quando departamentos de

---

Localizado no Arquivo do Itamaraty em Brasília (DF), DDC/540.3(22). O signatário era então o Chefe da Divisão Cultural.

41 Carta-telegrama da Secretaria de Estado das Relações Exteriores, Rio de Janeiro (RJ) para Embaixada em Washington (D.C.). Doc. n. 3.831, 22 abr.1965. Informa sobre a Operação Campus. Localizada no Arquivo do Itamaraty em Brasília (DF), DDC/DAS/540.3(22).

42 As apresentações foram as seguintes: "Brazilian Modern and Contemporary Painting and Architecture", conferência de Rubens Gerchman com diapositivos, realizada quinze vezes; "*Brazilian Music as seen through its piano music and art songs*", conferência de Heitor Alimonda, com ilustrações por ele e por Maria Lúcia Godoy, realizada catorze vezes; "Vila Lobos' piano music and Brazilian Art Songs", conferência de Heitor Alimonda ilustrada por ele e por Maria Lúcia Godoy, realizada duas vezes; "Concerto de música internacional", de Heitor Alimonda e Maria Lúcia Godoy, realizado oito vezes; "Concerto de música brasileira", de Heitor Alimonda e Maria Lúcia Godoy, realizado oito vezes; "Concerto de música brasileira de Heitor Alimonda e Maria Lúcia Godoy" (não foi especificada a quantidade de apresentações). O pagamento desses profissionais seguia o critério adotado pelo Departamento Cultural: U$200 por concerto ou conferência, U$100 ao acompanhar [sic] e U$20 de diárias, além de passagens na classe turística. Porém, como diversos recitais foram mistos, o valor foi reduzido à metade. Relatório da Operação Campus, 1965. Washington, 30 dez. 1965, 10 p. Localizado no Arquivo do Itamaraty em Brasília (DF), p.6.
"Foi [sic] pago U$50,00 pelas ilustrações à conferência de Heitor Alimonda." Telegrama da Secretaria de Estado das Relações Exteriores, Rio de Janeiro (RJ). Doc. n. 18.706, 12 out. 1965. Informa sobre autorização de saque: Rubens Herchmann [sic]. Localizado no Arquivo do Itamaraty em Brasília (DF), DDC/DO/540.3(22). Devido à grafia incorreta do nome do artista, outras autorizações foram necessárias com a correção do nome para que o artista pudesse realizar o saque. O Itamaraty autorizou à Embaixada liberar o valor de U$3,200 para Rubens Gerchman. Cf. Carta-telegrama da Secretaria de Estado das Relações Exteriores, Rio de Janeiro (RJ) para Embaixada do Brasil em Washington (D.C.). Doc. n. 3.831, 22 abr. 1965. Informa sobre *Operação Campus*. Localizada no Arquivo do Itamaraty em Brasília (DF), DDC/DAS/540.3(22).

música e de artes foram envolvidos, como foi o caso da Universidade de Indiana, em Bloomington.[43]

A turnê foi encerrada em Nova York, no dia 15 de dezembro de 1965, em dois lugares distintos, sendo o recital[44] do pianista Heitor Alimonda e da soprano Maria Lúcia Godoy apresentado na Academia Militar de West Point e a palestra de Gerchman na New York University. Esta última, segundo o relatório explicita, "embora tenha comparecido um público reduzido, brasileiros em sua maioria, [...] que, a pedido da própria universidade, foi feita em português, foi bastante apreciada".[45]

Jorge de Carvalho e Silva informou ao Ministério das Relações Exteriores que Claudio Garcia de Souza acompanhou a operação em Harvard, assim como a missão de Indiana. Isso porque seria conveniente "averiguar pessoalmente o efeito de sua situação, além de proporcionar-lhe um contato muito valioso para o exercício de suas funções".[46] Outro relato já havia demonstrado o cuidado com o desenrolar do projeto:

> O secretário Claudio Garcia de Souza regressou ontem de sua viagem ao estado de Indiana, no curso da qual visitou a Universidade de Indiana, a Universidade Estadual de Indiana e a Universidade Estadual de Ball, em Bloomington, Terre Haute e Muncie, respectivamente. Em todas elas colheu ele ótima impressão sobre o interesse em estabelecer maior contato com o Brasil, através da promoção em programas dedicados ao Brasil, exposições de arte, apresentação de artistas e intercâmbios de professores, estudantes e artistas. Várias possibilidades mais imediatas foram logo discutidas e poderão em breve ser encaminhadas, conforme comunicações e consultas que serão, oportunamente, submetidas a vossa excelência. [...] Aliás, é de registrar-se que o grupo visitante alcançou, também, grande êxito numa apresentação extraordinária que fez em Terre Haute, Indiana, no dia 27 de novembro, em reunião promovida na Galeria de Arte Swope [...]

---

43 Relatório da Operação Campus, 1965. Washington (D.C.), 30 dez. 1965, 10 p. Localizado no Arquivo do Itamaraty em Brasília (DF), p.7.

44 Telegrama da Embaixada do Brasil em Washington (D.C.). De Jorge de Carvalho Silva. Doc. n. 20 645, 15 dez. 1965, 2 p. Informa sobre a *Operação Campus*. Localizado no Arquivo do Itamaraty em Brasília (DF). Esse recital parece ter sido incluído tardiamente na operação.

45 Carta-telegrama da Embaixada do Brasil em Washington (D.C.). De Jorge de Carvalho Silva. Doc. n. 20 795, 16 dez. 1965. Informa sobre a Palestra sobre Educação no Brasil e o encerramento da Operação Campus. Localizada no Arquivo do Itamaraty em Brasília (DF), DDC/DCInt/540.36(22).

46 Carta-telegrama da Embaixada do Brasil em Washington (D.C.). De Jorge de Carvalho Silva. Doc. n. 18452, 9 nov. 1965. Informa sobre a Operação Campus e a visita do Secretário Claudio Garcia de Souza a Cambridge, Massachusetts. Localizada no Arquivo do Itamaraty em Brasília (DF), DDC/DP/540.36(22). O relatório informa ainda que teriam sido realizadas 44 conferências e concertos: dezessete conferências por Alimonda, sendo dezesseis com ilustrações por Maria Godoy; onze concertos conjuntos de Alimonda e Godoy; dois concertos individuais de Godoy e catorze conferências de Gerchman, além de ele ter sido o responsável pela exposição ambulante pelas universidades.

graças aos bons ofícios do senhor Don Bolt, residente de Brazil, Indiana e grande admirador de nosso país.[47]

Como o Itamaraty esperava os resultados efetivos do projeto, o relatório final não deixou de se referir às repercussões. Notou-se, primeiramente, que foi diminuto o interesse levantado nos noticiários, por se tratar de evento realizado em universidades. Nesses casos, a difusão e a ressonância costumam se restringir aos meios acadêmicos e em poucos casos atingem o grande público ou espaços midiáticos. No entanto, ressaltava o relatório, nesse tipo de programação, com custos relativos, as repercussões em médio e longo prazo eram promissoras, sendo ainda o balanço final bastante positivo. É impossível, porém, medir a repercussão da Operação Campus em termos de divulgação factual, pois seu impacto necessário e natural foi nos meios universitários, tanto docentes quanto discentes, que entraram em contato com o grupo de artistas visitantes. Nesse sentido, aliás, é de justiça ressaltar o bom trabalho que fizeram aqueles artistas, não só por meio de suas apresentações, como também mediante contato que mantiveram e a troca de impressões a que, com boa vontade e disposição, se prestaram. De qualquer forma, existe um índice bem positivo da repercussão que teve a operação, à saber, o conteúdo altamente elogioso de diversas cartas endereçadas ao Instituto por quase todas as universidades incluídas no roteiro.[48]

Recomendava-se que, para uma próxima edição, houvesse um planejamento com larga antecedência, com o conhecimento prévio dos nomes dos participantes e, se possível, que eles fossem mantidos, mesmo que a programação sofresse alterações.

Resumidamente, pode-se dizer que a Operação Campus foi excepcional e sobressaiu-se por não se conectar com qualquer uma das reformas realizadas pelo Ministério das Relações Exteriores em 1961,[49] cujo principal foco era desvincular setores como difusão cultural e cooperação intelectual. Muito provavelmente, a precipitação e mesmo a exclusividade de tal operação, um tanto deslocada da estrutura do Ministério, se devesse à urgência para que se realizasse, em virtude da necessidade do governo

---

47 Carta-telegrama da Embaixada do Brasil em Washington (D.C.). De Jorge de Carvalho Silva. Doc. n. 20.112, 3 e 4 nov. 1965. Informa sobre a visita do Secretário Claudio Garcia de Souza a três universidades em Indiana e sobre a Operação Campus. Localizada no Arquivo do Itamaraty em Brasília (DF), DP/DDC/DCInt/312.4.
48 Relatório da Operação Campus, 1965. Washington, 30 dez. 1965, 10 p. Localizado no Arquivo do Itamaraty em Brasília (DF), p.7-8.
49 Na reforma de 1961, o Departamento Cultural e de Informações (DCInf.) foi dividido em três partes: Divisão de Cooperação Intelectual (DCInt.), Divisão de Difusão Cultural (DDC) e Divisão de Informação (DI). Em 1968, a DI foi transferida para o Gabinete do Ministro de Estado e o órgão passou a se chamar Departamento Cultural, dividido em quatro setores: Cooperação Intelectual (DCInt.), Cooperação Técnica (DCT), Difusão Cultural (DDC) e Divisão de Ciência e Tecnologia.

militar de se apresentar positivamente para um grupo de especialistas responsáveis por propagar conhecimentos sobre o Brasil dentro dos Estados Unidos.

Embora não tenham sido realizadas outras operações semelhantes, diplomatas se empenharam em ampliar o programa de artes plásticas nos Estados Unidos, mudando o eixo geográfico das ações, antes pautadas na Europa. Em 26 de janeiro de 1966, por exemplo, houve uma nova solicitação para que fossem encontradas instituições interessadas em uma mostra de arte organizada por Carmen Portinho, diretora do Museu de Arte Moderna do Rio de Janeiro. A exposição também seria apresentada no Museu de Arte Moderna de Buenos Aires, em abril de 1966.[50] No entanto, não foi localizada documentação sobre os destinos e a efetivação de tal solicitação.

Resta dizer, por fim, que essa reconstituição do caso Operação Campus foi realizada a partir da própria documentação do Itamaraty, sem qualquer outro tipo de registro dessa maratona artística. Nem mesmo o arquivo de Rubens Gerchman, único representante das artes visuais a acompanhar pessoalmente o projeto, guarda qualquer memória do projeto. Afinal, além de não ter alcançado o sucesso pretendido, não se tornou um modelo a repetir, nem poderia ser um fato laudatório a apresentar no currículo de seus participantes, pois as ações artísticas promovidas pelo Itamaraty durante a ditadura militar ainda aguardam por uma narrativa crítica.

Boletim Especial

Na tentativa de resgatar atividades culturais do Itamaraty nos Estados Unidos, o *Boletim Especial* oferece poucas pistas. Trata-se de publicação diária da Embaixada Brasileira em Washington D.C., impressa em folha A4 em frente e verso, com o timbre oficial.[51] Costumava ser distribuído gratuitamente e enviado por correio aos interessados. Em seu conteúdo eram frequentes os temas ligados à política externa brasileira, economia nacional e internacional, promoções e exonerações no Itamaraty, além de informações comerciais e cotação do câmbio. Durante o período aqui estudado, os boletins divulgavam notas sobre os "presidentes generais" *eleitos pelo congresso* e destacavam os "aniversários da revolução". Também não faltavam os avisos do Ministério de Relações Exteriores sobre pagamentos aos bolsistas e informações sobre documentos encontrados, assim como se tornavam públicos os editais de casamento realizados

---

50 Carta-telegrama da Secretaria de Estado das Relações Exteriores, Rio de Janeiro (RJ) para o Consulado Geral de Nova York. Doc. n. 1100, 26 jan. 1966. Localizada no Arquivo do Itamaraty em Brasília (DF), DDC/DAS/540.3(22).

51 O *Boletim Especial* era editado de segunda a sexta-feira. Por vezes, dois números eram acoplados e uma mesma edição correspondia a dois dias consecutivos.

Figura 44 – Embaixada do Brasil, *Boletim Informativo*, n.158, Washington (DC), 17 de agosto de 1964

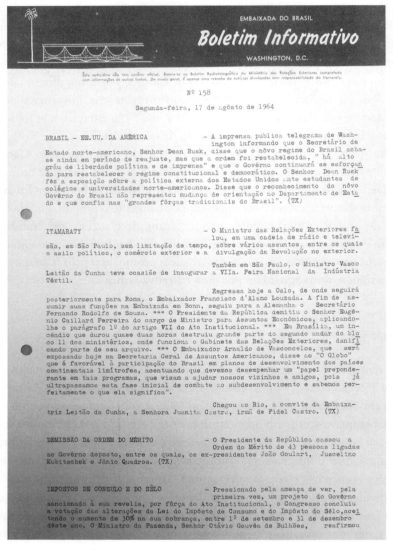

FONTE: CLAIRE T. CARNEY LIBRARY, UNIVERSITY OF MASSACHUSETTS, DARTMOUTH

pelos diferentes consulados brasileiros nos Estados Unidos. No entanto, o futebol parece ter sido o tema mais frequente no *Boletim*. Naquele período ainda sem internet, as informações e comunicações impressas eram fundamentais. Como as notícias eram telegrafadas do Brasil, a comunidade brasileira nos Estados Unidos podia acompanhar os diversos campeonatos nacionais pelos informes do *Boletim*.

Durante o governo Garrastazu Médici, os pronunciamentos oficiais foram veiculados muitas vezes na íntegra e as viagens do presidente e os balanços de governo ocuparam espaços consideráveis na publicação. Algumas notícias do *Boletim* chamam a atenção, como a menção editada em 1968 sobre os distúrbios e confrontos políticos: "*Asilo*: Até o presente momento, nenhuma representação diplomática comunicou ao Itamaraty haver concedido asilo político a qualquer brasileiro".[52] Percebe-se que, a partir de 1969, os sequestros dos diplomatas ganharam relevância, assim como as respostas enviadas aos meios de comunicação dos Estados Unidos. As notas e os artigos da imprensa estadunidense que relatavam a violência e a tortura no Brasil ou expressavam qualquer desacordo ou posição crítica à ditadura militar eram enfaticamente contestadas pelo embaixador brasileiro e apresentavam um perfil de verdadeiras contraofensivas às informações sobre os excessos da ditadura. Muitas dessas missivas, com teor bastante forte, foram integralmente publicadas no *Boletim*, cujas linhas mantinham a aparência de democracia e normalidade no país. Mesmo que em diminutas proporções, o *Boletim Especial* expressava a posição oficial do governo para os brasileiros residentes nos Estados Unidos, assim como para a comunidade diplomática.

No que se refere à cultura e às artes, eram constantes as premiações internacionais concedidas aos brasileiros. Por exemplo, em 1966, podia-se ler: "Artes Plásticas: os artistas brasileiros Abraham Palatnik e João Câmara Filho foram premiados na III Bienal de Córdoba, com U$1,000.00 e Placa de Ouro respectivamente, pelos trabalhos cibernético e surrealista apresentados".[53] Ou então, em 1967: "o paulista Nelson Leirner recebeu o Grande Prêmio na IX Bienal de Tóquio, concedido pelo jornal 'Mainichi', patrocinador do certame".[54] Seguramente, eram informações que alimentavam positivamente a agenda diplomática que, naquele momento histórico de ditadura militar, significava a livre circulação da arte e dos artistas em contraponto às restrições e à censura no Brasil.

Também as informações sobre os prêmios e participações nas Bienais de São Paulo tinham espaço garantido no *Boletim*. A edição de 1971, particularmente, talvez por ter sido aberta pelo ministro das Relações Exteriores, Mário Gibson Barbosa, recebeu um boletim exclusivo sobre os premiados e os críticos que formavam o júri. O Grande Prêmio Itamaraty foi concedido a Rafael Canogar, no valor de dez mil dólares, e o texto destacava

> [...] o mundo de guerra e violência de nossos dias. Canogar usa colagens para expressar sua obra, técnica de fotografia de imprensa, "no sentido de conseguir um status que seja

---

52 Embaixada do Brasil. *Boletim Especial*, n.242, Washington (D.C.), 18 dez. 1968.
53 Embaixada do Brasil. *Boletim Especial*, n.222, Washington (D.C.), 2 dez. 1966.
54 Embaixada do Brasil. *Boletim Especial*, n.96 e 97, Washington (D.C.), maio 1967.

possível a perfeição ou, pelo menos, uma melhoria das estruturas sociais que o cercam, sem as pressões que todas as sociedades atuais exercem sobre o homem". Segundo o crítico Ceferino Moreno, a obra de Canogar, artista de Toledo, atualmente com 37 anos, é universal.[55]

As configurações do trabalho, com silhuetas de homens portando armas, facilmente associados aos modelos "revolucionários" daquele período, provocaram certo desconforto na época. Segundo o relato do diplomata Rubens Ricupero, então ocupando cargo na Divisão de Assuntos Culturais do Itamaraty e envolvido com a realização daquela mostra, foi preciso negociar com os órgãos de censura para que a obra fosse exibida e premiada. O argumento utilizado foi que o país não poderia passar novamente por problemas diplomáticos provocados pela censura de uma obra enviada pela Espanha. Cabe aqui lembrar que o governo espanhol era ainda franquista.[56] Ou seja, este foi mais um episódio em que o Itamaraty tentava preservar a imagem do Brasil como um país sem restrições, especialmente dentro do espaço da Bienal, que já acumulava inúmeros casos de censuras às obras e, sobretudo, o boicote internacional à mostra, em 1969, que reverberou fortemente na diplomacia mundial.

Seguramente, o boicote foi um tema caro aos representantes do Itamaraty em Washington. Tentou-se minimizar a não participação dos Estados Unidos na edição de 1969 com as seguintes informações no *Boletim*: "Os Estados Unidos estarão presentes no Salão Tecnologia, com a escultura de Chryssa".[57] A essa altura, já se sabia que não haveria qualquer representação oficial e que essa artista participava de modo "avulso" na X Bienal. Talvez como um modo de atenuar a ausência dos países que boicotaram a mostra brasileira, provocada por motivos políticos relacionados à violência e à tortura da ditadura, inúmeras correspondências oficiais trazem a participação de Chryssa como "norte-americana", o que de alguma forma servia para preencher a lacuna deixada pela representação oficial dos Estados Unidos.

Ainda sobre o conteúdo dos boletins, as conferências e concertos de brasileiros famosos em turnê pelos Estados Unidos sempre ganhavam espaço nas páginas do informativo. Embora não se possa dizer que toda a agenda de atividades artísticas do consulado em Nova York fosse publicada, esse tipo de programação era frequente.[58] Dada a importância da sala de exposições desse espaço nas décadas de 1960 e 1970,

---

55 Embaixada do Brasil. *Boletim Especial*, n.170, Washington (D.C.), 13 set. 1971.
56 Rubens Ricupero. Fundação Armando Álvares Penteado (FAAP), São Paulo, Brasil, 5 out. 2012. Entrevista concedida a esta pesquisadora.
57 Embaixada do Brasil. *Boletim Especial*, n.183, Washington (D.C.), 26 set. 1969.
58 Para se recuperar a agenda do Consulado em Nova York, seria preciso uma pesquisa específica, porque o material está todo disperso pelo Arquivo do Itamaraty em Brasília (DF).

conhecer melhor a sua agenda talvez revele o comprometimento dos diplomatas brasileiros com as artes e/ou com a ditadura militar.

No que se refere diretamente ao BACI, nem todas as suas atividades apareciam no *Boletim*. Sobre essa ausência pode-se pensar que, devido ao diminuto espaço do periódico, dava-se prioridade a informações que não tinham outros canais de divulgação. Afinal, o Instituto, além de autônomo em relação à Embaixada, tinha acesso e comunicação próprios com seu público em Washington.

O BACI nos anos de 1970 e a ditadura militar

Após essa breve digressão sobre ações do Itamaraty no âmbito da difusão de uma noção de cultura brasileira, a discussão sobre o BACI pode ser recolocada em outro patamar, aquilatando suas especificidades e suas confluências com a política externa geral. Indícios apontam ter sido apenas no final da década de 1960 que o Itamaraty acompanhou mais diretamente a programação do BACI. Esse fato conecta-se com a atenção que a ditadura militar passou a ter com a veiculação de sua imagem no exterior. Uma notícia sobre uma abertura de exposição em 1967 indica a necessidade propagar o "clima de normalidade política" no país apesar da ditadura vivida: "Mr. Hasslocher informou ao conselho que em 27 de janeiro às 18h haverá uma recepção para a abertura de uma exposição dos artistas brasileiros Zoravia Bettiol e Vera Chaves Barcellos. A mostra será aberta pelo *Presidente eleito do Brasil*" (grifo nosso).[59]

A diplomacia, inclusive, enfrentou problemas em 1969 e foi

> [...] desautorizada a participar de Convenção Interamericana de Direitos Humanos. [...] teve participação meramente de "natureza técnica", deixando de aderir à Convenção respectiva. Em 1970, o governo anunciou que recusaria autorização para o Conselho Interamericano de Direitos Humanos apurar no território brasileiro denúncias de tortura. (Mello Barreto, 2014, p.9-11)

Particularmente em relação aos Estados Unidos, temia-se a perda do apoio ao governo, caso ele viesse a ser realmente entendido como uma ditadura. Nesse sentido, o BACI parece ter assumido um papel relevante e diretamente ligado à agenda política

---

59 "*Mr. Hasslocher informed the Board that on January 27 at 6:00 p. m. there will be a reception for the opening of an art exhibit of Brazilian Artists Zoravia Bettiol and Vera Chaves Barcellos. The exhibit will be opened by the President Elect of Brazil.*" Minutes of the Eighteenth Meeting of the Board of Directors of the Brazilian American Cultural Institute. 12 jan. 1967. Localizado na Claire T. Carney Library, University of Massachusetts, Dartmouth, p.4.

do Brasil, e ter assim se tornado alvo mais constante de atenção do Itamaraty. O próprio Mario Gibson Barboza, quando era embaixador em Washington, ocupou-se de relatar os resultados das tratativas sobre exposições com artistas brasileiros, como foi o caso da mostra de arte na Pan-American Union, assim como as que se realizariam no BACI.

Embora não seja possível conhecer a totalidade das mostras organizadas pelo Brasil em Washington, é pouco provável que em seus primeiros anos de existência o BACI tivesse um programa constante de exposições. Havia flexibilidade no calendário, o que possibilitava rearranjos e inclusão de mostras, como foi o caso da exposição de Roberto Burle Marx em 1965, ano em que o paisagista brasileiro ganhou do Institute of American Architects de Washington o Prêmio Fine Arts Medal pelo conjunto de sua obra. Consultado pela Embaixada, ele se mostrou favorável à realização de uma exposição, que foi encaixada no programa, seguindo a efeméride da premiação.[60]

Se, na década de 1960, a agenda foi intermitente e sem fluxo contínuo, na década seguinte o BACI teve seu momento áureo. Mesmo que previsto em seus estatutos, o espaço só passou a ter um diretor-executivo exclusivo a partir de 1970. Assim, em 27 de fevereiro de 1970, José Menache Neistein foi contratado para ocupar esse posto. Antes dele, apenas se elegia um chefe do Setor Cultural que, além de suas atribuições de primeiro secretário da Embaixada do Brasil, dirigia o BACI, sem receber qualquer outra remuneração para essa atividade ou dedicar-lhe qualquer atenção exclusiva. Neistein, que não era diplomata de carreira, mas prestava serviços ao Itamaraty, foi transferido da Missão Cultural em Assunção para a capital estadunidense e lá permaneceu até 2007, quando a instituição fechou suas portas.

Seguramente, os diplomatas acumulavam funções e a agenda do BACI nos anos de 1970 implicava um volume considerável de compromissos, pois eram realizadas em média oito mostras anuais de arte, cursos regulares de português, concertos de música, seminários relacionados à cultura e à literatura brasileiras;[61] também se concediam, mesmo que de modo intermitente, bolsas de estudos para o Brasil destinadas aos alunos do BACI. Contudo, é pouco provável que apenas o volume de trabalho tenha motivado a transferência de Neistein do Paraguai para os Estados Unidos.

Primeiro, deve-se levar em conta que é possível relacionar a retirada paulatina de grande parte dos congressistas norte-americanos do conselho do BACI, fato notório a partir dos anos 1970, por conta da nova agenda política internacional, movida

---

60 Telegrama da Embaixada do Brasil em Washington (D.C.). De Juracy Magalhães. Doc. n. 4540, 24 e 25 mar. 1965. Informa sobre a possibilidade de realizar exposição de Burle Marx no BACI. Localizado no Arquivo do Itamaraty em Brasília (DF).
61 Segundo José Neistein, os cursos de português eram cobrados desde o início do Instituto e, num certo momento, tornaram-se fonte significativa de seu orçamento. Outras atividades passaram a ser cobradas apenas quando a instituição se viu em dificuldades financeiras. José Neistein. Fairfax Village, Virgínia, EUA, 30 jan. 2012. Entrevista concedida a esta pesquisadora.

pela cena interna dos Estados Unidos ou pela Guerra no Vietnã. Desse modo, se no início de sua história o Instituto foi acompanhado de perto por alguns setores do governo dos Estados Unidos devido à importância dada à América Latina, no final da década de 1960, não apenas com o fim da Aliança para o Progresso, mas também pelos novos rumos da política do país, há uma alteração no foco de interesses.

Nesse sentido, os reais motivadores para a transferência de Neistein estariam relacionados não apenas a fatores da própria cena brasileira, mas também ao interesse cambiante dos Estados Unidos. Para subsidiar essa análise, deve-se perguntar também quem era Neistein e qual sua relação com o meio diplomático. No final dos anos 1960, o crítico se encontrava em Viena, fazendo seu doutorado, quando se aproximou do meio diplomático brasileiro. Nesse mesmo período, Mario Gibson Barboza era embaixador (de dezembro de 1962 a novembro de 1966) na capital austríaca e Neistein chegou a prestar serviços para o posto do Itamaraty.[62]

Em dezembro de 1966, Barboza foi designado para a Embaixada do Paraguai e convidou Neistein para se encarregar do Instituto Cultural em Assunção, onde permaneceu por três anos.[63] Pela competência demonstrada nessa função, foi transferido para Washington pouco tempo depois. Não por acaso, Mário Gibson Barboza ocupava nesse momento o cargo de Ministro das Relações Exteriores (1969-1974). Ou seja, se na capital dos Estados Unidos a instituição demandava maior profissionalização, a capacidade de Neistein seria igualmente conveniente para a política externa brasileira. Afinal, no fim da década de 1960 o Brasil precisava minimizar os efeitos negativos dos relatos dos exilados e banidos políticos no exterior. Iniciaram-se campanhas de repúdio e de condenação à ditadura e o governo militar viu-se obrigado a reagir ao que chamou de "campanha difamatória dos guerrilheiros comunistas". Entre as estratégias para rebater essa situação estaria o estímulo à realização de mostras de artistas brasileiros no exterior como forma de demonstrar a existência de "liberdade de expressão" no país. Esse expediente parece ter sido bastante sutil e silencioso, porque inclusive artistas que se opuseram à ditadura buscaram auxílio para mandar obras para mostras no estrangeiro. Mesmo que o Itamaraty fosse composto por diplomatas de variadas posições ideológicas e posturas individuais durante a ditadura, não se pode negar que

---

62 Mario Gibson Barboza foi embaixador em Viena entre dezembro de 1962 e novembro de 1966. Em dezembro desse ano passou a exercer a mesma função em Assunção. Entre o início de 1968 até 30 de janeiro de 1969 foi secretário geral do Itamaraty. Assumiu a Embaixada de Washington em fevereiro de 1969 e permaneceu até outubro de mesmo ano. Em seguida, tornou-se ministro das Relações Exteriores permanecendo até o final do governo Médici, em 1974.

63 Neistein credita a qualidade de seu trabalho em Assunção a Lívio Abramo que lá já se encontrava antes de sua chegada. José Neistein. São Paulo, Brasil, 9 dez. 2015. Entrevista concedida a esta pesquisadora, por telefone. Para compreender a importância do gravador brasileiro como ativador cultural em Assunção, ver Nepomuceno (2010).

ele, como parte do aparato institucional, apoiou o governo militar e levou adiante sua política externa. Como já se registrou, muitas vezes a falta de uma diretriz clara permitiu a diplomatas tomarem a iniciativa de mostras e programações, mas esse espaço era encampado por uma política de mão única, voltada à autoimagem do país, vigente até nas suas bordas.

Do conjunto desses fatos, levando-se em conta as iniciativas e as diretrizes plurais, é possível supor que o Itamaraty conseguiu manter, entre a classe artística, uma imagem desconectada da ditadura militar. Ou ainda, pode-se inferir que os artistas preferiram, dentro da situação nebulosa daquele período, não reconhecer o alinhamento da instituição com o regime e, assim, puderam desconsiderar a necessidade de confronto, em prol do apoio financeiro.

Rubens Ricupero, diplomata responsável pela Divisão de Difusão Cultural do Itamaraty entre 1971 e 1974, como já citado, revela que essa seção trabalhou muito próxima da Assessoria Especial de Relações Públicas (Aerp) e que houve nesse período incentivos por parte do governo para a realização de mostras de arte no estrangeiro. Porém, segundo ele, mesmo assim se trabalhava sob restrições, pois havia uma lista do Serviço Nacional de Informação (SNI) com nomes de artistas, escritores e intelectuais que não poderiam receber subvenções do Ministério das Relações Exteriores.[64] Os diplomatas, afirma ainda, para dissimular essas restrições, criaram um subterfúgio: a concessão da Ordem Rio Branco, medalha do Itamaraty, a alguns artistas, o que possibilitava remover seus nomes da relação do SNI.[65]

Nesse panorama de ações e iniciativas apenas aparentemente discrepantes, a transferência de Neistein do Paraguai para o posto de diretor geral do BACI parece estar associada à estratégia do Brasil de apresentar uma imagem afirmativa no exterior por meio das artes. Já em seu primeiro relatório, escrito em 1970, o recém-empossado diretor do BACI informou que o Ministério cuidou de perto das mostras de artistas enviadas para o estrangeiro:

> O programa geral de atividades do Instituto em 1970 não poderia ser planejado com antecedência, dada a troca no método de financiamento, contrário à aplicação da cota cultural anual da Embaixada, como em anos anteriores. Cada uma das atividades foi avaliada, aprovada e financiada individualmente durante o ano pelo Ministério das Relações Exteriores com a aprovação da Embaixada. Uma proposta de programa de atividades foi desenvolvida com o Departamento Cultural da Embaixada para ser submetida

---

64 Rubens Ricupero. Fundação Armando Álvares Penteado (Faap), São Paulo, 5 out. 2012. Entrevista concedida a esta pesquisadora.
65 No entanto, apesar do depoimento do diplomata, não foram ainda localizados documentos referentes a esse expediente.

ao Ministério, pelo qual seria avaliada. [...] O Instituto no passado recebia a cota do Departamento Cultural da Embaixada para suas atividades. Com a mudança no método de financiar as atividades durante 1970, cada projeto é avaliado individualmente.[66]

A submissão preliminar da agenda do BACI à Embaixada em Washington e ao Ministério era uma prática comum. No entanto, no relatório de 1970, Neistein comunica uma excepcionalidade, pois a anuência da programação ocorreu de modo pontual e nominal, e não generalizada como de costume.

Observando a programação do instituto cultural em 1970, vê-se que houve somente quatro exposições: Yolanda Mohalyi, Sergius Erdelyi, Raimundo Colares e Kazuo Wakabayashi. A mostra de Mohalyi foi subsidiada diretamente pelo Ministério das Relações Exteriores, e a de Erdelyi, paga pelo próprio artista, que vivia nos Estados Unidos. Já a de Colares, vinculada ao recebimento do Prêmio Standard Eletric, oferecido pelo Salão Esso, no Rio de Janeiro, foi parcialmente financiada pela United States Information Agency (USIA) e pelo próprio BACI. No caso dos trâmites e dos custos da exibição do pintor Wakabayashi, não há informações.[67] Cabe apenas apontar que tanto ele quanto Mohalyi foram presenças constantes na programação em Washington, e suas obras estavam entre as mais vendidas do instituto. A comercialização ocorria quando desejada pelo artista, com a instituição retendo 20% do valor da transação. Segundo depoimento de Neistein, os preços costumavam ser similares aos praticados no Brasil ou até um pouco inferiores, como nos casos de Manabu Mabe, Yolanda Mohalyi e Tomie Ohtake, por exemplo, que aceitavam um pequeno abatimento com o intuito de ampliar o público para seus trabalhos.[68] Ainda segundo ele, uma das maiores decepções foi a exposição de xilogravuras e desenhos de Lívio Abramo, que ocorreu em 1974. Não apenas o *vernissage* contou com poucas pessoas, como além disso quase não houve venda dos trabalhos expostos.[69] Por outro lado, Neistein se orgulha de ter

---

66 "*The general program of the Institute's activities in 1970 could not be planned in advance, due to the change in the method of financing the activities, contrary to the application of the annual cultural allotment of the Embassy, as in previous years. Each one of the activities was examined, approved and funded individually during the year by the Ministry of Foreign Affairs with the approval of the Embassy. A proposed program of activities has been developed in conjunction with the Cultural Department of the Embassy for submission to the Foreign Ministry where it will be studied. [...] The Institute in the past has received the allotment of the cultural department of the Embassy for its activities. With the change in the method of funding activities during 1970 each project is studied individually.*" José M. Neistein. Annual Report 1970. Washington (D.C.), 1971, p.1-8. Localizado na Claire T. Carney Library, University of Massachusetts, Darmouth. Cabe ressaltar que o conjunto de relatórios nessa biblioteca não está completo.
67 José Neistein. Annual Report 1970. Washington (D.C.), 1971, p.14. Localizado na Claire T. Carney Library, University of Massachusetts, Darmouth.
68 José Neistein. Fairfax Village, Virgínia, EUA, 30 jan. 2012. Entrevista concedida a esta pesquisadora.
69 José Neistein. São Paulo, Brasil, 9 dez. 2015. Entrevista concedida a esta pesquisadora, por telefone.

realizado as primeiras mostras de Yolanda Mohalyi, Tomie Ohtake e Mira Schendel nos Estados Unidos.[70]

No que diz respeito à comercialização dos trabalhos expostos, sabe-se de os compradores (que não foram poucos) serem basicamente brasileiros residentes nos Estados Unidos, estadunidenses com negócios na América Latina e diplomatas ou funcionários da Embaixada que adquiriam trabalhos para as suas próprias coleções, assim como para presentear oficialmente autoridades. Nesse caso, a função de representar imagens de brasilidade parece ter recaído nos estereótipos próprios da cultura popular do país. Analisando o caso das vendas das gravuras de Zoravia Bettiol, por exemplo, isso se torna evidente, pois foi uma das campeãs de venda do instituto.

Pelo que se expôs até o momento, percebe-se que não é possível determinar um sistema claro, uma estratégia de atuação planejada, embora sempre se possa explicitar a necessidade difusa de acertar as contas com a opinião pública internacional por meio de uma pretensa liberdade de expressão artística. Apesar da importância do BACI para o Itamaraty em diversas ocasiões, não foram desenhadas diretrizes ou propostas explícitas para a instituição, como já pôde ser evidenciado pelos documentos até aqui apreciados. É possível apenas identificar estratégias pontuais a partir da análise de eventos e reconhecer marcas individuais de diplomatas que passaram pela Embaixada do Brasil. Nesse sentido, a análise aqui proposta pode, ao se aproximar de exemplos específicos, estabelecer padrões de atuação, reincidências discursivas sutis que, se não constituem um método, explicitam linhas de atuação matizadas. Assim, observar alguns casos mais detidamente possibilita conhecer melhor essas dimensões.

Nelson Leirner e Madalena Schwartz: tolerância e censura

O primeiro desses casos refere-se à mostra de Nelson Leirner denominada "The Rebellion of the Animals: a Series of Drawings", exibida em 1974, quando João Augusto de Araújo Castro era o embaixador em Washington.[71] Representantes militares do governo brasileiro, presentes na abertura, não exprimiram qualquer insatisfação ou constrangimento diante das obras. Observando os desenhos a partir

---

70 José Neistein. São Paulo, Brasil, 9 dez. 2015. Entrevista concedida a esta pesquisadora, por telefone. Yolanda Mohalyi exibiu óleos e guaches em duas mostras individuais: 1970 e 1974. Em 1985 e 2007, teve obras incluídas em exposições coletivas. Já a individual de Tomie Ohtake ocorreu em 1976. Em 1973 e 1985 participou de coletivas. E, por fim, Mira Schendel ocupou sozinha o espaço do BACI com desenhos, objetos e cadernos em 1973.
71 O embaixador João Augusto de Araújo Castro permaneceu no cargo de 1971 a 1975.

da sequência numérica proposta pelo catálogo da mostra,[72] é possível acompanhar o surgimento de um mundo fantasioso germinado a partir de cogumelos e falos que, primeiramente, dispostos de modo contido, metamorfoseiam-se até chegar a formar, em algumas cenas, um exército de falos-cavaleiros posicionados para alguma batalha. No confronto contra algo invisível, os falos-cavaleiros acabam surpreendidos e golpeados por tesouras aladas. Porém, se nas cenas dispostas entre o primeiro desenho e o de número 36 prevalecem a virilidade, a agressividade e o belicismo dos falos-cavaleiros, a partir do desenho 37 até o número 48 surgem frangos e porcos na forma de produtos a serem consumidos. Mesmo no formato de alimentos, esses animais aludem também a alguma espécie de violência subjacente revelada pelas suturas aparentes, que acabam interferindo no apetite de qualquer esfomeado. Assim, a aparente perspectiva onírica do conjunto não é suficientemente convincente para que o público permaneça em devaneios imaginativos.

Certamente, muitos dos presentes àquela exposição puderem colocar em paralelo a "ficção" dos desenhos com aspectos extrínsecos a eles, diretamente conectados com o momento político vivido no Brasil, o que constava inclusive no texto de Flávio Motta (1974) publicado no catálogo que acompanhava a mostra:

> Individualidades monstruosas, em espaços opressivos, onde habitam fantasmas medievais de nosso tempo – cavaleiros de um suposto Apocalipse explodem as próprias entranhas. É da mão do nosso tempo, nestas estruturas mais antigas, ancestrais, mas tão presentes, tão ainda de hoje. [...] O desenho voltou sobre a folha de papel, mas também sobre os conflitos humanos do momento histórico.

Os trabalhos denominavam-se *Renascimento de uma ideia*; *A rebelião*; *Encurralados*; *Torturados*; *Deportados*; *Corpos abandonados* e *Corpos não identificados*, referindo-se sem artifícios metafóricos à história recente do Brasil. No entanto, qualquer incômodo nos representantes do governo militar que lá estavam não foi registrado nos relatos gerados pelo evento – talvez porque o conjunto já fora anteriormente exibido na Universidade do Texas sem chamar a atenção da crítica para seu real conteúdo e provocar qualquer tipo de discussão pública sobre as obras (Leirner, 1974).

Outro caso digno de nota, inclusive pela ausência característica de método quanto ao que era ou não liberado, foi o episódio de censura que ocorreu em 1982, por ocasião da exposição Madalena Schwartz. Neistein a convidara pessoalmente, e a mostra deveria incluir

---

72 Os números dizem respeito à disposição das imagens no catálogo da mostra e não à utilizada na montagem do BACI. Ver Leirner (1974).

Figura 45 – "Nelson Leirner – 'The Rebellion of the Animals': a series of drawings", University of Texas at Austin fev.-mar. 1974; Brazilian-American Cultural Institute, mar.-abr.1974.

FONTE: ACERVO PESSOAL DA AUTORA

Figura 46 – Nelson Leirner, *A rebelião*

FONTE: ACERVO PESSOAL DA AUTORA

Figura 47 – Nelson Leirner, *A rebelião* (2)

FONTE: ACERVO PESSOAL DA AUTORA

Figura 48 – Nelson Leirner, *Corpos não identificados*

FONTE: ACERVO PESSOAL DA AUTORA

Figura 49 – Nelson Leirner, *Deportados*

FONTE: ACERVO PESSOAL DA AUTORA

Figura 50 – Nelson Leirner, *Não identificados*

FONTE: ACERVO PESSOAL DA AUTORA

Figura 51 – Nelson Leirner, *Torturados*

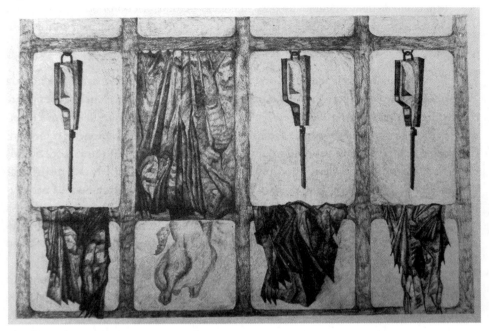

FONTE: ACERVO PESSOAL DA AUTORA

Figura 52 – Nelson Leirner, *Torturados (2)*

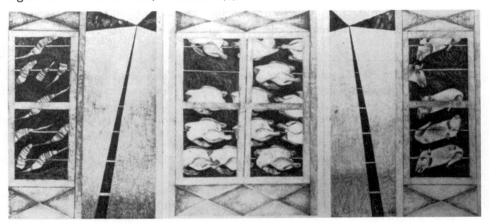

FONTE: ACERVO PESSOAL DA AUTORA

[...] 50 ou 60 retratos de personalidades da vida pública brasileira, em vários setores, bem como de tipos anônimos do povo, todos eles destinados a transmitir a variedade e a riqueza expressiva do homem brasileiro, numa exposição que se intitularia "Rostos Brasileiros". [...] A mostra em apreço seria realizada sob auspícios do Itamaraty.[73]

Provavelmente motivada pelo convite, ela solicitou à Assessoria da Presidência da República "autorização para fotografar o casal presidencial, Sua Excelência o presidente da República, João Batista Figueiredo, e sua Excelentíssima esposa, D. Dulce Figueiredo, sem o qual minha exposição estará incompleta". Na carta, ela repetia o formato da mostra que havia sido acordado com o diretor do BACI: "60 retratos, divididos entre 60% de personalidades importantes da nossa vida pública e 40% de rostos típicos, anônimos". Informava ainda que o "trabalho estava sendo apreciado pela Secretaria de Cultura do Estado de São Paulo, pelo Conselho Nacional de Amparo à Pesquisa e pela Kodak do Brasil".[74] Provavelmente, foi esse pedido que suscitou averiguação pelo Sistema Nacional de Informação sobre a fotógrafa, assim como sobre o próprio José Neistein, sendo a resposta negativa quanto à aprovação de ambos os investigados.[75]

Antes mesmo da abertura da mostra no BACI, o embaixador Antônio Francisco Azeredo da Silveira[76] mandou fechá-la por considerá-la incompatível com a realidade do país.[77] Segundo Neistein, a censura foi motivada pela presença considerável de grande número de rostos de negros na mostra.[78] Como a proposta da fotógrafa era um recorte de viés identitário, a branquidade do Itamaraty estava ali pouco representada. Repetia-se, mais uma vez, a posição da diplomacia em querer apresentar o Brasil como "civilizado", portanto, "branco", tal como pedia a Operação Campus, sem explicitar: "jovens, e fluentes na língua inglesa, de boa aparência e dotados de temperamento

---

73 Carta de José M. Neistein para Madalena Schwartz. Brazilian Cultural Institute, Inc., São Paulo, 23 jul. 1981. Localizada no Arquivo Nacional em Brasília (DF). Pela data e local da correspondência, provavelmente ele estava de férias no Brasil, como costumava fazer nos verões dos Estados Unidos.
74 Carta de Madalena Schwartz ao tenente coronel Piero Ludovico Lobbato, chefe da Assessoria Especial da Presidência da República. São Paulo, 26 abr. 1982. Localizada no Arquivo Nacional em Brasília (DF).
75 Telex do Serviço Nacional de Informações (SNI). 17 maio 1982. Informa sobre a artista. Localizado no Arquivo Nacional em Brasília (DF).
76 O embaixador Antônio Francisco de Azeredo da Silveira permaneceu no cargo de 1979 a 1983.
77 O professor Jorge Schwartz, filho da fotógrafa, encontrava-se em Washington na ocasião e confirma a informação. O contato telefônico foi realizado no dia 11 de julho de 2012.
78 No arquivo do BACI foi localizada apenas a inclusão do nome da fotógrafa na sugestão de programação enviada ao Itamaraty em 1981. Em carta ao tenente coronel Piero Ludovico Gobbato, chefe da Assessoria Especial da Presidência da República, ela informa que a mostra ocorreria em setembro de 1982. Ver Carta de Madalena Schwartz ao tenente coronel Piero Ludovico Gobbato, chefe da Assessoria Especial da Presidência da República. São Paulo, 26 abr. 1982. Localizada no Arquivo Nacional em Brasília (DF).

comunicativo". Não se diz com todas as letras, mas evidentemente a "boa aparência" e a "comunicatividade" deveriam incluir uma autoimagem "branca" do país. Ou, como o caso do filme *Orfeu negro,* que o Ministério das Relações Exteriores se recusou a inscrever no Festival de Cannes em 1959, com argumento mais explícito: uma imagem negativa por apresentar atores negros das favelas do Rio de Janeiro. O filme acabou sendo inscrito pela França, recebendo em 1960 não somente a Palma de Ouro, como também o Oscar de Melhor Filme Estrangeiro.

Como os convites para a abertura da mostra de Madalena Schwarz já haviam sido remetidos, foi organizada uma mostra-relâmpago com obras da coleção do BACI, para que o público não fosse recebido com as paredes vazias.[79]

As dimensões desse caso podem ser mais bem compreendidas pela exposição de Madalena Schwartz realizada em 1983, no Museu de Arte de São Paulo (Masp), pois, segundo seu filho, Jorge Schwartz, tratava-se do mesmo conjunto de trabalhos.[80] Segundo o repórter Fernando Durão (1983), a exposição apresentava setenta fotografias em branco e preto (tamanho 30 x 40 cm) em que figuravam 60% de artistas, intelectuais, cientistas e políticos, e 40% de anônimos,[81] proporções idênticas às acordadas entre a fotógrafa e Neistein. O então diretor do museu, Pietro Maria Bardi (1983), assim se referiu aos trabalhos:

> [...] deveria dizer amostragem de tipos, os quais multiplicados à enésima potência na mistura de raças, representam o aglomerado demográfico do Brasil. Madalena escolheu sem escolher: acertou o povo de qualquer origem, os humildes e os que se tornaram famosos no olimpo do esporte ou no fechado setor da cultura, recompondo o seu Brasil. Cada um pode encontrar e representar o que vê, crê e ama. Ela o viu, nele acreditou e o amou à sua cordial maneira.

O conjunto de rostos miscigenados em nada corresponde à tipologia da elite branca brasileira, presente no corpo diplomático do país daquele período. Como as imagens da fotógrafa ofereciam resistência a esse imaginário, entende-se o motivo da censura no BACI: a pobreza e a negritude no *rosto do povo brasileiro*.

---

79 Jorge Schwartz. São Paulo, Brasil, 11 jul. 2012. Entrevista concedida a esta pesquisadora, por telefone.
80 No catálogo aparecem nomeados Emanuel Araújo (na capa), Marco Nanini, Daniel Filho, Dercy Gonçalves, Irmã Dulce, Camafeu de Oxóssi (dono do Mercado Modelo, Salvador, BA), Henfil, Hermeto Pascoal, Carybé, Lygia Fagundes Telles, Ruth de Souza, Mário Cravo Jr., Mário Cravo Neto, Carlos Drummond de Andrade, Sérgio e Chico Buarque de Holanda, Maria José Carvalho, Irene Ravache, Pietro Maria Bardi, Jorge Amado, Jayme Lerner, d. Helder Câmara, Elza Soares e Bibi Ferreira (ver Schwartz, 1983).
81 Recorte de jornal localizado na biblioteca do Masp.

Figura 53 – Madalena Schwarz, *O rosto brasileiro / The Brazilian face*, São Paulo, Museu de Arte de São Paulo Assis Chateaubriand, 19 abr. a 8 maio 1983, s.p.

FONTE: INSTITUTO MOREIRA SALLES

O mesmo conjunto de retratos retornaria aos Estados Unidos em uma turnê[82] que pôde ser vista entre 29 de março e 25 de abril de 1984, no Martin Luther King Jr. – National Memorial Foundation, em Washington. A volta da exposição a essa cidade após o incidente de reprovação por parte do governo brasileiro não foi casual. Segundo Jorge Schwartz, o lugar em que ela efetivamente ocorreu era bastante prestigioso se comparado ao BACI.[83]

Por ocasião da mostra no Masp, foi incluído no catálogo um texto de José Neistein, no qual este é apresentado como crítico de arte, editor colaborador do *Handbook*

---

82 Foi exibida no Frick Arts Gallery, em Pittsburgh, em setembro de 1983; no The Photo Center Gallery da Tisch School of Arts (New York University) em dezembro de 1983; no Stanford Museum of Art em janeiro-fevereiro de 1984; finalmente, no Martin Luther King Jr. – National Memorial Foundation, em Washington (ver Schwartz, 1983). E apesar de não constar do catálogo, há a informação de que a mostra também tenha sido exibida no Art Gallery da University of Florida em Gainesville, Florida (ver Schwartz, 1997).

83 Jorge Schwartz. E-mail recebido por esta pesquisadora em 6 jun. 2012. Ainda em suas palavras, foi fundamental a intermediação do professor Frank Knight da Universidade de Johns Hopkins para que a exposição ocorresse.

of Latin America Studies em Washington e autor de *Feitura das Artes,* sem qualquer menção ao seu posto no BACI (Schwartz, 1983). Essa atitude pode ser interpretada como um ato arriscado, pois, mesmo se tratando do fim da ditadura militar e não sendo ele um diplomata de carreira, ocupava um cargo e, por isso, encontrava-se em posição vulnerável.

Outro caso em que o perfil conservador e restritivo da agenda do BACI se apresenta é a mostra do pintor Darcy Penteado. Analisando as fotografias das obras que seriam expostas, o então embaixador escreveu confidencialmente à Secretaria de Estado que seria conveniente recomendar ao artista que

> [...] evite a remessa de trabalhos passíveis de despertar polêmica de fundo religioso. O caráter semioficial do instituto não lhe permite expor obras de impacto. Além disso, Washington é ainda um centro pequeno e conservador [...]. A obra de inspiração religiosa de Darcy Penteado se sentiria mais à vontade, por exemplo, em Nova York, [...] mas nunca patrocinada pelo governo.[84]

Apesar desses incidentes, Neistein fez questão de afirmar que sempre houve autonomia em seu trabalho e foram raras as vezes em que precisou incluir algum artista ou músico por solicitação de algum diplomata.[85] Talvez a agenda que ele criou para o BACI estivesse condizente com a imagem que o Itamaraty desejava refletir em Washington.

De modo geral, a programação das mostras do BACI apresentava um perfil sem ousadia – como costumam ser as atividades culturais diplomáticas – e os espaços de suas sedes tampouco eram de grandes proporções, o que resultava em mostras pouco retumbantes quanto à escala e também quanto ao conteúdo. A mostra de Yolanda Mohalyi, em maio de 1970, por exemplo, foi exibida na George Washington University justamente pela inadequação com o espaço do BACI. De modo geral, nas mostras predominaram suportes tradicionais e de pequenas proporções que, além de adequados às modestas dimensões das salas expositivas, contavam com baixo orçamento e facilidade de transporte, sendo as obras muitas vezes colocadas na bagagem do próprio diretor ou levadas, em diversas ocasiões, pelos artistas expositores. Consequentemente, tanto economizava-se com o seguro quanto se possibilitava que se evitassem os trâmites alfandegários por conta da bagagem diplomática. Nesse processo, é bom lembrar que Neistein manteve contato direto com a cena brasileira; anualmente, quando passava o

---

84 Carta-telegrama da Embaixada do Brasil em Washington (D.C.). De Vasco Leitão Cunha, Secretaria de Estado das Relações Exteriores, Rio de Janeiro (RJ). Doc. n. 540.3(22), 10 maio 1966. Informe sobre Exposição de Darcy Penteado. Localizada no Arquivo do Itamaraty em Brasília (DF).

85 José Neistein. Fairfax Village, Virgínia, EUA, 30 jan. 2012. Entrevista concedida a esta pesquisadora.

período do verão estadunidense gozando suas férias no Brasil, visitava mostras e ateliês para compor sua programação.

Mostras de gravuras eram constantes, tanto em formato de exposições coletivas quanto individuais. Como na grande maioria das vezes essas obras não eram emolduradas, facilitava-se ainda mais o transporte. A produção em gravura possuía um grande lastro no Brasil e com reconhecido valor internacional, fato inclusive utilizado como argumento pelos diplomatas: "O Brasil tem uma forte tradição na arte de gravura. A maioria de nossos prêmios na Bienal de Veneza, na Bienal de Artistas Jovens de Paris e outras foi dada a gravadores".[86] Assim, duas condições se sobrepõem: a qualidade da gravura brasileira, atestada pelo seu reconhecimento internacional, e a viabilidade financeira de sua exposição.

Os últimos anos do BACI

O desinteresse do Itamaraty pelo BACI parece ter se acentuado mais fortemente no final da década de 1970 e pode ser mais bem compreendido pelas dificuldades financeiras que se tornaram recorrentes e se expressavam na dificuldade com o pagamento do aluguel, dos salários[87] e das taxas de manutenção do imóvel. A cada ano, o repasse de verbas por parte do Ministério das Relações Exteriores era menor, além da advertência constante de Brasília de que o BACI deveria encontrar outros modos de arrecadação para não depender somente do governo. Em diferentes anos, a situação permaneceu a mesma:

> Para ser capaz de melhorar sua situação financeira, dada a redução significativa da cota anual de recursos dados pelo Governo Brasileiro, o BACI deveria procurar apoio no setor privado e outras fontes locais para suplementar suas necessidades.
> Para isso, o BACI deveria desenvolver uma campanha de adesão para captação de recursos que esteja fortemente voltada para o setor privado, aderindo a categorias especiais de filiação.[88]

---

86 "*Brazil has a strong tradition on the art of engravity. Most of our prizes and awards at the Biennal of Venice, the Biennal of Young artists in Paris and others have been given to engravers.*" Carta – De: Marcel D. C. Hasslocher. Para: Mr. Vance Kirkland, diretor da University of Denver School of Art, Colorado. Washington (D.C.), 31 out. 1968. Localizado no Arquivo do Itamaraty em Brasília (DF).
87 Os funcionários do BACI eram contratados locais e apenas José Neistein tinha carteira de trabalho. José Neistein. São Paulo, Brasil, 9 dez. 2015. Entrevista concedida a esta pesquisadora, por telefone.
88 "*To be able to improve its financial situation, in the face of a significant reduction in the annual allotment provided by the Brazilian Government, BACI should seek out the support of the private sector and other local sources in order to supplement its financial needs. For the matter, BACI should be working*

Apesar de tudo, era ainda a Embaixada que acabava por socorrer a instituição em casos extremos: "[...] em razão dos problemas que estão provocando o atraso na assinatura do convênio de subvenção social entre essa embaixada e aquele instituto cultural [...] não pode o governo brasileiro deixar de reconhecer que a continuada inadimplência do BACI pode vir a comprometer a imagem do Brasil nos Estados Unidos".[89]

Ao longo dos anos, proporcionalmente, a ausência do Itamaraty no gerenciamento do BACI favoreceu a autonomia de José Neistein, ainda que houvesse subordinação e dependência financeira da instituição. O fato de o BACI ser uma entidade jurídica enquadrada em leis estadunidenses favoreceu uma administração flexível em diversos momentos. Durante seu período de funcionamento, foram criados subterfúgios para contornar os orçamentos limitados, como a realização de inúmeros convênios e apoios privados. Esse desejo de encontrar parcerias privadas já se notava no momento da fundação do instituto, quando se pretendeu atrair empresas interessadas em fazer negócios com o Brasil, conforme mencionado anteriormente. Sem chegar a ser um órgão realmente autofinanciado e mesmo tendo perdido um tanto de seu papel entre personalidades estadunidenses por conta de reorganizações geopolíticas, o BACI manteve sua ordenação original.

Em situações pontuais, como, por exemplo, para adequar a nova sede alugada em 1985,[90] realizou-se um leilão com o acervo da instituição (1984). Nas palavras de Neistein: "Para obter fundos adicionais e continuar o trabalho de instalações em sua nova galeria-auditório, e logo para ser capaz de oferecer aos filiados e à comunidade em geral um programa de atividades de maior variedade, o BACI decidiu conduzir um leilão silencioso e ao vivo de alguns dos trabalhos de arte que pertencem à coleção de arte permanente do Instituto".[91]

---

on a fund-raising membership campaign, that is strongly aimed at the private sector, adhering to special membership categories." Brazilian-American Cultural Institute. *Report of 1987*. Washington (D.C.), s.d., p.14. Localizado na Claire T. Carney Library, University of Massachusetts, Darmouth.

89 Correspondência do Ministério das Relações Exteriores, Brasília (DF). De Ext. (Exteriores) para Brasemb (Embaixada Brasileira). 6 mar. 1998. Informa sobre liberação do valor de U$29,175.00. Localizada no Arquivo Itamaraty em Brasília (DF).

90 O endereço da nova sede era 4103 Connecticut Avenue, N. W. Por dezessete anos, o BACI esteve na 4201 Connecticut Avenue, N. W. (ver José M. Neistein. *Report of 1985*. Washington (D.C.), s.d., p.13. Localizado na Claire T. Carney Library, University of Massachusetts, Darmouth). No entanto, no dia 16 de setembro de 1966, quando foi inaugurada, a sede localizava-se no Freudberg Building 4201 Connecticut Avenue, N.W. Na ocasião, Genaro Carvalho esteve expondo (cf. Embaixada do Brasil. *Boletim Especial*, n. 166, Washington (D.C.), 12 set. 1966).

91 "*In order to raise additional funds to continue the installation work in its new auditorium-gallery, and therefore to be able to offer its members and the community at large, a program of activities of greater variety, BACI decided to conduct a silent and live auction of some of its art works belonging to the Institute's permanent art collection.*" José M. Neistein. *Report of 1985*. Washington (D.C.), s.d., p.13. Localizado na Claire T. Carney Library, University of Massachusetts, Darmouth.

Neistein, no relatório de 1985, informa ainda que foi arrecadado o valor de U$10,500. O mesmo texto avisa que o setor industrial têxtil de São Paulo contribuiu na compra de um piano Grand Steinway, casualmente no mesmo valor de U$10,500. Para o ano de 2006, por exemplo, foram enviados pelo Ministério brasileiro U$150,000, contrastando com a soma pedida de U$250,000. O mesmo telegrama considera ainda que os recursos repassados aos institutos não deveriam destinar-se apenas ao pagamento de salários e aluguéis.[92] Em 2006, o Ministério das Relações Exteriores sugeriu a locação de espaço menor como forma de diminuição dos custos. Esperava-se que em 2007 o BACI cuidasse do custeio integral de seu aluguel.

Por fim, após constantes agonias financeiras, o fechamento do espaço foi inevitável. Neistein liquidou o patrimônio do BACI para quitar parte das dívidas, pois tampouco a Embaixada ou o Itamaraty preocuparam-se com esse encerramento. O descaso por pouco não envolveu a memória da instituição, pois tanto a biblioteca quanto o arquivo foram negligenciados pelos representantes do governo brasileiro. Os livros foram parcialmente vendidos ou então doados. O arquivo não se dissipou graças aos esforços de Maria Angela Leal, curadora assistente de The Oliveira Lima Library de The Catholic University of America, cujo empenho levou à aquisição do acervo pela University of Massachussetts, em Darmouth.

Como dito, acompanhar a história do BACI permite notar a inexistência de um projeto linear pautado pelo Itamaraty para as áreas artísticas e culturais. Na opinião do diplomata Edgard Telles Ribeiro, tal política se inviabiliza pela "falta de coordenação entre órgãos responsáveis pelo assunto, cuja origem, por sua vez, remonta às baixas prioridades de que o tema se reveste internamente no país". Além disso, segundo ele, a constante troca nas chefias dos setores culturais e nos postos e a escassez de recursos destinados à difusão cultural no exterior dificultam tentativas de desenvolver projetos continuados (Ribeiro, 2011, p.89). O espaço poderia ter sido um canal potente de apresentação de artistas brasileiros, o que na realidade não ocorreu, sobretudo porque o Itamaraty não estabeleceu diretrizes para a instituição, tornando-a vulnerável aos interesses diplomáticos individuais ou servindo a precipitadas ações de propaganda política, sem coordenação sistemática ou aporte conceitual/teórico claro. Quando deixou de ser anteparo às funções diplomáticas, também não houve aproximação com o meio artístico brasileiro mais efervescente.

Já em 1966, Vasco Mariz (p.9), então chefe da Divisão de Difusão Cultural (DDC) do Itamaraty, alertava para a necessidade de o diplomata estar ligado à cena de seu próprio país para poder melhor representá-lo, como atesta este registro:

---

92 Correspondência – Ministério das Relações Exteriores, Brasília (DF). Da Secretaria das Relações Exteriores (Sere) para Brasemb (Embaixada Brasileira). 20 dez. 2005. Localizada no Arquivo Itamaraty em Brasília (DF).

BRAZILIAN-AMERICAN CULTURAL INSTITUTE (BACI) (1964-2007)

Por mais que leia jornais, revistas e livros, o diplomata no exterior se desatualiza a cada dia e, ao fim de poucos anos, perde a perspectiva da escala de valores artísticos e literários, perspectiva que só mesmo a presença mais ou menos longa no Brasil pode oferecer. Fica, assim, impossibilitado de seguir as oscilações naturais da produção intelectual de seu país ou de dizer, a qualquer momento, quais os nomes realmente representativos da cultura brasileira que merecem divulgação ou apoio oficial no exterior.

Esse parece ter sido o caso de Neistein. Sua longa permanência como diretor do BACI, de 1970 a 2007, deveu-se a o corpo diplomático do Itamaraty reconhecer sua competência. Profissional culto e erudito, possuía expressivo conhecimento sobre as artes e a cultura brasileira. Ele também buscou, para além de suas atribuições como diretor, construir vínculos com universidades e centros de ensino de língua e de cultura brasileira nos Estados Unidos. Com frequência era convidado para seminários e conferências, fato que o fez não depender exclusivamente do BACI. Na década de 1990, por exemplo, foi professor visitante na Universidade da Pensilvânia. Mas se sua continuidade na instituição lhe foi garantida por um sólido passado cultural, seu capital de atualização a respeito da cena artística brasileira não se desenvolveu na mesma proporção. Malgrado os seus esforços individuais, parece que não havia um respaldo maior. Sempre com orçamentos limitados, realizou mostras convencionais e, a partir da década de 1980, raramente houve nomes de peso da arte contemporânea na agenda de mostras da instituição.

Após esse estudo, pode-se mesmo dizer que o BACI se manteve encerrado em um modelo de representação nacional tradicional, mais próximo àquele cânone de quando foi lançado. No entanto, esse paradigma foi paulatinamente perdendo sentido em um mundo cada vez mais globalizado e organizado por curadores e curadorias temáticas, cuja demanda por especialização se intensificou de tal forma que seria impossível uma instituição ser agenciada apenas pela iniciativa pessoal de um intelectual.

Outro aspecto a ser aqui ressaltado diz respeito ao fato de Neistein não ter renovado seus contatos com a classe artística, fato que talvez pudesse garantir uma agenda mais jovem e diversificada ao BACI. Também não foram convidados críticos ou historiadores da arte para apresentar exposições. Ou seja, os vínculos da instituição com a cena brasileira foram se esvanecendo ao longo das décadas e gradualmente o BACI foi sendo esquecido, mesmo por aqueles que por lá exibiram trabalhos. Nesse caso, talvez algumas vozes em sua defesa pudessem ter sido ouvidas quando suas portas foram fechadas, o que não ocorreu. O encerramento foi silencioso, sem qualquer resistência ou sequer notificações na imprensa. Muitos dos ouvidos nesta pesquisa nem sequer sabiam que o BACI deixara de existir, mas tampouco haviam acompanhado a sua história.

Centralizado na figura de seu diretor, o BACI parece ter perdido a capacidade de agenciamento coletivo. Neistein, apesar do apoio que havia recebido de Mario Gibson

Barboza, um dos homens de maior confiança do general Médici, não deixou de ser alvo de investigação. No dia 24 de agosto de 1983, o Centro de Informações do Ministério da Justiça apresenta os seguintes dados sobre ele e o BACI:

> [...] homossexual declarado, que recebe dentre outras vantagens, o salário mensal de U$7000,00 (sete mil dólares), além de duas passagens aéreas para vir ao Brasil anualmente, sendo ainda assessorado por cerca de 10 "professores", todos pagos pela Embaixada Brasileira em Washington. Referida instituição não tem sido utilizada para fins propostos, servindo atualmente de ponto de encontro de homossexuais americanos e brasileiros nos EUA.[93]

As informações deixam claro que não apenas critérios técnicos norteavam as indicações, mas também critérios difusos quanto à imagem diplomática do país. O diplomata Alberto V. da Costa e Silva, chefe do Departamento de Cooperação Cultural (DCC) do Itamaraty, refutou todas as acusações feitas à instituição e ao seu diretor. Ele afirmava que o BACI

> [...] sempre recebeu entusiasmado apoio de todos os Embaixadores brasileiros que passaram por Washington: Vasco Leitão da Cunha, Mario Gibson Barboza, Mozart Gurgel Valente, João Augusto de Araújo Castro, João Baptista Pinheiro e Antônio Francisco Azeredo da Silveira. Desde Mozart Gurgel Valente, todos prestigiaram o Professor José Menache Neistein – cuja capacidade de trabalho, cultura e competência já havia sido testada amplamente em Assunção do Paraguai, onde o Professor Neistein servira, no centro de estudos brasileiros, sob ordens do Embaixador Mario Gibson Barboza.[94]

Certamente, deve-se considerar que em 1983 os serviços dos órgãos de inteligência, as perseguições e a censura já se viam debilitados se comparados aos momentos mais difíceis da ditadura militar. Mesmo assim, nesse episódio interessa observar o tom enfático da salvaguarda, o que permite aquilatar o lugar do BACI e de seu diretor na perspectiva do Itamaraty. Na resposta, o diplomata destacou as qualidades profissionais de Neistein, que iam além de sua atividade dentro do BACI, pois ele era editor do *Handbook of Latin America Studies* da Biblioteca do Congresso de Washington.[95] Ressaltava ainda que, após a chegada dele, a instituição passou a colaborar diretamente

---

93 Ministério da Justiça. Departamento de Polícia Federal. Centro de Informações. Informe n. 1492/01/V/83-CI/DPF, 24 ago. 1983. Localizado no Arquivo Nacional em Brasília (DF).
94 Ministério da Justiça. Departamento de Polícia Federal. Centro de Informações. Informe n. 1492/01/V/83-CI/DPF, 24 ago. 1983. Localizado no Arquivo Nacional em Brasília (DF).
95 Essa função foi mantida por José Neistein mesmo após o fechamento do BACI.

com os cursos de português das Universidades Johns Hopkins, Georgetown e Católica de Washington. O texto enumerava ainda as contribuições da instituição à qualidade do ensino da língua e salientava a atuação de Hayddée Magro, "reconhecida como uma das melhores especialistas em Português dos Estados Unidos". Além disso, os 4 mil volumes da biblioteca serviam de apoio aos estudiosos estadunidenses.

A intercessão do diplomata salientava ainda que o espaço, ao contrário do que o SNI afirmava, era frequentado pela comunidade brasileira de Washington e que ela havia solicitado a criação do curso de Geografia e História do Brasil. Além disso, o texto apresentava os aspectos contratuais de Neistein: ele gozava de estabilidade, seu salário era de U$3,640.00 e suas passagens para o Brasil eram custeadas por ele mesmo. O Itamaraty o autorizava a passar maior tempo no Brasil, além de seu direito de um mês de férias, para que realizasse contatos com artistas e intelectuais e organizasse os programas de divulgação cultural brasileira nos Estados Unidos. Consequentemente, essa estadia nada custava aos cofres públicos e revertia-se na qualidade e no bom funcionamento do BACI. E Alberto V. da Costa e Silva finalizava afirmando que os valores repassados pelo Ministério das Relações Exteriores ao Ibeu eram muito bem utilizados.[96]

Não se pode aqui esgotar as análises sobre as relações do Itamaraty com as artes. No entanto, foi possível conhecer algumas de suas práticas e compreender aspectos de sua instrumentalização em um período histórico específico marcado primeiramente pela Guerra Fria cultural na América Latina e, em seguida, pela ditadura militar brasileira. Afinal, instituições artísticas se transformaram em espaços privilegiados de atenção e de representação e se tornaram engrenagens para as "políticas de atração". Compreendeu-se como a criação do BACI e seus primeiros anos de existência se concatenaram diretamente com campos de disputas políticas, ideológicas e econômicas. Se assim não o fosse, Washington D.C. não teria sido o melhor destino para o Brasil subvencionar um espaço para as artes, porque inclusive havia um público mais amplo e interessado na língua e nas artes brasileiras fora da capital dos Estados Unidos. Indubitavelmente, fosse o interesse meramente cultural, não seria a capital política do país o local mais indicado para essa função.

Se na década de 1960 houve um peso maior de interesses de setores estadunidenses em apoiar centros de cultura como o BACI, na década seguinte foi a vez de o Brasil se utilizar dele para apresentar uma imagem oficial que contrastava com os relatos dos exilados da ditadura. Nesse sentido, a instituição pode ser observada como contraponto à política interna e à tensão vivida naqueles anos de chumbo no Brasil. Após os inúmeros sequestros de diplomatas estrangeiros no país, o Ministério das Relações Exteriores e sua diplomacia empenharam-se em oferecer no estrangeiro uma

---

96 Ministério da Justiça. Departamento de Polícia Federal. Centro de Informações. Informe n. 1492/01/V/83-CI/DPF, 24 ago. 1983. Localizado no Arquivo Nacional em Brasília (DF).

imagem de Brasil que zelava pelos valores artísticos, livres de restrição ou de censura. Para efetivar essa política, conforme os dados aqui discutidos, o BACI precisou se tornar mais profissional. A chegada de José Neistein, então, foi providenciada, sendo esse o período áureo da instituição. Nessa década, a organização da agenda de mostras e sua divulgação foram mais cuidadosas, apesar da oscilação apontada entre projeto institucional e iniciativa particular. Foram produzidos catálogos dessas mostras, cuidadosamente arquivados pelo BACI, atualmente abertos para consulta na University of Massachussetts, em Dartmouth.

Se a América Latina foi deixando de ser foco das atenções da política externa dos Estados Unidos já na década de 1970, em 2007 o governo do presidente Lula já não considerava Washington como seu único centro de interesses. Novas embaixadas e postos consulares foram abertos e fortes parceiros comerciais entraram em cena, como a China, por exemplo. A soma despendida para um único posto como o BACI não mais se justificava, seja pela pouca visibilidade e repercussão de suas atividades, seja porque arte e cultura, tradicionais caminhos de aproximação, eram dispensáveis entre parceiros já conhecidos no mundo globalizado. Assim, não parecia haver mais motivos para manter o Brazilian-American Cultural Institute ou estabelecer uma política de difusão cultural específica para os Estados Unidos, haja vista que museus, instituições e mercado de arte realizavam essa tarefa. Afinal, não somente os centros binacionais perderam o protagonismo como espaços relevantes, como além disso, a diplomacia cultural praticada no século XXI parece prescindir deles.

CONSIDERAÇÕES FINAIS

A análise dos materiais expostos neste livro possibilitou discutir ressonâncias no meio artístico brasileiro provocadas por "políticas de atração" estadunidenses. Sem pretender esgotar o tema proposto, o direcionamento do estudo foi identificar vínculos entre ações para o campo das artes e diretrizes políticas lançadas por setores do governo dos Estados Unidos, particularmente relacionadas à Guerra Fria cultural na América Latina. Nesse sentido, a intensificação da presença das artes estadunidenses nos espaços artísticos provocou maior interesse por essa produção, assim como os intercâmbios e as premiações contribuíram para a consolidação da rota artístico-cultural entre ambos os países. Diferentemente da Política da Boa Vizinhança lançada pelos Estados Unidos na década de 1930, que havia investido na promoção da cultura de massa e de entretenimento, as "políticas de atração" voltaram-se a públicos específicos – como, no caso das artes, a uma elite culta e educada. Diagnósticos realizados pelo Serviço de Informação Norte-americano (USIS) haviam revelado que esse grupo social reconhecia a excelência das artes europeias em detrimento das estadunidenses. Para reverter essa realidade – o que não parecia difícil devido à disponibilidade e receptividade desse setor da sociedade brasileira –, era necessário somente expô-la a produções artísticas de alta qualidade e originalidade. Como se pôde acompanhar ao longo dos capítulos deste livro, entre as inúmeras atividades propostas para essa reversão estava a promoção de mostras circulantes e de intercâmbios.

Como visto, o envio de exposições itinerantes dos Estados Unidos para o exterior passou, a partir de 1965, a ser função do National Collection of Fine Arts (NCFA), especificamente do International Art Program (IAP), e não mais da United States Information Agency (USIA). Essa transferência das atividades da agência do governo para um museu possibilitava uma percepção mais matizada dos interesses políticos envolvidos. Contudo, resquícios de censura e de controle próprios do contexto da Guerra Fria podem ser reconhecidos nas práticas da instituição, mesmo que o IAP tenha tentado evitar o reconhecimento de relações políticas óbvias e as ingerências externas nas escolhas das obras e dos profissionais. Afinal, o órgão precisava conjugar os interesses da USIA e as demandas dos postos do USIS no Brasil e encobri-los com o profissionalismo dos agentes do meio das artes.

As mostras organizadas pelo IAP tiveram um formato capilar e procuravam atrair grande público. Mesmo que algumas delas estivessem fora do perfil de "alta qualidade", diretriz norteadora para essa atividade, as expectativas foram atingidas pela larga circulação da produção estadunidense no meio das artes brasileiras, conforme informaram os relatórios oficiais analisados. No entanto, para um quadro mais preciso sobre a promoção dos Estados Unidos na América Latina, seria ainda necessário inventariar o conjunto de exposições circulantes promovidas pelo IAP e o MoMA e resgatar os respectivos contextos de seus itinerários. Além disso, mesmo que não seja possível recuperar a recepção dessas exposições, investigar reverberações na crítica e na produção dos artistas traria à tona aspectos significativos sobre elas.

Outro estudo que pode trazer novas facetas sobre as "políticas de atração" seria comparar esse conjunto de mostras circulantes com as representações oficiais dos Estados Unidos enviadas para a Bienal de São Paulo, também sob a responsabilidade do IAP. Tal cotejamento permitiria dimensionar as motivações que levaram à divisão das mostras em duas categorias: as representações magnânimas, que foram enviadas para as bienais e trienais, e as exposições itinerantes, de menores proporções para serem exibida em diferentes espaços. Assim, se evidenciariam contrastes entre as mostras "capilares", caracterizadas pela mobilidade e pela condução direta do IAP, e as exposições épicas e grandiosas exibidas em São Paulo, que figuravam como de responsabilidade de instituições e de museus independentes. Ao mesmo tempo, as mostras das bienais exibiram uma produção que deveria chegar à elite culta e educada brasileira, em uma arena disputada com outras representações nacionais. Por causa da Guerra Fria cultural, as bienais foram vitrines para as representações oficiais dos Estados Unidos e o papel do IAP seguramente não era secundário nesse tipo de atividade. Ou seja, as comparações entre as duas tipologias de exposições enviadas para o exterior trariam para a arena de debates novos personagens, como os museus e os artistas, normalmente apresentados como independentes da esfera política. Nesse inventário comparativo, a inclusão das mostras organizadas pelo MoMA poderia contribuir para um quadro mais acurado desse fluxo de objetos artísticos exibidos como arte estadunidense, ou melhor, arte contemporânea.

Nesses processos, o uso frequente do termo "arte contemporânea" parece substituir a denominação "arte norte-americana", implicando assim a dissolução de uma identidade nacional. Boris Groys (2015, p.135) discorre sobre a condição dos artistas contemporâneos que não mais precisam responder aos "gostos e orientações de seus arredores". Também a experiência de inúmeros bolsistas nos Estados Unidos possibilitou a eles assumir a condição de artistas contemporâneos, em vez de artistas brasileiros, em sintonia com demandas de um mundo cultural de audiência global, em um momento em que Nova York já se apresentava como núcleo nesse fluxo.

Se os intercâmbios realizados durante a Guerra Fria na Europa favoreceram a formação de redes acadêmicas, com o surgimento de um pensamento científico ocidental, conforme mostraram Antonio Niño e José Antonio Montero, as análises colocadas neste livro possibilitaram acompanhar a configuração de uma rede artística que promoveu a produção contemporânea com perfil desinteressado porque desprendido de interesses políticos e ideológicos.

Ainda que de modo rápido, pôde-se perceber nesta investigação a necessidade dos Estados Unidos de ocupar ativamente a cena artística carioca, porque a cidade permanecia a capital cultural do país. A articulação entre setores diplomáticos com empresas privadas ensejou a criação de prêmios de viagem que tiveram a sede do Ibeu do Rio de Janeiro como epicentro. As cobiçadas premiações foram ocasiões propícias para a divulgação positiva das instituições estadunidenses na imprensa brasileira. As viagens de Antonio Maia, Raimundo Colares, Ivan Freitas e Amilcar de Castro para os Estados Unidos certamente não foram inconsequentes para as suas respectivas trajetórias. Em alguns casos, tornaram-se visíveis no que produziram, como se deu com Freitas, por exemplo, que, em Nova York, expandiu suas pesquisas explorando novos materiais e construindo objetos que surpreenderam o meio brasileiro quando expostos no seu retorno.

No entanto, mais do que analisar as poéticas individuais de cada artista, se quis neste trabalho enfatizar a eficácia das engrenagens das premiações para a construção no meio carioca de uma silhueta assertiva das instituições dos Estados Unidos e a pavimentação de uma rota de viagem a Nova York, cidade apresentada como o centro das artes contemporâneas naquele momento. Em outras palavras, um sistemático corpo de ações estabelecidas a partir das "políticas de atração" contribuiu para amenizar o antiamericanismo identificado na produção artística e cultural no Brasil na década de 1960.

Talvez se possa pensar que a presença rarefeita do termo "antiamericanismo" no meio das artes possa ter contribuído para que ficasse relegado ao ambiente politizado e "comunista". Nesse sentido, a promoção de prêmios de viagem – o que o Ibeu fez com bastante propriedade por certo período – não parece desprezível. Acompanhar o processo das premiações possibilitou compreender também que não houve interesse em apoiar algum tipo específico de produção artística, haja vista os artistas analisados possuírem trabalhos bastante distintos.

Nas resenhas jornalísticas sobre essas premiações, além de a cultura estadunidense ser sempre apresentada como "atrativa", os deslocamentos propiciados pelos prêmios de viagem tornaram-se modelos de experiências exitosas e bem-sucedidas. Nada disso parece ter sido casual, principalmente quando se conhecem as diretivas das agências dos Estados Unidos: "desde que a imprensa brasileira continue a estar disponível e receptiva para divulgar materiais de orientação política do USIS, o Posto acredita que suas operações de imprensa sejam um instrumento efetivo".[1]

Seguramente, as "políticas de atração" contribuíram para a consolidação da rota de artistas, diretores de museus e críticos de arte brasileiros para os Estados Unidos. Sabe-se que, após a Segunda Guerra Mundial, inúmeros artistas já haviam visitado aquele país, como Fayga Ostrower, Maria Bonomi, Wesley Duke Lee, Nelson Leirner, Antonio Henrique Amaral e Anna Bella Geiger, para citar os que viajaram ainda na década de 1950. Também Celeida Tostes saiu do Brasil com uma bolsa do Programa do Governo dos Estados Unidos da América para Cooperação Técnica com outros países, em 1958. Lá, ela obteve diploma na School of Education da University of Southern California e fez sua primeira mostra individual de gravuras. No entanto, quando esse contingente de artistas é escrutinado percebe-se que, prioritariamente, as viagens tinham motivações pessoais e que, muitas vezes, contaram com o apoio de redes pessoais e afetivas para se estabelecer nos Estados Unidos.

Já o trânsito das décadas de 1960 e 1970, intensificado pelas "políticas de atração", apresenta denominadores históricos e sociais comuns e pode ser observado como um fenômeno coletivo. Desse modo, a opção da viagem para Nova York teria se afirmado não apenas pela importância do lugar no tabuleiro das artes contemporâneas, mas também por ações que tornaram as instituições estadunidenses visíveis e atrativas no meio brasileiro. As estratégias analisadas possibilitaram considerar qualitativamente o fluxo de artistas, diretores de museus e jornalistas culturais, potenciais "propagadores" da boa experiência vivida nos Estados Unidos. Portanto, o trânsito desse influente contingente de pessoas foi observado a partir das articulações institucionais e oficiais que o criaram e facilitaram. Apesar dos dispositivos de sedução e dos agentes de promoção

---

[1] *"[...] since Brazilian publication continue to be available and receptive to USIS press placement of policy-oriented materials, the Post believes its press operations to be a highly effective instrument."* Carta do Departamento de Estado dos Estados Unidos. Serviço Nacional de Informação. De USIS Brasília (DF), Brasil, para USIA Washington (D.C.), EUA. Mensagem n. 27, 15 maio 1974. Submete o *Country Plan 1975*. Uso Oficial Limitado. Localizado na University of Arkansas Library – *Special Collections*, Bureau of Educational and Cultural Affairs Historical Collection (CU). Mc 468, box 14, folder 17, p.16.

CONSIDERAÇÕES FINAIS

para as artes, entretanto, a cena nova-iorquina não se tornou por isso mais inclusiva ou aberta para os que lá chegaram.

Para os intercâmbios eram selecionadas pessoas com traços de liderança e que fossem potenciais multiplicadores de suas experiências quando retornassem a seus lugares de origem. Nesse processo, os intercambistas tiveram suas atividades posteriores monitoradas, quantificadas e qualificadas, como aqui exemplificam os casos de Roberto Pontual e Maria Elisa Carrazoni. Como as "políticas de atração" não eram filantrópicas, os relatórios diagnosticavam a eficácia dos subsídios para que se pudesse avaliar a continuidade ou a interrupção dos programas estabelecidos. Ainda sobre a mensurabilidade no meio das artes, os relatórios das exposições contabilizaram os frequentadores, noticiavam a presença de profissionais e pessoas influentes nas mostras e ainda computaram resenhas publicadas na imprensa, muitas delas tendo sido anexadas aos relatórios e, algumas (geralmente as mais favoráveis), traduzidas para o inglês.

A despeito desses fatores, receber o prêmio ou aceitar a viagem oferecida por setores do governo dos Estados Unidos não implicava "conversão" ou submissão, como os casos dos jornalistas culturais Roberto Pontual e Jayme Maurício revelaram. Em suas colunas, não se viram impedidos de diversas vezes tomar posições contundentes e críticas a respeito da produção artística dos Estados Unidos ou de suas instituições. Afinal, a existência da aparelhagem de concessão dos intercâmbios e da promoção acelerada das artes por parte do governo dos Estados Unidos era conhecida do meio, como o próprio Maurício revelou em um de seus textos.

Dentre os possíveis desdobramentos que a documentação analisada neste estudo suscita, está a avaliação do projeto de traduções de livros sob a responsabilidade do USIS. Recuperar autores e ideias promovidos oficialmente poderia trazer qual tipo de revelação para a história da arte brasileira? Pelo que já foi aqui avaliado, sabe-se que a produção dos catálogos das mostras era cuidadosa e primava por apresentar reflexões teóricas, debates estéticos e informações sobre obras e artistas. No caso da mostra "The New Vein – tendências novas (1963-1968)", por exemplo, a curadora Constance Perkins cumpriu também uma agenda repleta de palestras e cursos para propagar a arte produzida nos Estados Unidos.

Já a última parte da pesquisa procurou compreender como a criação, pelo Itamaraty, do Brazilian-American Cultural Institute (BACI) em Washington, D.C. e seus primeiros anos de existência estiveram vinculados a disputas políticas, ideológicas e econômicas. Assim, foi possível discutir as relações do Itamaraty com as artes e conhecer algumas de suas práticas de instrumentalização, durante período marcado, primeiramente, pela Guerra Fria cultural e, em seguida, pela ditadura militar brasileira. No entanto, aguarda ainda uma oportunidade de ampliação o estudo da relação que os artistas em especial estabeleceram com as instituições governamentais durante a ditadura militar.

Ao final dessa jornada, fica-se com a intenção, por um lado, de que as reflexões apresentadas possam ajudar a explorar territórios ainda pouco conhecidos da história das relações artísticas e culturais entre Estados Unidos e Brasil e, por outro, estimular novas investigações e interpretações que façam uso das análises e das documentações aqui oferecidas.

REFERÊNCIAS

ADAMS, B. Latin American at the Americas Society: a Principality of its Own. In: FALCONI, J. L.; RANGEL, G. (orgs.). *A Principality of its Own*. 40 years of Visual Arts at the Americas Society. New York: Americas Society/ Harvard University Press, 2006.

ALBERS, J. Josef Albers. In: *Josef Albers*: homenagem ao quadrado. Uma exposição organizada pelo The Museum of Modern Art. Catálogo bilíngue. New York: MoMA, 1964.

AMARAL, A. Intercâmbio Brasil Estados Unidos: os parcos exemplos. In: *Textos do Trópico de Capricórnio*: artigos e ensaios (1980-2005). Vol. II: Circuitos da arte na América Latina e no Brasil. São Paulo: Editora 34, 2006.

AMERICANOS NÃO PINTAM mais a mulher. *Jornal do Brasil*, Rio de Janeiro, 3 nov. 1969.

AMILCAR e sua arte de puro aço. *Veja*, São Paulo, 15 jan. 1969.

AMILCAR também emigra. *Jornal dos Sports*, Rio de Janeiro, ano XXVI, n.11966, 15 set. 1967.

AMORIM, P. H. Amilcar de Castro, um escultor que atinge o essencial. *Realidade*, ed.47, fev. 1970.

ÁNGEL, F. The Latin American Presence. In: *The Latin American Spirit*: Art and Artists in the United States, 1920-1970. New York: The Bronx Museum of the Arts/ Harry N. Abrams, 1988.

ANTONIO MAIA – Do ex-voto ao homem. *Jornal do Brasil*, Rio de Janeiro, 25 jun. 1970.

AQUINO, F de. Made in USA – A nova Arte. *Manchete*, Rio de Janeiro, n. 868, p.132-133, 7 dez. 1968.

ARAÚJO, O. T. Ivan Freitas. *A paisagem reinventada*. Galeria Arte Aplicada, São Paulo, 23 set. a 10 out. 1986.

ARNDT, R. T. ¿Cultura O Propaganda? Reflexiones Sobre Medio Siglo de Diplomacia Cultural de Estados Unidos. *Revista Mexicana de Política Exterior*, n.85, p.43-5, mar. 2022.

ARTS MAGAZINE, v.44, n.1, p.60, set./out. 1969.

ARTISTA VAI à greve em Nova Iorque. *Jornal do Brasil*, Rio de Janeiro, 20 maio 1970.

AYALA, W. Uma bolsa americana. *Jornal do Brasil*, Rio de Janeiro, 18 set. 1968a.

AYALA, W. Nota. *Jornal do Brasil*, Rio de Janeiro, 22 out. 1968b.

AYALA, W. Nota. *Jornal do Brasil*, Rio de Janeiro, 12 nov. 1968c.

AYALA, W. Artes na semana. *Jornal do Brasil*, Rio de Janeiro, 16 dez. 1968d.

AYALA, W. Artes na semana. *Jornal do Brasil*, Rio de Janeiro, 23 dez. 1968e.

AYALA, W. Um prêmio de viagem. *Jornal do Brasil*, Rio de Janeiro, 6 nov. 1969.

AYALA, W. Prêmios do IBEU. *Jornal do Brasil*, Rio de Janeiro, 4 fev. 1970a.

AYALA, W. A arte cibernética. *Jornal do Brasil*, Rio de Janeiro, 31 mar. 1970b.

AYALA, W. De Carmópolis a Barcelona. *Jornal do Brasil*, Rio de Janeiro, 26 nov. 1970c.

AYALA, W. Entrevista com Amilcar de Castro. In: *A criação plástica em questão*. Petrópolis: Vozes, 1970d.

AYALA, W. Coluna Artes Plásticas. *Jornal do Brasil*, Rio de Janeiro, 11 jun. 1971a.

AYALA, W. A nova pintura de Guma. *Jornal do Brasil*, Rio de Janeiro, 1º jul. 1971b.

AYALA, W. Ramosa. *Jornal do Brasil*, Rio de Janeiro, 28 nov. 1971c.

AYALA, W. Repertório cósmico. *Jornal do Brasil*, 30 abr. 1973.

BARATA, M. "Excelente exposição de xilogravuras norte-americanas". *Diário de Notícias*, Rio de Janeiro, 1º nov. 1956a.

BARATA, M. "Continua aberta a exposição de xilogravuras norte-americanas". *Diário de Notícias*, Rio de Janeiro, 13 nov.1956b.

BARBARA, V. Nota biográfica. In: NAVES, R. *Amilcar de Castro*. Belo Horizonte: AD2, 2010.

BARDI, P. M. Como acertar. In: SCHWARTZ, M. O rosto brasileiro/ *The Brazilian Face*. Catálogo. São Paulo: Museu de Arte de São Paulo Assis Chateaubriand, 19 abr. a 8 maio 1983.

BARNITZ, J. Brazil. *Arts Magazine*, New York, v.45, n.4, fev. 1971.

BARNITZ, J. *Latin American Artists in the U.S. 1950-1970*. Catalog. New York: Godwin-Ternbach at Queens College, 1983.

BARROS, R. T. de. *Revisão de uma história*: a criação do Museu de Arte Moderna de São Paulo, 1946-1949. Dissertação (Mestrado em Estética e História da Arte) – Escola de Comunicações e Artes da Universidade de São Paulo (ECA-USP), São Paulo, 2002.

BENTO, A. Modificado o Prêmio Guggenheim. *Diário Carioca*, Rio de Janeiro, 3 fev. 1962.

BENTO, A. Ivan Freitas volta de Paris. *Diário Carioca*, Rio de Janeiro, 5 maio 1963.

BENTO, A. Prêmios do Salão Esso. *Diário Carioca*, Rio de Janeiro, 2 maio 1965.

BENTO, A. Hostilizada a Bienal de Veneza. A representação brasileira. *GAM – Galeria de Arte Moderna*, São Paulo, n.15, p.15-6, 1968.

BENTO, A. Ivan Freitas. *Pintura e construções cinéticas*. Galeria Bonino, Rio de Janeiro, 17 abr. a 5 maio 1973.

BERKOWITZ, M. Apresentação. In: *Tendências novas*. A figura humana (The Figure), 1963-1968. A pintura e a escultura nos Estados Unidos. Catálogo. Rio de Janeiro: Embaixada dos Estados Unidos/ MAM-RJ, nov. 1968, p.4-6.

BOLSAS de pesquisa e criação artística. *Correio da Manhã*, Rio de Janeiro, 8 abr. 1966.

BRASILEIRO ORGANIZA exposição nos EUA. Última Hora, Rio de Janeiro, 26 out. 1970.

BRASILEIROS ganharam 4 das 30 bolsas da Fundação Guggenheim para profissionais americanos. *O Jornal*, Rio de Janeiro, 10 out. 1965.

REFERÊNCIAS

BU, L. Educational Exchange and Cultural Diplomacy in the Cold War. *Journal of American Studies*, Cambridge University Press, v.33 n.3, p.393-415, 1999.

CALDER FALA sobre a arte nos Estados Unidos. *O Estado de S. Paulo*. São Paulo, 5 set. 1959.

CAMNITZER, L. *Luis Camnitzer in conversation with Alexander Alberro*. New York/ Caracas: Fundación Cisneros/ Colección Patricia Phelps de Cisneros, 2014.

CAMNITZER, L.; WEISS, R. (eds.). *On Art, Artists, Latin America, and Other Utopias*. Austin: University of Texas Press, 2009.

CANONGIA, L. Raymundo Colares. Quase cinema. Cinema de artista no Brasil, 1970/80. In: *Arte brasileira contemporânea*. Caderno de textos. Rio de Janeiro: Funarte/Instituto Nacional de Artes Plásticas, 1981.

CINQUENTA E QUATRO candidatos do Brasil recebem bolsas da OEA. *Diário de Notícias*, Rio de Janeiro, 5 set. 1963.

COSTA, H. A exposição como múltiplo: lições de uma mostra norte-americana em São Paulo, 1947. *Anais do Museu Paulista*, v.22, n.1, jan. 2014. Disponível em://doi.org/10.1590/0101-4714v22n1a04.

CUMMINGS, M. C. Cultural Diplomacy and the United States Government: "A Survey, Washington, D.C, Center for Arts and Culture". In: *Americans for the Arts*. 2003. Disponível em: https://www.americansforthearts.org/by-program/reports-and-data/legislation-policy/naappd/cultural-diplomacy-and-the-united-states-government-a-survey. Acesso em: 12 out. 2022.

DAS ARTES. *Jornal do Brasil*, Rio de Janeiro, 24 out. 1969.

DEZOITO CANDIDATOS do Brasil recebem bolsas da OEA. *Diário de Notícias*, Rio de Janeiro, 24 jan. 1962.

DURÃO, F. Aniversário do Foto Cine Clube Bandeirante (II). *Folha da Tarde*, caderno Ilustrada, 18 abr. 1983.

ESTADOS UNIDOS fora da Bienal. *O Estado de São Paulo*, 1º jun. 1971.

"EXÍLIO ARTÍSTICO" e fracasso profissional: artistas brasileiros em Nova Iorque nas décadas de 1960 e 1970. *ARS*, São Paulo, v.14, n.28, p.283-97, dez. 2016. Disponível em: http://www.revistas.usp.br/ars/article/view/124997. Acesso em: 10 fev. 2021.

FABRIS, A. Um "fogo de palha aceso": considerações sobre o primeiro momento do Museu de Arte Moderna de São Paulo. In: *MAM 60*. São Paulo: Museu de Arte Moderna de SP, 2008, p.14-89.

FERREIRA, G. O avesso das coisas. Entrevista com Amilcar de Castro. In: *Entrefalas*. Porto Alegre: Zouk, 2011.

FERREIRA, T. C. Rubens Gerchmam. *Galeria: Revista de Arte*, São Paulo, Área Editorial, n.4, 1987.

FICO, C. *O grande irmão*: da operação Brother Sam aos anos de chumbo. O governo dos Estados Unidos e a ditadura militar brasileira. Rio de Janeiro: Civilização Brasileira, 2008.

FORMIGA, T. Instituto Brasil-Estados Unidos: uma experiência no campo artístico carioca. Dissertação (Mestrado) – Programa de Pós-Graduação em Ciências Sociais da UERJ, Rio de Janeiro, 2009.

FORMIGA, T. As afinidades entre o Instituto Brasil-Estados Unidos e a vanguarda carioca entre as décadas de 1940 e 1960. In: BUENO, M. L. (org.). *Sociologia das artes visuais no Brasil*. São Paulo: Editora Senac, 2012, p.99-100.

FOX, C. F. *Making art Pan-American*: Cultural Policy and the Cold War. Minneapolis/London: University of Minnesota Press, 2013.

FRANC, H. M. A Program of Art Exhibition Abroad. *News Bulletin*, Institute of International Education, v.33, n.4, p.7-16, December 1957.

FRANC, H. M. The Early Years of the International Program and Council. In: *The Museum of Modern Art at Mid-Century*. At home and abroad. New York: The Museum of Modern Art, 1994.

FREITAS, I. *Cidade da Memória* [exposição].10ª Noite da Cultura, Teatro Santa Roza, 14 dez. 1995.

FRY, E. F. Estilos nacionais e a vanguarda internacional. In: *Tendências novas*. A figura humana (The Figure), 1963-1968. A pintura e a escultura nos Estados Unidos. Catálogo. Rio de Janeiro: Embaixada dos Estados Unidos/MAM-RJ, nov. 1968. p.19-21.

FUNDAÇÃO dá bolsas ao Brasil. *O Estado de S. Paulo*, 4 set. 1971.

FUNDAÇÃO dá bolsas para a AL. *O Estado de S. Paulo*,14 out. 1973.

G. F. Didática na pintura: homenagem ao quadrado. *O Estado de S. Paulo*, 13 dez. 1964.

GARCIA, C. M. *Importância e formas de aprimoramento da atividade de difusão cultural como instrumento da política externa brasileira*. Brasília, 2003. Tese (Doutorado em Política Externa Brasileira) – Curso de Altos Estudos, Instituto Rio Branco.

GLUECK, G. Show is Suspended as Artists Dissent. *The New York Times*, New York, 20 mar. 1971a.

GLUECK, G. U.S Decides Not to Take Part in Sao Paulo Bienal This Year. *New York Times*, 31 maio 1971b.

GOLDWYN: A ALIANÇA transformará as Américas em 10 anos. *O Estado de S. Paulo*. São Paulo, 29 dez. 1961.

GONÇALVES, D. Os frutos do Tamarindo. *Correio do Povo*, Porto Alegre, 9 maio 1970.

GROYS, B. A cidade na era da reprodução turística. In: *Arte e poder*. Belo Horizonte: Editora da UFMG, 2015.

GULLAR, F. Xilogravura americana. *Jornal do Brasil*, Rio de Janeiro, 4 nov. 1956.

GULLAR, F. Dore Ashton considerou nefasta a última exposição do Prêmio Guggenheim. *Jornal do Brasil*, Rio de Janeiro, 28 jan. 1960a.

GULLAR, F. Exposição do Prêmio Internacional Guggenheim inaugura-se em novembro. *Jornal do Brasil*, Rio de Janeiro, 18 out. 1960b.

GULLAR, F. Henrique Oswald –Lilico– ganhou o prêmio de viagem-EUA do Ibeu. *Jornal do Brasil*, Rio de Janeiro, 27 out. 1960c.

HARNONCOURT, R. d'. Prólogo. In: *Josef Albers*: homenagem ao quadrado. Uma exposição organizada pelo The Museum of Modern Art. Catálogo bilíngue. New York: MoMA, 1964.

HOHLFELDT, A. A arte da litografia de Tamarind. *Correio do Povo*, Porto Alegre, 7 maio 1970.

HOPPS, W.; TREISMAN, D. *The Dream Colony*. A Life in Art. New York/London: Bomsburry, 2017.

IBEU OFERECE prêmio de viagem aos EUA para artistas da Guanabara. *Jornal do Brasil*. Rio de Janeiro, 16 jun. 1960.

IVAN FREITAS viaja. *Jornal do Brasil*, Rio de Janeiro, 2 fev. 1969.

IVAN FREITAS. Uma pesquisa estética feita de espaço, natureza e muita técnica. *Jornal do Brasil*, Rio de Janeiro, 6 abr. 1973.

JAREMTCHUK, D. 'Artistic Exile' and Professional Failure, Brazilian Artists in New York in the 1960s and 1970s. *Third Text*, v.35, n.4, p.499-515, Published online: 6 jul. 2021a. DOI: 10.1080/09528822.2021.1944515.

REFERÊNCIAS

JAREMTCHUK, D. O Brazilian-American Cultural Institute como ferramenta político-cultural (1964-2007). *Estudos Avançados*, v.35, n.103, p.155-180, set.-dez. 2021b. DOI: 10.1590/s0103-4014.2021.35103.009.

JORDÃO, V. P. O Brasil em Milão. *O Globo,* Rio de Janeiro, 10 nov. 1965.

JORDÃO, V. P. Londrinos apreciam arte jovem dos brasileiros. *O Globo,* Rio de Janeiro, 13 dez. 1967.

JOSEF ALBERS ou a homenagem à pureza. *Jornal do Comércio,* Rio de Janeiro, 8 nov. 1964.

LAMARE, G. de. A goela da fera. *Correio da Manhã,* Rio de Janeiro, 18 dez. 1970.

LATINS IN MANHATTAN. *The New York Times,* 20 set. 1964.

LAUS, H. Homenagem ao quadrado. *Jornal do Brasil,* Rio de Janeiro, 11 nov. 1964.

LAUS, H. Arte e cultura do Brasil em Milão. *Jornal do Brasil.* Rio de Janeiro, 5 nov. 1965a.

LAUS, H. Letras na arte moderna. *Jornal do Brasil,* Rio de Janeiro, 15 dez. 1965b.

LAUS, H. A divulgação no exterior. *Jornal do Brasil.* Rio de Janeiro, 11 maio 1966.

LEIRNER, N. *The Rebellion of the Animals*: a series of drawings / *A rebelião dos animais*: uma série de desenhos. Catálogo bilíngue. University Art Museum. The University of Texas at Austin, fev.-mar. 1974; Art Gallery of the Brazilian-American Cultural Institute, Washington D.C., mar./abr. 1974; Museu de Arte de São Paulo, maio-jun. 1974.

LEITE, J. R. T. Arte infantil na Usaid e no Ibeu. *O Globo,* Rio de Janeiro, 11 dez. 1969.

MARCONDES, S. Vencendo concurso realizado no Rio. *O Jornal,* Rio de Janeiro, 25 out. 1970.

MARIA LEONTINA Prêmio Nacional Guggenheim. *O Estado de S. Paulo,* 11 maio 1960.

MARIZ, V. Introdução. In: *Quem é quem nas artes e nas letras do Brasil*. Rio de Janeiro: Ministério das Relações Exteriores, 1966.

MATTAR, D. Uma vida dividida. In: *Raymundo Colares*. Catálogo. Rio de Janeiro: Ronie Mesquita Galeria, abril de 2016, p.17. Disponível em: https://issuu.com/vteixeira/docs/catalogo-online_0cafc278a2d3b7. Acesso em: 6 jan. 2021.

MAURÍCIO, J. III Bienal de São Paulo: Existem dois abstracionismos: o americano e o europeu. *Correio da Manhã,* Rio de Janeiro, 26 jun. 1955a.

MAURÍCIO, J. Opiniões de Ralph Du Casse. *Correio da Manhã,* Rio de Janeiro, 11 nov. 1955b.

MAURÍCIO, J. Prêmio Internacional Guggenheim, 1958. *Correio da Manhã*, Rio de Janeiro, 10 ago. 1957a.

MAURÍCIO, J. Brilhou a representação dos Estados Unidos. *Correio da Manhã,* Rio de Janeiro, 27 set. 1957b.

MAURÍCIO, J. Notícia sobre a mostra Brasil–EUA. *Correio da Manhã,* Rio de Janeiro, 13 jul. 1960a.

MAURÍCIO, J. Em defesa da mostra do Ibeu. *Correio da Manhã,* Rio de Janeiro, 19 jul. 1960b.

MAURÍCIO, J. E.U.A., Argentina e Iugoslávia na Bienal. *Correio da Manhã,* Rio de Janeiro, 13 jun. 1961.

MAURÍCIO, J. Pop-Art no Mundo hoje. *Correio da Manhã,* Rio de Janeiro, 4 dez. 1964a. Coluna Itinerário das Artes Plásticas.

MAURÍCIO, J. Nos EUA: Artistas e tecnologia. *Correio da Manhã,* Rio de Janeiro, 29 jan. 1964b.

MAURÍCIO, J. Atualidade americana. *Correio da Manhã,* Rio de Janeiro, 3 jan. 1964c.

MAURÍCIO, J. Vanguarda e vida artística nos EUA (I). *Correio da Manhã,* Rio de Janeiro, 5 fev. 1965a.

MAURÍCIO, J. Vanguarda e vida artística nos EUA (II). *Correio da Manhã,* Rio de Janeiro, 7 de fev. 1965b.

MAURÍCIO, J. Vanguarda e vida artística nos EUA (fim). *Correio da Manhã*. Rio de Janeiro, 9 fev. 1965c.

MAURÍCIO, J. Flashes dos EUA. Fundação Nacional para Artes e Humanidades (fim). *Correio da Manhã*, Rio de Janeiro, 17 jul. 1966a.

MAURÍCIO, J. Flashes dos USA: Castelli, 'marchand' que impôs a 'pop-art'. *Correio da Manhã*, Rio de Janeiro, 24 jul. 1966b.

MAURÍCIO, J. Flashes dos EUA. O mais velho museu moderno. *Correio da Manhã*, Rio de Janeiro, 31 jul. 1966c.

MAURÍCIO, J. Flashes dos USA: Whitney, Breuer e arquitetura museológica. *Correio da Manhã*, Rio de Janeiro, 14 ago. 1966d.

MAURÍCIO, J. Flashes dos USA: Raysse: EUA e França, gás néon e a mulher. *Correio da Manhã*, Rio de Janeiro, 2 set. 1966e.

MAURÍCIO, J. Arte erótica-66. *Correio da Manhã*, Rio de Janeiro, 18 out. 1966f.

MAURÍCIO, J. Movimento nos Estados Unidos. *Correio da Manhã*, Rio de Janeiro, 15 fev. 1967.

MAURÍCIO, J. Salão dos Transportes (americanos) no Museu. *Correio da Manhã*, Rio de Janeiro, 16 ago. 1969a.

MAURÍCIO, J. Colares: o ônibus e as barreiras a vencer. *Correio da Manhã*, Rio de Janeiro, 3 set. 1969b.

MAURÍCIO, J. A arte do computador. *Correio da Manhã*, Rio de Janeiro, 19 abr. 1970a.

MAURÍCIO, J. Fotos no Ibeu. *Correio da Manhã*, Rio de Janeiro, 28 abr. 1970b.

MAURÍCIO, J. Tamarind em São Paulo. *Correio da Manhã*, Rio de Janeiro, 10 abr. 1970c.

MCSHINE, K. "Josef Albers". In: *Josef Albers*: homenagem ao quadrado. Uma exposição organizada pelo The Museum of Modern Art. Catálogo bilíngue. New York: MoMA, 1964.

MELLO BARRETO, F. de. A política externa durante o regime militar. *Política Externa*, São Paulo, v.22, n.4, p.8-15, abr./maio/jun. 2014.

MORAIS, F. Trajetórias de Raimundo Collares. *Diário de Notícias*, Rio de Janeiro, 12 mar. 1968.

MORAIS, F. Prêmio do Ibeu para Colares. *Diário de Notícias*, Rio de Janeiro, 12 mar. 1970.

MORAIS, F. A morte de Collares e as estrelas do cometa. *O Globo*, Rio de Janeiro, 1º abr. 1986.

MOTTA, F. O desenho voltou. In: LEIRNER, N. *The Rebellion of the Animals*: a series of drawings / A rebelião dos animais: uma série de desenhos. Catálogo bilíngue. University Art Museum. The University of Texas at Austin, fev.-mar. 1974; Art Gallery of the Brazilian-American Cultural Institute, Washington D.C., mar./abr. 1974; Museu de Arte de São Paulo, maio-jun. 1974.

NAS ARTES – Zanini visita centros de arte. *O Estado de S. Paulo*, 19 dez. 1970.

NASCIMENTO, A. P. *MAM*: museu para a metrópole. Dissertação (Mestrado em Estruturas Ambientais Urbanas) – Faculdade de Arquitetura e Urbanismo, Universidade de São Paulo (FAU-USP), São Paulo, 2003. Disponível em: http://www.teses.usp.br/teses/disponiveis/16/16131/tde-12012005-122318/. Acesso em: 20 ago. 2016.

NEPOMUCENO, M. M. C. *Lívio Abramo no Paraguai*. Entretecendo culturas. São Paulo, 2010. Dissertação (Mestrado – Programa de Pós-Graduação em Integração da América Latina (Prolam).

NIÑO, A.; MONTERO, J. A. (org.). *Guerra Fría y propaganda*. Estados Unidos y su cruzada cultural en Europa y América Latina. Madrid: Biblioteca Nueva, 2012.

NYE Jr., J. *Soft power*: the Means to Success in World Politics. New York: Public Affairs, 2004, p.x.

OITICICA, H. Colares. *Navilouca*, nyk feb. 26, 72, 1974.

REFERÊNCIAS

ONDE ESTÁ O ADIDO. *Jornal Suplemento da GAM*, Editora Galeria de Arte Moderna, Rio de Janeiro, IX, 1967.

OSBORN, E. C. *Manual of travelling exhibitions*. Paris: Unesco, 1953.

PAMPULHA. *Revista de Arquitetura, Arte e Meio Ambiente*. Belo Horizonte, ano II, n.2, jan./fev.1980, p.14-5.

PEDROSA, V. Maia: iconografia. *Correio da Manhã*, Rio de Janeiro, 6 nov. 1968a.

PEDROSA, V. Arte americana no museu. *Correio da Manhã*, Rio de Janeiro, 12 nov. 1968b.

PEDROSA, V. Novas Tendências. *Correio da Manhã*, Rio de Janeiro, 15 nov. 1968c.

PEDROSA, V. Amilcar: quem é, o que diz. *Correio da Manhã*, Rio de Janeiro, 11 jan. 1969a.

PEDROSA, V. S. t. *Correio da Manhã*, Rio de Janeiro, 11 jan. 1969b.

PERKINS, C. M. Tendências novas. A figura humana (The Figure), 1963-1968. In: *Tendências novas. A figura humana (The Figure), 1963-1968. A pintura e a escultura nos Estados Unidos*. Catálogo. Rio de Janeiro: Embaixada dos Estados Unidos/MAM-RJ, nov. 1968. p.9-13.

PINTOR PARAIBANO diz que se acotovelam em Paris mais de 70 mil colegas. *O Jornal*, Rio de Janeiro, 25 abr. 1963.

PITOL, A. *"Ask me to send these photos to you"*: a produção artística de Alair Gomes no circuito norte-americano. 2016. s.p. Dissertação (Mestrado em Artes Visuais) –Universidade de São Paulo, São Paulo.

PONTUAL, R. De uma viagem a Nova Iorque (I). *Jornal do Brasil*, Rio de Janeiro, 14 fev. 1975a.

PONTUAL, R. Pintura. Crise e perspectivas. *Jornal do Brasil*, Rio de Janeiro, 22 nov. 1975b.

PONTUAL, R. Pintura. Crise e perspectivas – Falam os pintores. *Jornal do Brasil*, Rio de Janeiro, 22 nov. 1975c.

PRÊMIO IBEU-70 explica técnica. *O Globo*, Rio de Janeiro, 20 mar. 1970.

RAIMUNDO COLARES. *Jornal do Brasil*, Rio de Janeiro, 26 mar. 1970a.

RAIMUNDO COLARES – A afirmação do autodidata. *Jornal do Brasil*. Rio de Janeiro, 25 jun. 1970b.

RESPEITO MÚTUO une Brasil-EUA. *O Estado de S. Paulo*, São Paulo, 27 ago. 1965.

RIBEIRO, E. T. *Diplomacia cultural*. Seu papel na política externa brasileira. Brasília: Fundação Alexandre Gusmão, 2011.

ROCKEFELLER, B. The Museum of Modern Art New York 19. In: *The Museum of Modern Art and its Program of International Exchange in the Arts*. [S.l: s.n., 1961].

SANTIAGO, S. Brasil/Estados Unidos: relações culturais de dependência (de 1945 até hoje). *Revista Vozes*, ano 70, v.LXX, nov. 1976.

SANJURJO, A (ed.). Foreword. In: *Contemporary Latin American Artists*: exhibitions at the Organization of American States 1941-1964. Metuchen, N.J.: Scarecrow, 1997.

SCHWARTZ, M. *O rosto brasileiro/ The Brazilian Face*. Catálogo. São Paulo: Museu de Arte de São Paulo Assis Chateaubriand, 19 abr. a 8 maio 1983.

SCHWARTZ, M. *Personae*: fotos e faces do Brasil. São Paulo: Companhia das Letras, 1997.

SCOTT-SMITH, G. Las élites de Europa Occidental y el Foreign Leader Program (1949-1969). In: NIÑO, A.; MONTERO, J. A. (org.). *Guerra Fría y propaganda*. Estados Unidos y su cruzada cultural en Europa y América Latina. Madrid: Biblioteca Nueva, 2012. p.125-136.

SERVIDDIO, F. Relatos nacionales y regionales en la creación de la colección latinoamericana del MoMA. *A Contracorriente, Revista de historia social y literatura en América Latina*, v.16, n.3, p.375-402, 2019.

SESONSKE, A. Artes e ideias: América, 1968. In: *Tendências novas*. A figura humana (The Figure), 1963-1968. A pintura e a escultura nos Estados Unidos. Catálogo. Rio de Janeiro: Embaixada dos Estados Unidos/MAM-RJ, nov. 1968, p.14-8.

STEVENSON. A. E. *Magnet: New York*. Catálogo da mostra. New York: Galeria Bonino, 1964.

SUPPO, H. R. *Brasil: de la propaganda norteamericana "desestabilizadora" a la conspiración y el Golpe de Estado (1946-1964)*. In: NIÑO, A.; MONTERO, J. A. (orgs.). *Guerra Fría y propaganda*. Estados Unidos y su cruzada cultural en Europa y América Latina. Madrid: Biblioteca Nueva, 2012.

THE MUSEUM OF MODERN ART. Circulating exhibitions 1931-1954. In: *The Bulletin of the Museum of Modern Art*, v.21, n.3/4, p.3-30, Summer 1954.

THE MUSEUM OF MODERN ART NEW YORK. *The Museum of Modern Art and its Program of International Exchange in the Arts*. [S.l:s.n.], 1961.

TOTA, A. P. *O imperialismo sedutor*. São Paulo: Companhia da Letras, 2000.

TRÊS BRASILEIROS foram agraciados. *O Estado de S. Paulo*, 24 ago. 1969.

TRISTÃO, M. Artista mineiro ganha o Rio. *Estado de Minas*, Belo Horizonte, 19 jan. 1969.

UM POUCO DE HISTÓRIA. In: *60 obras selecionadas em 60 anos com muita arte*. Catálogo. Rio de Janeiro, 1997.

VENCEDORES dos prêmios Guggenheim do ano passado. *Folha da Manhã*, Rio de Janeiro, 15 mar. 1959.

VIEIRA, J. Antônio Maia: pintura é para se gostar. *A Notícia*, Rio de Janeiro, 16 abr. 1973.

VIEIRA, J. G. Criatividade. Artes Plásticas. *Folha de S. Paulo*, 12 jul. 1970.

WOOL, R. M. The Attraction of Magnet. In: *Magnet: New York*. Catálogo da mostra. New York: Galeria Bonino, 1964.

WULF, A. J. *Make-believe America*: the Crucial Years of U.S. Cultural Diplomacy through International Exhibitions, 1955-1975. Thesis (Doctor of Philosophy) – University of Leicester, Leicester, 2013.

ZALMAN, S. The Museum of Modern Art v. Huntington Hartford. *Grey Room*, The MIT Press, n.53, p.32-59, Fall 2013. Disponível em: https://www.jstor.org/stable/43832247. Acesso em: 26 fev. 2021.

ZÓZIMO. Das artes. *Jornal do Brasil*, Rio de Janeiro, 12 mar. 1970.

ZSARKOWSKI, J. Nova Fotografia dos E.U.A. In: *Nova Fotografia dos E.U.A*. Catálogo. Rio de Janeiro: Ibeu, 1970.

SOBRE O LIVRO

Formato: 16 x 23 cm
Mancha: 29,6 x 44,1 paicas
Tipologia: Adobe Garamond 11/14
Papel: Off white 90 g/m² (miolo)
Cartão Supremo 250 g/m² (capa)
1ª edição Editora Unesp: 2023

EQUIPE DE REALIZAÇÃO

Coordenação editorial
Marcos Keith Takahashi (Quadratim)

Edição de texto
Gabriela Garcia (preparação)
Lucas Lopes (revisão)

Projeto gráfico e capa
Quadratim

Imagem de capa
Foto da exposição "Variations on the Camera's Eye",
Lima (Peru), 1975 (Smithsonian Instituition Archives)

Editoração eletrônica
Arte Final

Rua Xavier Curado, 388 • Ipiranga - SP • 04210 100
Tel.: (11) 2063 7000 • Fax: (11) 2061 8709
rettec@rettec.com.br • www.rettec.com.br